JN348515

달러제국과 한국경제

탈세계화시대 한국경제 진단과 대안

달러제국과 한국경제
탈세계화시대 한국경제 진단과 대안

ⓒ 민플러스, 2022

초판 제1쇄 인쇄 2022년 8월 3일
초판 제1쇄 발행 2022년 8월 10일

글쓴이 | 김성혁, 임수강, 박용석, 김장호
펴낸곳 | 민플러스
펴낸이 | 김재하
등록 | 2017년 9월 1일 제300-2017-118호
주소 | 44717 서울시 종로구 청계천로 159, 670-2호 (장사동, 세운상가)
전화 | 02-844-0615
팩스 | 02-844-0615
전자우편 | minplus5.1@gmail.com

저자와의 협의에 의해 인지를 생략함.

ISBN 979-11-91593-08-2

달러제국과 한국경제

김석환 임수강 박용석 김장훈

탈세계화시대 한국경제 진단과 대안

민플

서문

한국은 고도성장으로 무역 규모가 세계 9위인 경제대국이 되었고, 1인당 GDP도 3만 달러를 넘어섰다.

1960년대 가발과 신발을 수출했던 나라가 이제는 초대형 선박, 전기자동차, 반도체, 스마트폰 등을 수출하고 있다. 코리안 드림을 꿈꾸고 외국인 노동자들이 입국하고, 한국 대기업들은 중국, 미국, 동남아, 동유럽 등에 진출하여 현지공장을 짓고 사업을 확장하고 있다. 잘 뚫린 고속도로, 시간당 300km를 달릴 수 있는 KTX, 거대한 중화학 공장과 화려한 고층건물들은 한국의 경제력을 과시한다.

그러나 양적 성장의 이면에는 부문 간 양극화와 계층 간 불평등이 지속가능한 성장을 위태롭게 하고 있다. '정규직과 비정규직', '대기업과 중소기업', '남성과 여성', '대학졸업자와 비졸업자' 간의 임금격차는 두 배에 가깝다. 2,000만 노동자 중 대기업 소속은 17%에 불과하며 중소기업 소속이 83%이다. 전체 노동자의 월 평균임금은 297만 원이나 중위임금은 220만 원에 불과하고, 산업재해로 한 해 2,000명 이상이 사망한다. 노동유연화 정책이 양산한 200만 명이 넘는 특수고용종사자와 플랫폼노동자들은 노동 통계에도 잡히지 않는데 사회보험과 근로기준법이 적용되지 않는 조건에서 건당 수수료를 받으며 장시간 노동을 하고 있다. 자영업자는 2020년 7만 5천 명이 감소하여 553만 명인데, 1인 자영업 비중이 86%로 영세업체가 대부분이다. 공공사회복지는 GDP 대비 11.1%로 OECD 평균 20.1%의 절반에 불과한 가운데, 연평균 노동시간은 OECD 평균보다 600시간이나 많고, 노인빈곤율은 OECD 1위이며, 출산율은 세계 꼴찌이다. 개발 정보와 금융 대출에 접근할 수 있는 계층이 부동산을 독식하여, 다수 국민들은 높은 임대료를 부담하며 고통받고 있다.

기울어진 운동장을 바로 잡겠다며 역대 정권들이 선거 때마다 재벌개혁과 경제민주화를 공약하지만 집권 초반에 생색만 내고 의미 있는 개혁을 추진하지 못했다.

경제민주화를 실현하기 위해서는 약육강식의 시장 논리를 넘어 약자를 보호하고, 공공성을 강화하는 제도가 필요하다. 그러나 글로벌 수탈체계인 신자유주의는 국가 주권을 박탈하고 시장(투자자와 기업)에 무한한 권능을 부여하므로, 국가 간 그리고 국내 계층 간에 불평등이 더욱 심화된다. 따라서 경제민주화를 실현하기 위해서는 먼저 경제자주화를 추진해야 한다. 경제주권이 있어야 초국적 자본의 약탈 경제와 재벌의 사익편취·불공정거래 등을 타파하고 경제민주화를 실현할 수 있다.

한국경제를 좌우하는 외국인투자자와 재벌은 규제완화, 세금감면, 환율정책, 노동시장 유연화, 정부지원금 등 사회적 특혜로 성장하였지만, 국민경제에 대한 기여도는 갈수록 낮아지고 성장의 과실만 독식하고 있다.

삼성전자는 2020년 결산 배당으로 외국인 주주들에게 7조 7천억 원을 지급하였고, 세계적으로 31만 명을 고용하고 있는데 국내 고용은 1/3에 불과하다. 텍사스 반도체 공장에 이어, 19조 원을 투자하여 파운드리 반도체 공장을 미국에 지을 계획이다.

삼성전자의 주인은 총수일가와 계열사 지분으로 경영권을 확보한 이재용 회장인가?, 10.7% 지분을 투자한 국민연금의 납세자인 국민인가?, 아니면 58%의 지분을 보유한 외국인 주주들인가?, 고배당과 시세차익 그리고 기술사용 수수료 등을 감안하면, 삼성전자는 누구에게 가장 많은 돈을 벌어주고 있을까?

IMF 이후 신자유주의 세계분업체제에 본격적으로 편입된 한국경제는, 미국계의 금융자본과 ICT 기업들에 의해 좌우되고 있다. 먼저 구글코리아, 애플코리아, 넷플릭스서비스코리아, 페이스북코리아, 한국지엠, 르노삼성자동차, 한국씨티은행, 한국스탠다드차타드은행, 신한금융지주회사, JB금융지주, 코스트코코리아, 홈플러스, 이베이코리아, 에프알엘코리아(유니클로), 쿠팡, 딜리버리히어로코리아, 한국맥도날드, 스타벅스커피코리아 등 15,000여 개의 외국인투자기업들은 한국경제에서 매출액의 12%, 수출액의 19.4%, 고용인원의 5.5%를 차지하고 있다.

다음으로 유가증권시장에서 외국인투자자들의 주식 보유 비중은 최근 3년간 평균 37%에 이른다. 또한 외국인들은 평균적으로 6개 시중은행에서 57.3%, 6개 지방은행에서 40.3%의 지분을 소유하고 있으며, 외국자본 등을 유치하여 자산운용 규모가 420조 원이 넘는 사모펀드들이 기업사냥꾼이 되어 M&A 시장을 흔들고 있다.

이러한 경제종속 구조에서 '시중은행과 대기업의 지분을 보유한 외국인들이 가져가는 배당금', '외국인의 주식시장 평가이익과 사모펀드 등의 투기적 인수합병으로 인한 국부유출', '8천억 원을 지원받고도 이전가격 조작으로 만년적자인 한국지엠', '구글, 애플, 페이스북 등 미국계 ICT 기업들의 조세회피', '미국에 매년 지적재산권으로 약 5조 원을 순지출하는 기술무역수지' 등으로 국부가 유출되고 있다.

뿐만 아니라 '외환보유고 유지 비용으로 수십 조 원의 손실', '미국 무기수입과 미군주둔 지원금, 군사기지 공짜 사용', '공공부문의 시장화·민영화로 인한 보편적 서비스의 약화' 등으로 인해, 국가 재정이 축소되고 국민들에게 주어질 복지 혜택이 줄어들고 있다.

실제 신자유주의 중심국가인 미국도 자국민을 위해서는 공무원 수를 2,800만 명(취업인구의 16.4%)이나 고용하고 있으나, 한국의 공무원 수는 260만 명(취업자의 9.5%)에 불과하다. 미국은 코로나 시기 경기부양책으로 1인당 총 3,200달러를 지원하고, 실업수당 인상, 중저소득 가구 임대료 지원 등을 제공하고 있다. 하지만 한국 정부의 경기부양안(1인당 기준)은 미국의 절반에도 미치지 못한다.

IMF 신탁통치로 한국의 경제주권이 시장(외국자본과 재벌)으로 넘어간 이후, 공공성이 훼손되고 부문 및 계층 간 불균형이 심화되고 있다. 세계금융위기 이후 근린궁핍화정책인 무역전쟁과 초국적자본의 약탈경제가 노골화되는 가운데, 한국경제는 탈세계화·고령화·디지털경제에서 출로가 없는 상황이다.

첫째, 세계금융위기 이후 경제침체와 보호무역으로, 대외의존형 한국경제는 수출이 지속적으로 하락하고 경제성장률도 2%대로 떨어졌다.

둘째, 세계분업구조에서 제조업 중위기술과 대량생산에 최적화된 한국의 산업은 디지털경제로 재편되면서 경쟁력이 약화되고 있다. 구글, 애플 등 ICT기업의 플랫폼 독점이 강화되고, 중국의 자립화로 중간재 수출이 어려워지며, 미국과 일본에 대한 소재·부품·장비와 소프트웨어의 의존성은 지속되고 있다.

셋째, 한국은 세계에서 가장 빠른 속도로 고령사회로 전환하면서 생산가능인구가 급속하게 감소하여 민간소비의 활력이 저하되고 있다. 노인 인구의 증가는 소비 부족과 재정 악화(복지 증가)를 가져오며 청년 인구의 감소는 노동력과 세수를 줄여 일본과 같은 장기침체에 빠지기 쉽다.

넷째, 한국은 달러체제 세계경제에 편입되어 환율 불안 등 주기적인 경제위기에 노출되어 있으나, 대외의존형 경제로는 이 위기를 벗어날 수 없다.

다섯째, 코로나 이후 미국 중심의 글로벌 공급사슬 체계가 약화되고 탈세계화가 추진되면서 농업, 에너지, 기간산업, 소재·부품·장비 등의 자립화가 중요해져 수출주도성장 정책의 전환을 요구하고 있다. 한국경제의 활로는 대외의존이 아닌, 내수경제 활성화와 통일경제에서 찾아야 한다.

위와 같은 현상은 종속적 한국경제가 낳은 필연적 산물이다.

외국자본과 재벌의 성장은, 국민경제와 상관없는 '나홀로 성장'에 불과했다. 이들이 성장할수록 오히려 경제종속이 심화 되고 약탈적 금융과 글로벌 공급사슬로 부가가치가 빠져나가므로 양극화가 확대된다.

경제주권이 없는 나라는, 수출과 GDP가 아무리 올라가도, 자기나라 민중의 처지가 개선되지 않으며 특권 계층과 외국자본의 이익에 복무할 뿐이다.

탈세계화 시대 지속 가능한 경제발전을 위해서는 식량과 에너지를 자립하고 금융·통신 등 기간산업을 국영화하며 의료, 돌봄, 주거, 교육 등 공공부문을 확장시켜 보편적 서비스와 질 좋은 일자리를 보장해야 한다.

재벌과 외국자본의 이익을 우선하며 기술, 자본, 시장이 종속된 경제는 호황 시기에는 성장할 수 있지만, 세계경제 변동에 의해서 언제든지 침몰할 수 있다.

차례

서문   5

1장 달러 중심의 세계경제
임수강 경기연구원 초빙 연구위원

달러, 미국이 세계를 지배하는 핵심 무기	17
달러를 통해 미국이 얻는 이익	21
미국의 수지 적자를 옹호하는 이데올로기	34
미국의 달러 이익이 주변국에 미치는 영향	37
달러의 지위를 보장하는 국제기구/제도	43
달러 지위에 대한 전망	55
브레턴 우즈 체제의 간략한 이해	62

2장 강요된 금융 성장과 금융 종속
임수강 경기연구원 초빙 연구위원

달러 유통논리가 지배한 우리나라 금융·자본시장 개방	81
금융감독원의 역할: '감독'인가, '감독 서비스 제공'인가	93
우리나라 금융자산의 성장, 무엇을 가져왔나?	101
사회 불평등 확대로 이어지는 외환 보유액 증가	111
외국인들이 우리나라에서 벌어간 돈은 얼마나 될까?	127
우리나라의 주기적인 환율 불안정	134
금융 성장이 부른 금융 불평등	138

3장 외국계 기업의 국부유출   김성혁 서비스연맹 정책연구원장

외국계 기업의 경제효과   145
이전가격과 국부유출, 한국지엠   149
미국에 본사를 둔 쿠팡   159
기업사냥꾼 MBK, 홈플러스 빨대경영   166
사모펀드에 은행을 넘겨 준 한국 정부   171
기술 먹튀, 하이디스   176
다국적기업의 조세회피와 글로벌 법인세 도입   178

4장 한국 재벌경제의 예속성   김성혁 서비스연맹 정책연구원장

한국 수출주도경제의 특징   189
대외의존형 수출경제   193
노동자, 자영업자 고용·소득 침체로 취약한 내수경제   197
수출주도성장 한계 봉착   202
국가별 기술수준 비교   205
한국 기술무역수지는 '만년적자'   210
'한국, 반도체 생산 세계 1위'라는 언론보도는 사실일까?   216
전기차와 자율주행 기술을 수입하는 현대자동차   220
설계 기술이 취약한 조선해양   221
철광석과 무연탄을 모두 수입하는 포스코   224

한국 유가증권시장을 장악한 외국인투자자의 비중	226
국내 우량기업들에서 20조원을 배당 받는 외국인투자자들	230
한국 주식시장은 외국인들의 '현금인출기'	234

5장 공공기관 민영화·시장화 전략을 진단한다
박용석 민주노총 부설 민주노동연구원장

들어가며	241
공공부문과 공공기관	242
공공기관 시장화 전략이란	245
공공기관 시장화 전략 기반 조성	248
공공기관 시장화 전략 전면화	252
노무현정부의 시장화 전략	258
이명박정부의 시장화 전략	260
박근혜정부의 시장화 전략	263
문재인정부의 탈시장화 실험(?) 실패	265
시장화 전략과 국가재정 및 고용 비중의 변화	269
국민의 생명·안전 보호 기반이 취약해진 공공의료 부문	274
공공운수서비스 철도와 도시철도의 위기	276
탈탄소에너지 전환이 전기.에너지 분야를 시장화하는 것인가	284
민영화 기업들은 괜찮은가	290

6장 자립적 민주경제와 통일경제에 대한 모색

김 장 호 민플러스 편집국장

한국경제 잔혹사	299
삼성이 있는데 예속경제라고?	308
수출편향경제는 지속가능한가	317
불평등의 문제를 해결하지 않으면 항쟁이 일어난다	328
'분단비용'과 '통일비용'	334
북 경제에 대한 이해	340
남북공동선언에 나타난 통일경제의 상	350
남북경협사례	355
통일경제는 어떤 모습일까	376
통일경제는 어떻게 가능할까	390
통일경제전략은 가장 뚜렷한 대안경제전략	394
나가며	399
표목차	403
그림목차	407

1장

달러 중심의 세계경제

임 수 강 경기연구원 초빙 연구위원

- 달러, 미국이 세계를 지배하는 핵심 무기
- 달러를 통해 미국이 얻는 이익
- 미국의 수지 적자를 옹호하는 이데올로기
- 미국의 달러 이익이 주변국에 미치는 영향
- 달러의 지위를 보장하는 국제기구/제도
- 달러 지위에 대한 전망
- 브레턴 우즈 체제의 간략한 이해

•• 달러, 미국이 세계를 지배하는 핵심 무기

　유명한 저널리스트 작가인 엥달(Engdahl W.)은 달러가 석유, 식량과 더불어 미국이 세계를 지배하는 핵심적인 무기라고 얘기한다(William Engdahl 2009). 그의 얘기가 아니더라도 달러의 발행을 통해서 얻는 이익, 그리고 미국의 금융·자본 시장을 중심으로 이뤄지는 국제 자금순환의 구조가 미국이 세계 여러 나라들에 영향력을 행사하는 데에서 빼놓을 수 없는 중요한 요소라는 점에는 누구든 동의할 수 있을 것이다. 이러한 사실 때문에 미국은 달러에서 얻는 이익을 극대화하는 안정적인 세계질서를 만들어내는 데 항상 커다란 주의를 기울여왔다.
　달러에서 얻을 수 있는 이익은 크게 두 가지 형태로 나누어 볼 수 있다. 하나는 화폐 발행차익(Seigniorage)이다. 카르체디(Carchedi G.)는 미국이 얻는 화폐 주조차익을 다음과 같이 설명한다.

① 1달러의 인쇄비는 3센트이므로 미국 정부는 1달러로 상품을 구매함으로써 97센트의 시뇨리지(화폐 발행차익)를 얻고 있는 셈이다.

② 국제무역에서 미국 사람이 달러를 지출해 해외의 상품과 서비스를 구매하고 외국사람이 그 달러로 미국의 상품과 서비스를 구매하지 않는다면, 그만큼 미국은 화폐주조차익을 얻는다.

③ 미국은 세계 최대의 채무국인데, 달러의 가치가 내려간다면 달러와 달러 표시 증권의 소유자는 손해를 보게 되고 이것이 또한 화폐 발행차익을 이룬다(Carchedi, Guglielmo 2001, 김수행(2006)에서 재인용).

미국이 발행하는 달러의 많은 부분은 미국 바깥에서 유통된다. 그러므로 미국이 달러의 발행을 늘리면 늘릴수록 화폐 발행차익도 그에 비례하여 그 규모가 커진다. 그러나 미국이 무한대로 달러 발행을 늘릴 수는 없다. 달러의 가치가 급격히 하락하여 미국 바깥의 달러 보유자들이 그 달러를 다른 자산으로 바꾸려고 하면 문제가 생긴다. 그런 경우에는 미국은 더 이상 달러를 발행하여 미국 바깥에서 유통시키기 어렵게 된다. 그러므로 미국은 항상 달러 가치의 신뢰 문제에 어느 정도는 신경을 써야 한다. 달리 보면, 이는 달러 가치의 신뢰에 문제가 없다면 미국은 지속적으로 달러 발행을 늘릴 수 있다는 의미이다.

다른 하나는, 미국의 금융·자본 시장을 중심으로 국제 자금순환이 이뤄지는 구조에서 얻는 이익이다. 국제금융 제도는 상품과 서비스 대금이 결제되고, 자본이 거래되는 공간이다. 여기에서는 거래와 결제, 그리고 준비금을 위한 화폐가 필요하다. 그 화폐로 달러가 사용됨으로써 미국은 비용이 많이 들어가는 외환준비금을 따로 보유하지 않아도 되고, 환율 유지와 안정을 위해 노력하지 않아도 된다. 또한 미국은 달러 표시 부채를 발행하여 다른 나라에서 돈을 쉽게 빌릴 수도 있고, 상품거래에서 적자를 내더라도 이를 어렵지 않게 융통할 수 있게 된다.

미국은 달러가 가진 특권을 활용하기 위한 환경과 조건을 만들어내는 것을 전략으로 삼아왔는데, 구체적으로, 달러 가치가 급격하게 떨어져 신뢰를 잃는 것을 막으면서 미국 밖에서 달러를 더 많이 보유하게 하는 것과 국제금융을 통해 달러의 유통을 최대한 확대하는 것이 목표였다. 이러한 달러의 발행과 유통의 확대를 통해 미국은 주변국들에게 영향력을 지속적으로 행사하면서 정치·군사·경제적인 이익을 얻어왔고, 자국에서 경제위기가 발생할 때는 그 부담의 많은 부분을 주변국의 어깨에 떠넘길 수 있었다. 물론 그 중심에는 국제금융 제도의 핵심축을 형성하는 미국의 은행제도와 금융제도가 있었다.1)

미국이 최근에 달러를 통해 얻고 있는 이익은 [표 1-1]에서 어림잡아 살펴볼 수 있다. 여기에서 보면, 미국은 2009년에서 2020년 사이에 연평균 5,195억 달러의 상품/서비스 수지 적자를 냈다. 어떤 나라가 한두 해 상품/서비스 수지 적자를 낼 수 있지만 장기에 걸쳐 적자를 지속적으로 낼 수 있는 상황은 비정상적이다. 이러한 비정상을 가능하게 하는 것이 달러 특권이다. 또한 미국은 이 기간 동안 연평균 1조 4,713억 달러의 재정수지 적자를 냈다. 이것이 가능한 것도 미국이 발행한 국채의 많은 부분을 주변국 중앙은행이나 민간 투자자들이 사주었기 때문이다.

더욱이 순대외투자 현황을 보면 연말 기준으로 평균 (마이너스)7조 375억

---

1) 루드(Rude C.)는 미국의 은행제도와 금융제도가 제국주의 사슬의 맨 꼭대기에 앉아 있다고 표현한다(Christopher Rude 2004).

달러를 기록하고 있다. 곧, 미국이 주변국에 투자한 금액보다 주변국이 미국에 투자한 금액이 더 많다는 얘기다. 그럼에도 미국은 연평균 2,087억 달러라는 큰 투자 수익을 내고 있다. 이것은 미국의 대외 투자 수익률이 주변국의 미국에 대한 투자 수익률보다 체계적으로 높다는 것을 뜻한다.

한편 미국의 저축률은 2009년에서 2018년 사이에 평균 1.9% 수준으로, 이 표에는 나타나 있지 않지만, 지속적으로 하락하는 모습을 보이는 데다, 다른 나라들에 비해서도 매우 낮은 수준이다. 이는 미국인들이 가처분 소득 가운데 더 많은 부분을 소비에 돌리고 있다는 것을 의미한다. 미국 정부도 계속 빚을 늘려가고 있고 개인들도 마찬가지이다. 기업들도 투자자금을 외부에서 조달하고 있기 때문에 정부와 개인의 자금 조달 원천은 결국 미국 바깥에 있다는 얘기가 된다. 미국은 오랫동안 미국 바깥에서 들어오는 돈으로 재정적자를 충당할 뿐만 아니라 개인 소비 부족분도 충당하고 있다. 이것이 가능한 것도 달러를 발행하여 세계시장에서 유통시킬 수 있는 능력을 미국이 가지고 있기 때문이다.

[표 1-1] 미국의 최근 경제 지표(2009~2020년 연평균)

(단위 : 10억 달러, %)

상품/ 서비스 수지	재정수지	순대외투자	대외투자수익	저축률
-519.5	-1,471.3	-7,037.5	208.7	1.9

주) 저축률은 2009~2018년 연평균임. 자료: 미국 상무부 경제분석국(BDA) 통계에서 작성.

이처럼 미국은 달러 발행과 유통을 통해 지속적으로 이익을 얻고 있다. 이 이익이 엥달이 말하는 바와 같이 주변국들에 대해 영향력을 행사하는 중요한 원천인 것이다.

•• 달러를 통해 미국이 얻는 이익

미국이 달러 체제를 통해 얻는 직접적인 이익은 크게 보면 두 가지이다. 하나는 달러를 발행하는 데에서 생기는 발행차익이고 다른 하는 미국의 금융·자본 시장을 중심으로 국제 자금순환이 이뤄지는 구조에서 얻는 이익이다.

* 미국 연준 부의장을 지낸 피셔(Stanley Fisher)는 화폐 발행차익의 구성요소를 두 가지로 나누어 설명한 바 있다. 하나는 경상수지에 나타나는 것으로, 달러의 외국 보유량이 증가함으로써 미국의 지출 증가를 가능하게 한다. 다른 하나는 자본수지에 나타나는 것으로, 달러가 이자가 붙는 청구권의 형태로 계속 유통되는 동안 생기는 순이자의 국내 유입(대외투자 수익)을 가능하게 한다. 여기에서 보듯, 피셔는 달러 발행과 유통에서 생기는 이익을 묶어서 화폐 발행차익이라고 표현하지만 이 글에서는 화폐 발행에서 생기는 이익만을 화폐 발행차익으로 규정한다.

달러 발행 이익

미국이 달러 발행을 통해 얻는 이익은 외국에서 유통되고 있는 달러 발행 규모를 통해 대략 추정할 수 있다. 그렇지만 미국이 발행한 달러 가운데 얼마만큼이 외국에서 유통되고 있는지는 정확히 알 수는 없다. 1990년대 중반에 미국 연준 이사회의 스탭 이코노미스트들은 서로 다른 평가기법을 사용하여 계산한 결과, 1995년 말 기준, 달러의 미국 밖 사용 비율이 총 달러 발행량의 55~70%에 달할 것으로 추정했다(Porter&Judson 1996). 그들은 또한 새로 발행하는 달러 발행액의 경우에는 약 75%가 외국에서 유통되는 것으로 추정했다.

미국 연준(FRB) 이사회의 또 다른 스탭이었던 알리슨은 1998년에 미국 의회에서 증언(Testimony to Congress)을 하면서, 미국 밖에서 유통되고 있는 달러 지폐의 규모가 전체 발행 지폐의 3분의 2가량 된다고 밝혔다(Theodore E. Allison 1998). 그는 미국 밖에서 유통되는 달러 지폐의 규모가, 증언 당시, 2,500~3,000억 달러에 이를 것이라고 설명했는데, 그로 인해 미국이 해마다 120~150억 달러를 벌어들이고 있다고 덧붙였다. 그의 설명에 따른다면 미국은 미국 밖에서 유통되는 달러의 5%가량을 해마다 무상으로 얻고 있다. 알리슨은 미국 밖에서 유통되는 지폐량의 비율이 1960년대까지는 전체의 절반에 약간 못 미쳤지만 지난 40년 동안 증가했고, 특히 1990년대 들어 급속히 증가했다고 말한다. 1990년대의 미국 밖 달러 수요 급증 배경에 사회주의권의 자본주의 편입과 동아시아·라틴아메리카 국가들의 공기업 사유화가 놓여 있다는 것이 그의 설명이다. 다시 말해서 미국은 중국의 세계시장 편입이나 여러 나라들의 공기업 사유화에서 거대한 달러 발행 이익을 얻었다는 것이다.

앞서 언급한 연구자 가운데 한 명인 저드슨(Ruth A. Judson)은 2017년에 국제 컨퍼런스에서 발표한 한 글에서 미국 밖에서 유통하고 있는 달러 규모가 2016년 말을 기준으로 전체 달러 발행량의 60%에 이르는 것으로 추산했다. 또한 고액권인 100달러 지폐의 경우는 그 비율이 더 높아서 전체 발행량의 75%가 미국 밖으로 흘러나가는 것으로 그는 추산했다.

* 암스트롱 외(1993)는 또 다른 각도에서 100달러 지폐가 외국에서 많이 유통되고 있다는 사실을 지적한다. 그들에 따르면 외국에서 유통되는 달러 가운데 100달러 지폐가 차지하는 비중이 1965년에는 48.3%, 1975년에는 43.2%, 1985년

에는 56.4%, 그리고 1990년대에 들어서는 70.1%로 대체로 증가세를 보였다(Amstrong P. et. 1993).

저드슨에 따르면 미국 밖 달러의 수요는 1980년대 후반부터 급증하기 시작했으며, 2000년대 초반에 정점을 찍은 다음 2003년부터는 조금씩 줄어들기 시작했다. 그러나 2008년 글로벌 위기를 계기로 미국 밖 달러 수요가 다시 급증세로 돌아섰다. 화폐의 전자화로 실물 달러에 대한 수요가 줄어들 것이라는 최근의 전망에 대해, 저드슨은 앞으로도 달러 수요가 여전할 것이라고 보았다(Ruth A. Judson 2017). 그 근거 가운데 하나로 그는 금융위기 때에 생기는 달러의 가치저장 수단 기능을 들었다.

이제 미국의 화폐 발행량을 보면, 1965년에 유통 달러 지폐의 금액은 약 380억 달러였고, 1975년에는 776억 달러로 두 배가량 증가했다. 1985년에는 1,820억 달러로 다시 두 배가량 증가했고, 1995년에는 4,015억 달러로 또다시 두 배가량 증가했다. 2005년에는 7,766억 달러로 역시 두 배 가까이 증가했다. 여기에서 보듯이 달러 발행량이 10년마다 거의 두 배씩 증가했음을 알 수 있다. 그러다가 2008년 글로벌 위기 이후에는 이른바 양적 완화정책의 영향으로 달러 발행량이 급격하게 증가한다[그림 1-1]. 달러 발행량이 2010년에는 1조 9,700억 달러, 그리고 2015년에는 3조 6,100억 달러였다. 2020년에 미국 안팎에서 유통되는 화폐량은 5조 3,484억 달러에 이르렀다(한국은행(Ecos)).

미국이 발행한 달러의 3분의 2가량이 외국에서 유통되는 것으로 가정한다면 2020년 말 기준으로 3조 5,600억 달러가량이 외국에서 유통되고 있는 것으로 추산할 수 있다. 이 금액에서 해마다 미국이 얻는 이익은, 위의 알리슨(Theodore E. Allison)이 증언한 대로 5%에 이를 경우, 1,780억 달러가량이나 된다. 미국이 얻고 있는 화폐 발행 차익이 거대함을 알 수 있는 대목이다.

[그림 1-1] 미국의 달러 발행량

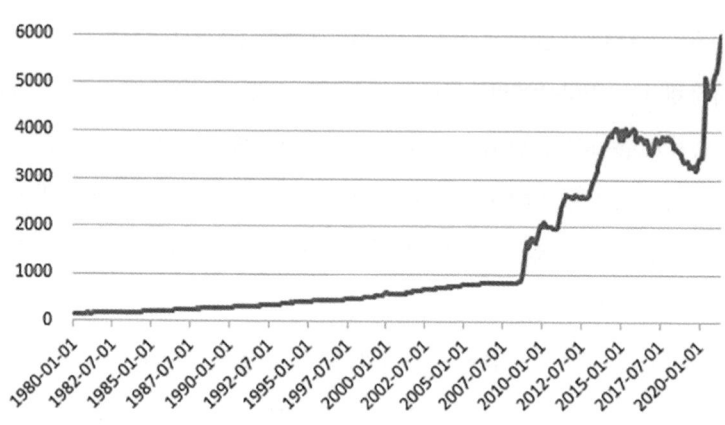

자료: FRED.

수지 적자 메우기

미국은 자국의 금융·자본 시장을 중심으로 국제 자금순환이 이뤄지고 있는 구조에 의해서도 이익을 얻는다. 나라와 나라 사이에 상품/서비스 거래가 발생하면 거기에는 대금의 결제가 뒤따르고, 이와 관련된 국제 금융시장이 함께 발전한다. 국제 금융시장에서는 상품/서비스 대금 결제뿐만 아니라 단기·장기 자금 거래, 채권이나 주식과 같은 청구권 거래도 일어난다. 이러한 국제 금융시장에서 미국의 주변국 투자자들이 미국 달러로 표시된 금융자산에 투자하기를 원하기만 한다면, 미국 정부는 재정적자를 낼 수 있고 가계는 낮은 비용으로 돈을 빌릴 수 있다. 미국은 세계 최대 채무국이지만 다른 채무국에 긴축을 재촉하면서도 자기는 채무에 따른 금융 속박 없이 행동하는 것이 가능하며, 재정적자에 발목이 잡히지 않고서 확장 재정을 지속할 수도 있다.

한 나라가 국제 거래에서 적자를 내면 그 나라는 최종적으로는 그 나라가 가진 자산을 결제 대금으로 사용해야 한다. 과거 금이 화폐로 사용되던 때라면 그 나라는 자기가 가지고 있는 금으로 결제 대금을 지급해야 했다. 금이 세계 공통의 화폐로 사용될 때 금을 적자 대금의 결제 수단으로 사용하는 것은 당연하게 여겨졌다. 이처럼 가치를 가진 화폐(이미 가지고 있는 화폐이거나 자산을 처분하여 마련한 화폐)로 적자 대금을 결제하는 것을 '자산 결제'라 한다.

이와는 달리 국제 거래에서 발생한 적자를 어음이나 채권을 발행하여 지급할 수도 있다. 이처럼 부채 증서를 발행하여 적자 대금을 지급하는 것을 '부채 결제'라 한다. 그런데 이러한 부채에 의한 결제는 '원리상' 지속 가능하지 않다. 한 나라의 적자가 증가하여 부채가 계속 쌓인다면 그 나라가 부채를 상환할 수 있을지에 대해 채권 국가들이 의문을 갖게 될 것이기 때문이다. 그럼에도 오늘날 미국은 국제 거래에서 대규모 적자를 내면서도 부채에 의한 결제를 지속하고 있다. 미국은 금과 달러의 연계를 끊은 1971년부터 이미 수지 적자에 대해 '부채 결제'를 하고 있다.

미국이 발행하는 달러의 '대부분'은 원래 어음에서 발전한 것이다 [2]. 그런 의미에서 달러는 일종의 부채 증서라 할 수 있다. 부채 증서에서 발전해 온 화폐를 신용화폐라고 하는데 그 본질이 부채라는 점에는 변함이 없다. 미국

---

[2] 달러는 연준이 금이나 미국 국채를 담보로 발행한 것과 은행이 어음을 담보로, 또는 자기 신용을 바탕으로 발행한 것이 있다. 오늘날 국제적으로 유통되는 달러의 대부분은 은행 시스템을 통해 발행된다.

이 만약 달러를 발행하여 적자 대금을 지급한다면 미국은 부채에 의한 결제를 하고 있는 것이다 3). 부채는 나중에 갚아야 한다는 점에서 미국은 언젠가는 자국의 자산으로 이를 청산해야 한다. 그렇지만 이러한 부채 청산을 언제까지든 미룰 수 있다면, 미국은 사실상 부채를 안 갚아도 되는 능력을 가지고 있는 셈이다.

* 판소리 흥보가에는 흥보가 박을 타는 대목이 나온다. 흥보가 박을 타자 그 안에는 돈 궤짝이 들어 있었는데, "궤짝을 떨어 붓고 나면 도로 수북, 톡톡 털고 돌아보면 도로 하나 가득하고, 부어 내고 부어 내고" 그치지 않고 돈이 계속 나온다. 미국이 부채에 의한 결제를 지속할 수 있다는 것은 흥보가 돈 궤짝을 가지고 있는 것과 같다(안숙선 소리, 판소리 흥보가 가운데 '박 타는 대목'),https://www.youtube.com/watch?v=xUyApDHOdXg, 2021.4.12 검색.

미국은 1980년대 이후에는 지속적으로 상품/서비스 수지 적자를 내고 있다[그림 1-2]. 미국의 상품/서비스 수지 적자는 1980년대 들어서서 서서히 증가하다가 2000년대 들어서면 그 증가세가 급격해진다. 2008년 글로벌 금융위기 기간에 적자 규모가 잠시 줄어들었지만 곧바로 다시 증가세로 돌아섰다. 미국이 상품/서비스 수지 적자를 내고 있다는 사실은 대외 지급을 위한 부채가 증가하고 있다는 것을 의미한다.

---

3) 부채에 의한 결제를 한다고 해서 이것이 미국이 적자대금을 지급하기 위해 실제로 달러를 발행한다는 의미는 아니다. 어떤 나라가 미국에 대해 흑자를 내면 그것은 그저 미국 은행의 계좌에 그 금액만큼 예금으로 기록될 뿐이다. 미국의 은행들은 이 예금을 활용하여 대출을 늘려나갈 수 있다. 따라서 미국과 주변국 사이에서 수지 불균형이 커지면 커질수록 이는 금융자산의 증가로 이어진다.

[그림 1-2] 미국의 상품수지 추이

(단위: 10억 달러)

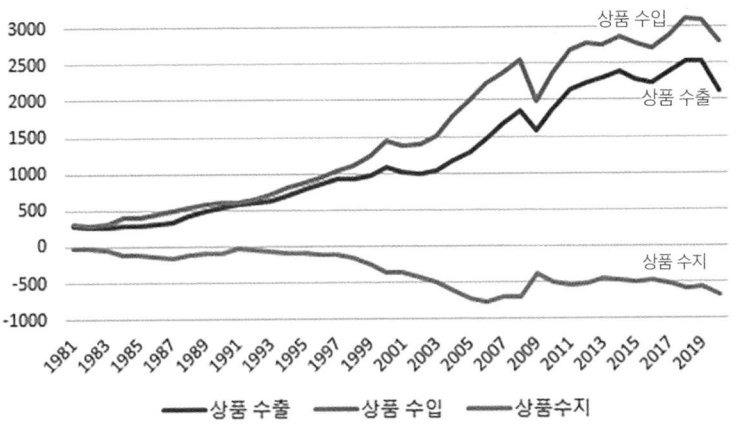

자료: 미국 상무부 경제분석국(BDA).

　미국의 상품/서비스 수지 적자가 생기면 이는 대체로 미국 재정적자로 연결된다. 이러한 메커니즘은 다음과 같이 설명할 수 있다(Stephanie Kelton 2020). 돈의 흐름을 보면 주는 쪽이 있으면 받는 쪽이 있기 때문에 이를 장부에 기록하면 한쪽은 흑자로 나타나고 다른 쪽은 적자로 나타난다. 그런 면에서 균형을 이루고 있다고 표현한다. 한 나라 안의 돈의 흐름은 균형을 이룬다. 돈의 흐름은 크게 정부 부문, 민간 부문, 외국 부분으로 나누어서 살펴볼 수 있는데, 정부 재정 수지와 민간 부문 재정 수지, 외국 부문 재정 수지는 균형을 이뤄야 한다. 균형을 이룬다는 의미는, 이미 언급한 바와 같이, 한쪽이 흑자를 내면 다른 쪽에서 적자를 내는 방식으로 세 부문을 합하면 결국 0이 된다는 것이다. 예를 들어 정부 부분이 재정 수지 적자를 내면 이를 메울 수 있을 정도로 민간 부문이나 외국 부문에서 재정 수지 흑자를 내야 한다. 민간 부문이 수지 적자를 내지 말라는 법은 없지만 대체로 흑자를 지속한다.

그렇다면 정부 부문의 재정 수지 적자는 대외 부문의 흑자에서 메워져야 한다.

대외 부문이 흑자를 낸다는 것은 자금이 미국 밖에서 미국으로 흘러들어 간다는 것을 뜻한다. 자금이 미국 밖에서 미국으로 흘러 들어가려면 주변국들이 상품/서비스 교역에서 흑자를 내야 한다. 이러한 연결고리를 통해서 미국의 재정 수지 적자는 주변국들의 상품/서비스 수지 흑자로 나타난다. 주변국들의 상품/서비스 수지 흑자는 곧 미국의 상품/서비스 수지 적자이다. 결국 미국은 정부가 재정 수지에서 적자를 내면 상품/서비스 수지에서도 적자를 내지 않을 수 없게 된다(이른바 '쌍둥이 적자').

이러한 메커니즘에 따라 미국의 상품/서비스 수지 적자가 증가하면서 재정수지 적자도 대체로 비슷한 모습으로 늘어났다. 1980년 이후 미국의 재정 수지 추이를 보면 지속적으로 적자를 내는 모습이다[그림 1-3]. 특히 2008년 글로벌 위기 이후 몇 년 동안은 재정적자 규모가 GDP 대비 10%를 넘을 정도로 폭발적으로 증가한다.

[그림 1-3] 미국의 재정적자 추이

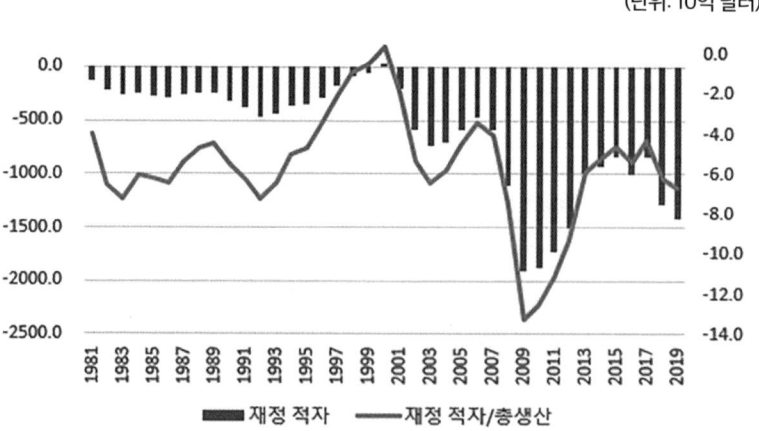

자료: 미국 상무부 경제분석국(BDA).

미국이 지속적으로 나라 빚을 낼 수 있는 이유는 달러 중심으로 돌아가는 국제 금융시장 덕분이다. 미국은 다른 나라들에 비해 상대적으로 고민을 덜 하면서 더 많은 나라 빚을 낼 수 있는데, 그 이유는 미국이 나라 빚을 내기 위해 발행하는 국채의 많은 부분을 외국의 중앙은행이나 민간 투자자들이 사주기 때문이다(사실은 어쩔 수 없이 보유할 수밖에 없는 측면이 강하지만). 바수데반(Ramaa Vasudevan)은 이를 '고통 없는 적자의 경이로운 비밀'이라 표현한다(Ramaa Vasudevan 2008).

미국은 1970년대 경험을 통해서 상품수지와 재정수지 적자가 늘어나더라도 이것이 별문제가 되지 않는다는 사실을 깨달았다. 1971년의 달러-금 교환 중지 선언 이후 달러의 유통이 과연 순조로울까에 대해 많은 비관적인 전망도 있었지만, 그럭저럭 달러 중심의 국제 금융 체제가 유지되었던 것이다. 주변국에서 미국 금융시장으로 자본이 계속 유입된다면 상품수지와 재정수지의 적자가 큰 문제가 되지 않으며, 부채에 의한 결제를 늘려서 이를 해결할 수 있다는 사실을 미국은 경험으로 알게 되었다.

그렇지만 이것이 가능하기 위해서는 미국 바깥에서 미국으로 자본이 계속 흘러 들어가는 것이 보장되어야 한다. 이러한 환경을 만들기 위해 미국은 여러 금융제도를 바꿔나갔다. 1980년대 초에 미국은 미국 안에다 역외 금융시장(International Banking Facilities)을 설치하여 여러 혜택을 주었다. 또한 외국인들이 얻는 이자소득에 부과하던 30%의 원천징수를 폐지함으로써 외국인들이 미국 국채를 더 많이 보유하도록 장려했다. 미국은 외국인 대상 증권을 유럽과 일본 시장에서 발행하기도 했으며, 국제 투자자들을 유인하기 위해 익명을 보장하는 소지인 지급 채권(bearer bond)의 발행을 허용하기도 했다(Searbrooke L. 2001).

미국은 또한 주변국들로 하여금 금융시장을 개방하게 함으로써 서로 의존하는 여러 금융 통로를 만들고 이를 통해 자금이 흐르게 함으로써 자국의 적자를 좀 더 손쉽게 보전하고자 했다. 이러한 맥락에서 1980년대부터 미국 주도로 금융 개방과 자유화가 세계적으로 추진된다(Helleiner 1994). 실제로 미국은 이러한 금융의 통합 덕분에 수지 적자를 큰 긴장 없이 보전해나갈 수 있었다. 현재까지도 주변국들은 미국에서 흑자를 낸 자금을 도로 미국으로 흘려보내고 있는 것이다.

대외 부채가 대외 자산보다 많음에도 투자 수익 올리기

미국은 대외 자산보다 대외 부채가 더 많은 순부채 국가이다. 곧, 미국이 주변국들에 투자한 돈보다 주변국이 미국에 투자한 돈이 더 많다. [그림 1-4]에서 보듯, 미국의 대외 투자와 주변국의 미국에 대한 투자는 특히 2000년대 초반부터 더욱 급격하게 증가하는 모습이다. 이 국면은 미국이 9.11테러를 계기로 금리를 아주 낮은 수준에 유지하면서 달러 발행량을 늘렸던 시기이다. 2008년 글로벌 위기 이후에도 대외 투자와 대외 부채는, 잠깐 주춤한 기간을 제외하고는, 전혀 위축되지 않았다.

특히 양적 완화 정책이 시행된 2008년 글로벌 위기 이후에 대외 부채의 증가 속도가 대외 자산 증가 속도보다 훨씬 빨랐기 때문에 미국의 순대외 부채는 더욱 급격하게 증가했다.

[그림 1-4] 미국의 대외 자산과 대외 부채

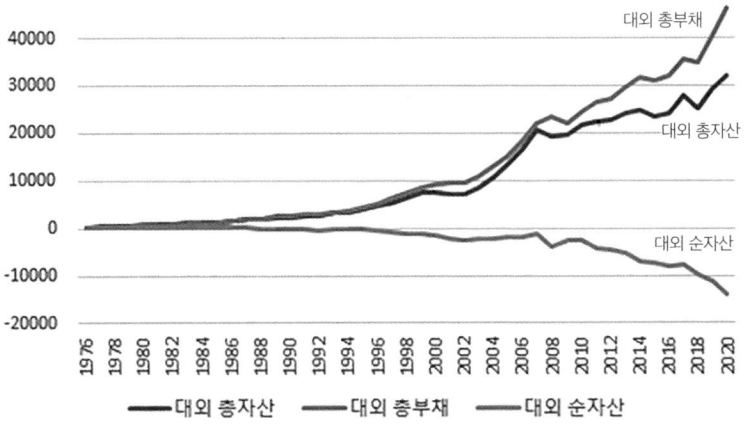

자료: 미국 상무부 경제분석국(BDA).

　미국의 투자 수지 흐름이 바뀌게 된 것은 1980년대 들어서부터다. 1960~70년대에는 미국에서 미국 밖으로 나가는 자본이 더 많았다. 그러다가 1980년대 초부터 외국에서 국채 구입 자본이 대량으로 미국으로 흘러들어가면서 미국은 자본 수입국으로 바뀐다.

　그리하여 미국은 1980년대에 순채무 국가가 되었지만 그렇더라도 이것이 미국의 대외 투자가 줄어들었다는 것을 의미하는 것은 아니다. 미국의 대외 투자가 계속 늘어났지만 주변국의 미국에 대한 투자가 더 늘어났기 때문에 미국의 마이너스 대외 순자산(대외 순부채)은 시간이 흐를수록 더 증가했다. 이는 순액으로만 보면 주변국들이 미국에 투자한 금액만 남는다는 것과 같은 의미이다.

　사정이 이렇다면 당연히 주변국들이 순 투자 수익을 내야 하지만 실제로는 거꾸로 미국이 투자 수익을 얻고 있다[그림 1-5] 4). 미국의 투자 소득 수입에서 투자 소득 지급을 뺀 순투자 소득의 흐름을 보면 그것이 2000년대 들어 큰 폭으로 증가하기 시작하다가 양적 완화 정책을 시행한 2008년부터는 더욱 급격하게 늘어난다는 사실을 알 수 있다. 양적 완화가 미국에게는 거대한 대외 투자 수익을 남겨주는 정책이었던 셈이다. 달리 말하자면, 자산 가격을 끌어 올리는데 그 본질이 있는 양적 완화 정책의 목표가 실제로 실현되어 세계적인 자산 가격 상승으로 이어지면 이는 미국의 투자 수익 증대로 나타난다는 것이다.

[그림 1-5] 미국의 대외 투자 소득

(단위: 10억 달러)

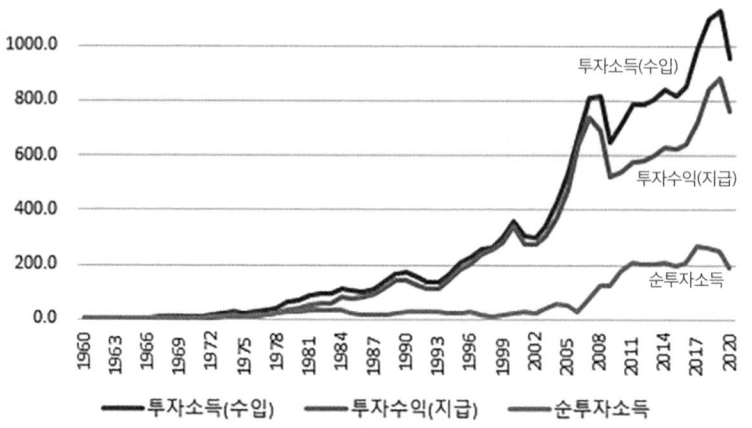

자료: 미국 상무부 경제분석국(BDA).

---

4) 1980년대 이후 세계적으로 금융자산이 팽창한 배경에는 이와 같은 대외 투자의 증가가 자리 잡고 있다.

미국이 대외 자산보다 대외 부채가 더 많음에도 투자 수익을 올리는 주요한 이유는 주변국이 미국에서 보유하는 자산은 수익률이 낮은 국채 등으로 구성된 데 비해 미국이 주변국에서 보유하는 자산은 수익률이 높은 주식 등으로 구성되어 있기 때문이다. 미국 대외 채무가 갖는 특수성은 대외 자산의 수익률이 대외 부채 수익률보다 체계적으로 높다는 점에 있다. 구린차스와 레이(Gourinchas and Rey)가 1973년에서 2004년에 걸친 기간을 대상으로 연구한 바에 따르면 미국이 외국에서 받아오는 대외 자산 수익률은 11.0%였고 미국이 외국에 지급하는 대외 부채의 수익률은 7.7%였다(Gourinchas and Rey, 2005).

미국의 대외 자산 수익률이 대외 부채 수익률보다 높다는 사실은 미국의 상품/서비스 수지 적자가 지속 가능하다는 중요한 논거 가운데 하나이다. 대외 투자 수익을 올리고 있는 미국은 그것을 밑천으로 삼아서 주변국에서 추가적으로 돈을 빌려올 수 있다는 것이다. 구린차스와 레이도 같은 주장을 한다. 미국의 대외 자산 수익률은 대외 부채 수익률보다 1.43배가 더 크다. 따라서 그들은 미국의 대외 부채가 대외 자산보다 1.43배가 더 많더라도 문제가 없다고 말한다. 미국이 주변국에서 돈을 빌려오는 대가로 이자를 지급하더라도 그것이 미국이 대외 투자에서 올리는 수익보다 작다면 별 문제가 없다는 설명이다.

실제로 미국의 대외 부채가 많다는 사실이 미국에게는 생각보다 덜 중요한 문제일 수 있다. 주변국들이 미국에서 보유하는 자산은 대부분 달러로 표시되어 있다. 이에 비해 미국이 주변국에서 보유하는 자산은 그 나라 화폐로 표시되어 있다. 그런데 미국은 환율을 유지해야 할 책임이 없기 때문에 달러의 화폐가치를 정책적으로 떨어트릴 수 있다. 이는 미국이 대외 부채의 실질적인 규모를 줄일 수 있다는 것, 그리고 그만큼 대외 부채의 규모가 미국에 주는 부담이 크지 않을 수 있다는 것을 의미한다. 물론 주변국들은 대외 자산(달러 표시 자산)의 실질적인 가치 하락에 따른 부담을 떠맡아야 한다.

•• 미국의 수지 적자를 옹호하는 이데올로기

경상수지(상품/서비스 수지를 포함하는)에서 미국이 지속적으로 적자를 내고 일부 주변국들이 지속적으로 흑자를 내는 현상은 글로벌 불균형이라는 이름으로 불린다. 이 글로벌 불균형이 누구 때문에 생긴 것인가에 대해서는 서로 대립하는 주장이 있다. 주변 흑자국들은 미국이 달러를 과도하게 발행하여 주변국들에서 상품과 서비스를 사들였기 때문에 미국의 경상수지 적자가 발생한 것이라고 주장한다. 곧, 미국 정부와 국민들이 저축을 하지 않고 빚을 내서 과도한 소비를 한 탓에 미국의 경상수지가 늘고 있다는 것이다. 그러므로 주변 흑자국들은 글로벌 불균형을 해소하는 데에서 미국이 달러 발행에서 절제력을 발휘하는 것이 중요하다고 말한다.

이러한 주장에 대해 적자국인 미국은 전혀 다른 얘기를 한다. 예컨대 미국의 버냉키(Bernanke S. Ben)는 2005년, 미국 연준 의장일 당시, 한 연설에서 주변국들의 과잉저축(Saving Glut)이 글로벌 불균형의 원인이라는 주장을 했다. 그에 따르면, 주변 흑자국들이 무역에서 벌어들인 많은 달러 자본, 곧, 과잉저축을 국내에서 적절히 소비하지 않고 미국으로 다시 되돌리기 때문에 미국이 과잉소비국으로 될 수밖에 없었다는 것이다(Bernanke S. Ben). 그는 내심 미국의 과잉 소비가 주변 흑자국의 과잉 저축을 어쩔 수 없이 반영하고 있다는 것, 그러므로 글로벌 불균형의 책임이 미국이 아니라 주변 흑자국에 있다는 사실을 말하고자 했다.

버냉키에 따른다면 글로벌 불균형의 책임이 주변 흑자국에 있고 따라서 이 문제를 해결할 주체도 그들이라는 결론이 나온다. 과잉저축론은 흑자국들이 환율을 조작하여 흑자를 많이 내고 있다는 논리를 함의한다. 이는 흑자를 내고 있는 국가들이 환율을 내려서 스스로 흑자를 줄여야 한다는 논리로 이어진다. 실제로 미국은 이러한 논리에 따라 주변 흑자국들에 대해 환율을 내릴 것을(환율을 조작하지 말 것을) 지속적으로 압박하고 있다. 이 같은 버냉키의 논리에 노벨경제학상을 수상한 크루그먼(Krugman P.)이나 파이낸셜 타임스(FT)의 수석 논설위원인 마틴 울프(Martin Wolf) 같은 사람들도 동조를 한 바 있다.

달러를 발행하여 경상수지 적자를 메우는 전략을 옹호하는 버냉키의 주장은 '글로벌 과잉 저축론'으로 불린다 5). 미국의 경상수지 적자를 옹호하는 또 다른 논리는 '세계의 벤처 캐피탈리스트론'이다. 이를 주장하는 구린차스와 레이Gourinchas and Rey)에 따르면 미국이 과거에는 낮은 수익률을 높은 수익률로 바꾸어주는 '세계의 은행' 역할(대출 중심)을 했다면 이제는 세계의 모험 투자를 주도하는 벤처 캐피털리스트 역할(증권투자, 직접투자)을 한다는 것이다(Gourinchas and Rey 2007). 그들은 미국이 경상수지 적자를 넘는 대규모 자본을 끌어들이고 이 경상수지 적자분을 메우고 남는 부분을 대외 투자에 돌린다고 주장한다. 그들 주장의 핵심은 미국의 경상수지 적자든, 대외 투자든 이것이 달러 특권을 활용한 결과라기보다, 오히려 세계의 모

---

5) 버냉키는 2002년에 "미국 정부는 첨단기술을 하나 가지고 있다. 그것은 바로 인쇄기이다"고 말한 바 있다(Paul Mason(2016)에서 재인용). 버냉키의 말이 의미하는 바는, 미국은 언제든 인쇄기를 돌려 달러를 찍어낼 수 있는 권한을 가지고 있다는 것이다.

험 투자를 가능하게 하는 원천이라는 것이다.

구린차스와 레이가 세계의 벤처 캐피탈리스트론과 대비시키며 언급한 '세계의 은행론'은 벌써 1960년대 후반에 등장했다. 당시 미국은 국제수지 적자를 겪고 있었는데, 이에 대한 적절한 설명 틀로 세계의 은행론을 내세우는 연구자들이 있었다. 세계의 은행론 주장을 간단하게 나타내자면, 미국이 국제수지 적자를 내도 그것이 문제가 되지 않는다는 것이다. 세계의 은행론 주장은 다음과 같이 요약할 수 있다.

① 미국의 국제수지 적자는 유럽의 높은 달러 수요 때문에 생긴 것이기 때문에, 불균형의 지표가 아니다.
② 미국이 장기자본 수출을 통해 공급한 달러가 단기의 달러 자산 형태로 미국 은행제도 속으로 들어온다면 미국은 일종의 국제 금융중개기관 기능을 수행하는 것과 마찬가지이다. 곧, 미국은 장기로 대출하고 단기로 차입하는 세계의 은행(world bank) 역할을 수행한다.
③ 세계시장에 유동성 잔고가 많다는 것이 세계의 은행으로 기능하고 있는 미국의 국제수지 적자 문제가 건전하지 못하다는 것을 나타내는 기준은 아니다(Emile Despres, Charles P. Kindleberger, Walter S. Salant 1966).

세계의 은행론에서는 미국을 은행으로, 그리고 주변국들을 기업으로 간주한다. 은행과 기업의 차이는 은행은 신용화폐를 발행할 능력을 가지고 있지만 기업은 그렇지 못하다는 데 있다. 그렇기 때문에 기업은 부채를 만기에 상환해야 하고 그렇지 못하면 파산해야 하지만, 은행은 부채를 화폐로 유통시킬 수 있고, 따라서 부채 지급을 미룰 수 있다. 미국은 신용화폐를 발행할 수 있는 은행과 같기 때문에 국제수지 적자 문제에 대해서도 일반적인 기준으로 평가해서는 안 된다는 것이 이들의 주장이다.

세계의 은행론에서는 국제통화 달러를 은행 신용의 화폐 형태, 곧 신용화폐로 간주한다. 킨들버거(Charles P. Kindleberger)는 달러도 어음에서 유래한 신용화폐라는 측면을 강조하면서 달러의 유통이 국제적 어음의 유통법칙을 따른다고 주장한다. 그러므로 미국의 달러 공급은 국제 상품 거래와 자본 거래라는 수요에 대응해서 신축적으로 늘었다 줄었다 하는 것이지 달러 과잉 발행은 없다는 것이다. 세계의 은행론자인 킨들버거가 얘기하고자 하는 핵심은 세계시장을 향한 달러의 발행이 주변국의 수요에 따른 것이지 미국이 달러를 전략적으로 이용한 데에 따른 것이 아니라는 사실에 있다.

과잉 저축론, 미국의 세계 벤처캐피탈리스트 역할론과 세계의 은행 역할론 등은 모두 미국의 달러 발행과 유통의 확대를 옹호하는 데 이용되고 있는 논리들이다. 이들 논리의 핵심은 미국이 달러 발행을 늘려도 크게 문제가 되지 않고, 미국 경상수지 적자의 책임도 미국이 아니라 주변국에 있다는 것으로 요약할 수 있다.

•• 미국의 달러 이익이 주변국에 미치는 영향

미국은 달러의 발행과 유통의 확대를 통해 이익을 얻는다. 미국이 얻는 이익은 주변국들에게 이러저러한 영향을 주지 않을 수 없다.

강요된 자본·금융시장 개방

제2차 세계대전 이후 한 때 세계시장에서 가장 높은 생산력과 가장 거대한 경제 규모를 자랑하던 미국 경제는 1960년대 후반부터 제조업을 중심으로 상대적인 생산성이 일본이나 독일과 같은 후발국들에게 뒤지기 시작한다. 이를 반영하여 미국의 경상수지는 1970년대에 들어서면 적자로 돌아서고 1980년대 이후에는 거대한 규모로 늘어난다. 이때부터는 경상수지 적자 보전을 위한 자금을 어떻게 마련할 것인가 하는 것이 미국의 주요한 관심사였다. 미국은 무엇보다도 국내 금융시장을 외국의 자본을 이끌어 들이는데 유리한 쪽으로 바꿔나갔다. 이와 아울러 주변국들에 대해서는 압박을 가해서 자본·금융시장을 개방할 것을 요구했다. 주변국들의 자본·금융시장 개방을 통해 미국이 달성하고 했던 것은 주변국의 금융시장을 키움으로써 달러의 발행과 유통에 유리한 환경을 만들자는 것이었다.

먼저 미국은 주변 선진국들의 자본·금융시장 개방을 요구했다. 예를 들어 1984년 5월에 미국과 일본의 '달러-엔 위원회'는 미국의 도날드 리건과 일본의 대장상 다케시타 노보루에게 보고서 제출했는데, 여기에는 일본 금융시장 자유화, 외국 금융기관에 의한 일본 시장 참여 확대, 유로 시장 자유화에 대해 일본이 대응해야 하는 조치 등이 포함되어 있다. 미국의 요구에 따라, 그리고 일본 국내의 금융 세력의 이해를 반영하여 일본은 금융 자유화와 시장개방을 추진했으며, 1986년에는 동경에 오프쇼어 센터를 설립하기도 했다. 비슷한 시기에 미국은 유럽 국가들에 대해서도 자본 자유화와 시장개방을 요구하여 관철시켜 나갔다.

1980년대 말 무렵부터 미국은 주변 개발도상국들에 대해서도 경제력에 걸맞은 금융자유화와 시장개방을 할 것을 요구했다. 1990년대에 들어서면 미국의 금융 자유화와 시장개방 요구가 더욱 거세지는데, 이때에는 이른바 워싱턴 컨센서스 이데올로기를 앞세운 국제기구들(국제통화기금, 세계은행, 국제결제은행 등)이 앞장서서 미국의 희망 사항들을 관철시켜 나간다. 특히 국제통화기금(IMF)과 세계은행은, 미국과 협력하면서, 외환위기를 겪은 국가들에 대해 국제 금융을 제공하는 대가로 자본이동 규제 완화, 금융시장 개방, 금융시스템의 전환 등을 요구했다. 예를 들어 국제통화기금은 금융시스템을 이른바 글로벌 스탠다드(사실상 미국 방식의 표준)에 따라 구조개혁을 해야 한다고 요구했다. 이렇게 본다면 여러 나라들의 자본·금융시장의 개방은 미국의 강요에 의해 이뤄진 측면이 강하다고 할 수 있다. 물론 주변국 안에도 금융과 자본시장 개방으로 이득을 얻는 계층이 존재하며 이들은 개방 정책의 지지 세력이었다.

글로벌 과잉 화폐자본의 형성과 금융자산 팽창

미국의 경상수지 적자는 글로벌 과잉 화폐자본의 형성과 금융자산 팽창으로 이어진다. 주변국이 미국에 수출을 하여 받은 대금은 미국 밖으로 빠져나가는 것이 아니라 미국 은행 계좌에 입금된다. 이리하여 미국 은행 대차대조표의 부채(예금)가 늘어나는데, 미국 은행들은 이를 바탕으로 대출이나 자산 매입을 늘려나갈 수 있게 된다. 미국 은행들은 미국 내 투자를 위한 자금도 빌려주지만 미국 밖의 투자를 위한 자금도 빌려준다.

미국 투자자들이 미국 은행에서 자금을 빌려서 주변국의 증권투자나 직접투자를 늘려나가면 세계시장에는 달러 공급이 늘어난다. 여러 나라 경제주체들이 발행하는 유가증권(주식, 국공채, 회사채 등), 금융시장에 편입된 부동산 등은 세계시장에 공급된 달러의 투자 대상이 된다. 한편 달러를 기반으로 한 자산 투자가 증가하면 자산 가격이 올라가는데, 이처럼 달러 공급의 증가는 세계적으로 금융자산을 팽창시키는 지렛대로 작용한다.

* 증권투자든 직접투자든, 주식이나 채권 등 유가증권에 투자한다는 점에서는 차이가 없다. 다만 증권투자라 하더라도 지분율이 어느 수준(대체로 10%) 이상이어서 기업 경영에 영향을 줄 수 있는 경우에는 이를 직접투자로 분류한다.

  화폐자본 가운데 유동적 형태로 금융·자본 시장에 머무르는 부분을 보통 유동성이라 하는데, 글로벌 수준의 유동성은 미국의 경상수지 적자를 반영한다. 이러한 유동성은 실물 경제에서 투자의 대상을 찾지 못하고 있는, 투기적 동기를 갖는 유동성으로서 국제 금융시장을 흘러 다닌다. 만약 이러한 유동성이 과잉이라면 이는 인플레이션 과정을 통해 그 가치가 파괴되는 것이 정상적이다. 그럼에도 그러한 유동성이 국채, 사채, 주식과 같은 투자처를 찾아낸다면 그 유동성의 가치는 그대로 유지된다.

  미국이 재정수지 적자를 메우기 위해 국채 발행을 늘리고 이 가운데 많은 부분을 주변의 여러 나라들에서 흘러나온 유동성이 떠받친다면 미국으로서는 국채 발행량을 낮은 이자를 지급하면서 늘릴 수 있게 된다. 이것이 가능하기 위해서는 유가증권을 거래하는 시장 6)이 발달해야 하며, 금융·자본시장이 실물경제에서 자립하여 운동할 수 있는 구조를 가져야 한다. 그렇기 때문에 미국은 여러 나라들의 금융시장을 자유화하고 통합하려 했던 것이다. 실제로 1980년대부터 글로벌 금융시장은 미국이 원하는 방향으로 나아갔는

---

6) 유가증권을 발행하는 시장을 1차 시장, 발행된 유가증권을 거래하는 시장을 2차 시장이라 한다.

데, 이는 금융시장을 팽창시키는 요인이었다.

금융시장의 팽창을 배경으로 미국이 다시 달러 발행을 늘려서 경상수지 적자를 메워나가면 세계시장에는 유동성으로 표시되는 달러 발행량이 더욱 늘어난다. 이런 식으로 1980년대 이후에 금융자산의 규모가 미국뿐만 아니라 주변국에서도 매우 빠른 속도로 팽창할 수 있었다. 그렇지만 현실경제와 분리된 금융·자본 시장의 독자적인 팽창은 주변국의 금융시스템을 불안정하게 할 뿐만 아니라 경제 발전에도 걸림돌 역할을 할 수 있다는 점에서 그것이 꼭 바람직한 것이라고 할 수는 없다.

외환 보유 비용 떠안기

미국이 달러 발행을 늘리는 바람에 달러가 주변국에 밀려들면 그만큼 주변국의 화폐량이 증가하므로 주변국의 중앙은행은 이른바 불태화 개입(sterilizing intervention) - 달러가 국내 금융시장에 미치는 영향을 차단하는 - 을 통해 이를 중화시키지 않을 수 없다. 그렇지만 여기에는 많은 비용이 들어간다. 예컨대 주변국 중앙은행이 자국 화폐를 발행하여 달러를 사들이면 외환보유액이 증가하는데, 이 증가한 규모의 외환보유액을 유지하는 데는 큰 비용이 든다. 또한 달러 유입에 따라 주변국 화폐 발행량이 늘어나면 주변국에서 인플레이션이 발생할 수 있는데, 이는 달러 가치 하락에서 비롯한 인플레이션의 부담을 주변국이 고스란히 떠안게 된다는 것을 의미한다.

한편 달러를 발행하여 적자를 메울 수 있는 미국은 외환시장에서 자국 통화의 환율을 유지할 책임에서 자유롭다. 곧, 미국은 국제수지 적자를 상대국이 외환 준비금으로 보유하게 할 수도 있고 7), 환율보고서에 환율 조작국으로 올리거나 올린다는 위협을 하는 등 환율 압박을 통해 국제수지 불균형의 조정 책임을 상대국에 부담시킬 수도 있다.

바수데반(Ramaa Vasudevan)은 경제적 패권국이 되기 위해서는 최후의 대부자가 아니라 최후의 채무자가 되어야 한다고 주장한다. 경제적 패권국에게는 돈을 빌려줄 여유를 가지는 것보다 빚을 낼 수 있는 능력을 가지는 것이 중요하다는 의미이다. 또한 경제적 패권국은 자국이 화폐 발행량을 늘려 그 가치가 흔들릴 때 거기에서 생기는 부담을 주변국에 떠넘길 수 있는 능력을 가지고 있어야 한다. 주변국에 비용을 떠넘긴다는 것은, 예를 들어, 달러의 발행과 유통 메카니즘을 통해 주변국의 상대적인 화폐가치에 영향을 준다는 의미이다.

외국자본에 넘어가는 주변국 기업들의 소유권

앞서 본 바와 같이 미국이 달러 발행을 늘려서 경상수지 적자를 메우면 미국 금융기관들의 예금이 증가한다. 미국에 대한 수출국 기업들이 미국 금융기관에 하는 예금은 일종의 강제된 저축이라 할 수 있다. 왜냐하면 국제 상품 거래 대금이 대부분 달러로 결제되기 때문에 기업들은 거래 준비금을 대부분 달러로 보유해야 하기 때문이다. 미국의 은행들은 늘어난 예금을 놀려둘 수 없기 때문에 대출이나 유가증권 운용으로 돌려야 한다.

미국의 투자자들은 이 예금을 대출받아 주변국 기업의 주식이나 채권을

---

7) 더욱이 미국이 금리를 1% 낮추면 주변국 중앙은행은 이 1% 금리의 미국 국채를 울며 겨자 먹기 식으로 사야 한다(Michael Hudson 2003).

사들임으로써 주변국 기업들에 대한 지배력을 키울 수 있다. 반면 주변국의 중앙은행은 미국의 투자자들이 가지고 온 달러를 다시 주로 미국의 국채나 공공채권에 운용하게 되는데, 두 거래를 총괄하면 주변국은 자국 기업에 대한 영향력을 미국 투자자들에게 내주고 이에 대한 대가로 미국에 아무런 영향력을 행사할 수 없는 1%짜리 국채를 받아오는 것으로 정리할 수 있다 (Michael Hudson 2003).

달러의 지위를 보장하는 국제기구와 제도

미국은 '준 세계화폐'의 지위를 갖는 달러의 발행과 유통의 확대를 위해 국제기구나 제도를 적절하게 활용했다. 국제통화기금(IMF), 국제결제은행(BIS), 유로달러시장, 역외금융센터(조세 회피 지역) 등은 그러한 국제기구, 제도에 해당한다.

국제 통화 기금(IMF)

국제통화기금(IMF)은 브레턴 우즈 회의에서 설립이 결정된 핵심 기구로서 설립 당시 목적은 국제수지 적자로 단기적으로 어려움에 빠진 국가를 지원하는 데 있었다. 그렇지만 국제통화기금은 꼭 설립 목적에 맞는 기능만을 수행한 것은 아니며, 미국의 필요에 따라 그 기능을 달리해 가면서 미국이 달러 유통을 확대해 나가고 구조적 권력을 행사하는 데서 없어서는 안 될 기구 역할을 해왔다.

먼저 IMF 의결기구를 통해 이 기구가 미국에게 어느 정도 의존하고 있는가를 살펴보자. IMF는 총회와 이사회로 구성된다. 총회는 상징적 의미만 지니며 이사회가 실질적인 권한을 행사한다. 일반적으로 국제기구는 1국 1표 원칙에 따라 운영되지만, IMF의 경우는 할당액(IMF Quatar)의 지분에 따라 표를 배분하는 독특한 구조를 가지고 있다. 따라서 할당액의 지분을 많이 가지고 있는 국가의 영향력이 클 수밖에 없는 구조이다. 미국은 2021년 3월 기준으로 16.51%의 지분을 보유하고 있다[표 1-2]. 그런데 IMF 안건 가운데에는 85% 이상 찬성해야 의사결정을 할 수 있는 특별 사안이 많고, 미국은 이에 대해 단독으로 거부권을 행사할 수 있다.

[표 1-2] 주요 나라들의 IMF 지분 할당 비율)

국가	표 할당수(표)	비율(%)
미국	831,400	16.51
일본	309,663	6.15
중국	306,287	6.08
독일	267,802	5.32
프랑스	203,009	4.03
영국	203,009	4.03
러시아 + 시리아	130,495 + 4,394 = 134,889	2.68
사우디 아라비아	101,384	2.01
기타	2,841,781	53.19
합계	4,996,418	100.00

자료 : https://www.imf.org/external/np/sec/memdir/eds.aspx, 2021.3.18 접속.

실질적 의사결정을 하는 기구인 이사회에는 24개 이사국만 참여가 가능하다. 24개 이사국은 미국, 일본, 중국 등 이미 정해져 있는 8개국과, 16개로 나뉜 그룹에서 그 그룹의 대표로 선출된 16개국으로 구성된다. 이사국이 아닌 나라의 의사는 소속 그룹을 대표하는 이사국을 통해서 간접적으로 전달된다. 여기에서 보듯 국제통화기금은 사실상 미국의 의사에 크게 영향을 받는 구조로 되어 있다. 여러 나라들은 IMF 할당액의 재분배를 지속적으로 주장하고 있지만 미국은 이에 귀를 별로 기울이지 않는 상황이다.

IMF는 미국의 이익에 유리한 쪽으로 기능해 왔는데, 이에 대해 몇 가지 사례를 보기로 하자. 국제통화기금 정관 제1조의 iv)에 따르면 IMF 설립 목적은 회원국들 사이 경상거래 측면에서 다국적 지급체계를 만들기 위한 것이다. 그리고 제6조에 따르면 IMF는 회원국들의 자본이동을 통제할 수 있지만, 경상거래를 위한 지급을 제한하지는 못한다. 제30조에 따르면 서비스와 단기금융 및 신용서비스를 포함하여 무역과 그 밖의 경상거래를 다루는 지급은 국제통화기금의 권한에 속하지만, 자본을 이전하는 것을 목적으로 하는 지급인 자본거래는 그렇지 않다. 곧, 국제통화기금은 국가들의 국제수지 가운데 경상계정 안에 나타나는 상품/서비스에서 발생하는 문제를 규율하는 것을 목적으로 삼고 있다.

그렇지만 1990년대 초반에 이머징 마켓으로 향하는 민간자본의 흐름이 증가하면서 IMF는 목적에서 벗어난 활동들을 벌인다. 국제 은행들과 미 재무부는 민간자본의 흐름을 촉진할 수 있도록 규제를 완화해줄 것을 여러 나라 정부들에게 요구했는데, 국제통화기금도 여기에 힘을 보태는 활동들을 벌였다. 예컨대 1996년 9월 국제통화기금의 잠정위원회(Interim Committee)는 상무이사회에 국제통화기금의 협정문을 바꿔서 국제 자본흐름의 성장으로 야기되는 문제들을 해결할 수 있도록 검토해달라고 요청했다. 1997년 4월 잠정위원회는 협정문 조항들을 수정해 국제통화기금이 '질서 있는 자본자유화 움직임'을 촉진할 수 있다고 말했다. 이때쯤 잠정위원회는 회원국들의 금융시장에 대한 국가적 규제를 제거하고 자본의 자유로운 국제이동과 모든 종류의 재정수단과 거래에 대한 제약 조건들을 모조리 제거하고자 했다.

사실 IMF는 처음부터 줄곧 국가적 경제정책에 대한 감독과 경제정책들에 대한 훈육적인 통제에 관심을 두어 왔다. 국제통화기금은 국가 사이 평등 개념 같은 것을 바탕으로 설립한 민주적 기구가 아니었다. 미국이 주도하고 영국이 협력해 고안한 이 기구는 세계의 경제에 대한 단일 관점을 수립하려는 것이 중요한 목표였다. 이 기구가 워싱턴에 자리를 잡은 이유는 미 재무부가 지배하는 의사결정 구조를 벗어나지 않기 위함이다. 앞서 본 바와 같이 이 기구의 표결제도는 미국의 의도를 관철시키는 데에 유리한 구조이고, 미국의 이익에 반하는 정책들은 채택되지 않거나 아예 논의조차 될 수 없도록 짜여 있다(Richard Peet 2003).

국제 결제 은행(BIS; Bank for International Settlements)

달러의 영향력 확대에 도움을 주는 기능을 하는 국제기구 가운데 국제 결제 은행을 빼놓을 수 없다. 국제 결제 은행은, 스위스 바젤에 자리 잡은, 세계에서 가장 오래된 국제 금융 기구이다. 원래 이 기구는 제1차 세계대전 이후 독일의 전쟁 배상금 문제를 처리하기 위해 출발했지만, 1929년에 대공황이 발생하면서 독일의 배상금 문제가 흐지부지 끝나자, 이를 계기로 1930년 5월에 새로운 모습으로 거듭났다. 국제 결제 은행의 처음 정관에 따르면 이 기구의 목적은 중앙은행 사이 협력을 촉진하는 것이었다. BIS는 일종의 친목

단체인 셈이었는데, 다양한 이론 활동을 통해 여러 나라들의 금융정책을 조정하는 등 나름대로 역할 범위를 점차 넓혀 나갔다.

사실 브레튼 우즈 협상 때는 국제 결제 은행의 해산안이 제출되기도 했다. 이 기구가 나치에 협력했다는 논란에 휩싸였기 때문이다. 이 기구의 해산 결의안은 노르웨이 정부가 제안한 것으로, 노르웨이 정부는 바젤에 기반을 둔 이 중앙 은행가들의 기구가 1930년대 말과 전시에 독일에 협력한 죄가 있다고 주장했다. 협상 때 해산 결의안을 강력히 지지했던 모겐소(당시 미국 국무부 장관)와 화이트(당시 브레턴 우즈 미국 쪽 대표)는 국제 결제 은행의 유지에 반대하면서, 국제 결제 은행의 폐지를 1931년 이전에 국제 금융 질서를 지배했던 국제 은행가들과 전쟁을 하는 것으로 보았다(Helleiner 1994).

여러 나라 은행가들은 당연히 해산에 반대하는 캠페인을 벌였다. 은행가들은, '가능한 한 이른 시점에' 국제 결제 은행을 폐지한다는, 브레턴우즈에서 통과된 결의의 실행을 무산시키기 위해 노력했다. 뉴욕 은행가들도, 국제 결제 은행이 정통 통화 이론의 아성이었다는 점에서, 그리고 앞으로 중앙은행들 사이의 협력을 회복하는 데 기여할 수 있다는 예상에서, 이 기구의 유지를 강력하게 주장했다. 미국도 브레턴 우즈 협상 초반 분위기와는 달리, 달러를 기축 통화로 삼는 데에서 이 기구의 활용 가치를 인정했기 때문에 해산 결의는 없던 것으로 유야무야 돼 버렸다.

1970년대 초가 되면서 국제 결제 은행의 역할이 큰 주목을 받게 된다. 여러 나라들이 변동환율제로 이행하고, 유로 달러가 증가하면서 국제 금융시장은 1970년대부터 본격적으로 팽창하기 시작한다. 특히 유로달러 시장에서 오일 달러를 받아서 개발도상국들에게 대출을 해주는 국제 은행들의 활동 증가가 금융팽창을 이끌었다. 그러나 은행들의 공격적인 영업에 따른 금융의 팽창은 은행 파산의 가능성을 높였다. 실제로 1970년대 후반부터 일찍이 볼 수 없었던 은행 파산이 생겨나기 시작했는데, 이러한 국면에서 국제 결제 은행은 금융기관의 건전성 감독 문제에 끼어들었다.

1975년 2월에 국제 결제 은행은 은행들의 건전성 문제를 다룰 제1회 바젤 위원회를 열었다. 바젤위원회에서는 BIS 규제로 알려진 여러 규제 방안들이 논의되었다. 이 연장선상에서 은행들의 자기자본 규제 방안이 마련되었는데, 1988의 BIS 규제안, 1992년의 바젤 I 규제안, 2001년의 바젤 II 규제안, 그리고 2008년 글로벌 위기 이후 2010년의 바젤 III 규제안으로 발전해 나간다. 구체적인 규제 내용을 보면 바젤 I는 자기자본 8% 이상 규제, 바젤 II는 더 강화한 자본적정성 규제(기본 자기자본비율 4% 유지, 보통주 비율을 2% 이상 유지), 바젤 III는 훨씬 엄격하게 자기자본을 규제(보통주 유지 비율 4.5%, 기본 자기자본 비율 6% 이상, 유동성과 레버리지 규제를 신규로 도입)하는 것이었다.

바젤위원회에서는 유동성 자산을 어떻게 규정할 것인가를 두고 미국과 영국을 한 편으로 하고 나머지 나라들을 다른 편으로 하여 의견이 대립했다. 유동성이 높은 자산의 범위를 미국과 영국은 좁게 정의하자고 주장한 데 비해 거꾸로 다른 나라들은 넓게 정의하자고 주장했다. 만약 유동성의 범위를 좁게 정의한다면 국채와 중앙은행이 발행한 채권만 유동성 자산에 들어가게 될 것이었다. 이는 은행들이 건전성을 유지하기 위해 국채와 중앙은행 발행 채권만 보유해야 한다는 것을 의미한다. 미국은 금융위기가 발생할 때마다 미국 국채에 대한 수요가 증가할 것을 기대하여 유동성을 좁게 정의할 것을 주장했다. 금융위기를 기회로 미국 국채 수요를 늘려보자는 것이 미국의 계산이었다. 결국 타협안으로 유동성의 범위를 미국과 영국이 주장했던 것보다 조금 넓히기로 했지만 실질적으로는 미국과 영국의 안이 관철된 것이나 마찬가지였다.

바젤위원회에서 은행의 건전성 규제가 도입된 이후, 미국과 영국이 예상했던 대로 글로벌 수준의 금융 위기가 터질 때마다 여러 나라들의 은행들은 더 안전한 자산, 특히 가장 안전하다고 여겨지는 달러 표시 자산을 확보하기 위한 경쟁에 나섰다. 이는 달러 수요의 확대를 의미하며, 미국이 추가로 달러를 발행해도 시장에서 소화가 된다는 것을 말한다. 국제 결제 은행 바젤위원회의 은행 건전성 규제는 달러 발행의 확대를 보장하는 또 다른 제도적 장치로서 기능하게 된 것이다. 물론 다른 나라들은 어쩔 수 없이 미국의 달러 표시 안전자산을 사야 한다는 점에서 이는 '강요된 미국 국채 구입'이라 할 수 있다.

국제 결제 은행이 미국 연준의 이데올로기를 세계적으로 퍼트리는 기구 역할을 한다는 사실도 무시할 수 없다. 국제 결제 은행은 중앙은행들의 친목 단체이고 따라서 결의 내용이 강제성을 갖지는 않는다. 그러나 미국 연준이나 잉글랜드 은행이 주도하여 이끌어낸 토의 결과를 다른 나라들이 뒤따르지 않기는 쉽지 않다. 그런 면에서 국제 결제 은행은 사실상 세계의 중앙은행 역할을 하고 있다. 국제 결제 은행은 금융세력의 이해와 관련된 다양한 이론 활동을 전개하고 있는데, 여기에서 생산된 이론들은 어렵지 않게 주변으로 퍼지며, 대부분은 주변국의 금융세력들에 의해 수용된다. 물론 이러한 이론들은 주류의 관점 속에서 전개된 것들이며 미국 달러 이해와 주변국 국내 금융세력의 이해에 유리하게 기능한다.

유로 달러 시장

유로 달러란 미국 바깥에서 돌아다니는 달러를 말한다. 미국 바깥의 달러가 주로 유럽에 있는 은행들에 맡겨져 있기 때문에 유로 달러라 부르게 된 것이다. 유로 달러가 거래되는 시장을 유로 달러 시장이라 한다. 유로 달러 시장의 가장 두드러진 특징은 금융 규제의 적용을 받지 않는다는 점에 있다. 이러한 특징은 미국 달러의 발행과 유통을 확장시키는 데에 매우 유리한 환경을 제공한다. 유로 달러 시장의 팽창은 1980년대에 금융 세계화의 전개로 이어지는 중요한 징검다리 역할을 하기도 한다(Eric Helleiner 1994).

처음 유로 달러 시장이 나타나게 된 계기는 냉전이었다. 냉전 초기에 소련이나 중국 등은 보유하고 있던 달러를 런던에 예치했는데, 그 이유는 미국에 맡겨두면 미국이 그 자금을 몰수하지 않을까 하는 두려움 때문이었다. 런던의 은행들은 이 자금을 다른 곳에 대출함으로써 수익을 올릴 수 있었다. 이러한 유로 달러 시장이 본격적으로 발달하게 된 것은 첫째, 달러의 미국 밖 유통량이 늘어났기 때문이다. 1960년대에 들어서면 세계 시장에서 미국의 제조 기업들이 누리던 상대적인 생산성 우위는 점차 사라지기 시작한다. 이에 비해 일본이나 독일의 기업들은 미국 기업들의 생산성을 바짝 뒤쫓았다. 그 결과 미국의 경상수지가 점차 불리한 방향으로 나아갔고 이는 미국이 달러 지출을 늘려야 하는 요인이 되었다. 더욱이 미국은 존슨 행정부의 '위대한 사회 프로젝트'나 베트남전을 계기로 외국인들이 수용할 수 있는 용량 이상의 달러를 유통시켰다. 둘째, 유로 달러 시장은 통화정책의 영향을 받지 않을 뿐만 아니라 이자율 규제, 지급준비율 규제 등 금융 규제를 받지 않았다. 미국은 1960년대에 대출 이자율을 규제하고 외국 투자에서 발생한 이자에 대해 세금을 매기기도 했다. 이러한 규제는 미국에서 유로 달러 시장으로 옮겨가는 달러의 양을 증가시켰다.

그리하여 1960년대 중반 이후부터 유로 달러 시장이 급속하게 팽창하기 시작한다. 유로 달러 시장 규모는 1964년에 약 90억 달러에서 1971년에는 1,450억 달러로, 그리고 1981년에는 1조 4,000억 달러로 팽창한다(Ramaa Vasudevan 2008). 이와 함께 유로 채권 시장도 팽창하여 1960~70년 사이 그 규모가 8억 달러에서 53억 달러로 늘어난다. 유로 달러 시장을 결정적으로 팽창시킨 사건은 1970년대 오일 달러의 증가였다. 유가가 오르면서 산유국에는 달러가 쌓이지만 비산유 개발도상국에는 상품수지 적자가 쌓이는 비대칭적인 구조가 나타났다. 오일 달러는 유로달러 시장을 통해 비산유 개발도상국에 대출되었는데, 그 규모가 1970년대에 2,000억 달러에 이르렀다. 미국은 오일 달러의 경험을 통해서 국제 유동성의 증가가 미국에 나쁘지 않으며, 오히려 새로운 달러 유통 경로를 만들어주는 유리한 상황일 수도 있다는 점을 깨닫게 된다.

유로 달러 시장의 발전에서 특징적인 점은 영국과 미국 정부가 거기에서 적극적인 역할을 했다는 사실이다. 유로달러 시장이 '국적 없는' 금융기관으로 그려지지만 사실은 국가의 지원에 의해 만들어졌다(Eric Helleiner 1994). 먼저 영국을 보면, 영국 정부는 파운드 헤게모니를 잃은 이후에도 런던이 국제금융의 중심지로 남아 있기를 바랐다. 영국 금융당국은 유로달러 시장을 육성하기 위해 금융거래에 적용되는 여러 규제를 면제해 주었으며, 유로채권 시장을 독려하는 조치들을 시행했다. 무엇보다 영국은 유로 시장이 런던에서 발전할 수 있도록 '시티'라는 물질적인 공간을 제공해주었다.

미국이 유로 달러 시장을 지원한 이유는 달러의 유통 범위 확대와 관련이 있다. 헬라이너(Helleiner E.)는 유로 시장 덕분에 달러를 보유하려는 외국인들의 유인이 커졌다고 설명한다. 1960년대 후반에 달러 가치가 급격하게 떨어지는 위기 상황이 발생하자 미국은 주변국 중앙은행들에 대해 달러 보유를 늘려 달라는 것과 달러를 금으로 교환하지 말아줄 것을 요청했다. 이러한 요청은 사실상 금환 본위제가 아니라 달러 본위제를 받아달라는 것과 다름 없었다. 그러나 주변국들은 미국의 이러한 요청을 받아들이는 것을 탐탁지 않게 생각했고 특히 달러의 보유가 물가 상승으로 이어지지 않을까를 걱정했다.

미국은 이러한 어려움을 유로 시장을 통해 해결하려 했다. 미국은 유로 시장의 발전이 주변국의 달러 보유를 촉진하여 미국의 금 유출을 막아줄 것으로 기대했다. 만약 외국인들이 달러를 유로 시장을 통해 보유한다면, 그만큼 달러의 유통 범위는 넓어지고 외국의 달러 보유량은 증가할 것이다. 유로 시장 지원을 위해 미국은 미국 은행들의 외국지점이 달러 대출을 할 때는 이자 평형세를 면제해 주었다. 또한 연방준비제도와 재무부는 미국 은행들의 역외 활동을 적극적으로 장려했다. 결과적으로 유로 시장은 달러 발행량 증가에 따른 모순을 완화하는 데에 도움을 주었다.

미국이나 영국 말고도 대규모 흑자를 내는 국가들도 유로 시장을 적극적으로 활용했다. 흑자국들은 달러 유입 증가로 국내 신용팽창과 물가 상승을 걱정해야 했는데, 흑자 규모가 너무 클 때는 채권 발행을 통한 달러 흡수가 쉽지 않았다. 흑자국 중앙은행은 유로 시장에서 달러를 대출해주는 방식으로 이에 대응하려 했다. 이러한 자금은 가끔 금융 투기꾼들의 손으로 들어가 강세가 예상되는 통화에 대한 투기 공격에 사용되기도 했지만 대체로 중앙은행의 시름을 덜어주는 역할을 했다.

한편 유로 시장은 민간 금융기관들에게 활동 공간을 제공한 측면이 있다. 브레턴 우즈 체제는 금융자본에 대한 억압을 내포한다는 점에 그 특징이 있다. 그런데 미국이나 영국 정부가 유로 시장을 지원하고 시장 참여자들에게 높은 수준의 자유를 허용했다는 사실은 금융 억압이 그다지 철저하지 않았음을 의미한다. 이리하여 당시 자본 통제가 존재하던 상황에서 유로 시장은 국제 민간 은행들에게 돈놀이를 할 수 있는 '놀이터'를 제공한 측면이 있다(Eric Helleiner 1994).

이렇게 본다면 유로 시장은 국제 통화 시스템이 브레턴 우즈 체제라는 공적 통제에서 민간 통제 8)로 넘어가는 징검다리 역할을 했다고 볼 수 있다. 1970년대 후반에 이르면 미국은 결국 민간 금융을 통해 적자 문제를 해결하기로 하는데, 그 이유는 그렇게 하더라도 미국이 압도적인 금융시장을 가지고 있어서 그것이 미국의 국익에 도움이 된다고 판단했기 때문이다(Eric Helleiner 1994).

달러의 유통과 관련하여 유로 달러 시장이 수행하는 역할은 모순적이다. 자본이동과 환율이 통제된 브레턴 우즈 체제에서 유로 달러 시장은 달러 유동성을 창출하여 전 세계에 공급하는 기능을 수행했다. 그렇지만 달러 공급이 늘어났다는 바로 그 사실이 브레턴 우즈 체제의 약화를 이끌고 1980년대의 금융 세계화를 등장시키는 배경이었다. 어쨌든 유로 달러 시장은 브레턴 우즈 체제에서든 그 이후든 달러 유통을 확대하는 메카니즘으로 기능했다는 사실은 분명하다.

역외 금융 센터

역외 금융센터(Offshore Center)란 '비거주자 간의 금융거래에 대한 조

---

8) 여기에서 민간 통제란 민간 금융기관들의 영향력이 증대해 가는 것, 그리고 국가 정책 수립에서 그들의 이해가 적극적으로 반영된다는 사실을 나타낸다.

세 및 외환·자본상거래의 계약을 예외적으로 면제 또는 축소해줌으로써 그들의 금융거래를 중개해주는 금융센터'를 말한다(네이버 지식백과). 이러한 역외 금융센터가 달러를 국제적인 규모로 유통시키는 데에서 중요한 역할을 담당한다. 그 이유는 세계에 공급되는 달러의 많은 부분이 역외 금융센터에 일단 축적되기 때문이다. 한 연구에 따르면 비거주자 보유의 달러 표시 자산 잔고의 지역별 분포가 카리브해 금융센터 41.1%, 영국 22.9%이었다 (McGuire P.&N. Tarashev 2007) 9). 미국이 공급하는 달러는 역외 금융센터와 영국에 집중된 다음 다시 여러 나라에 흘러 들어가는 모습을 보인다. 따라서 역외 금융센터의 발전은 달러의 유통 확대와 밀접하게 관련되어 있다.

이 역외 금융센터는 조세회피지역을 포함하는데, 경제협력개발기구(OECD)가 2009년에 추산한 바에 따르면 여기에 숨겨진 자산 규모가 1조 5,000억~11조 5,000억 달러에 이른다. 또한 런던에 본부를 둔 조세정의네트워크는 1970년대부터 2010년까지 세계 곳곳의 조세회피처로 흘러간 금융자산 누적액이 최소 21조 달러에서 최대 32조 달러에 이를 것으로 추산한다. 조세회피지역이 달러의 유통 확대에 기여한다는 점 때문에 미국은 일찍부터 정부 차원에서 조세회피지역의 금융거래를 지원하고 보호했다. 니컬러스 색슨(Nicholas Shaxson)은 『보물섬』에서 조세회피지역이 성장하는 데에, 미국 정부나 영국 정부가 얼마나 큰 도움을 주었는가를 설명한다(Nicholas Shaxson 2011) 10).

---

9) 영국의 '시티'는 사실상 조세회피지역이다(Nicholas Shaxson 2011).
10) 2008년 글로벌 위기 이후 조세회피지역 규제 문제가 제기되기도 했지만 얼마나 실효성 있는 정책으로 이어졌는지는 의문이다.

•• 달러 지위에 대한 전망

달러 지위를 둘러싼 논쟁

미국의 상대적인 경제력이 지속적으로 낮아지면서 달러의 운명에 대한 논의가 활발하게 전개되고 있다. 이러한 논의는 사실 1971년의 금-달러 교환 정지 선언 때부터 있어 왔으며, 1980년대 중반 일본이 부상할 때, 1999년 유럽연합이 단일통화인 유로화를 도입했을 때, 그리고 2008년 글로벌 금융위기가 터졌을 때도 달러의 지위가 위태롭게 될 것이라는 전망이 나온 바 있다. 최근에는 중국의 부상으로 달러의 지위가 흔들릴 것이라는 논의가 새롭게 주목을 받고 있다. 이에 대응하여 달러 지위가 여전히 장기간 지속될 것이라는 전망도 있다. 달러의 지위를 둘러싼 논쟁의 한 가지 특징은 그것이 정치적인 입장에 따른 대립 현상을 보이지 않는다는 점이다. 진보로 분류되는 연구자들 가운데서도 달러 지위 약화론의 입장에 서기도 하고 거꾸로 달러 지위 불변론의 입장에 서기도 한다. 보수로 분류되는 연구자들도 마찬가지이다.

주류 이론가들 가운데 달러 지위 약화론을 주장하는 사람들은 그 근거로 미국 경상수지 적자와 재정 적자의 확대를 든다. 예컨대 옵스펠트&로고프, 루비니 같은 연구자들은 지폐(달러) 발행과 투자 수익으로 막대한 이득을 얻는 체제는 달러 신인도에 문제가 생기거나 금리가 상승하면 유지되기 어려울 것이라고 설명한다. 이들은 달러 가치를 유지해주던 현재의 자금 순환체제가 앞으로 어떤 식으로든 변화를 겪을 것으로 전망한다.

진보학자들 역시 미국의 경상수지와 재정수지 적자 누적이 지속 가능하지 않을 것이라는 점을 근거로 달러 지위 약화론을 주장한다. 예컨대 아리기(Arrighi G.)는 '축적의 체계적 순환(systemic cycle of accumulation)'이라는 개념을 통해 좀 독특한 주장을 편다. 그는 헤게모니 기반이 변하는 역사적 과정을 물질적 팽창 시기와 금융적 팽창 시기로 구분한다. 이는 각각 헤게모니 힘이 올라가는 시기와 내려가는 시기에 대응한다. 그에 따르면 20세기 후반 미국의 금융 팽창은 이어지는 세기의 미국 헤게모니의 약화로 이어질 것이라고 한다. 그는 장기적인 관점에서 19세기 말 대공황(1973~94)과 1970년대 이후(구체적으로 1973~93)의 지속적인 침체를 비교하면서 그 공통점으로 제조기업 이윤율의 하락, 경쟁 압력의 강화, 체제 전반의 과잉 축적에 따른 금융화의 진전을 든다. 아리기는 제조기업들의 수익이 하락하자 그들이 경쟁에서 이기기 위해 투자를 늘리는 것이 아니라 금융의 유동성과 금융 축적으로 자금을 돌렸다고 설명한다. 그에 따르면 수익성이 떨어진 제조기업들은 마지막 피난처를 화폐 금융시장에서 발견하고, 그리하여 금융이 팽창하지만, 이는 한 나라의 중추를 형성하는 제조기업들이 쇠퇴하고 있다는 사실, 따라서 헤게모니가 황혼을 향해 가고 있다는 사실을 보여주는 것이다. 금융화의 귀결은 수지 적자 증가에 따른 국가 채무의 증가로 나타나지 않을 수 없다. 아리기는 이 채무 문제가 결국 헤게모니 약화로 이어질 것이라고 본다.

20세기 초반 영국의 헤게모니 쇠퇴는 19세기 후반부터 전개된 금융의 팽창과 그에 이은 채무의 증가 때문이었다. 미국도 현재 똑같은 문제를 겪고 있다는 것이 아리기의 시각이다. 미국은 대외 채무 문제 해결을 위한 수단으로 세금을 더 걷는 방안은 사실상 대안으로 고려하지 않는다. 결국 미국에게는 대외 채무를 해결하는 수단으로 국제통화인 달러의 지위를 이용해서 화폐를 추가로 발행하는 방법밖에 남지 않는다. 그런데 달러의 지위를 유로화와 위안화가 위협할 것이므로 그 결과 달러의 지위는 점차 약해질 것이라고 아리기는 설명한다.

미국의 수지 적자 누적이 제국의 특권적 지위를 증명하는 것이지 미국 헤게모니 약화를 증명하는 것은 아니라는 의견도 있다. 달러가 여전히 기축통화 지위를 유지할 것이라고 주장하는 주류 이론 가운데는 미국과 중국이 운명 공동체이므로 쉽게 헤어지지 못할 것이라는 닐 퍼거슨의 '차이메리카론' 11), 미국이 대외 자산보다 대외 부채가 많은 데도 투자 수익을 올리는 데는 미국이 가진 우리가 알 수 없는 그 무엇이 있다는 '암흑물질(dark matter) 이론', 현재의 달러 시스템이 과거의 브레턴 우즈 체제처럼 나름대로 안정적이라는 '브레턴 우즈 II론', 세계 경제가 여전히 달러 트랩에 갇혀 있다는 '달러 트랩론' 등이 있다.

* 영국 파운드 지위 약화 과정에서 비슷한 사례를 볼 수 있다. 19세기 후반부터 세계시장에서 영국의 산업적 우위는 기울기 시작했지만 거꾸로 금융은 승승장구했다. 그러나 금융의 성장으로 영국 내의 모든 사람들이 골고루 이익을 얻는 것은 아니었다. 주목할 만한 사실은 18세기 후반을 기점으로 이 이전 반세기 동안 지속적으로 상승했던 실질 임금 수준이 그 이후에는 역전되어 전반적으로 하락세로 돌아섰다는 점이다. 임금의 하락과 때를 같이하여 영국 중심의 세계자본주의 체계는 위기에 마주쳤다(Giobanni Arrighi 2007).

여기에서는 미국에서 활동하고 있는 인도 출신 학자인 프라사드(Eswar S.

---

11) 차이메리카는 차이나와 아메리카의 합성어로, 중국과 미국이 운명 공동체임을 나타내기 위해 영국의 보수주의 금융학자인 닐 퍼거슨이 사용하는 용어이다.

Prasad)의 달러 트랩론만을 보기로 한다. 달러 트랩론에 따르면 미국의 달러가 그 지위를 계속 유지할 것이라는 근거로 1) 미국의 경제력이 상대적으로 줄기는 했지만 여전히 세계 최대의 경제력을 가지고 있다는 점, 2) 거래의 단위이자 교환의 매개체로서 달러화의 역할은 장기적으로 줄어들 것이지만 가치 저장 수단으로서 달러화 지위는 줄어들지 않을 것이라는 점, 곧 미국 달러로 표시되는 금융자산, 특히 미국 국채의 지위는 흔들리지 않을 것이라는 점, 3) 미국 국채는 여전히 전 세계에서 가장 안전한 자산이라는 점, 4) 외국인 투자자들은 미국 국채 발행액의 절반가량을 보유하고 있는데, 미국의 달러가 약해지면 주변국들은 자국 통화가 강해지는 것을 막기 위해 외환시장에서 달러를 사들일 수밖에 없고, 따라서 주변국의 외환보유고가 늘어나 준비통화로서 달러화의 중요성이 오히려 강해지는 결과를 낳는다는 점을 들고 있다(Eswar S. Prasad 2014). 실제로 외환준비고에서 달러가 차지하는 비율을 보면 최근 좀 줄어들기는 했지만 지금도 60% 정도를 차지한다[표 1-3].

[표 1-3] 중앙은행 외환보유액에서 자치하는 통화 비중

(단위 : %)

	2015	2016	2017	2018	2019	2020
달러	65.7	65.4	62.7	61.7	60.7	59.0
유로	19.1	19.1	20.2	20.7	20.6	21.2
위앤	0.0	1.1	1.2	1.9	1.9	2.3
엔	3.8	4.0	4.9	5.2	5.9	6.0
파운드	4.7	4.3	4.5	4.4	4.6	4.7
기타통화	6.6	6.1	6.4	6.1	6.2	6.8
	100	100	100	100	100	100

자료: IMF.

스트레인지(Susan Strange)로 대표되는 그람시학파 국제정치·경제학 연구자, 그리고 파니치(Leo Panich)와 같은 진보 연구자들도 미국의 달러 패권

이 건재할 것이라고 주장한다. 그들은 이의 핵심 근거로 신자유주의 패러다임의 글로벌 수준 확산, G7와 같은 비공식 기구들의 활동, IMF나 세계은행과 같은 제도화한 기구 등을 통해 행사되는 이른바 '구조적 권력'과, 달러 이외에는 현재로서는 국제통화로 기능할 수 있는 대안 통화가 없다는 점, 그리고 영국의 파운드화 몰락과정에서 보듯, 국제통화로서 갖는 지위가 장기에 걸쳐 변화한다는 점 등을 든다.

논의의 평가

위에서 달러의 지위에 대한 전망과 관련한 논의를 간단히 살펴보았다. 위 논의의 특징은 달러의 지위를 나라들 사이의 관계에서 주로 살펴보고 있다는 점이다. 물론 달러는 미국과 주변국들 사이에서 발생하는 여러 조건들의 변화에 따라 지위가 결정적으로 달라질 수 있다. 예컨대 미국과 중국의 관계 변화는 달러의 지위에 큰 영향을 끼칠 것이다. 미국과 주변국들의 노동 생산성의 상대적 격차도 마찬가지로 큰 영향을 끼칠 수 있다.

그러나 달러의 지위는 대내적 요인에 의해서도 영향을 받지 않을 수 없다. 대내적 요인을 고려하지 않으면 달러 지위에 대한 전망은 제대로 된 것이 아니다. 대내적 요인이란 달러 특권을 활용하려는 정책, 곧 달러 발행과 유통을 확대하려는 미국의 정책이 미국 내에서 불평등을 만들어낸다는 점이다. 이 불평등 문제가 달러 지위의 발목을 잡는 근본적인 요인일 수 있다.

2014년 10월, 당시 미국 연방준비제도(연준) 이사회 의장을 맡고 있던 옐런(Jarnet L. Yellen)은 한 컨퍼런스에서 미국의 불평등 문제를 주제로 삼은 중요한 연설을 했다. 이는 3년마다 공표되는 '소비자 금융 조사(Survey of Consumer Finances)' 자료를 연준이 정밀하게 분석하여 얻은 결과에 기초한 것이었다. 옐렌에 따르면 미국의 불평등 수준은 지난 수십 년 동안 지속적으로 나빠지는 추세를 보였다. 분석 결과는 지난 100년에 걸친 기간에서 현재가 가장 불평등이 심하다는 것을 보여준다. 소득을 기준으로 볼 때, 1989년부터 2013년 사이에 상위 5%는 38%가 증가했는데, 하위 95%는 10% 증가에도 미치지 못했다[그림 1-6].

[그림 1-6] 미국의 소득 분배

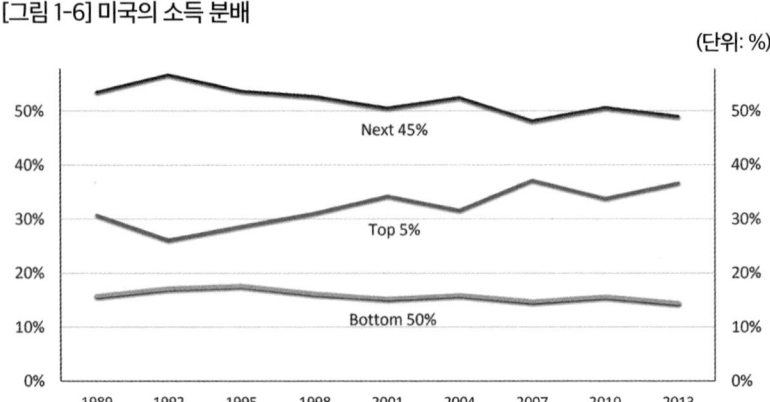

자료: Jarnet L. Yellen(2014).

부의 분배는 소득 분배보다 불평등 정도가 훨씬 심한 것으로 드러났다[그림 1-7]. 옐런에 따르면 미국 최상위 5%가 차지하는 부의 비중이 1989년에는 54%였는데, 2010년에는 61%로 늘어났다. 미국 양적완화 효과가 나타난 이후인 2013년에는 그 비중이 63%로 더 늘어났다. 하위 50%의 부는 1989년 3%에서 2013년에는 1%로 오히려 줄어들었고, 그 가운데서도 하위 20%는 부를 아예 보유하지 못했다. 금융자산만을 분리해서 봐도 전체자산과 거의 비슷한 모습을 보였다. 2013년 기준으로 최상위 5%는 전체 금융자산의 3분의 2를 보유했고, 그다음 45%는 3분의 1을 보유했지만 나머지 50%는 2%만을 보유했다(Jarnet L. Yellen 2014).

[그림 1-7] 미국의 자산 분배

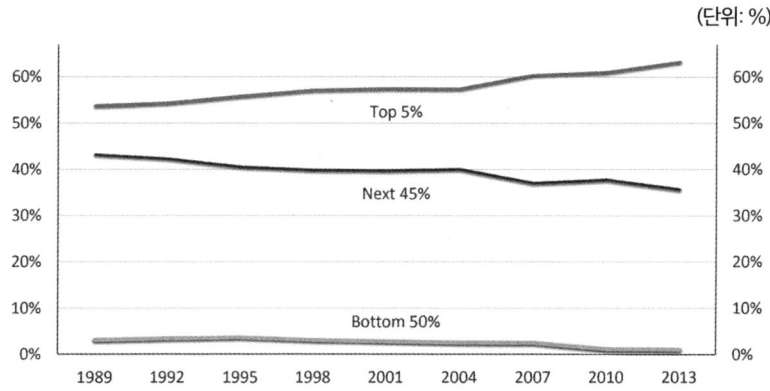

자료: ibid.

옐렌은 미국의 불평등이 심해진 이유를 연설에서 밝히지 않았다. 그렇지만 스티글리츠는 미국의 자산 불평등의 중요한 원인으로 금융정책을 꼽고 있다(Joseph E. Stiglitz 2016). 미국의 불평등 확대가 금융정책과 관련이 있다는 사실은 최근의 양적완화 정책을 통해서도 알 수 있다. 미국은 2008년 글로벌 위기 이후 자산 가격을 유지하기 위한 대규모 양적완화 정책을 폈는데, 이것이 미국뿐만 아니라 세계적으로 자산 가격 상승에 큰 영향을 주었다. 그렇지만 그러한 양적완화 정책의 효과를 살펴보면 그것이 미국뿐만 아니라 주변국들에서 불평등을 키우고 있다는 사실을 알 수 있다.

이처럼 미국의 달러 발행과 유통에서 파생된 미국 내의 자산 불평등이 얼마나 지속 가능한지가 달러의 운명을 결정하는 요인이 될 수 있다. 마찬가지로 미국의 달러 정책이 주변 국가들에서도 자산 불평등을 증대시킨다는 점이 달러 지위에 영향을 줄 수 있다. 미국의 달러 정책은 모순적인데, 미국이 달러 이득을 확대하려고 하면 미국 내에서 불평등이 증가하고, 따라서 달러의 지위가 약해진다. 거꾸로 미국이 자국 내의 불평등을 완화하려 한다면 달러 이득을 확대하는 정책(곧, 신자유주의 정책)을 포기해야 하지만 이를 전망하는 것은 사실상 불가능하다.

•• 브레턴 우즈 체제의 간략한 이해

브레턴-우즈 체제

달러가 진정한 의미에서 세계 경제에서 중심적인 역할을 하기 시작한 것은 제2차 세계대전 이후라 할 수 있다. 미국이 달러를 통해 얻는 이득과 세계를 경영하는 지배력은 구체적인 체제를 통해서 생겨난다. 달러가 세계시장에서 지배적인 역할을 할 수 있도록 하는 체제를 이끌어낸 것은 제2차 세계대전이 끝나갈 무렵에 브레턴 우즈에서 열린 한 회의였다. 이 체제를 보통 회의가 열린 장소명을 따라 '브레턴 우즈 체제'라 일컫는다.

1) 브레턴-우즈 체제의 성립 배경
<대내 측면>
미국이 브레턴 우즈 체제를 주도할 때 미국은 국내적, 국제적 요인을 고려해야 했다. 미국은 국내적으로는 산업들(구체적으로 산업자본과 금융자본) 사이의 이해관계, 계급들 사이의 세력 관계를 고려해야 했고, 국제적으로는 미국의 압도적인 경제력을 활용할 수 있는 유리한 방향이 무엇인지를 고민해야 했다. 먼저 브레턴 우즈 체제가 성립한 배경의 대내적 측면 가운데, 미국 안의 사회 세력들 사이의 이해관계를 살펴보기로 하자.

브레턴 우즈 협상에 가장 직접적으로 영향을 준 사건은 1929년 세계 대공황이라 할 수 있다. 1929년 대공황 이후 노동자들의 불만이 극에 달한 데다, 1917년 러시아 혁명의 성공이 끼친 영향은 미국 사회를 혁명적인 분위기로 만들어 놓았다. 민스키(Minsky, H.P)의 표현을 빌리자면 대공황 이후 미국은 '붉은 1930년대'를 맞아야 했다(Hyman P. Minsky 1975). 홉스봄(Hobsbawm E.)은 그의 저서 『극단의 시대 : 20세기 역사』에서 이 시기가 포함된 1914~1945년을 '파국의 시기'로 파악했다(Eric Hobsbawm 1994). 홉스봄은 이 시기에는 보수적인 지식인들조차 그 사회가 살아남는 쪽에 돈을 걸려고 하지 않았으며, 미국까지도 붕괴할 것처럼 보였다고 증언한다.

이러한 상황에서 케인즈(Keyenes J. M.)의 대표 저서인 『일반 이론』이 출판되었는데, 이 책의 주장들은 나중에 브레턴 우즈 협상에도 큰 영향을 끼친다 12). 케인즈는 『일반 이론』을 마무리하는 장에서 그가 지향하는 사회철학에 대해 설명한다(John Maynard Keynes, 1936). 거기에서 케인즈는 우리가 살고 있는 경제사회의 두드러진 결함이 '완전고용을 실현하는 데서 실패하고 있다는 것'과 '부와 소득을 제멋대로 불평등하게 분배한다는 점'이라고 설명한다. 이러한 결함을 치유하는 정책으로서 케인즈는 소비와 투자를 늘

---

12) 케인즈는 브레턴 우즈 협상의 영국 쪽 대표이기도 했다.

리는 과제를 설정한다.

그런데 소비와 투자는 저절로 늘어나지 않기 때문에 이를 실행하기 위해서는 정부의 기능을 확장하는 것이 필요하다고 케인즈는 생각했다. 정부가 소비와 투자를 늘리기 위해 적극적으로 역할을 해야 한다는 것이다. 그렇게 하는 것만이 '기존의 경제적 형식들 전체가 파괴되는 것을 피하는' 유일한 길이라고 케인즈는 믿었다. 케인즈는 또한 '이자 생활자들의 안락사'를 얘기한다. 이자는 그 어떤 진정한 희생에 대한 보상이 아니라 자본의 희소가치를 이용해 먹는 데에서 나오는 것이고, 따라서 자본이 풍부해지는 미래에는 사라질 운명에 놓여 있다고 케인즈는 생각했다.

케인즈 얘기를 정리하면, 자본주의 경제 체제를 유지하려면 무엇보다 산업자본을 살리는 것이 중요한데, 이를 위해서는 산업자본이 만들어내는 상품을 소비할 노동자들의 능력을 키워야 하고(실업의 해결도 노동자들의 소비 능력을 키우는 하나의 수단임), 거꾸로 산업자본으로부터 이자와 임대료를 받아가는 세력의 힘은 일정하게 억제해야 한다는 것이다. 고전파 경제학의 완성자로 불리는 리카도(Ricardo D.)는 일찍이 정치·경제학의 주요 문제가 자본가의 이윤, 노동자의 임금, 지주의 임대료 사이의 분배를 규제하는 법칙들을 확정하는 것이라고 말한 바 있다.

한 나라 정책의 목표도 결국은 이윤, 임금, 임대료 사이에 영향을 끼쳐서 바람직한 방향으로 유도하는 것이라 할 수 있다. 볼테르는 『돈』이라는 그의 저서에서 정부의 역할이 한 부류의 시민이 가지고 있는 부를 다른 부류의 시민에게 넘겨주는 것일 뿐이라고 말했다고 전해진다. 케인즈는 산업자본를 살리기 위해 국가의 정책으로 노동자에 대한 분배를 늘리고 이자와 임대 소득으로 돌아가는 몫은 줄이려는 전망을 가지고 있었던 셈이다. 케인즈가 특히 관심을 가졌던 문제는 금융 부분으로 흘러 들어가는 소득을 줄이는 것이었다. 이를 위해 케인즈는 산업의 필요에 따른 돈거래만 인정하고, 그 밖의 '돈놀이'를 위한 거래는 엄격하게 규제하는 것과 이자율을 낮은 수준으로 유지하는 것의 필요성을 생각했다 13).

1930년대에 산업자본가들은 균형 재정과 금본위제와 같은 전통적인 정책들은 이미 신뢰를 잃었다고 보았다. 균형 재정은 노동자나 산업자본에 대한 정부 지원 능력을 억제한다는 점에서, 그리고 금본위제는 화폐의 발행량을 중앙은행의 금 보유에 연결시킴으로써 산업자본의 축적에 필요한 화폐량을 제한한다는 점에서 대체로 금융자본의 이해에 편향적인 제도들이라고 산업자본가들은 생각했던 것이다. 루스벨트(Roosevelt F.) 행정부는 금본위제가 '국제 은행가들의 낡은 물신' 가운데 하나라면서 1933년에 금본위제에서 탈퇴했고, 따라서 화폐제도에 발목이 잡히지 않으면서 적자 재정을 적극적으로 편성했다. 노동자, 농민, 산업자본가 세력의 지원을 받은 뉴딜 세력은 대공황 책임의 많은 부분을 뉴욕 금융계, 특히 모건 금융제국(House of Morgan)에 지웠다. 이러한 사정 때문에 헬라이너(Helleiner E.)는 브레턴 우즈 체제가 1940년대 미국 산업자본의 힘을 반영한다고 설명한다(Eric Helleiner 1994).

이처럼 대공황 이후는 노동에 대해 어느 정도 양보해야 할 필요성, 산업자본의 회생을 위해 금융자본을 억압해야 할 필요성, 국가가 적극적으로 역할

---

13) 실제로 제2차 세계대전 이후 얼마 동안은 금융을 규제했다. 매키넌(Mckinnon R.)이라는 학자는 이를 '금융 억압'이라 표현했다.

을 해야 할 필요성이 인정되는 분위기였다. 이러한 사회 분위기는 브레턴 우즈 협상 시기까지 이어졌다.

<대외 측면>

제2차 세계대전이 끝나갈 무렵 미국의 상대적인 경제력은 압도적이었다. 유럽의 주요 나라들이 전쟁 과정에서 많은 피해를 본 데 비해 미국은 직접적인 피해는 피할 수 있었고, 거기에다 유럽에 전쟁 물자를 댄 미국의 기업들이 크게 성장했기 때문이다. 제2차 세계대전이 끝나고 5년이 지난 시점의 상대적인 경제력을 보면 미국은 선진국 총생산의 58%, 총자본스톡의 60%, 총 노동자의 33%를 차지했다. 1인당 총생산 수준은 미국을 100으로 잡을 때, 영국은 55, 독일은 37, 이탈리아는 25였다. 제조업에서 미국의 노동자 1인당 생산성은 영국의 2배, 독일의 3배를 넘었고, 일본과는 이보다 더 큰 격차를 보였다(Amstrong et. 1994).

미국은 대외 측면에서 미국이 가진 압도적인 생산력을 브레턴 우즈 체제를 통해 세계 경제를 지배하는 영향력으로 바꾸는 데에 관심을 가졌다. 당시 미국의 근본 이익은 상품 수출 시장을 최대한 확보하는 것, 전략적인 중요성을 갖는 원료를 확보하는 것, 이를 위해 어디에든 자유롭게 투자할 자유를 얻는 것, 무엇보다 세계적인 수준에서 달러의 유통을 보장하는 것에 있었다. 미국은 브레턴 우즈 체제가 미국의 근본 이익에 공헌하는 메카니즘으로 기능하기를 기대했다.

2) 브레턴 우즈 체제의 내용과 함의

브레턴 우즈 체제에서 핵심을 차지하는 것은 달러의 역할과 관련된 것이었다. 브레턴 우즈 체제의 특징은 금을 세계의 표준(본위) 화폐로 삼되, 당시 대부분의 금을 미국이 보유하고 있는 현실을 감안하여, 달러에도 본위화폐의 기능을 부여하자는 데 있다. 미국에서는 금 1온스가 35달러로 정해져 있었는데, 이를 국제적으로 확장하여 미국은 외국의 통화당국이 35달러를 가져오면 금 1온스를 내준다는 약속을 한다. 이렇게 해서 달러를 국제통화로서 금처럼 사용할 수 있게 하려는 것이 미국의 의도였다. 이 때문에 브레턴 우즈 체제를 명목상은 금본위제이지만 사실상 금환 본위제라고 얘기하기도 한다.

국제통화제도는 다음과 같은 기능을 수행해야 한다. 1) 가치척도 기능(각국 통화의 환율 평가의 기준이 되는 기능), 2) 나라들 사이 상품·서비스의 거래 통화 기능, 3) 통화당국이 환율을 안정시킬 때 사용할 수 있는 개입 통화 기능, 4) 국제 거래의 최종적인 결제 수단 기능, 5) 가치를 저장하는 수단을 제공하는 것이 그것이다. 무엇으로 이러한 기능을 수행하게 해야 하는가 하는 것을 화폐 표준(본위)의 문제라 한다. 이러한 본위는 역사적으로 금화 14), 금(금덩어리), 금환(금으로 바꿀 수 있는 어음이나 종이 화폐), 순수한 종이 화폐 순으로 발전해 왔다.

금본위제는 영국에서 1817년에 수립된 이래, 1870년대에는 주요 나라들이 이를 뒤따르면서 국제체제로 구축되어 1914년(제1차 세계대전)까지 이어졌다. 금본위제도가 무너지기 직전인 1913년, 영국의 금 보유고는 3,750만 파운드였는데, 발행 통화량은 9억 9,100만 파운드에 이르렀다. 그럼에도 영국은 금태환 요구를 별로 받지 않았는데, 이의 가장 중요한 이유는 영국의 금융시

---

14) 역사적으로 금화 본위제가 현실에서 실제로 시행된 적은 없다.

장이 발달해 있었고 세계 경제가 런던 금융시장을 중심으로 돌아가고 있었기 때문이다. 금환본위제도는 제1차 세계대전 이후 1922년에, 영국, 프랑스, 이탈리아, 벨기에 등의 정부 대표들이 참여한 가운데 열린 제노바 회의에서 영국의 파운드를 금과 함께 각국 중앙은행의 대외준비자산으로 추가하기로 결의함으로써 성립했다 15).

달러의 지위와 관련하여 브레턴 우즈에서 합의된 내용은 제노바 합의에 따른 금환본위제를 참고로 한 것이었다. 차이가 있다면 파운드의 금 역할은 일시적인 것으로 간주된 반면 달러의 금 역할은 시기 제한이 없는 것으로 간주된 데에 있었다. 미국이 달러를 금과 바꿔주지 않겠다는 1971년 닉슨 선언 이후에 달러는 사실상 미국 국채를 담보로 발행된다. 그런 의미에서 현재의 본위제를 (미국) 국채 본위제 또는 달러 본위제라 일컫는다. 브레턴 우즈 체제의 달러-금환본위제든 1971년 이후의 달러 본위제든 주변국들이 대외 준비금을 달러로 쌓아야 한다는 점에는 변함이 없으며 이러한 사실이 달러의 지위를 특권 수준으로 올려놓는 중요한 요인이다.

또한 브레턴 우즈에서는 조정 가능한 고정환율제를 도입했는데, 이는 여러 나라들 사이 차익을 노린 자본 이동의 자유를 제한함으로써 금융의 팽창을 억제하고, 이를 바탕으로 국내에서 국가의 확장적 재정 정책, 노동에 대한 일정한 타협적 포섭이 가능하도록 한 것이었다. 곧, 브레턴 우즈 체제는 국내

---

15) 영국 파운드는 원리상으로는 잉글랜드 은행이 보유하고 있는 금을 담보로 발행한 것이다. 따라서 잉글랜드 은행은 파운드 보유자가 그것을 금으로 바꿔달라고 요구하면 거기에 따라야 한다. 제노바 회의에서 금환 본위제를 결의했다는 의미는 파운드를 금으로 간주한 것이므로 잉글랜드 은행은 파운드 보유자에 대해 금 교환 의무를 지지 않는다는 것이다.

적으로는 노동에 대해 어느 정도 양보를 보장하고 산업자본을 보호하면서도 국제통화로 기능하는 달러의 발행을 통해 미국이 얻게 될 이득을 구조화시키는 데 있었다.

브레턴-우즈 체제의 모순

브레턴 우즈 체제는 금융자본가에 대한 산업자본가 이해의 상대적인 우위의 인정, 노동에 대한 타협적 포섭, 다른 나라들에 대비한 미국 노동 생산성의 상대적인 우위를 조건으로 성립한 것이다. 만약 이런 조건들이 흔들린다면 브레턴 우즈 체제의 운명도 이를 따를 수밖에 없는 구조였다. 실제의 역사적인 과정은 이러한 조건이 계속 유지될 수는 없다는 것을 보여주었다. 미국이 수출 시장을 확대한다는 것은 미국의 상품을 사줄 주변국의 발전을 의미한다. 주변국의 발전은 미국에 위협을 가할 수 있는 경쟁자가 성장한다는 것과 같다. 만약 미국이 달러의 발행량을 늘려 유통을 확대한다면 이는 달러 가치의 안정성이 달린 문제가 된다.

금환 본위제에서 국제적으로 유통되는 통화는 금으로 교환이 가능한 몇몇 통화로 구성되는데, 이렇듯 국제통화 또는 준비통화로 사용되는 통화를 기축통화(Key Currency)라 한다. 물론 브레턴 우즈 체제에서 가장 중요하고 실질적인 영향력을 가진 기축통화는 달러뿐이었다. 만약 기축통화국인 미국이 공적 금 보유에 비해 너무 많은 화폐를 발행하면 그 화폐를 금으로 바꾸려는 움직임이 생겨나고 신인도가 떨어질 것이다. 그런데 미국 경쟁자들의 노동 생산성이 높아져서 주변국들이 미국에 대한 수출을 늘리면 그 주변국들에는 달러가 쌓이게 된다. 이는 달러의 신인도가 낮아진다는 것을 의미한다. 이와 거꾸로 미국의 압도적인 노동생산성 우위가 지속된다면 세계시장에는 달러가 말라서 상품·서비스 거래가 위축되는 상황으로 연결될 것이다.

이처럼 기축통화국인 미국이 상품 수출을 늘리거나 수지 균형을 유지하려고 하면 세계시장은 달러 부족에 빠지고 미국이 상품 수입을 늘리면 달러 과잉이 되어 달러의 신인이 낮아지는 상황이 전개될 수 있다. 일찍이 1960년대 초에 벨기에 출신의 트리핀(Triffin R.)이라는 경제학자는 이러한 상황 전개를 전망한 바 있는데, 이를 '트리핀 딜레마'라 부른다. 이러한 모순적인 상황의 해법으로 금 가격 인상이 제시된 적이 있다. 금 가격의 인상은 여러 나라들로 하여금 더 많은 금을 준비금으로 흡수하게 할 것으로 예상된다. 또한 금에 대한 민간 수요가 줄어들고 산금국들은 자극을 받아 금의 생산을 늘릴 것으로 기대된다.

미국은 결국 금 가격 인상을 실행하지 않았는데, 그 이유는 금 가격 인상이 한 번에 끝나지 않을 가능성이 있고, 그에 따라 금 가격 인상을 기대하는 투기 수요가 증대할 수 있다고 보았기 때문이다. 거기에다 물가가 상승할 걱정도 있었고, 정치적으로는 금 가격 인상이 산금국인 소련에 큰 이득을 안겨줄 수 있다는 점을 미국은 달가워하지 않았다. 당시 냉전 국면에서 소련에 큰 이득이 돌아갈 정책을 미국이 펴기는 쉽지 않았다.

미국의 상품수지 적자가 늘어나서 세계시장에서 유통되는 달러량이 증가하고 따라서 달러의 가치의 신인이 문제가 된다면 미국은 수입을 줄이기 위해 국내 정책에서 긴축을 해야 할 것이다. 그러나 이러한 긴축은 노동에 대한 타협적 포섭을 무너트린다는 것을 의미한다. 달러의 과잉 발행으로 신인도 문제가 실제로 생겨나는 1960년대 후반이 되면 뉴욕 은행계의 대표들은 국내에서는 긴축 정책을 펴고 대외적으로는 군사/경제 원조의 삭감을 요구한다. 그럼에도 기존의 원칙이 계속 유지되었는데, 그 이유는 노동계와 산업계가 여전히 뉴딜 원칙의 지속과 자본 통제를 지지했기 때문이다(Eric Helleiner 1994).

브레턴-우즈 체제의 무너짐

1) 세계시장 달러의 과잉

브레턴 우즈 체제의 유지 조건은 앞서 설명한 바와 같이 국내적으로 산업자본의 지위를 보장하면서 노동에 대한 일정한 양보가 가능해야 한다는 것 16), 국제적으로는 미국이 상대적인 노동 생산성 우위를 지속해야 한다는 것, 그러면서도 달러의 가치를 급격하게 떨어지지는 않게 해야 한다는 것이다. 그러나 브레턴 우즈 체제를 떠받치기 위한 조건들은 1960년대 후반에 들어서면 약해지기 시작한다. 미국의 상대적인 노동 생산성의 우위는 지속적으로 줄어들었다. 또한 미국이 국내 정치적 목적을 위한 1960년대의 '위대한 사회 프로그램'을 통해 국내에서 달러 발행을 늘리고 베트남 전쟁 등 세계질서 유지를 위한다는 달러 발행도 늘리면서 이른바 세계시장에는 '과잉 유동성'이 형성되었는데, 이것은 달러의 가치를 위협했다. 이런 것들이 브레턴 우

---

16) 노동에 대한 양보가 노동조합 활동이나 노동자의 정치적 활동을 보장한다는 의미는 아니다. 뉴딜 시기에 보장된 노동권을 무력화시키기 위해 제2차대전 직후에 테프트-하틀리 법이 제정된 데서도 알 수 있듯이 미국에서는 급진적인 노동운동을 억제하기 위한 움직임이 지속되었다.

즈 체제의 해체로 이어지는 중요한 원인이 되었다.

먼저 미국의 노동 생산성을 보기로 하자. 미국이 자국의 수출을 늘리려고 하는 한 상대국의 경제도 어느 정도 팽창하게 되는 것은 어쩔 수 없는 일이며, 그 과정에서 상대국 기업들의 생산성도 함께 증가하게 된다. 실제로 미국과 주요 선진국들 사이의 상대적인 생산성이 1960년대 들어서면 빠르게 줄어드는 모습을 보였다. 예를 들어 1965년에 일본 제조업의 시간당 생산성은 미국의 21% 수준이었지만 1973년 되면 42%로 격차가 축소된다. 독일, 영국 등 다른 유럽국가들의 상대적인 생산성도 비슷한 모습을 보였다[표 1].

주변국 기업들의 상대적인 생산성이 미국 기업에 비해 높아진다는 것은 이들 기업들이 미국에 수출할 수 있는 능력이 증가한다는 것을 의미한다. 물론 실제로 수출이 증가하기 위해서는 임금 수준이나 환율이 유리하게 작용해야 하겠지만 객관적인 수출 능력이 증가하는 것은 분명하다. 1950~60년대에 일본이나 독일과 같은 나라들이 수출기업들에 여러 우대 조치를 펴면서 수출을 장려하자 이들 국가들의 미국에 대한 수출이 지속적으로 증가했다. 미국의 상품/서비스 수지 흑자는 점차 줄어들다가 1971년이 되면 적자로 바뀌게 된다. 사실 1960년대까지만 해도 미국의 국제수지 적자는 상품/서비스 적자의 결과는 아니었다. 차관, 증여, 군사 목적용의 대외 지출 증가가 금과 달러가 미국 바깥으로 흘러나가는 가장 큰 요인이었다.

미국 밖의 달러 유통량이 증가한다는 것은 다른 나라들의 외환시장에 달러가 추가로 공급되는 것을 나타낸다. 그렇게 되면 다른 나라에서 달러 값이 싸지게 되는데, 이는 수출기업들이 수출을 늘려 달러를 많이 벌어오더라도 국내에서 달러 값을 제대로 쳐주지 않는다는 것을 뜻한다. 결국 주변국은 수출이 줄어드는 것을 막기 위해 새로운 화폐를 발행하여 달러를 매입함으로써 자국에서 달러 값이 떨어지는 것을 막으려 한다. 그 과정에서 주변국에서는 화폐량이 증가하는데, 이는 물가 상승압력으로 이어진다. 주변국 입장에서는 달러의 발행량이 늘어나는 것이 자국의 물가에 부담을 줄 뿐만 아니라 미국이 달러를 금으로 바꿔줄 수 있을 것인가에 의심을 품게 만드는 요인이기도 하다.

달러 유통량의 증가는 다음과 같은 사실을 통해 알 수 있다. 1960년에 각국의 달러 보유량은 110억 달러였는데, 미국의 금 보유량은 190억 달러였다. 1964년을 지나면서 각국 중앙은행 달러 보유량이 미국 금 보유량을 넘어서기 시작한다. 1964년에 미국의 금 보유량은 149억 달러였지만 각국 중앙은행의 달러 보유량은 160억 달러대였다. 1971년에는 미국의 금 보유량이 100억 달러, 외국 중앙은행의 달러 보유량은 500억 달러대를 나타냈다. 이는 각국 중앙은행이 가진 달러를 미국에 금으로 바꿔 달라고 요구할 경우 미국이 이를 모두 들어줄 수 없다는 것을 말한다. 이 국면에서 세계 시장의 달러 유통량이 과잉이 아니라는 의견이 1960년대에 나타나는데, 미국이 주변국들에 대해 은행 역할을 한다는 이른바 '세계의 은행론'이 바로 그것이다.

2) 1960년대 말의 통화위기와 1971년의 금 교환 중단 선언

1960년대 후반에 외국의 달러 보유량이 늘어나고 이와 나란히 미국의 금 보유량이 줄어들면서 달러의 금 교환 가능성은 점점 의심을 받게 된다. 이 시기에 금 가격 상승을 예상한 금 투기가 극심하게 벌어진다. 또한 서독의 마르크화 등의 가치가 달러의 가치에 비해 상대적으로 올라가면서 이들 통화에 대한 투기 거래도 급속하게 증가한다. 이리하여 1960년대 말에서 1970

년대 초에는 세계적으로 통화위기가 계속 발생하는 현상이 나타난다.

이에 대해 미국은 먼저 주변국들에게 달러를 금으로 바꿔달라는 요구를 자제해 달라고 비공식적으로 요청을 함으로써 대응했다. 이러한 미국의 요청에 대해 서독은 1967년에 달러를 금으로 바꾸지 않겠다는 공식 성명을 발표했다. 프랑스를 제외한 대부분의 나라들도 미국의 요청을 울며 겨자 먹기로 받아들이는 모습을 보였다. 이러한 요청과 함께 미국은 주요 나라들을 설득하여 금 풀(Gold pool)을 만들어 민간 부문의 금 투기에 대응했다. 그러나 금 풀제를 통해 민간 부문의 투기 압력을 해소하지 못했기 때문에 이것은 1968년에 해체되었다. 미국은 또한 자본이 미국에서 바깥으로 빠져나가는 것을 막기 위한 조치들을 취했지만 큰 실효성이 있었던 것은 아니었다.

달러의 가치하락을 막아 달러의 지위를 유지하겠다는 미국의 노력은 별다른 성과를 내지 못했다. 이의 가장 큰 이유는 미국이 근본적인 원인에는 눈을 돌리지 않았기 때문이다. 미국의 국제수지 불균형을 교정하는 데에서 가장 중요한 것은 군사 지출을 줄이는 것이었지만, 미국은 이를 실행하고자 하는 생각이 없었다. 또한 미국 내에서 수입된 외국 상품의 소비를 줄여야 했지만, 이것도 미국은 이러저러한 정치적인 이유 때문에 실행할 생각이 없었다. 미국은 달러 가치의 하락이 뉴욕의 금융 중심지로서 지위를 위협하지 않을까 걱정하기도 했지만 오히려 금과 달러의 연계를 끊음으로써 달러의 발행을 더 자유롭게 하는 쪽으로 나아갔다. 1971년 8월 15일에 이른바 닉슨 선언을 통해 미국은 외국 중앙은행이 보유하고 있는 달러를 금으로 바꿔주지 않겠다고 선언했다 17). 이렇게 해서 브레턴 우즈 체제는 사실상 기능을 잃어 버리게 된다.

브레턴 우즈 체제의 생명력을 이어나가기 위한 시도가 전개되기도 했다. 1971년 12월에 열린 스미소니언 회의에서는 금 1온스의 가격을 35달러에서 38달러로 올리고 환율 변동 폭을 1%에서 2.25%로 확대함으로써 브레턴 우즈 체제를 유지해보려 했다. 그러나 미국은 여전히 느슨한 통화정책을 이어 갔기 때문에 1972년 후반부터 다시 달러 유출이 늘어나기 시작했다. 1972년 6월 영국이 변동환율제로 이행하고, 1973년 2월에는 일본이 뒤따랐다. 같은 해 3월, 주요 나라의 중앙은행들은 달러에 대해 ±2.25%로 환율을 유지하도록 하는 의무를 버렸다. 이로써 브레턴 우즈 체제의 기본 원칙은 사실상 무너졌다 18).

브레턴 우즈 체제가 무너지면서 산업자본, 금융자본, 노동조합 사이의 관계는 근본적으로 변했는데, 이러한 변화는 보통 신자유주의라는 개념으로 총괄된다.

---

17) 1971년 8월 초 첫 번째 두 주 사이 주변국 중앙은행들이 달러를 금과 교환하지 않기로 한 약속을 어기기 시작하면서 미국의 금 준비는 급속히 낮아졌다. 이러한 상황에서 8월 15일에 닉슨은 결국 달러 금 교환 중지를 선언했다(Philip Amstrong et 1993).

18) 물론 브레턴 우즈가 무너진 더욱 근본적인 원인은 미국 다국적 기업들의 자본 운동 변화에서 찾아야 한다. 미국 다국적 기업들은 1960년대부터 기술 수준이 낮은 분야를 주변국으로 옮기는 전략을 적극적으로 추구했다. 이에 따라 주변국에 대한 미국 기업들의 공장 설립형 직접투자나 인수합병 투자가 늘어났다. 이는 미국 내에서 기술 수준이 낮은 제조기업의 위축과 제조업을 기반으로 하는 노조의 약화를 불렀다. 노동 세력의 약화와 따라서 자본과 국가가 노동에 대한 양보를 하지 않아도 되는 상황은 브레턴 우즈의 전제와 관련된다.

참고 문헌

김수행(2006), 『자본주의 경제의 위기와 공황』, 서울대학교 출판부.

Benjamin J. Cohen(1999), The Geography of Money, 박영철 옮김(2000), 『화폐와 권력』, 시유시.

Ben S. Bernanke(2005), 'The Global Saving Glut and the U.S. Current Account Deficit', at the Sandridge Lecture, Virginia Association of Economists, Richmond, Virginia.

Carchedi, Guglielmo(2001), 'Imperialism, Dollarization and the Euro', Socialist Register 2002.

Christopher Rude(2004), 'The Role of Financial Discipline in Imperial Strategy', Socialist Register 2005.

Emile Despres, Charles P. Kindleberger, Walter S. Salant(1966), The Dollar and World Liquidity: A Minority View, Brookings Institution. Eric Helleiner(1994), States and the Reemergence of Global Finance, 정재환 역(2010), 『누가 금융 세계화를 만들었나』, 후마니타스. Eric Hobsbawm(1994), The Age of Extremes: the short twentieth century 1914-1991, 이용우 역(1997), 『극단의 시대 : 20세기 역사 (상),(하)』. 까치 글방.

Eswar S. Prasad(2014), The Dollar Trap, 권성희 옮김(2015), 『달러 트랩』.

FRB(2006), 'The Use and Counterfeiting of United States Currency Abroad', Part 3.

Giobanni Arrighi(2007), Adam Smith in Beiijing: Leaneage of Twenty-Fist Centry, 김진아 옮김(2009), 『베이징의 아담 스미스: 21세기의 계보』, 도서출판 길.

Hausmann, R.&Sturzenegger, F.(2006), 'Implications of Dark Matter for Assessing the US External Imbalances', CDI Working Paper, No 137.

Hyman P. Minsky(1975), John Maynard Keynes, 신희영 옮김(2014), 『케인스 혁명 다시 읽기』, 후마니타스.

Jarnet L. Yellen, 'Perspective on Inequality and Opportunity from the Survey of Consumer Finances', Board of Governors of the Federal Reserve System at the Conference on Economic Opportunity and Inequality, FRB of Boston, 2014.10.

Jeffrey A. Frankel(1990), 'The making of Exchange Rate Policy in the 1980s'' NBER Working Papers 3539.

John Maynard Keynes(1936), The General Theory of Employment, Interest and Money, 이주명 옮김(2010), 『고용, 이자, 화폐의 일반 이론』, 필맥.

Joseph E. Stiglitz(2016), The EURO, 박형준 역(2017) 『유로』, 열린 책들.

Leonard Searbrooke(2001), U.S. Power in International Finance: The victory of Dividends, Palgrave.

McGuire P.&N. Tarashev(2007), "International Banking with the Euro", BIS Quarterly Review.

Michael Hudson(2003), Super Imperialism-The Origin and Fundermentals of U.S. World Dominance, 2nd edition Puluto Press. Nicholas Shaxson(2011), Treasure Island: Tax Havens and the Men Who Stole the World, 이유영 옮김(2012), 『보물섬』, 부키.

Paul Mason(2016), Postcapitalism: A Guide to Our Future, 안진이 옮김 (2017), 『포스트 자본주의: 새로운 시작』, 더퀘스트.

Patrick McGuire & Nicola Tarashev(2007), 'International Banking with the Euro', BIS quarterly review, December.

Pierre-Olivier Gourinchas & Hélène Rey(2005), 'From World Banker to World Venture Capitalist: US External Adjustment and the Exorbitant Privilege', NBER working paper No 11563.

Pierre-Olivier Gourinchas & Hélène Rey(2007), 'International Financial Adjustment', Journal of Political Economy Vol. 115, No. 4 (August 2007).

Philip Amstrong, Andrew Glyn, John Harrison(1991), Capitalism since 1945, 김수행 역(1993), 『1945년 이후의 자본주의』, 동아출판사.

Ramaa Vasudevan(2008), 'The Borrower of Last Resort: International Adjustment and Liquidity in a Historical Perspective', Journal of Economic Issues Vol 42. no4.

Richard D. Porter and Ruth A. Judson(1996), 'The Location of U.S. Currency: How Much Is Abroad?', FRB.

Richard Peet(2003), Unholy Trinity, 황성원, 박형준 옮김(2007), 『불경한 삼위일체』, 삼인.

Ruth A. Judson(2017), 'The Death of Cash? Not So Fast: Demand for U.S. Currency at Home and Abroad, 1990-2016', International Cash Conference 2017 - War on Cash: Is there a Future for Cash?, Island of Mainau, Germany

Stephanie Kelton(2020). The Deficit Myth, 이가영 옮김(2021), 『적자의 본질』, 비즈니스맵.

Theodore E. Allison(1998), 'Overall Impact of euro banknotes on the demand for U.S. currency", Testimony to Congress.

William Engdahl(2009), Gods of Money, Wall Street and the Death of the American Centry, 김홍욱 옮김(2005), 『화폐의 신』, 도서출판 길.

통계 자료

미국 상무부 경제분석국(BDA).

미국 세인트루이스 연방준비은행, FRED(Federal Reserve Econmic Data). 한국은행 경제통계시스템(Ecos).

2장

달러패권에 의한 금융팽창과 금융종속

임 수 강 경기연구원 초빙 연구위원

달러 유통논리가 지배한 우리나라 금융·자본시장 개방

금융감독원의 역할: '감독'인가, '감독 서비스 제공'인가

우리나라 금융자산의 성장, 무엇을 가져왔나?

사회 불평등 확대로 이어지는 외환 보유액 증가

외국인들이 우리나라에서 벌어간 돈은 얼마나 될까?

우리나라의 주기적인 환율 불안정

금융 성장이 부른 금융 불평등

•• 달러 자금 유통 논리가 지배한 우리나라 금융·자본시장 개방

달러 자금 유통의 논리

경제협력개발기구(OECD)에서 1995년에 펴낸 한 보고서는 1970년대 중반부터 1990년대 중반까지 20여년 동안 OECD 회원국가들 안에서 이뤄진 금융구조의 변화를 다음과 같이 요약하여 정리한다. 곧, 규제(이자율 규제, 증권시장 규제, 금융기관들의 자금량 배분 규제, 금융기관들의 사업 부문과 소유 규제, 외국 금융기관의 진입 제한 규제)의 완화, 국제자본 흐름과 외환 거래에 대한 통제의 완화가 그것이다(Malcolm Edey and Ketil Hviding 1995). 이러한 금융구조의 변화는 미국과 영국에서 먼저 일어났고 차츰 주변 국으로 확산하는 모습을 보였다.

미국은 1971년에 외국 중앙은행들에 대해 달러를 더 이상 금으로 바꿔주지 않겠다는 선언을 했다 1). 이는 대외 상품수지 적자를 달러 발행을 늘려서 메우는 쪽으로 더 확실하게 가닥을 잡겠다는 의지의 표현이었다. 실제로 미국의 상품수지는 금-달러 교환 정지 선언 이후 미국에 불리하게 나타나는 추세가 더 가팔라졌다. 미국의 상품수지 적자 증가는 세계시장에서 유통하는 달러의 양이 증가한다는 것을 뜻한다. 미국으로서는 이 달러가 순조롭게, 그것도 확대된 규모로 유통을 해야 추가적인 달러 발행을 통해 상품수지 적자를 메울 수 있게 된다.

달러가 확대된 규모로 유통할 수 있기 위해서는 먼저 달러 표시 자본이 나라들 사이의 경계선을 자유롭게 넘나들 수 있어야 한다. 또한 달러 표시 자본을 받아들인 나라들에서는 달러와 그 나라 화폐가 자유롭게 교환될 수 있어야 할 뿐만 아니라 투자 대상이나 투자 수익의 본국 송금에도 제한이 없어야 한다. 물론 이자율이나 환율이 자유롭게 변동하는 것도 달러 표시 자본의 유통을 더 확대시키기 위한 중요한 조건에 속한다.

미국은 1970년대 중후반부터 달러의 발행과 유통을 확대하는 전략을 더 적극적으로 추진했는데, 위의 OECD 보고서는 그러한 내용을 보여주고 있는 것이다. 미국의 상품/서비스 수지 적자 증가에 따라 세계시장에서 유통하는 달러량이 늘어나고, 여기에 1980년대부터 실물 부문이 저성장 국면에 접어든 사정을 반영하여 실물 투자보다 금융 투자가 증가하면서, 세계적으로 금융자산의 규모가 성장하는 현상이 나타나기 시작했다. 특히 실물 생산의 규모보다 금융자산의 규모가 훨씬 빨리 증가하는 모습을 보였다. 1980년에는 세계 총생산의 규모와 세계 총금융자산의 규모가 엇비슷했지만 이후 격

---

1) 미국은 1971년 8월에 금-달러 교환 중지를 선언했다. 그 이전에는 다른 나라 중앙은행들이 요구할 경우 미국은 35달러=1온스 비율로 달러를 금으로 교환해 주고 있었다.

차가 벌어져 2000년 무렵에는 금융자산 규모가 총생산의 거의 네 배에 이르렀다[표 2-1].

[표 2-1] 세계 총생산과 금융자산

(단위 : 조 달러)

	1980	1990	1995	2000	2005	2010
총생산	11	22	29	32	45	63
금융자산	12	56	75	119	165	219

주) 금융자산은 주식, 국채, 회사채, 구조화 증권, 대출채권을 포함
자료: 금융자산 통계는 Mckinsey&Company(2013), 총생산은 World Bank Indicator에서 작성.

이러한 금융자산의 성장은 미국과 주변국 사이의 관계에서는 미국의 이익을, 그리고 국내 계급들 사이 관계에서는 금융계급의 이해를 보장하는 데에 유리하게 기능한다. 금융자산 성장의 가장 직접적인 효과는 금융세력의 목소리가 커진다는 것, 그리하여 소득과 부가 금융자본 2)에게 유리하게 재분배된다는 것을 뜻한다. 금융자산의 성장과 함께 사회가 생산한 부가가치의 더 많은 부분이 이자, 배당, 자본이득과 같은 금융수익의 형태로 금융부문으로 옮겨간다. 노동자의 생활 조건과 관련된 돈, 예를 들어 주택 구입비나 생활비 가운데 많은 부분을 부채에 의존함에 따라 노동자들은 임금소득 가운데 일정 부분을 이자의 형태로 금융부문에 넘겨줄 수밖에 없게 된다 3).

---

2) 20세기 초반에 활동했던 힐퍼딩(Hillfferding R.)은, 은행자본 가운데 현실적으로 산업자본으로 전환해 가는 자본을 금융자본(finance capital)이라고 정의했다. 여기에서 말하는 금융자본(financial capital)은 이와는 다른 개념이다. 오늘날 기업들의 잉여 준비금이나 개인들의 여유 소비기금은 금융 부문에 집적되어 유리한 수익 기회를 찾아 이곳저곳을 흘러 다니는데, 금융자본(financial capital)이란 이를 의미한다.
3) 전통적으로 금융자본은 산업자본에 자금을 빌려준 다음 이윤의 일부를 이자로 넘겨받았다. 1980년대 이후에는 금융자본이 임금 노동자에게 돈을 빌려준 다음 임금의 일부를 이자로 넘겨

금융자산의 성장은 금융투자를 매개로 주변부에서 중심부(미국)로 가치가 이전하는 메카니즘으로도 작용한다. 중심부(미국)의 이해에 이끌려 주변부 국가들에서도 금융이 성장하지만 거기에는 대가가 뒤따른다. 먼저, 미국이 달러 발행을 늘려서 주변국의 자산(주식, 채권 등) 소유권을 확보해 나가면 그에 따라 이자, 배당금, 시세 차익 등 금융 채널을 통해 중심부로 이전하는 가치의 양도 그에 비례하여 증가한다. 둘째, 자본이동 자유화에 따라 자본유출입이 증가하면 그에 대응하기 위한 외환 준비금도 증가하는데, 거기에는 비용이 뒤따른다 4). 셋째, 대외 투자나 외국인 투자가 과도하게 증가하면, 주변국의 금융시장은 글로벌 금융시장의 흐름에 취약해지는 결과를 가져오는데, 사실 금융시장이 흔들릴 때가 외국인 투자가들에게는 초과 수익을 올릴 수 있는 좋은 기회이다. 넷째, 달러 가치가 하락하면 인플레이션이 발생할 수 있는데, 그 영향이 주변국에 미칠 수 있다. 그 영향의 크기는 대체로 대외 투자나 외국인 투자의 규모에 비례한다. 그런데 이 인플레이션은 달러 보유자의 가치 손실이 달러 발행자로 넘겨지는 메커니즘이다.

이처럼 달러의 발행과 유통의 확대가 미국에 기여하는 바가 크기 때문에 미국은 그를 위한 메카니즘을 구축하는데 커다란 이해관계를 갖는다. 이러한 메카니즘이 순조롭게 작동을 해야 미국은 지속적으로 달러 이득을 챙길 수 있고 경상수지 적자도 낼 수 있게 된다. 이러한 논리에 따라 미국은 주변국에 대해 금융·자본시장 개방과 규제 완화를 지속적으로 요구했다. 일본이

받았는데, 그리스 출신의 학자인 라피비차스는 이러한 현상을 신자유주의의 중요한 특징으로 보면서 이를 '금융적 수탈'의 한 형태라고 설명한다(Lapavitsas Costas 2013).

4) 로드릭(Rodrik, D.)은 외환 준비금의 사회적 비용이 GDP의 1%에 이를 것으로 추산한다(Rodrik, Dani 2006). 이는 그만큼의 가치가 사실상 중심부로 유출된다는 것을 의미한다. 아큐즈(Akyűz Yilmaz)도 비슷한 주장을 펼친다(Akyűz Yilmaz 2008).

나 유럽 국가들에 대해서는 1980년대 초반부터, 그리고 주요 신흥국가들에 대해서는 1980년대 후반부터 미국의 요구가 거세지기 시작했다. 물론 금융·자본시장 개방과 규제 완화 요구를 억지로 수용한 주변국들은 위에서 언급한 여러 비용을 치러야 했다.

우리나라 금융·자본시장 개방

<1997년 외환위기 이전>

우리나라의 자본·금융·외환 시장 개방 논의는 1980년대 후반부터 이뤄지기 시작했다. 이 시기부터 미국은 우루과이라운드 협상 테이블 등을 통해 우리나라에 대해 경제 성장에 걸맞은 금융시장 개방을 해야 한다고 계속 주장했다. 우리나라는 처음에는 미국의 개방 압력에 방어하는 모양새를 보였지만 여기에는 한계가 있었고, 따라서 미국의 요구를 점진적으로 수용하는 쪽으로 가닥을 잡아간다. 우리나라 안에서도 자본·금융·외환 시장의 개방에 따른 이익을 기대하는 세력이 있었는데, 대표적으로 재벌들은 시장이 개방되면, 국내에서보다 낮은 금리로 외국에서 자본을 차입할 수 있을 것으로 생각했다. 이들이 내세우는 주요 논리는 미국의 개방 요구를 금융산업 발전의 계기로 삼아야 한다는 것이었다.

이러한 대내외 환경 속에서 우리나라는 점진적인 개방이라는 대원칙을 바탕으로 여러 차례에 걸쳐서 개방 계획을 발표한다. 먼저 1988년 12월에 '자본시장 국제화의 단계적 확대 추진 계획'을 발표하는데, 그 주요 내용은 외국인의 국내 투자 펀드와 주식의 직접 투자를 제한적, 단계적으로 확대한다는 것과, 외국 증권회사의 국내지점 설치를 허용한다는 것이었다. 1991년에는 주식시장 개방 추진 방안과 4단계 금리 자유화 추진 계획을 발표하기도 한다.

미국은 양자 협상인 '한미 금융정책 회의'를 통해 자본·금융 시장의 개방과 자유화의 확대를 더욱 구체적으로 요구했다. 미국의 요구를 담아 우리나라는 1992년 3월에는 '제1단계 금융자율화 및 개방 계획'을, 1992년 6월에는 '제2단계 금융자율화 및 개방 계획'을, 그리고 1993년에는 '제3단계 금융자율화 및 개방 계획(Blue-print for Financial Liberalization and Market Opening)'을 연이어 발표한다. 1995년 10월에는 외국기업이 국내에서 주식을 발행하고 상장도 할 수 있도록 자본시장 자유화 방안을 발표한다. 1996년 9월에는 OECD에 가입하면서 주식시장 개방을 단계적으로 확대한다는 또 다른 계획을 발표한다. 이러한 발표들이 이어지는 가운데 외국인 주식 투자 한도는 점차 늘어나다가 외환위기 이후에는 한도 자체가 폐지되어 외국인이라도 국내에서 얼마든지 주식을 살 수 있게 된다[표 2-2].

[표 2-2] 외국인 주식투자 한도

(단위: %)

	'92.1.	'94.12.	'95.6.	'96.4.	'96.10.	'97.5.
한도	10	12	15	18	20	23

	'97.11.	'97.12.	'97.12.	'98.5.
한도	26	50	55	폐지

자료: 한국은행 『연차보고서』 각 연도.

환율제도와 관련해서 우리나라는 환율이 정부의 관리를 받는 환율제에서 시장에서 자유롭게 결정되는 자유 변동 환율제로 이행해 가는 것을 목표로 삼는다. 1990년 3월, 환율제도를 '복수통화 바스켓 제도'에서 '시장 평균

환율제도'로 전환했다. 이후 환율이 하루에 변동할 수 있는 폭을 점진적으로 확대해 나간다[표 2-3]. 환율 변동을 허용하는 폭은 1995년 말까지만 해도 하루 2.25원에 지나지 않았다. 그러다 외환위기를 계기로 1997년 12월에 '자유변동 환율제도'를 채택한다. 외환거래와 관련해서는, 1994년 10월에 외환 제도를 사전 규제 체제에서 사후 관리 체제로 전환하는 외환 시장 선진화 방안을 발표한다. 이후 1997년 말까지 거주자의 국내 외국환 매각·예치 의무를 폐지하고, 실수요 원칙을 완화하는 등 외환거래 자유화를 지속적으로 확대해 나간다.

[표 2-3] 환율 일일 변동 폭 허용 기준 변화 추이

(단위: %)

	1990.3.2	1991.9.2	1992.7.1	1993.10.1
일일변동폭	±0.2	±0.6	±0.8	±1.0

	1994.11.1	1995.12.1	1997.11.20	1997.12.
일일변동폭	±1.5	±2.25	±10	자유변동

자료: 한국은행 『연차보고서』, 각 연도.

<외환위기 이후>

1997년 외환위기를 계기로 우리나라는 그동안 지켜 왔던 점진적 개방이라는 원칙을 버리고 단숨에 자본·금융·외환시장을 전면 개방한다. 1997년 외환위기 당시 미국과 미국의 의지에 따라 움직인 국제통화기금(IMF)은 우리나라에 구제 자금을 제공하면서 이른바 '자금 공여 조건'을 제시했는데, 그러한 조건들은 우리나라가 IMF 앞으로 작성한 '의향서(Letter of Intent of the government of Korea)(1997.12.3.)'의 부속서류인 '경제 프로그램에 대한 각서(Memorandum on the Economic Program)'에 구체적으로 담긴다.

미국과 IMF가 요구하여 경제 프로그램으로 작성된 사항들은 이후 우리나라 금융 구조의 틀을 결정하는 근본적인 힘으로 작용한다. 경제 프로그램에 들어 있는 내용 가운데 우리나라 금융 제도에 지속적으로 큰 영향을 준 사항들은 대체로 다음과 같다[표 2-4].

[표 2-4] IMF '경제 프로그램(1997.12.3.)' 주요 내용

조항	경제 프로그램 주요 내용
8.	• 재정과 금융 긴축
15.	• 강력하고 독립적인 금융 감독 기관 설립 • 금융 부문을 외국 투자자들에게 개방
16.	• 한국은행법 개정: 물가안정을 주 임무로 하는 중앙은행의 독립성 보장
17.	• 모든 은행들의 바젤 기준(BIS 자기 자본 기준) 충족
19.	• 외국 금융기관의 한국 금융기관 인수합병(M&A) 참여 허용 • 상업은행에 대해서는 외국인의 100% 지분 인수 허용
31.	• 자본계정 자유화 가속
38.	• 노동 시장 유연성 확대

자료: IMF, https://www.imf.org/external/np/loi/120397.htm.

IMF 경제 프로그램들에 담긴 내용들이 미국의 달러 발행과 유통 확대라는 전략과 어떻게 관련이 있는가를 간단히 살펴보기로 하자.

첫째, 자본계정 자유화에 대해 보면, 이것은 외국자본이 국내의 주식이나 채권과 같은 자산을 자유롭게 살 수 있다는 것을 뜻한다. 실제로 외국자본은 외환위기 국면에서 가격이 크게 떨어진 우리나라의 자산을 헐값에 대량으로 사들여서 거대한 시세 차익을 남길 수 있었다. 외국자본은 시세 차익을 재투자하여 지금까지도 주식시장이나 채권시장 등 국내 경제에 큰 영향력을 행사하고 있다.

외국자본은 특히 금융기관들의 지분을 집중적으로 사들였는데, 이를 통해 국내 경제 주체들에게 실질적인 영향을 끼칠 수 있었고, 금융기관들의 영업 행태도 수익성을 중시하는 방향으로 급격하게 바꾸어 나갈 수 있었다. 기업들은 외국자본의 영향으로 예전보다 배당 비율을 더 높이고(배당 성향이 증가하고), 계속 기업(Going Concern)이라는 장기 목표보다 단기 목표에 중심을 두는 경영으로 점차 전환해 나갔는데, 이러한 변화는 기업 지분을 인수한 외국자본에게는 언제든 단기 차익을 남기고 떠날 수 있다는 면에서 유리한 방향이었다.

둘째, 한국은행 독립성과 물가안정 목표제에 대한 것이다. 우리나라는 미국과 IMF의 요구대로 외환위기 직후 한국은행법을 개정하여 물가안정 목표제를 도입했다. 아울러 금융통화운영위원회의 명칭을 금융통화위원회로 되돌리고 5), 위원들이 상근하도록 하며, 의장직을 재정경제원 장관 대신 한국은행 총재가 맡게 함으로써 한국은행의 독립성을 강화했다. 그런데 미국과 IMF가 요구한 중앙은행 독립성 강화와 물가안정 목표제(인플레이션 타겟팅 제도)는 자산 가격을 상승시키는 지렛대 역할을 함으로써 결과적으로 국내 금융 세력의 이해뿐만 아니라 외국자본의 이해에도 유리하게 기능하고 있다. 우리나라에 들어온 외국자본이 주로 지분에 투자를 했기 때문에 지분(유가증권) 가격의 상승은 당연히 외국자본의 투자수익률 상승으로 이어진다.

중앙은행의 물가안정 목표제와 독립성 강화가 자산 가격을 상승시키는 메카니즘은 간략하게 다음과 같이 설명할 수 있다. 물가안정 목표제란 쉽게 얘기하면 중앙은행은 인플레이션 이외의 다른 목표에는 관심을 갖지 말아야

---

5) 1962년에 개편된 우리나라 중앙은행 체제의 의결기구는 금융통화운영위원회였는데, 재무부 장관이 의장을 맡고 한국은행 총재가 당연직으로 참여하는 구조였다. 한국은행법을 제정할 당시 의결기구의 명칭은 금융통화위원회였는데, 원래의 명칭으로 되돌아간 셈이다.

한다는 것이다. 예를 들어 중앙은행의 목표에는 일자리 창출, 경제 발전, 공평한 분배 등과 같은 것들이 있을 수 있다. 실제로 1970년대까지만 해도 여러 중앙은행들은 정부와 협력하여 그러한 목표를 추구했다. 그런데 이제는 그러한 것들이 아니라 물가 안정만을 중앙은행의 목표로 삼아야 한다는 것이 이 제도에 놓여 있는 핵심이다.

물가안정 목표제도가 시행되고 있는 가운데 만약 인플레이션이 낮은 수준으로 안정되어 있다면 중앙은행은 이를 근거로 정책 금리를 낮추고 화폐 공급을 늘릴 수 있게 된다. 이렇게 늘어난 화폐는 실물자본에 투자되는 것이 아니라 자산시장에서만 머물면서 자산 거래를 중개하는 기능만을 수행할 수 있는데, 그러면 자산 가격이 올라간다. 이러한 현상은 1990년대부터 선진 여러 나라들에서 실제로 나타난 바 있고, 현재 우리나라에서도 이를 경험하고 있다.

1990년대 이후 중국, 인도, 동아시아 국가 등이 세계시장에 새롭게 참가하여 상품 공급을 늘린 데다, 노동조합의 힘은 약해져서 생산성 증가만큼 실질 임금을 인상시키지 못함에 따라 세계시장의 상품 가격 상승 압력이 낮아졌다. 이러한 사실은 1990년대 이후 세계적으로 상품 가격이 안정된 상태에 머무르는 배경이 되었다. 물가안정 목표제도를 채택한 나라들 6)은 상품 가격의 안정을 근거로 이자율을 낮게 유지하면서 화폐 공급량을 늘렸는데, 이는 자산 가격 상승을 이끄는 힘으로 작용했다.

우리나라는 외환위기 직후 물가안정 목표제와 나란히 한국은행의 독립성을 강화하는 제도들을 도입했다. 문제는 이 독립성이 누구에 대한 독립성인가가 하는 것이다. 미국과 IMF가 요구한 한국은행의 독립성이란 명백히 한

---

6) 우리나라를 비롯한 여러 나라들은 법을 통해, 미국 같은 나라는 법까지는 아니더라도 운영의 묘를 살려서 물가안정 목표제를 도입하고 있다.

국은행이 정부와 정치권에서 독립해야 한다는 것을 의미했다. 이는 주류의 이데올로기를 반영한 것으로, 한국은행이 시장과 소통을 강화해야 한다는 것을 말하기도 한다. 다시 말해서 한국은행이 정부와 정치권에서는 독립하고 시장의 목소리에는 더 귀를 기울여야 한다는 것이 미국과 IMF가 요구하는 한국은행 독립성의 내용이다.

그런데 그 시장이란 외국자본이나 재벌들의 힘이 가장 큰 영향을 미치고 그들의 이해에 따라 움직이는 구조를 갖는다. 결국 미국과 IMF가 요구하는 한국은행의 독립성의 핵심은 한국은행이 재벌이나 외국자본에 더 우호적인 정책을 펴야 한다는 것에 놓여 있다. 말할 나위 없이 외국자본이나 재벌은 자산 가격의 상승을 바라며, 실제의 한국은행 정책도 여기에 관심이 집중되어 있다. 진정한 한국은행 독립성이란 오히려 시장의 힘에서 독립하여 노동자들을 포함한 여러 경제 주체들의 이해를 반영하는 민주적인 의사결정을 하는 데서 나온다. 그런데 미국과 IMF가 요구한 한국은행 독립성은 그런 것이 아니었다.

셋째, 독립적인 통합 금융감독기구에 대한 것이다. 외환위기 이후 우리나라는 미국과 IMF의 요구에 따라 업종별로 나뉘어 있던 여러 금융감독 기구를 통합하여 단일의 금융감독원을 설립했다. 금융감독원은 법률의 통제를 받기는 하지만 엄연한 민간기구이다. 민간기구로서 금융감독원은 민간 금융기관에 '감독 서비스'를 제공하는 기관으로서 자리매김이 된다. 다시 말해서 금융감독원은 금융기관을 감독하는 공적 기구로서 성격보다 민간 금융기관의 활동을 지원하는 서비스 기구로서 성격을 갖는 것으로 규정된다.

넷째, BIS 자기자본규제 비율은 금융기관들이 국채 등 안전자산을 더 많이 보유하도록 하는 유인으로 기능한다. 미국은 주변국의 은행들이 안전 자산을 많이 보유하는 데에서 이익을 얻는다. 미국이 발행하는 달러 표시 금융자산은 다른 어떤 자산보다 더 안전한 것으로 간주되기 때문에 주변국이 안전자산을 더 많이 보유하면 할수록 거기에 달러 표시 자산이 포함될 가능성이 높아진다. 미국은 외국의 금융기관들이 달러 표시 자산을 더 많이 보유하도록 유도하기 위하여 이미 1970년대부터 글로벌 대형 은행들이 안전자산을 더 많이 보유하도록 하는 데에 관심을 가져왔다.

그 수단 가운데 하나는 국제결제은행(BIS)이 주도한 은행 자기자본 규제이다. 국제결제은행(BIS)은 은행들의 위기 대응 능력을 높인다는 명목으로 대출금액의 일정 비율(8%)을 자기 자본으로 유지해야 한다는 것을 기준(바젤 기준)으로 정했다. 이 기준은 은행들로 하여금 위험한 기업 대출보다 덜 위험한 국채 구입과 부동산 담보대출을 선호하도록 했고, 글로벌 은행들에 대해서는 국채 가운데서도 더 안전한 미국 국채를 선호하도록 했다. 미국과 IMF는 구제 금융의 조건으로 우리나라 은행들이 바젤 기준을 지켜야 한다는 조항을 포함시켰는데, 여기에는 이와 같은 맥락이 작용했다. 이 바젤 기준은 우리나라 은행들로 하여금 기업대출보다 개인에 대한 부동산 담보대출에 주력하도록 하는 하나의 요인이었다. 그리고 이 부동산 담보대출의 증가는 부동산 가격과 부동산 관련 채권의 가격을 높이는 지렛대 역할을 하고 있다.

다섯째, 노동 유연화에 대한 것이다. 외국자본이 지분증권에 투자한 다음, 단기에 기업의 가치를 올리기 위해서는 기업 규모의 축소, 특정한 사업 부문의 폐쇄, 나아가 기업 분할이나 통폐합과 같은 구조조정의 필요성이 생긴다. 노동자들의 쉬운 해고는 구조조정을 추진하는 기업에게는 전제조건이나 마찬가지이다. 구조조정에 걸림돌이 될 수 있는 해고 문제를 제거하기 위해 미국과 IMF는 구제 금융의 조건으로 노동 유연화를 경제 프로그램에 포함시켰다.

덧붙여서, 미국의 달러 발행과 유통의 확대에 중요한 의미가 있는 외환자유화를 보자. 우리나라는 자본의 자유로운 유출입을 보장하기 위해 외환위기 이후 외환시장 개방을 더욱 재촉했다. 1998년 6월에 '제1차 외환자유화 방안'이 발표된다. 이 방안에 따르면 제1단계의 목표는 기업과 금융기관의 대외 영업 활동 관련 외환 거래를 자유화하는 것과, 규제 이념을 허용 사항 외에는 원칙적으로 금지하는 포지티브 시스템에서 금지 사항 외에는 원칙적으로 허용하는 네거티브 시스템으로 바꾸는 것이었다. 제2단계의 목표는 개인의 외환 및 자본거래까지 자유화하는 것이었다. 1999년에는 외환관리법을 폐지하고 외국환거래법을 제정한다. 2002년에는 '제2차 외환자유화 방안'을 발표하는데, 2002년부터 2011년에 걸쳐 3단계로 나누어 외환자유화를 추가적으로 추진한다는 것이 핵심 내용이었다. 2006년에는 외환과 자본거래를 허가제에서 신고제로 전환하는데, 이는 일정보다 더 빨리 전면적인 외환자유화를 사실상 달성하는 것이다.

이처럼 우리나라의 우리나라 금융·자본시장 개방과 그 이후의 운영에 달러 유통 논리가 규정력을 행사했다. 이러한 사정은 오늘날에도 변함이 없다.

•• 금융감독원의 역할: '감독'인가, '감독 서비스 제공'인가

지난달에 새로 바뀐 정은보 금융감독원장은 취임사에서 금융감독원의 역할을 '금융감독 서비스의 제공'으로 규정했다. 우리가 알고 있는 일반적인 감독 기관의 역할은 감독대상을 감시하고 감독하는 것이다. 그런데 금융감독 서비스를 제공하는 것이 금융감독원의 역할이라니 이게 도대체 무슨 의미인가? 이를 파악하는 데에는 현재의 금융감독 체제가 형성된 과정을 살펴보는 것이 도움이 된다.

우리나라 금융감독원의 자리매김

우리나라의 금융감독원이 현재의 체제를 갖춘 것은 지난 1997년의 경제위기를 계기로 해서이다. 당시 국제통화기구(IMF)는 우리나라에 구제금융을 제공하면서 여러 가지 '조건'을 달았는데, 거기에는 금융감독 체제의 개편도 포함되어 있었다. 국제통화기금(그리고 당시 재무차관이던 립턴을 우리나라에 파견하여 사실상 협상 지침을 제시한 미국)은 우리나라에 대해 독립적인 통합 감독기구의 설립을 요구했다. 여기에서 '독립적'이라는 것의 숨은 의미가 중요한데, 이는 사실상 금융감독 기구가 정부에서 독립해야 한다는 것을 말한다. 다시 얘기해서 금융감독 기구가 민간 법인으로 설립되어야 한다는 것이다.

IMF의 요구를 반영하여 우리나라는 1997년 12월에 '금융감독 기구의 설치 등에 관한 법률'을 제정했다. 이 법에 따라 1998년 4월에는 의결기구인 금융감독위원회(현 금융위원회)를, 그리고 1999년 1월에는 집행기구인 금융감독원을 설립했다. 금융감독위원회는 정부 조직이고 통합금융감독원은 민간 조직이라는 점에서 우리나라 금융감독 체제는 정부·민간 혼합 조직이라는 이중구조를 갖게 되었다.

강조해야 할 사실은 금융감독원이 IMF가 바라는 대로 민간 조직으로 설립되었다는 점이다. 물론 금융감독원이 공적 성격을 갖는다고는 하지만 어쨌든 기구의 성격은 공무원 조직이 아닌 민간 조직이다. 금융감독원의 민간 법인 성격을 강화하는 중요한 요인 가운데 하나는 그 운영 예산의 많은 부분을 금융회사들이 내는 감독 분담금으로 채우고 있다는 사실이다. 민간 금융기관들이 내는 감독 분담금이 금융감독원의 총수입 가운데서 차지하는 비중은 전체의 3분의 2를 넘는다[표 2-5].

[표 2-5] 금융감독원의 금융기관 분담금 현황

(단위: 백만 원, %)

	2016	2017	2018	2019	2020
총수입(a)	314,357	342,118	337,236	341,013	337,459
감독분담금(b)	238,687	255,662	242,463	240,304	233,572
(b)/(a)	75.9	74.7	71.9	70.5	69.2

자료: 금융감독원 홈페이지.

사실 조직 운영의 예산이 어디에서 오는가 하는 것은 조직의 성격을 결정하는 중요한 요소이다. 왜냐하면 예산을 제공하는 곳의 성격이 예산을 받는 기관의 운영에 영향을 주지 않을 수 없기 때문이다. 운영 예산을 정부에 의존하는 조직과 민간 금융기관에 의존하는 조직의 성격이 같을 수는 없다. 민간 법인으로 설립되고 그 운영자금도 민간 금융기관에 의존하는 금융감독원이 공적 기구로서 성격보다 민간 금융기관을 지원하는 기구로서 성격을 더 강하게 띠는 것은 충분히 짐작할 수 있는 일이다.

민간 기구로서 금융감독원은 민간 금융기관들에게 '금융감독 서비스'를 제공하는 기관으로서 자리매김이 된다. 민간 금융기관들은 금융감독 서비스에 대한 대가를 금융감독 분담금이라는 이름으로 금융감독원에 낸다. 이러한 관계 속에서 금융감독원이 금융기관들을 엄격하게 감독하는 공적 기구의 성격을 점차 잃어가는 것은 정해진 수순이라 하지 않을 수 없다.

금융감독 기구를 금융감독 서비스를 제공하는 기관으로 성격지움에 따라 금융감독상의 많은 문제들이 지속적으로 발생하고 있다. 2000년대 초반의 카드대란, 2008년 글로벌 위기 이후 터진 저축은행 사태, 수없이 많은 제조기업들을 파산과 영업 위기로 몰아간 키코 사태, 2013년 동양그룹 채권 사기 판매 사태, 그리고 최근의 여러 사모펀드 사태 등은 모두 금융감독 기구이기보다 금융감독 서비스를 제공하는 기구로서 기능하는 금융감독원의 성격 변화와 무관하지 않을 것이다.

IMF는 왜 금융감독원의 민영화를 요구했나?

그렇다면 IMF는 왜 금융감독 기구를 독립적인 민간조직으로 해야 한다고 주장했을까? 여기에는 국제 금융자본의 이해가 배어있다. 앞에서 우리는 IMF가 구제금융을 제공하면서 여러 조건을 달았다는 사실을 언급했다. 조건들 가운데는 금융 부문과 관련하여 금융감독 체제 개편 말고도 정책금리 인상과 금융·자본·외환 시장의 개방이 포함되어 있다. 국제 금융자본은 위기 속에서 값이 떨어진 자산을 대량으로 매입하는 데에 관심이 있었다. 그러기 위해서 자산 가격을 떨어뜨리는 금리 인상과 우리나라에 외국자본이 더 쉽게 들어오기 위한 시장 개방이 필요했다.

국내에 들어온 외국자본은 좋든 싫든 우리나라의 규제에 따른 감독을 받아야 한다. 외국인 투자자 입장에서 금융감독원의 성격이 어떠할 때 유리할지는 굳이 따져볼 필요도 없다. 그들은 꼬치꼬치 따지고 간섭하는 전통적인 의미의 금융감독보다 자율적이고 느슨한 금융감독을 원할 것이다. 그들은 공적인 조직보다 민간 조직으로 이뤄진 금융감독 기구가 민간 금융기관들의 영업 활동 자유를 더 많이 보장해줌으로써 그들의 기대를 실현시켜 줄 것이라고 생각했다.

그런데 독립적인 통합감독기구의 설립이 꼭 IMF의 요구만을 반영하여 이뤄진 것은 아니다. 외국계 금융기관이든 국내계 금융기관이든 금융감독을 헐하게 받고 싶어 하는 것은 마찬가지이다. 국내 금융기관들도 정부의 간섭이 최소한으로 줄어드는 것을 바란다. 따라서 독립적인 통합 감독기구의 설립은 별다른 저항 없이 손쉽게 진행될 수 있었다.

사실 금융감독 기구의 역할 변화는 1980년대 후반 이후 세계 여러 나라들에서 두드러진 현상이었다. 이른바 신자유주의 시기에는 여러 나라들에서 공공기관보다 민간 기업의 효율성이 더 높다는 이유로 공기업이나 공공기관의 민영화가 급속하게 추진되었다. 금융기관들의 공적 역할이 많이 남아 있던 개발도상국들에서는 금융기관의 민영화도 이 시기에 대대적으로 펼쳐진다. 이와 아울러 금융기관들의 영업 활동의 자유를 확대하는 규제 완화도 적극적으로 추진된다.

금융감독 기구의 역할 변화는 이러한 사정을 반영한다. 그 변화 가운데 하나는 금융감독 기구의 독립성에 대한 강조이다. 앞서 말한 바와 같이 이 독립성이란 결국 금융감독 기구가 정부와 정치의 영향력에서 벗어나야 한다는 것이다. 금융감독 기구의 독립성 강화 논리는 필연적으로 금융감독 기구를 민간 조직으로 개편해야 한다는 논의로 이어진다. 실제로 1990년대 들어서면 여러 나라들에서 금융감독 기구의 민영화가 진척된다.

예컨대 1997년 동아시아 금융위기를 계기로 이 지역 국가들에서 금융감독 기구의 독립성 논의가 활발하게 펼쳐졌다. 금융감독 기구의 독립을 주장하는 논자(주로 미국 등 선진국 주류 학자)들은 동아시아 위기의 중요한 원인이 금융감독에 대해 정부가 너무 많이 개입한 데 있다고 설명했다. 금융감독

과정에 정치가 개입하는 바람에 부실기업을 제때에 정리하지 못한 것이 금융의 취약성을 낳았고 그것이 금융위기로까지 번졌다는 것이다. 이러한 논리에 따라 동아시아 위기 이후 구제금융을 받은 나라들에서 금융감독 기구의 민영화가 이뤄졌다.

    금융감독 기구의 독립성이란 통상 목표의 독립성이 아니라 수단의 독립성을 일컫는다. 금융감독 기구의 목표는 입법과정을 통한 법규에 의해서 정해지기 때문에 이에 대해서는 독립성을 논의할 여지가 없다. 따라서 금융감독 기구의 독립성은 이 목표를 달성할 수 있는 수단의 선택이나 집행을 스스로 할 수 있다는 것을 나타낸다. 그렇다면 금융감독 기구는 누구한테서 독립적이어야 하는가. 금융감독 기구의 독립성을 위협하는 큰 힘은 두 가지이다. 하나는 정부나 정치에서 가해지는 힘이고 다른 하나는 주로 외국자본이 지배하는 금융기관들이나 금융시장 참가자들에서 가해지는 힘이다.

    사실 서민 대중의 위치에서 보면 금융감독 기구의 독립성에서 더 중요한 의미를 갖는 것은 후자라 할 수 있다. 그들에게는 금융감독 기구가 외국자본이 지배하는 금융기관들에 의해 휘둘릴 때의 위험이 정부나 정치에 종속되었을 때의 위험보다 훨씬 크다. 그럼에도 동아시아 위기 이후에 후자만이 일방적으로 강조되어 금융감독 기구의 민영화로 연결되었던 것이다. 다시 덧붙이지만 이러한 금융감독 기구의 민영화 흐름은 대체로 금융 세력의 이해가 일방적으로 관철된 데서 생긴 것이다.

    2008년 글로벌 금융위기 이후 신자유주의 방식의 금융 체제에 대한 반성의 목소리가 높아지고 있다. 감독체제에 대해서도 공적 기능을 강화하는 방향의 흐름이 엿보인다. 금융감독은 칭찬받기 힘든 업무라는 굿하트(Goodhart C.)의 얘기가 새삼 주목을 받는 상황이다. 이러한 맥락에서 보면 정은보 원장의 인식은 시대 흐름을 거스르는 측면이 있는 셈이다.

금융감독 서비스의 제공이 아니라 금융감독이 필요하다

금융업은 국가의 면허를 받아서 운영하는 사업이기 때문에 규제와 떼려야 뗄 수 없는 관계에 있다. 이러한 특성 때문에 금융업에는 다른 어떤 사업보다 더 많은 규제가 존재한다. 예컨대, 금융업에는 진입과 퇴출, 금융기관 소유 적격자, 금융기관 지배구조, 금융기관 영업행위, 금융기관 자기자본 등에 대한 다양한 규제가 있다.

금융업에 이러한 규제가 필요한 이유는 금융업을 시장 자율에 맡길 경우 여러 문제가 발생하기 때문이다. 예를 들어 금융업은 네트워크로 묶여 있기 때문에 한 금융기관의 부실이 금융산업 전체로 퍼져나갈 위험을 안고 있다. 이를 막기 위한 규제가 필요하다. 금융 구조가 복잡해지면서 이용자들이 그 내용을 제대로 이해하지 못한 채 금융 거래를 하여 피해를 볼 가능성이 있다. 따라서 금융 이용자들을 보호하기 위한 규제가 필요하다. 정부가 특정한 경제 목표를 달성하기 위해 규제를 도입할 필요도 있다.

규제는 그 정의상 공적 기구에 의한 강제성을 동반한다. 따라서 금융감독 기구와 감독 대상 사이에 긴장이 흐르는 것은 너무 자연스럽다. 그런데 민간 조직으로 구성된 금융감독 체제에서는 그 긴장 관계가 물러질 가능성이 높다. 그 대신 민간 금융감독 체제에서는 감독기구와 감독대상의 소통이 강조된다. '소통'이라는 단어는 보통 좋은 의미로 사용되지만 이것이 감독기구와 감독 대상 사이에서 사용될 때는 본래 뜻 그대로 곧이곧대로 받아들이기 어려운 면이 있다. 소통이라는 것이 긴장 관계의 이완을 나타낼 수도 있기 때문이다.

사실 금융감독 권한을 민간기구에 부여하는 것이 현행법 체계에 반한다는 주장이 일찍부터 제기되었다. 헌법 제66조에는 행정권은 대통령을 수반으로 하는 정부에 속한다고 규정되어 있다. 그리고 정부조직법 제6조에는 행정기관 사무 가운데 국민의 권리의무와 직접 관계가 없는 사무에 한하여 민간위탁을 할 수 있다고 규정되어 있다. 금융감독은 국민의 권리의무에 직접 영향을 미치는 사무이기 때문에 이를 민간 기구에 위탁해서는 안 된다는 것이다. 물론 반대의 주장도 있다.

  법적인 규정을 떠나 금융감독 기구를 민간 조직으로 운영하는 것은 규제와 감독이라는 본질에서 벗어날 가능성을 높인다. 특히 감독분담금은 금융기관들에 의해 감독기구가 휘둘릴 수 있게 한다는 점에서 문제가 있다. 차라리 금융감독 기구는 이를 정부 예산으로 운영하는 것이 낫다. 1년에 2,300억 원가량 걷는 분담금이 적지 않으나, 감독을 잘못하여 들어가는 예산에 비할 바는 못 된다. 예컨대 저축은행에 들어간 수십조 원의 공적자금을 감독분담금과 비교해볼 수 있다.

  금융감독에서 발생하는 여러 문제를 해결하기 위해서는 금융감독 기구의 역할을 바꿔야 한다. 현재와 같이 금융감독 기구의 역할을 금융감독 서비스를 제공하는 데에 둔다면 앞으로도 대형 금융 사고를 막기에는 한계를 가질 수밖에 없다. 그런 면에서 금융감독 기구를 민간 조직으로 운영하는 현재의 시스템도 재검토해야 한다. 왜냐하면 금융감독 기구를 민간 조직으로 운영하는 것과 그 역할을 금융서비스 제공에 두는 것은 밀접하게 이어져 있기 때문이다. 금융감독 기구의 역할은 말 그대로 금융감독이어야 한다.

•• 우리나라 금융자산의 성장, 무엇을 가져왔나?

1997년 위기 이후 금융자산의 외형적 성장

<금융자산 성장 현황>

우리나라는 1997년 외환위기 이후 금융자산이 급격하게 증가하는 현상을 목격하게 된다. 금융자산 총액은 1998년 3,018조 원에서 2020년에는 2경 764조 원으로 증가했다. 제도 부문별로 살펴보면, 1998년에서 2020년 사이 금융자산이 금융법인은 1,526조 원에서 9,502조 원으로, 가계 부문(비영리법인 포함)은 672조 원에서 4,539조 원으로, 기업 부문(비금융법인)은 410조 원에서 3,136조 원으로 증가했다. 외국인들(국외 부문)이 보유하는 금융자산도 235조 원에서 1,626조 원으로 증가했다[표 2-6]. 금융 부문이 실물 부문에 비해 얼마나 증가했는가를 나타내는 금융연관비율은 1998년에는 5.6배에서, 2020년에는 10.9배로 높아졌다[그림 2-1].

[표 2-6] 경제주체별 금융자산 보유 현황

(단위: 조 원)

구분	금융자산 합계	제도부문				국외부문
		금융법인	일반정부	비금융법인	가계와 비영리단체	
1998	3,018	1,526	175	410	672	235
2000	3,592	1,818	251	447	799	279
2005	6,199	2,796	526	942	1,413	519
2010	10,678	4,685	987	1,849	2,215	941
2015	14,590	6,576	1,371	2,360	3,182	1,101
2020	20,764	9,502	1,960	3,136	4,539	1,626

자료: 한국은행 경제통계시스템, '자금순환'.

[그림 2-1] 우리나라 금융 연관 비율(금융자산/GDP)

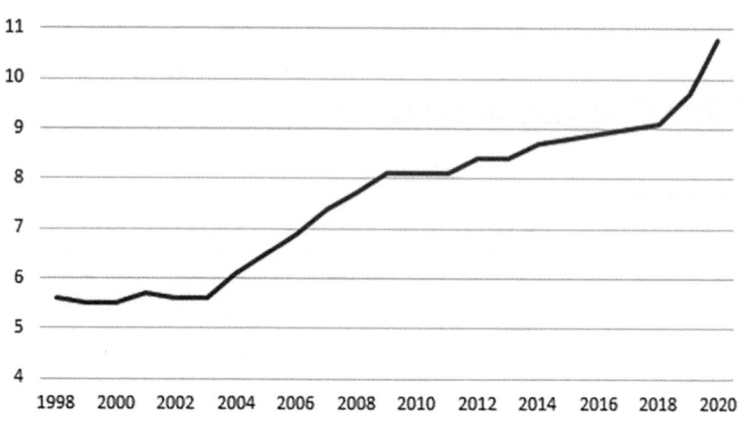

자료: 한국은행 경제통계시스템, '자금순환'. '국민계정'

이 기간에 주식시장도 크게 팽창했다. 상장주식 시가총액은 1998년 146조 원에서 2020년에는 2,372조 원으로 16배 증가했다. 거래대금은 1998년 1,940조 원에서 2020년에는 5경 7,090조 원으로 30배 가까이 성장했다[표 2-7].

[표 2-7] 우리나라 주식시장 발전

(단위: 개, 조 원, 억 주)

구분	회사 수 (개)	상장주식 시가 총액 (조 원)	거래량 (억 주)	거래대금 (조 원)
1998	1,079	146	287	1,940
2000	1,308	217	1,248	12,060
2005	1,620	726	2,653	12,330
2010	1,806	1,240	2,570	18,940
2015	2,030	1,448	2,628	22,010
2020	20,764	2,372	6,268	57,090

자료: 국가통계포털(KOSIS), 'KRX 상장주식 총괄'.

주식시장 규모의 상대적 크기는 보통 시가총액이 국내 총생산에 비해 얼마나 성장했는가를 가지고 측정한다. 국내 총생산액에 대비한 시가총액 규모는 1998년 약 0.2배에서 2020년에는 약 1.2배로 여섯 배가량 늘어났다[그림 2-2].

[그림 2-2] 시가총액/GDP

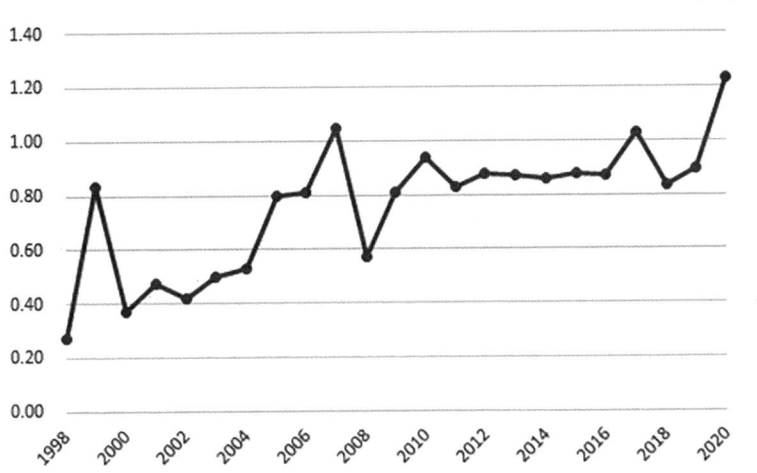

자료: 국가통계포털(KOSIS), 'KRX 상장주식 총괄'에서 작성.

<금융자산이 성장한 원인>

금융의 사전적인 의미는 자금의 융통이다. 자금의 융통은 기업과 기업 사이에서, 기업과 개인 사이에서, 개인과 개인 사이에서 일어날 수 있다. 오늘날 대부분의 자금의 융통은 금융기관을 매개로 하여 이뤄진다. 기업은 다른 기업에서 중간 부품을 사오면서 어음을 발행해줄 수 있다. 이 어음은 금융자산이다. 곧 기업과 기업 사이 거래가 증가하면 금융자산은 증가한다. 기업이

사업을 확대하기 위해 대출을 늘리면 금융기관 쪽에서 보면 이 대출은 금융자산이다. 임금을 받은 개인들이 생활비를 사용하고 남은 돈을 은행에 가져가서 입금하면 이 예금은 금융자산이다. 이처럼 경제가 성장하면 기업과 기업 사이, 그리고 기업과 개인 사이의 거래가 증가하고, 이를 반영하여 자연스럽게 금융자산이 증가한다.

금융자산이 증가하는 데에서 중요한 매개를 하는 것이 은행의 신용 창출 기능이다. 은행은 일반적으로 고객의 예금을 받아서 이를 대출한다. 그렇지만 은행은 고객이 예금한 돈이 전혀 없더라도, 또는 고객이 예금한 돈보다 훨씬 더 많은 돈을 대출할 수 있다. 이것이 가능한 이유는 사회가 은행들에 대해 신용을 창출할 수 있는 권리를 인정하고 있기 때문이다. 어떤 기업이 은행에서 대출을 받을 경우 은행은 그저 그 기업의 당좌예금 계좌에 예금을 기록해줄 뿐이다. 그러면 기업의 예금이 증가하고 기업에 대한 은행의 대출도 증가한다. 이런 식으로 금융자산이 증가한다.

금융자산은 일반적으로 경제의 성장을 반영하면서 증가하지만 이와 달리 제도나 규제의 변화에 의해서도 증가할 수 있다. 예를 들어, 우리나라에서는 1990년대 초까지만 해도 호텔 기업은 주식시장에 상장을 할 수 없었다. 어떤 기업이 자기가 발행한 주식을 주식시장에 상장할 수 있다는 것은 일종의 특혜나 다름없다. 왜냐하면 주식 상장이 기업에게 더 유리한 자금 조달 수단을 제공하기 때문이다. 우리나라는 1980년대까지만 해도 유통, 관광, 오락 산업에 속하는 기업들의 주식 상장은 허용하지 않았는데, 그 이유는 사회의 자금이 되도록 제조업에 몰리도록 하기 위해서였다.

그러나 기업공개 규정이 바뀌어 호텔 기업도 상장을 할 수 있게 되었고, 이에 따라 호텔신라 주식이 주식시장에 상장되었다. 기업 주식의 공개는 보통 그 기업의 주식 가격을 높이는데, 그 이유는 기업 주식의 상장에 따라 그 주식에 대한 대중들의 매수 수요가 증가하기 때문이다. 곧, 상장 규정의 변경으로도 금융자산 규모를 키울 수 있다. 외국인이 우리나라 주식을 살 수 있도록 법규를 변경하더라도 주식에 대한 수요 증가로 금융자산이 증가할 수 있다.

금융자산이 실물자본보다 훨씬 큰 규모로 성장하는 이유는 주로 금융자유화에 따른 규제의 완화와 관련이 있다. 외환위기 이후 금융자산이 크게 팽창한 데에는 경제 규모가 커진 것을 제외하면 다음과 같은 제도와 규제의 변화가 중요한 역할을 했다.

첫째, 자본·금융시장 개방을 계기로 외국인들이 대량의 자금을 가지고 들어와서 우리나라 금융자산을 사들였다. 외국인들이 우리나라에 대해서 가지고 있는 금융자산을 나타내는 대외 금융부채 현황을 보면, 그 규모가 1998년에는 1,915억 달러에서 2020년에는 1조 4,946억 달러로 늘어났다[표 2-8].

[표 2-8] 외국인 투자 현황

(단위: 10억 달러)

구분	대외금융부채	직접투자	증권투자	파생상품	기타투자
1998	191.5	22.2	65.7	0.0	103.6
2000	217.3	43.7	80.3	0.0	93.3
2005	512.0	104.9	310.5	1.3	95.4
2010	826.4	135.5	489.1	27.4	174.4
2015	939.5	179.5	550.7	37.8	171.4
2020	1494.6	265.6	976.3	40.6	212.1

자료: 한국은행 경제통계 시스템, '국제수지 국제투자 대조표(IIP)'.

둘째, 환율 관리와 관련된 금융자산이 크게 증가했다. 우리나라는 1997년 외환위기 이후 환율제도를 자유 변동환율제로 바꾸었다. 1960년대에 자유 변동환율제도를 주장했던 프리드만(Fridman M.)은 환율제도를 고정환율제도에서 변동환율제도로 바꾸면 외환 준비금이 줄어들 것이라고 말한 바 있다. 환율의 변동을 시장에 맡겨버리면 따로 준비금을 가지고 있을 필요가 없어진다는 것이다. 그리고 외환준비금이 줄어들 것이라는 점이 자유 변동환율제를 주장하는 가장 강력한 논거였다.

그러나 실제로는 대부분의 나라들에서 환율제도를 자유 변동환율제도로 이행하면서 외환준비금이 오히려 증가하는 현상이 나타났다. 우리나라도 1997년에 환율제도를 자유 변동환율제로 변경한 이후 외환 준비금이 지속적으로 증가했다. 이 과정에서 외환을 사들이기 위한 국고채 발행액, 외환 증가에 따른 국내 화폐량 증가를 중화하기 위한 통화안정채권 발행량도 함께 늘어났다. 이를 반영하여 전체 국공채 발행액이 1998년 94.5조 원에서 2020년에는 1,079조 원으로 성장했다[표 2-9].

[표 2-9] 국공채 발행 현황(잔액 기준)

(단위: 조 원)

구분	국고채+외평채	통안채	기타 국공채	합계
1998	3.9	45.7	45.0	94.5
2000	51.0	66.4	48.4	165.7
2005	185.8	155.2	71.2	412.2
2010	310.1	163.5	80.6	554.2
2015	485.1	180.9	156.0	822.0
2020	726.8	159.3	193.0	1,079.0

자료: 한국은행 경제통계 시스템, '주요 국공채 발행 및 잔액'.

셋째, 금융자유화에 따른 금융 기법이나 수단들의 발전을 들 수 있다. 우리나라 금융부문의 금융자산이 1998년 1,526조 원에서 2020년에는 9,502조 원으로 증가했음은 위에서 살펴본 바 있다. 그런데 이 가운데 금융기관의 대출은 2020년 기준으로 3,654조 원에 지나지 않는다. 나머지 많은 부분은 수익 증권을 발행하는 등 제2차, 제3차 증권 발행을 통해 금융자산이 증가한 것으로 추측할 수 있다. 이렇게 증가한 금융자산은 금융 기법이나 수단의 발전에 도움을 받은 측면이 강하다.

넷째, 기업의 금융자산 구입이 증가했다. 통상 기업은 자금을 빌려서 그것을 실물자본에 투자하는 것으로 가정된다. 실제로 기업들이 빌린 자금을 실물자본에 투자한다면 기업들의 금융자산이 별로 증가하지 않을 것이다. 그러나 기업들은 1997년 외환위기 이후 금융자산 보유 규모를 늘렸는데, 주로 인수합병을 통한 자회사 지분 인수, 주가 부양을 위한 자사주 매입, 마땅한 투자처를 발견하지 못하여 생긴 여유 자금의 금융자산 운용 증대 등이 그 이유였다.

마지막으로 우리나라 경상수지 흑자의 지속적인 증가도 금융자산 성장으로 이어졌다. 우리나라는 지난 1997년 경제위기 이후 경상수지가 끊임없이 증가하는 모습을 보였다. 2008년 글로벌 금융위기 이후에는 경상수지 증가 폭이 더욱 커졌다[그림 2-3]. 이처럼 경상수지 흑자가 지속적으로 증가한 데는 정부가 수출기업에 유리하도록 환율 수준에 지속적으로 개입한 탓이 크다. 그런데 경상수지 흑자가 늘어나면 이는 통상 대외 자산 운용의 증가, 곧 금융자산의 증가로 이어진다.

[그림 2-3] 우리나라 경상수지

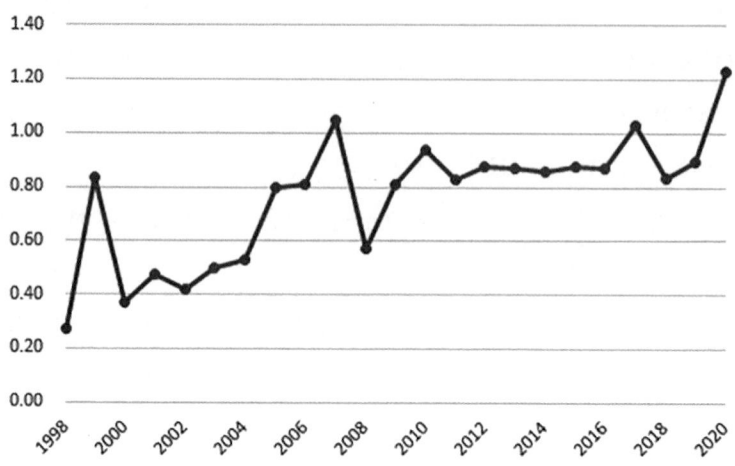

자료: 한국은행 경제통계시스템, '국제수지'에서 작성.

금융의 변화

<외국자본의 국내 금융기관 지배 증가>

　외환위기 이후 외국자본의 대량 유입 등을 반영하여 금융자산이 성장하면서 금융에서는 소유, 영업 행태, 정책 등의 면에서 변화된 모습이 나타났다. 먼저, 외국자본의 국내 금융기관 소유, 금융기관 자산 지배가 증가했다. 은행만을 보면 한국 SC은행의 지분은 100%, 한국 시티은행의 지분은 99.98%를 외국인이 지배하고 있다. 시중은행 가운데 우리은행만 제외하고 나머지 은행의 지분은 외국인이 과반 이상을 지배한다. 지방은행의 경우도 외국인 지배율이 40%가량 된다. 일반은행들의 자산 2,237조 원을 외국인이 그 지분율만큼 지배한다고 가정하면 그 금액은 1,241조 원가량인데, 이를 비율로 환산

하면 55.5%에 이른다[표 2-10]. 외국인들의 국내은행 지배가 심각한 수준임을 알 수 있다. 이러한 현상은 세계적인 흐름과 다르다. 세계적으로는 1980년대 이후 은행 민영화 물결 이후에도 공공에 의한 은행 소유·통제가 여전히 강했다. 국가가 지분을 보유하지 않는 완전한 민영화는 영국과 미국에서만 나타나는 특수한 현상이었고, 나머지 나라들에서는 상당한 수준의 노동자 지분 보유, 은행 상호 지분 보유 등을 통해 내국인의 지분율이 안정된 수준에서 유지되었다. 또는 강력한 사전 인가 제도, 자금 순환 규제, 금융 소비자 보호 등을 통해 외국인의 국내 은행 지배를 견제하는 나라들도 있었다.

[표 2-10] 외국인의 국내은행 지분율과 지배 자산(2020년 말 기준)

(단위: 십억 원, %)

구분	총자산 (a)	외국인 지분율(b)	외국인 지배 자산 (a)*(b)
우리	420,783	24.86	104,607
신한	490,220	57.04	279,621
한국SC	84,932	100.00	84,932
하나	446,817	64.91	290,029
한국씨티	69,561	99.98	69,547
국민	478,190	65.32	312,354
시중은행 소계	1,990,503	57.33	1,141,090
대구	64,876	46.56	30,206
부산	75,248	36.81	27,699
광주	31,006	38.82	12,037
제주	6,570	57.04	3,748
전북	19,170	38.82	7,442
경남	49,708	36.81	18,298
지방은행 소계	246,578	40.32	99,428
일반은행	2,237,081	55.45	1,240,518

자료: 한국은행 경제통계 시스템, '주요 국공채 발행 및 잔액'.

<금융기관 영업 행태의 변화>

다음으로, 금융기관들의 영업 행태 면에서도 변화가 나타났다. 은행들은 기업대출보다 가계에 대한 담보대출에 우선순위를 두었다. 또한 무엇보다 수익성을 중시하는 영업 행태를 보였다. 이는 금융 공공성의 후퇴로 이어졌다. 금융은 공공성이 강한 규제 산업에 속한다. 그렇기 때문에 국가와 중앙은행은 예금보호제도, 구제 금융, 지급준비금 공급 등을 통해 금융기관을 보호하면서, 한편으로는 금융기관들에게 공공적인 역할을 요구한다. 그렇지만 금융기관들은 공공적인 역할을 무시하면서 국가와 중앙은행의 보호와 지원만을 받으려 했다. 이 때문에 '이익의 사유화, 손실의 사회화' 이슈가 생겨났다.

<금융자산 가격 지지 중심의 금융정책 표준화>

마지막으로, 금융정책 면에서는 금융자산 가격의 유지가 핵심적인 관심사항이 되었다. 전반적으로 금융자산의 가격의 상승을 이끌고 거꾸로 가격 하락은 회피하는 방향의 금융정책이 표준으로 자리를 잡아갔다. 그리하여 금융시장에 동요가 생기면 자산가격의 유지를 위한 여러 가지 대책들이 가장 먼저 발표되었다. 중앙은행이 발권력을 동원하여 시장에서 금융자산을 사들이는 정책(이른바 양적완화 정책)은 이의 대표적인 사례이다.

이러한 금융의 변화는 두말할 나위 없이 외국자본이나 국내 금융세력의 이익에 우호적으로 기능하는 방향이었다. 그 이면에는 금융을 지원하는 데에서 발생하는 재정 부담, 다수 대중의 과중한 금융 부담(이자와 수수료 부담 등) 등이 놓여 있다.

•• 사회 불평등 확대로 이어지는 외환 보유액 증가

지속적으로 증가하는 외환보유액

2021년 9월 말 기준 우리나라의 외환보유액은 4,640억 달러였다. 지난해 말에는 외환보유액이 4,431억 달러였는데, 9개월 사이에 210억 달러가량 증가한 셈이다. 지난해 우리나라의 국내총생산은 1조 6,308억 달러(약 1,900조 원)였다. 외환보유액이 국내총생산에서 차지하는 비중은 무려 27%에 이른다. 세계 수준에서도 우리나라의 외환보유액 규모는 큰 편에 속한다. 우리나라의 외환보유액은 올해 8월 말의 절대액을 기준으로 세계 8위이다[표 2-11].

[표 2-11] 주요국의 외환 보유액(2021.8월 말 현재)

(단위: 억 달러)

	국가	외환 보유액	전월 말 대비 증감액
1	중국	32,321	(-38)
2	일본	14,243	(+378)
3	스위스	10,942	(+79)
4	인도	6,407	(+206)
5	러시아	6,182	(+172)
6	대만	5,436	(+5)
7	홍콩	4,970	(+22)
8	한국	4,639	(+52)
9	사우디 아라비아	4,547	(+132)
10	싱가포르	4,181	(+104)

자료: IMF, 각국 중앙은행 홈페이지, 한국은행, '2021년 9월 말 외환 보유액', 한국은행 보도자료 10월 6일에서 재인용.

사실 우리나라 외환보유액은 1997년 외환위기 이후 지속적으로 증가하는 모습을 보였다[그림 2-4]. 외환위기를 겪은 직후인 2000년에는 우리나라의 외환보유액이 1,000억 달러가량이었다. 그 이후에 2004년에는 2,000억 달러, 2010년에는 3,000억 달러, 그리고 2018년에는 4,000억 달러 수준에 이르렀다.

노벨 경제학상을 받은 보수주의 경제학자인 프리드먼(Friedman M.)은 일찍이 변동환율제를 옹호하면서, 어떤 나라가 변동환율제를 도입하면 외환보유액의 필요성이 줄어들 것이라고 말한 바 있다. 환율의 흐름을 시장에 맡기면 환율이 오르든 내리든 금융당국이 개입하지 않을 것이므로 따로 준비금이 없어도 된다는 것이 프리드먼의 논리였다. 그러나 현실은 그 반대였다. 변동환율제를 도입한 대부분의 나라들에서 외환보유액은 줄어드는 것이 아니라 오히려 늘어났다. 1997년 외환위기 직후에 변동환율제를 도입한 우리나라에서도 외환보유액은 지속적으로 늘어나는 모습이었다.

[그림 2-4] 우리나라 외환 보유액 추이와 증가율

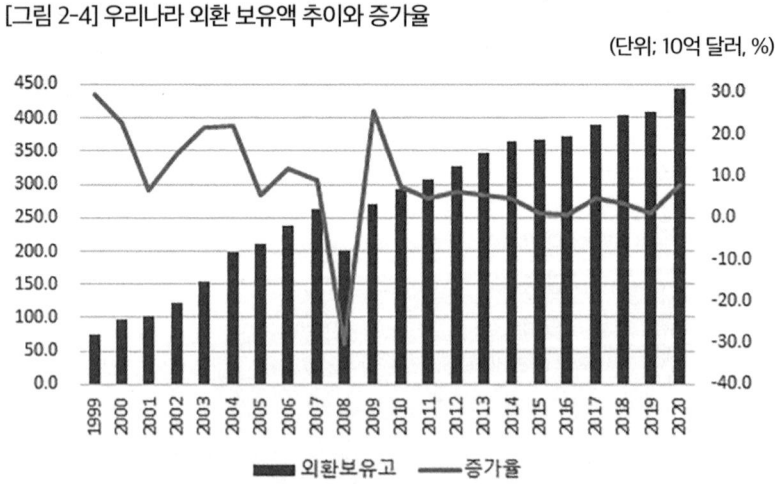

자료: 한국은행 경제통계시스템, '국제수지'에서 작성.

외환보유액이 많다고 꼭 좋은 것은 아니다

그렇다면 외환보유액의 증가는 바람직한 현상인가? 외환보유액은 상품거래와 자본거래의 준비금 역할을 하고 국제수지 변동에 따른 신축적인 대응 수단을 제공한다는 점에서 그 필요성이 인정된다. 특히 외환위기를 겪은 경험이 있는 우리로서는 외환보유액의 규모가 크면 클수록 좋은 것처럼 인식 되기도 한다. 따라서 적정한 수준의 외환을 보유하는 것은 어쩔 수 없는 일이다. 정부들은 외환보유액의 증가를 마치 자기들의 치적인 것처럼 홍보하기도 한다.

문제는 외환보유액이 큰 비용을 발생시켜 국민경제에 부담을 준다는 점이다. 외환보유액 때문에 발생하는 직접적인 비용으로는 첫째, 외국 화폐(또는 외국 화폐로 표시된 자산)의 가치가 떨어지면 외환 준비금에서 평가손실이 발생할 수 있다는 점(우리나라 외환보유액의 3분의 2가량은 달러 표시 자산), 둘째, 외화표시 증권의 금리가 국내에서 자금 조달을 위해 발행하는 채권의 금리보다 낮은 경우 이차(이자율 차이) 손실이 발생할 수 있다는 점을 들 수 있다.

외환보유액을 유지하기 위한 간접적인 비용으로는 환율을 높은 수준에서 유지하는 데 따른 분배 효과가 생길 수 있다는 점, 외환보유액의 증가가 환율 하락 압력으로 작용하기 때문에 어쩔 수 없이 대외투자를 늘려야 한다는 점, 국내 화폐량 증가와 관련된 통화가치 안정 비용이 발생한다는 점, 부동산 등 자산 가격 상승에 따라 서민들이 부담해야 하는 비용이 발생한다는 점을 들 수 있다.

그 밖에도 환율 안정을 위한 채권 발행 증가로 국가부채 비율이 증가함으로써 정부가 재정 운용에서 제약을 받을 수 있다는 점도 간접적인 비용이라 할 수 있다. 예를 들어 보자. 우리나라의 외국환평형기금(외평기금) 규모는 2020년 기준 239조 원이다. 그리고 2020년의 우리나라 국내총생산(GDP) 규모는 1,900조 원이다. 그러므로 외국환평형기금의 규모는 GDP의 12%를 넘는다. 외평기금은 국고채를 발행하여 마련하기 때문에 그만큼 장부상의 국가부채를 늘린다. 그러나 외평기금은 외화자산을 보유하고 있기 때문에 외화자산을 처분하여 국가부채를 상환할 수 있다는 점에서 실질적인 국가부채는 아니다. 이렇게 대응 자산을 보유하고 있는 국가부채를 금융성 국가부채(대응 자산이 없는 적자성 국가부채의 반대 개념)라 한다. 외평기금은 실질적인 국가부채는 아니지만 공식 국가부채 통계에 잡혀서 마치 우리나라의 국가부채 비율이 높은 것처럼 인식되게 한다. 그리하여 재정 보수주의자들은 통계상으로 나타나는 높은 국가부채 비율을 근거로 재정 확대를 반대한다.

외환보유액의 문제점을 또렷이 보여주는 외평기금 손실

이제 외환보유액에서 발생하는 비용을 좀 더 구체적으로 살펴보자. 외환보유액을 유지하는 데에서 발생하는 가장 큰 비용은 외국 화폐(주로 달러)로 표시된 자산의 가치가 떨어지는 데 따른 평가손실일 텐데, 이를 정확히 측정하기는 어렵다. 왜냐하면 달러의 가치를 상대적으로는 측정할 수는 있지만, 예컨대 유로나 원의 가치에 대비한 달러 가치를 측정할 수 있지만, 달러의 절대적인 가치를 측정하기는 쉽지 않기 때문이다. 달러의 절대적인 가치는 국제 금 가격을 통해 얼추 나타낼 수 있는데, 이의 추이를 보면 지속적으로 상승하는 모습을 보인다. 다시 말해서 금 가격에 비해 달러 가치가 지속적으로 하락하는 모습을 보인다.

국제 금 가격에 대한 추이를 보여주는 한 자료(London Fix Historical Gold; London PM Fix, kitco.com.)에 따르면 2000년 무렵의 금 1온스 가격은 300달러 수준이었다. 그러던 것이 최근에는 금 1온스 가격이 2,000달러 수준까지 올랐다. 20년 사이에 금에 대비한 달러의 가치가 7분의 1 수준으로 떨어졌음을 알 수 있다. 결국 달러 가치가 절대적으로 떨어진 셈이다. 그럼에도 달러 이외의 통화가치가 함께 하락하면 이들 화폐로 나타낸 달러의 상대적 가치는 떨어지지 않거나 오히려 상승할 수도 있다. 곧, 환율 통계를 통해서는 잡히지 않는 외환보유액 손실이 대규모로 존재할 수 있다는 것이다.

외환보유액 가운데 특히 문제가 되는 부분은 외평기금이다. 외환보유액은 크게 대외 상품거래를 위한 준비금과 대외 자본거래를 위한 준비금으로 나눌 수 있는데, 외평기금은 후자의 성격이 강하다. 외평기금은 외국환거래법 제13조에 따라 외환시장의 안정을 꾀하기 위해 설치한 것이다. 기금의 운영은, 기금을 통해 환율이 급하게 떨어질 때는 외환을 사들이고 거꾸로 급하게 오를 때는 외환을 팔았다가 환율이 제자리를 잡으면 반대매매를 한다는 개념에 바탕을 두고 있다.

기금을 통해 외환을 사고 팔아 환율의 흐름을 매끄럽게 하는 이른바 '스무딩 오퍼레이션(smoothing operation)'을 한다는 것인데, 정말로 외평기금의 기능이 거기에만 머무른다면 기금이 클 필요가 별로 없을 것이다. 환율의 오르내림이 번갈아 생기면 외환준비금도 그를 반영하여 늘어나거나 줄어들 것이고, 그러면 사고파는 상쇄작용에 의해 기금이 크지 않아도 되기 때문이다. 그런데도 외평기금의 규모는 끊임없이 증대해 왔다. 외평기금의 규모가 1998년에는 10.7조 원 규모에서 2020년에는 239.1조 원으로 커졌다[뒤의 표

2-13]. 이는 외평기금이 환율의 흐름을 매끄럽게 하는 기능을 넘어 환율의 수준을 특정한 방향으로 움직이도록 이끌고 있음을 의미한다.

외평기금에서는 대규모 평가 손익이 발생할 수 있다. 우리나라 외환보유액의 통화별 구성을 보면 달러 자산이 전체의 3분의 2가량을 차지한다[표 2-12]. 외평기금도 전체 외환보유액과 비슷한 통화별 구성을 보인다고 한다면, 달러의 가치 변화는 기금에 평가 손익을 발생시킨다. 외평기금에서 사들인 외화(주로 달러)자산의 가치가 올라가면 평가이익이 발생하고 가치가 떨어지면 평가손실이 발생한다.

[표 2-12] 외화자산 구성 내역(통화별)

(단위: %)

	2015	2016	2017	2018	2019	2020
미국 달러	66.6	70.3	68.1	69.8	69.1	67.7
기타통화	33.4	14,243	31.9	30.2	30.9	32.3
합계	100.0	100.0	100.0	100.0	100.0	100.0

자료: 한국은행, 『연차보고서』, 각 연도.

그런데 이것은 앞서 본 바와 같이 달러의 상대적인 가치 하락만을 반영할 뿐 절대적인 가치 하락을 반영하지는 못한다. 예를 들어 달러와 원화의 가치가 같은 비율로 모두 하락하는 때에는 두 통화의 상대적인 가치의 변화가 없지만, 달러의 절대적 가치는 하락한다. 이 경우에는 외환보유액에서 실질적으로 손실이 발생하고 있지만 회계상에는 그 손실이 나타나지 않는다. 곧, 외화자산 평가손익은 원화에 대비한 달러의 상대적인(절대적이 아니라) 가치 하락만을 나타낼 수 있을 뿐이다. 달러의 상대적인 가치 변화에 따른 기금의 손익은 [표 2-13]의 외환 평가손익 항목에 나타난다. 외환 평가손익은 환율이 올라갈 때는, 곧 달러 가치가 상대적으로 올라갈 때는 이익으로 나타나고 환율이 떨어질 때는 반대로 나타난다.

한편 외국환평형기금은 국고채를 발행하여 마련하는데, 국고채에 대해 국내에서 지급하는 이자가 외국환평형기금을 외화자산에 운용하여 얻는 수익보다 많다면 이차손실(국내와 외국의 이자율 차이에 따른 손실)이 발생한다. 거꾸로 국고채 이자 비용이 외평기금 운용 수익보다 적다면 이차이익이 발생한다. 외환평가 손익과 이차 손익을 합하면 외국환평형기금 전체의 손익을 나타낼 수 있다. 1998년 이후 외평기금에서 발생한 누적 손실은 41.1조 원에 이른다[표 3]. 이는 전체 외평기금 규모 239조 원의 17.2%에 해당한다. 다시 강조하지만 이 수치에는 달러의 절대적인 가치 하락에 따른 손실은 포함되어 있지 않다. 그럼에도 그 규모가 매우 크다는 사실을 알 수 있다.

외평기금의 규모가 지속적으로 증가하고 있다는 사실은 이 기금으로 외화자산(특히 달러)을 계속 사들이고 있다는 것을 뜻한다. 외평기금이 달러를 계속 사들이는 이유는 시장에서 형성되는 환율이 계속 하락 압력을 받고 있기 때문이다. 환율이 하락하면 수출기업이 벌어온 달러가 국내에서 낮게 평가된다. 1달러를 벌어온 수출기업이 국내에서 환전을 할 때, 환율이 1,200원일 때에 비해 1,100원일 때는 100원만큼 덜 받는다. 따라서 정부는 수출기업을 지원하기 위해 환율이 하락할 때 그것을 막기 위해 달러를 시장 가격보다 좀 더 높은 가격에 사줌으로써 그에 대응하려 한다. 달러 가치가 떨어지고 있을 때 이를 좀 더 비싼 가격에 사주기 때문에 외평기금에는 구조적으로 평가 손실이 발생할 수밖에 없다.

[표 2-13] 외국환 평형 기금 당기 순손익과 누적 손익 현황

(단위: 억 원)

구분	기금 규모	당기순익	이차손익	외환평가 손익	누적적자	통안채이자 (10억 원)
1998	107,173	△10,582	△2,380	△8,202	△2,547	4,841
1999	118,483	△7,412	△4,661	△2,751	△9,959	3,799
2000	144,849	4,932	△4,153	9,085	△5,027	4,665
2001	137,334	△1,606	△6,090	4,484	△6,633	4,873
2002	184,319	△17,895	△8,895	△9,000	△24,528	4,801
2003	308,651	△3,817	△7,462	3,645	△28,345	4,963
2004	387,185	△125,686	△59,812	△65,874	△154,031	5,584
2005	499,575	△34,493	△9,254	△25,239	△188,524	6,144
2006	540,567	△71,822	△15,196	△56,626	△260,346	6,806
2007	647,592	△3,328	△8,315	4,987	△263,675	7,478
2008	861,824	151,923	△64,627	216,550	△90,900	7,199
2009	916,802	△46,966	△8,588	△38,378	△137,866	6,227
2010	1,028,384	△50,968	△36,280	△14,688	△188,834	6,009
2011	1,144,075	△33,048	△53,419	20,370	△221,882	6,107
2012	1,191,446	△123,079	△57,770	△65,310	△343,961	5,703
2013	1,323,309	△58,634	△38,375	△20,259	△402,595	4,891
2014	1,492,975	20,123	△38,000	58,123	△382,472	4,739
2015	1,669,135	36,207	△77,474	113,681	△346,265	4,102
2016	1,826,783	△19,636	△63,905	44,268	△362,902	3,059
2017	1,839,980	△116,123	△26,699	△89,424	△479,025	2,579
2018	1,962,703	42,468	18,565	23,903	△433,557	3,058
2019	2,285,646	35,553	3,642	31,911	△398,004	3,137
2020	2,390,671	△13,129	34,068	△47,197	△411,133	2,245

주: △는 마이너스를 나타냄.
자료: 대한민국 정부, 『기금결산보고서』 각 연도, 한국은행, 『연차보고서』 각 연도.

정부가 환율의 하락을 방어하기 위해 외평기금을 통해 원화로 달러를 시장에서 사들이면 시중에는 화폐 유통량이 증가한다. 화폐 유통량의 증가가 물가 상승 압력으로 이어지는 것을 피하기 위해 한국은행은 통화안정채권을 발행하여 시장에 매각함으로써 시중의 화폐를 일부 회수한다(이를 불태화정책이라 한다).

통화안정채권의 발행량이 2020년 기준으로 150조 원에 이른다. 여기에 지급되는 이자가 많을 때는 1년에 7조 원이 넘었고 금리가 떨어진 현재에도 2-3조 원 수준을 유지한다[표 3]. 외평기금과 연관되어 있는 통안채의 규모와 그에 대한 이자 지급도 만만치 않은 수준임을 알 수 있다.

외평기금의 증가는 기금 손실이라는 직접적인 효과를 낳는다. 그 외에도 외평기금의 증가는 여러 간접적인 효과를 낳는다. 이에 대해 살펴보기로 하자.

환율 유지 정책에 따른 사회 불평등 확대 효과

외평기금을 운용하는 주요한 목적은 환율이 하락할 때 그것을 막기 위한 데 있다. 여기에 수출기업들의 생존적인 이해가 걸려 있음은 두말할 나위 없다. 당연하지만 환율의 하락을 막음으로써 얻는 이익의 대부분은 수출 대기업에 돌아간다. 재벌기업들의 수출의존도는 중소기업보다 훨씬 높다. 그러므로 환율정책에 따른 이익의 더 많은 부분을 수출기업들 가운데서도 재벌기업들이 차지한다.

수입을 해야 하는 내수 업종 중심의 기업들은 환율 상승 때문에 오히려 손실을 본다. 나아가 환율 상승은 외국에서 물건을 더 비싼 값으로 사온다는 것을 의미하기 때문에 물가를 상승시키는데, 그에 따라 자영업자, 서민들에게는 부담으로 작용한다. 이리하여 우리나라의 환율정책은 수출 재벌기업들에 유리하게, 그리고 내수 중소기업, 자영업자, 임금 소득자에게 불리하게 작용하는 분배 효과를 만들어낸다. 이는 사회 불평등의 증대로 이어지지 않을 수 없다.

우리나라가 외환보유액을 늘려가는 것은 미국의 달러 체제에 유지에는 도움이 된다. 미국은 주변국들이 외환보유액을 늘려나가면 경상수지 적자 체제를 계속 유지할 수 있게 된다. 다른 한편, 우리나라 외환보유액의 증가는 미국의 달러 발행 증가를 반영한다. 위에서 알 수 있듯이 우리나라 외환보유액의 확대는 수출 기업들의 이해에 유리하게 기능한다. 그런 면에서 우리나라 재벌 수출기업들의 이해는 달러 발행을 늘리려는 미국의 전략에 묶여 있다고 볼 수 있다. 이는 우리나라가 수출주도 경제로 서 있는 한 그것이 달러 체제의 유지에 힘을 보태주는 결과를 가져온다는 것을 뜻한다.

또한 외평기금의 확대는 금융자산의 성장에도 기여한다. 외평기금을 마련하기 위한 국고채 발행 증가, 외화자산 매입에서 발생한 화폐량의 증가를 중화하기 위한 통화안정채권의 발행 증가, 외평기금을 통한 대외 자산운용의 증가 등은 금융자산의 증가로 이어진다. 금융자산의 증가는 대체로 금융 세력에게 유리한 환경을 만든다. 그러나 금융자산이 증가가 노동자, 농민, 서민에게 반드시 유리하게 기능하지는 않는다. 금융자산(주식, 채권, 예금 등) 증가에 따라 그에 비례해서 배당과 이자가 증가하면 이를 지급해야 하는 회사의 경영 변화로 노동자, 농민, 서민은 더 낮은 임금을 받으면서 더 많은 시간을 일해야 하고, 그것도 정규직보다는 비정규직으로, 그리고 더 위험한 환경에서 일해야 한다. 곧, 사회 전체의 금융자산 증가는 다수 대중에게는 결코 유리한 상황이 아니다.

정리하자면, 달러 유통을 확대하려는 미국의 이해, 환율을 더 높게 유지하려는 국내 수출 재벌 기업들의 이해, 금융자산의 성장을 바라는 금융 계급의 이해가 맞물려 외평기금에 모이면서 그 규모를 끊임없이 증대시키고 있다. 그러나 그 이면에는 피해를 보는 계층이 대규모로 자리잡고 있다.

강요된 대외 자산 운용

정부가 수출주도 정책을 뒷받침하기 위해 외평기금을 활용하여 환율 유지 정책을 펴면 필연적으로 외환보유액이 증가한다. 또한 수출주도 정책은 경상수지 흑자를 늘리기 때문에 이 역시 외환보유액이 늘어나게 하는 요인이 된다. 외환보유액이 증가하면 환율 하락 압력이 생긴다. 왜냐하면 외환이 많다는 것은 시장에서 상대적으로 싼 값으로 외환을 구입할 수 있다는 것을 말하기 때문이다. 외환의 시장 가격이 낮아진다는 것은 원화의 상대적인 가치가 올라간다는 것(예컨대 원/달러 환율이 떨어진다는 것)과 같은 의미이다. 예를 들어 1달러는 1,200원에서 1,100원으로 낮게 평가된다.

정부가 환율의 하락을 막기 위해 외평기금을 만들어서 외환을 사들였는데, 이것이 이제는 거꾸로 환율 하락을 이끄는 힘으로 작용한다. 여기에 달러 가치 하락에 따라 외국에서 값싼 달러를 빌려서 우리나라로 들어오는 외국인 투자까지 증가하면 환율 하락의 압력은 더욱 거세진다. 환율의 하락은 수출 기업들에게는 사업 의지를 꺾는 아주 나쁜 소식이다. 정부도 수출 기업들이 어려움을 겪는 것을 원하지 않기 때문에 국내 자산의 일부를 밖으로 내보내서 적극적으로 투자함으로써 환율 하락을 방어하는 정책에 대한 유인을 갖게 된다. 특히 정부는 민간 법인들(금융법인과 비금융법인)의 대외투자 확대에 관심을 갖는다.

실제로 참여정부 때, 미국이 9.11 사태 이후 달러 발행을 늘림에 따라, 우리나라 외환보유액이 급증하고 외국인 투자도 증가하면서 정부는 민간 기업들의 대외투자를 장려하는 정책을 편 바 있다. 정부는 2005년에 대외투자 전문기구로서 한국투자공사(KIC)를 설립했는데, 이 기구는 우리나라 법인들의 대외투자를 촉진하는 선도 역할을 맡을 터였다. 한국투자공사의 설립 목적은 정부(외평기금), 한국은행, 연기금에서 자산을 위탁받아 효율적으로 운용함으로써 금융산업의 발전에 이바지하는 데 있다(한국투자공사법 제1조(목적), 제2조(정의))고 규정되어 있다.

2007년 1월, 정부는 국내 기업의 '해외 진출 활성화 및 해외투자 확대 방안'을 발표했다. 주요 내용은 국내 거주자의 외국 부동산 매입이나 대외 직접 투자, 외국 펀드 투자에 대한 규제를 완화하여 대외투자를 확대하고 금융권들에 대해서는 외국에 진출하여 외국 사업을 쉽게 할 수 있도록 한다는 것이었다. 참여정부가 주창한 '동북아 금융 허브론'은 우리나라의 대외투자를 활성화해야 할 필요성에서 나왔다. 달러 자금이 모이는 것과 흘러나가는 것에 대한 모든 규제를 풀어서 우리나라를 달러가 자유롭게 유통하는 중간 저수지로 만들자는 것이 이 아이디어의 핵심이다. 이에 따라 그 무렵부터 우리나라의 대외투자가 급속히 증가하기 시작한다[표 2-14]. 그러나 그러한 대외투자는, 위에서 본 바와 같이, 자발적인 것이라기 보다는 어쩔 수 없이 하는 것이었다.

[표 2-14] 우리나라의 국제투자 잔액

(단위: 10억 달러)

	대외 투자				외국인 투자				
	직접 투자	증권 투자	파생 금융 상품	소계 (a)	직접 투자	증권 투자	파생 금융 상품	소계 (b)	순투자 (a)-(b)
1998	19.1	9.3	0.0	28.4	22.2	65.7	0.0	87.9	-59.5
1999	19.2	8.0	0.0	27.2	41.9	107.1	0.0	149.0	-121.8
2000	21.5	5.5	0.0	27.0	43.7	80.3	0.0	124.1	-97.0
2001	20.0	7.9	0.4	28.3	53.2	106.4	0.4	160.0	-131.7
2002	20.7	11.6	0.9	33.2	62.7	116.2	0.9	179.8	-146.6
2003	25.0	19.5	0.8	45.3	66.1	165.0	0.9	232.0	-186.7
2004	32.2	33.1	1.1	66.3	87.8	210.3	0.9	299.0	-232.7
2005	38.7	52.1	1.0	91.8	104.9	310.5	1.3	416.7	-324.8
2006	49.2	97.8	1.4	148.3	115.8	352.4	2.4	470.6	-322.2
2007	74.8	158.6	2.3	235.7	122.0	456.7	4.9	583.5	-347.8
2008	98.0	75.1	54.9	227.9	94.7	252.2	75.3	422.2	-194.3
2009	121.3	101.1	28.7	251.1	121.9	391.6	32.6	546.1	-295.0
2010	144.0	112.2	27.6	283.8	135.5	489.1	27.4	652.0	-368.2
2011	172.4	103.4	26.7	302.6	135.2	477.0	29.1	641.3	-338.7
2012	202.9	137.7	31.7	372.3	157.9	578.1	30.9	766.9	-394.6
2013	238.8	168.8	23.6	431.2	180.9	615.6	26.4	822.9	-391.7
2014	260.5	204.8	30.6	495.9	179.4	591.0	35.8	806.3	-310.4
2015	285.9	235.5	29.5	550.9	179.5	550.7	37.8	768.1	-217.2
2016	310.2	304.9	22.2	637.3	188.9	573.3	32.8	794.9	-157.6
2017	360.6	424.6	26.3	811.5	229.4	773.9	22.2	1025.5	-214.0
2018	405.2	465.0	20.3	890.5	237.2	666.6	27.8	931.6	-41.2
2019	456.0	577.8	29.0	1062.9	241.7	742.0	29.7	1013.3	49.6
2020	500.9	705.6	46.5	1253.0	264.9	976.0	41.3	1282.2	-29.2

주) 대외 투자는 국내인의 외국 투자, 외국인 투자는 외국인의 국내 투자를 나타냄.
자료: 한국은행 경제통계 시스템, 국제투자대조표.

증권투자, 직접투자, 파생상품 투자만 하더라도 대외투자 규모가 2000년에는 270억 달러에 지나지 않았지만 2005년에 918억 달러, 2006년에는 1,483억 달러, 그리고 2007년에는 2,357억 달러로 성장한다. 우리나라 대외투자와 관련하여 특징적인 모습 가운데 하나는 일반정부 부문의 대외투자 잔액이 매우 큰 규모를 차지한다는 것이다[표 2-15]. 이는 한국투자공사(KIC)와 국민연금의 대외투자가 증가한 사실을 반영한다. 물론 이러한 대외투자 확대 정책은 2008년 글로벌 위기로 참담한 실패를 경험하게 된다. 대외투자를 늘린 금융기관들이 글로벌 금융위기 와중에 대외투자 자산에서 대규모 손해를 보았기 때문이다. 그리하여 국회는 대외투자에서 손실을 본 은행들에 대한 1,000억 달러 규모의 정부 지급 보증안에 동의해야 했다.

이처럼 우리나라의 외환보유액 증가는 다시 대외투자 증가로 이어지기 때문에 외환위기 이후 급격하게 증가한 외국인 투자는 나중에 대외투자 증가로 메워진다. 그리하여 대외투자에서 외국인 투자를 뺀 순투자가 외환위기 이후 큰 마이너스 금액을 보이다가 최근에는 거의 균형을 이루는 수준에 이르렀다.

[표 2-15] 우리나라 일반정부 부문의 대외 투자 잔액

(단위: 10억 달러)

구분	증권 투자	지분 증권	부채성 증권	파생금융상품	합계
2004	3.1	0.0	3.1	0.0	6.1
2005	10.4	0.0	10.4	0.0	20.7
2006	13.8	0.0	13.8	0.0	27.7
2007	19.1	2.5	16.6	0.0	38.2
2008	16.6	10.3	6.3	0.0	33.2
2009	28.3	20.8	7.5	0.0	56.6
2010	43.6	32.5	11.2	0.0	87.2
2011	45.5	35.7	9.7	0.0	90.9
2012	69.0	58.1	10.9	0.1	138.1
2013	90.1	80.9	9.2	0.0	180.3
2014	105.2	96.5	8.7	0.1	210.4

구분	증권 투자	지분 증권	부채성 증권	파생금융상품	합계
2015	110.9	102.5	8.5	0.0	221.8
2016	126.5	117.4	9.1	0.1	253.2
2017	166.5	156.0	10.5	0.1	333.1
2018	173.8	159.4	14.4	0.0	347.6
2019	220.2	208.9	11.3	0.2	440.5
2020	277.8	257.4	20.4	0.3	555.9

주) 일반정부에는 중앙정부, 한국투자공사(KIC), 국민연금 등 포함.
자료: 한국은행 경제통계 시스템, '국제수지 국제투자대조표'.

자산(부동산, 유가증권) 가격 상승

정부가 외평기금을 마련하여 외환을 사들이면 시중에 풀리는 돈이 늘어난다. 풀려난 돈이 너무 많으면 인플레이션으로 연결될 수 있다. 이를 막기 위해 한국은행이 통화안정채권을 발행하여 풀린 돈을 회수하는 이른바 '불태화 개입'을 하지만, 돈을 완전히 회수할 수는 없다. 최소한 통화안정채권 이자만큼은 돈이 풀려나간다. 그런데 위에서 보았듯이 통화안정채권 이자 지급액이 매년 3~7조 원 규모에 이를 정도로 크다. 우리나라의 본원통화 증가 규모가 2019년에 20조 원, 2020년에 30조 원이었다는 사실을 감안하면 통화안정채권 이자 규모가 얼마나 큰가를 알 수 있다. 이렇게 풀려나간 돈이 기업의 투자로 이어지지 못하고 자산시장으로 흘러 들어가면 자산 가격을 상승시키게 된다. 통화안정채권은 안정성이 보장되는 투자처를 제공한다는 점에서 금융 세력에게 일종의 혜택이라는 점도 덧붙여야 한다.

자산 가격의 상승은 자산을 많이 가진 계층에 자산과 소득을 재분배하는 결과를 가져온다. 우리나라의 자산 불평등은 매우 심각한 수준이다. 그렇기 때문에 자산 가격 상승이 계층들 사이의 불평등에 미치는 영향이 매우 크다. 결국 외평기금 규모가 커질수록, 그리하여 이와 연동된 통화안정 채권 발행 규모가 늘어날수록 우리나라의 불평등 수준은 더 높아질 가능성이 크다고 할 수 있다.

대안이 필요하다

지금까지 본 바와 같이 외환보유액의 증가는, 양호한 경제 성적 지표로 이야기되고 있는 것과는 달리, 실제로는 많은 문제점을 만들에 낸다. 특히 외환보유액의 증가가 수출의 증가가 아니라 단기 투기자본(핫머니)의 유입을 반영할 경우 그 문제점은 더욱 심각해진다. 예컨대 미국의 양적완화로 달러 차입 비용이 싸지고 그리하여 미국의 투자자들이 국내에서 자산 구입의 규모를 더욱 늘릴 때 우리나라 외환보유액이 증가할 수 있는데, 그런 방식으로 늘어난 외환보유액이 특히 문제가 될 수 있다.

문제점들의 대부분은 부를 특정한 국가에서 다른 국가로, 특정한 세력에서 다른 세력으로 이전시킨다는 사실에서 나온다. 대체로 외환보유액의 증가는 부를 우리나라에서 미국으로(외환보유액이 대부분 달러 표시 자산이라는 점 때문에), 그리고 우리나라 안에서는 노동자, 농민, 자영업자 등 일반 대중의 손에서 수출 재벌기업과 금융세력의 주머니로 이전시키는 효과를 발생시킨다.

그런 면에서 외환보유액이 많다는 것은 어떤 계층에게는 좋은 것이지만 다른 계층에게는 결코 좋은 것이 아니다. 외환보유액의 필요성이 인정되지만 그것이 필요 이상으로 증가하면 이는 일반 대중의 손실로 돌아간다. 따라서 외환보유액을 적정 수준으로 제한하기 위한 노력이 필요하다. 외환보유액의 필요성을 줄이는 일차적인 방법은 단기 이득을 노리면서 수시로 국경을 넘나드는 운동을 하는 자본의 자유를 제한하는 것이다. 단기 자본의 이동이 줄어들면 외환보유액의 필요성은 그만큼 줄어든다. 자본이동의 자유를 제한하는 방법은 외환 포지션 한도제와 같은 직접적인 규제가 있을 수 있고, 조세와 같은 간접적인 규제가 있을 수 있다. 어려움은 자본 이동의 자유를, 거기에서 이익을 얻는 세력이 스스로 제한하지는 않을 것이라는 사실에 있다.

•• 외국인 투자자들이 우리나라에서 벌어간 돈은 얼마나 될까?

외환위기 이후 외국인 투자와 대외 투자

외환위기 이후 자본시장이 개방되면서 우리나라에는 외국자본이 거대한 규모로 몰려왔다. 특히 미국의 경상수지 적자가 더 커질 때마다 세계시장에는 달러가 넘쳐났고, 값이 싼 달러를 바탕으로 외국인들이 우리나라에서 자산 매입을 크게 늘렸다. 그리하여 외국인이 국내에 보유하는 금융자산 규모는 2020년 말을 기준으로 1조 5,000억 달러(1,770조 원, 2020년 평균환율 적용) 규모에 이르렀다. 외국인 금융자산 가운데서는 증권투자와 직접투자가 대부분(85% 가량)을 차지한다.

다른 한편 우리나라의 경상수지가 지속적으로 흑자를 나타내고 외환보유액도 증가한데다 정부도 환율 하락 압박을 해소하기 위해 민간 법인들에게 대외 투자를 장려했기 때문에 우리나라의 대외 금융자산도 크게 늘어났다. 그 규모가 2020년 말을 기준으로 2조 달러(2,320조 원, 2020년 평균환율 기준) 가까이 이르렀다.

국제수지표의 금융계정은 직접 투자, 증권 투자, 파생금융상품, 기타 투자, 준비자산으로 나뉜다. 여기에서 기타 투자는 대출과 차입, 무역 신용, 현금과 예금 등이다. 준비자산은 말 그대로 예비적인 준비금 성격이 강하다. 따라서 국제수지표 금융계정 가운데 순수한 투자 개념에 어울리는 것은 직접투자, 증권투자, 파생금융상품이라 할 수 있는데, 이의 규모는 2020년 말 기준으로 외국인 투자(외국인의 국내 자산 보유)가 1조 2,822억 달러, 대외 투자(내국인의 외국 자산 보유)가 1조 2,530억 달러이다. 외환위기 직후 얼마 동안은 외국인 투자 규모가 대외 투자 규모보다 훨씬 컸다. 최근에는 양자 사이의 차이가 거의 없어졌다.[그림 2-5]

[그림 2-5] 우리나라 대외 투자와 외국인 투자

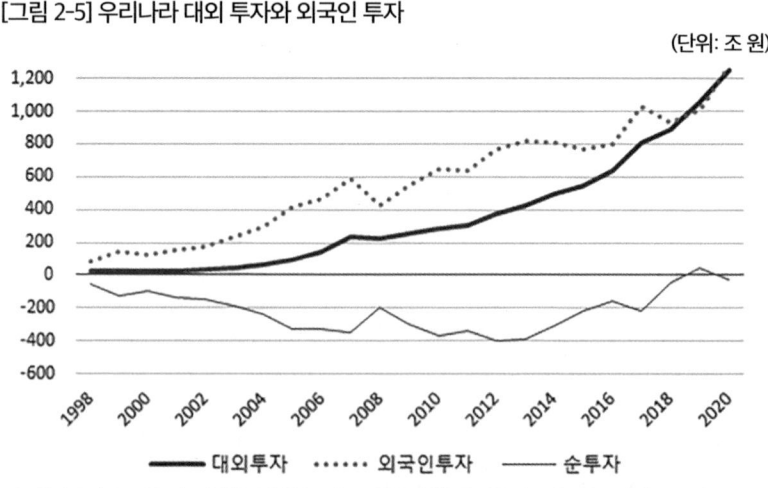

주) 직접투자, 증권투자, 파생금융상품 / 자료: 한국은행, 국제수지표 '국제투자대조표(IIP)'.

외국인 투자 수익과 대외 투자 수익

그렇다면 외국인이 국내 투자에서 벌어간 돈과 우리나라 투자자가 외국에서 벌어들인 돈은 얼마나 될까? 먼저 한국은행 국제수지표 통계를 바탕으로 2001년부터 2020년 사이 대외 금융자산과 대외 금융부채의 수익률 구조를 살펴보자. 이때 2001년부터 2020년 사이 20년을 편의상 단일 기간으로 간주하기로 하자.

[표1]에서 보면 2020년 말의 우리나라 대외 금융자산은 1조 9,628억 달러이고 대외 금융부채(외국인이 보유한 국내 자산)는 1조 4,967억 달러이다. 2000년 말, 곧 2001년 초의 대외 금융자산은 1,809억 달러, 대외 금융부채는 2,173억 달러였다. 2001~2020년 사이에 누적액 기준으로 내국인은 외국에 7,561억 달러를, 그리고 외국인은 국내에 3,825억 달러의 운용(투자)을 했다. 내국인의 외국자산 매입이 외국인의 국내자산 매입보다 훨씬 크다는 것을 알 수 있다.

만약 2000년 말(2001년 초)의 평가금액을 '초기 투자 금액'으로 간주한다면 2001~2020년 사이에 내국인은 외국에 9,369억 달러(2001년 초의 1,809억 달러에 2001~2020년 사이 운용 금액 7,561억 달러를 더한 금액)를, 그리고 외국인은 국내에 5,999억 달러(2001년 초의 2,173억 달러에 2001~2020년 사이 운용 금액 3,825억 달러를 더한 금액)를 투자한 것으로 볼 수 있다([표 2-16의 (d)]). 물론 2000년 말의 잔액에는 그 이전에 발생한 평가 손익이 포함되어 있기 때문에 엄밀한 의미에서 초기 투자 금액이라고 할 수 없다는 점은 감안해야 한다.

[표 2-16] 대외 금융자산과 대외 금융부채 수익률 (단위: 백만 달러)

	대외 금융자산	대외 금융부채
2020년 말 잔액(a)	1,962,811	1,496,747
2000년 말 잔액(b)	180,877	217,332
2001~2020 운용 누계(c)	756,065	382,532
누적 투자 소계 (d)=(b)+(c)	936,942	599,864
2001~2020 누계 실현 이익(e)	427,775	382,532
2001~2020 미실현 이익 (f)=(a)-(d)	1,025,869	896,883
2001~2020 누적 이익 소계 (g)=(e)+(f)	1,453,644	1,279,415
2001~2020 단순 누적 투자 수익률 (g)/(d)	155%	213%

주) 일반정부에는 중앙정부, 한국투자공사(KIC), 국민연금 등 포함.
자료: 한국은행 경제통계 시스템, '국제수지 국제투자대조표'.

　2001년에서 2020년 사이 대외 금융자산의 실현이익은 4,278억 달러이고, 대외 금융부채의 실현이익은 3,825억 달러이다([표1]의 (e)). 미실현 이익은 2020년 말의 평가금액에서 투자금액을 뺀 금액으로 계산할 수 있는데, 그 규모가 대외 금융자산은 1조 259억 달러이고 대외 금융부채는 8,969억 달러이다([표1]의 (f)). 실현이익과 미실현 이익을 합한 총 누적 이익은 대외 금융자산이 1조 4,536억 달러(1,715조 원, 2020년 평균환율로 환산), 대외 금융부채가 1조 2,794억 달러(1,510조 원, 2020년 평균환율로 환산)이다.

　누적 이익을 누적 투자금액으로 나눈 단순 수익률은 대외 금융자산이 155%이고, 대외 금융부채는 213%이다. 다시 강조하지만, 단순 수익률은 투자 시점, 시간 가치, 그리고 복리를 고려하지 않은 것이며, 따라서 수익률을 개략적으로 파악할 수 있는 추정치에 지나지 않는다. 위 과정을 [그림 2-6]으로 나타낼 수 있다.

[그림 2-6] 대외 금융자산과 대외 금융부채 수익구조(2001~2020년)

(단위: 10억 달러)

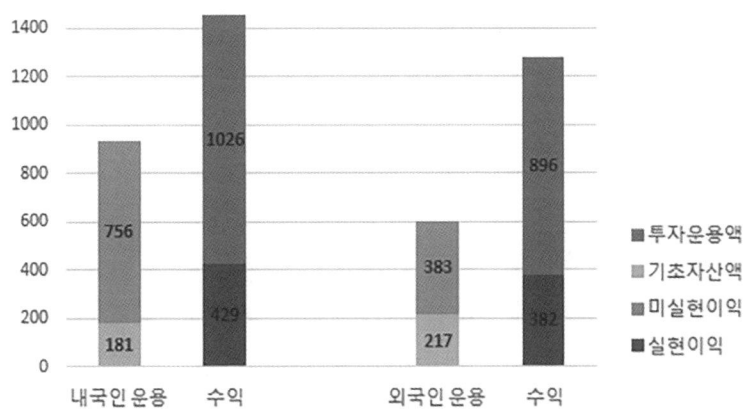

자료: 한국은행 경제통계 시스템, '국제수지 국제투자대조표(IIP)'.

몇 가지 특징

지금까지 본 내용에는 몇 가지 특징이 나타난다. 첫째 우리나라 대외 금융자산의 규모가 대외 금융부채의 규모에 못지않다는 점이다. 우리나라 대외 금융자산의 규모는 대외 금융부채보다 오히려 크고, 직접투자, 증권투자, 파생상품만을 따로 떼 내서 볼 경우는 대외 투자와 외국인 투자가 엇비슷한 수준이다. 이는 우리나라의 경우 외국인 투자의 증가가 대외 투자의 증가로 이어지게 하는 메카니즘이 작동하기 때문이다. 특히 외국인 투자 증가에 따른 환율 하락 압력이 대외 투자를 장려하지 않을 수 없도록 한다는 사실이 우리나라의 대외 투자 규모를 외국인 투자 규모에 연동시킨다.

둘째, 순투자액 기준으로 보면 우리나라에서 외국의 자산을 사들이기 위해 투자한 돈이 외국인이 국내 자산을 사들이기 위해 투자한 금액보다 더 크다는 점이다. [표1]에서 보듯이 지난 20년 동안 내국인의 대외 금융자산 운용액은 7,561억 달러인데 비해 외국인의 국내 금융자산 운용액은 3,825억 달러에 지나지 않았다.

셋째, 외국인 투자자의 수익률이 대외 투자 수익률보다 훨씬 높게 나타난다는 점이다. 대외 투자에서 발생하는 수익의 절대적인 규모만을 보면 외국인 투자자들이 올린 수익보다 우리나라 투자자들이 올린 수익이 더 크다. 이는 당연한데, 우리나라의 대외 투자금액이 외국인 투자 금액보다 훨씬 더 크기 때문이다. 문제는 수익률 면에서는 외국인 투자자들 쪽이 훨씬 높다는 점이다.

사실, 대외 투자 수익률이 외국인 투자 수익률보다 낮게 나타나는 현상은 미국을 제외한 세계 여러 나라들에서 관찰할 수 있다. 이렇듯 수익률 격차가 장기간에 걸쳐 나타나는 중요한 이유는, 미국은 주변국에 주로 수익률이 높은 주식에 투자하지만 주변국은 주로 수익률이 낮은 미국 국채나 공공채에 투자하기 때문이다. 특히 외환 보유액의 경우는 안정성을 고려해야 하는 사정 때문에 수익률이 낮은 공공채 투자 비율이 높다. 그런데, 우리나라 준비자산의 규모는 2020년 말 기준으로 대략 4,500억 달러 수준으로, 이는 전체 대외투자(직접투자, 증권투자, 파생금융상품) 규모 1조 2,530억 달러의 36%가량 된다[그림 2-7]. 전체 대외 투자의 3분의 1 이상이 준비자산에 묶여 있는 셈이다.

[그림 2-7] 우리나라 대외 투자 구조

(단위: 10억 달러)

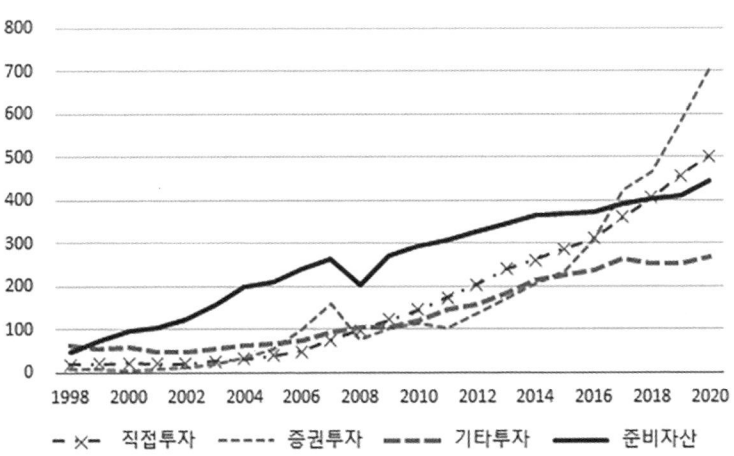

자료: 한국은행 경제통계 시스템, '국제수지 국제투자대조표(IIP)'.

우리나라가 단기 자본의 유출입을 엄격하게 규제하거나 또는 수출주도 성장정책을 일방적으로 추진하지 않는다면 외환보유액을 그렇게 많이 가지고 있을 필요가 없다. 준비 자산의 축적 목적이 단기 자본의 급격한 유출입에 대응하기 위한 데서, 그리고 수출기업을 지원하기 위해 환율의 하락을 방어하는 과정에서 증가했기 때문이다.

외환보유액을 포함한 대외 금융자산 규모가 상대적으로 크다는 사실(대외 투자의 수익이 외국인 투자 수익보다 절대적인 금액면에서 크다는 사실)은 국내에서 활용할 자원의 더 많은 부분을 대외 투자에 묶어두고 있다는 것 이상을 의미하지는 않는다. 중요한 것은 대외 투자와 외국인 투자의 상대적인 수익률인데, 위에서 보듯 외국인 투자자들이 상대적으로 더 높은 수익률을 나타내고 있다.

•• 우리나라의 주기적인 환율 불안정

우리나라가 자본시장을 개방화고 환율제도를 자유 변동환율제도로 변경하면서 환율의 변동폭이 매우 커졌다. 먼저 외환위기 이전과 이후에, 그리고 글로벌 금융위기 동안에 환율 변동성이 어떻게 변해왔는가를 살펴보기로 하자. 전일 대비 변동폭을 기준으로 삼은 원/달러 환율 변동성을 보면 외환위기 이전에 비해 그 이후에 환율 변동성이 커졌음을 알 수 있다[표 2-17].

외환위기 이전에는 환율의 하루 변동폭이 2.3원이었다. 외환위기 이후에는 환율의 하루 변동폭이 4.5원으로 늘어났고, 2008년 글로벌 금융 위기 직후에는 이것이 22.7원으로 커졌다. 특히 위기 기간에 환율 변동폭의 급격한 확대에 주목해야 한다. 왜냐하면 이것이 한 나라의 환율 급변에 대한 대응 능력을 보여주기 때문이다.

[표 2-17] 원/달러 환율 변동성 기간별 비교

(단위: 원, %)

	시장 평균환율제도	자유변동환율제도		
	외환위기 이전 (1990.3~1997.3)	리먼사태 이전 (1998.1~2008.9)	글로벌 금융위기 (2008.9~2009.3)	2009.4 이후 (~2010.12)
전일대비 변동폭1)	2.30	4.50	22.7	7.0 (6.9)
전일대비 변동률2)	0.21	0.37	1.59	0.58 (0.60)

주) 1) |금일종가-전일종가|, 2) |금일종가-전일종가|/전일종가, 3) ( )안은 2010년 기준
자료: 한국은행, Bloomberg, 서영경·성광진·김동우(2011)에서 재인용.

우리나라의 환율 변동성이 커진 이유는 우리나라가 자유 변동환율제도

를 채택한 데다 자본시장 개방도가 상대적으로 높기 때문이다. 우리나라의 자본자유화 정도는 제도적으로든 실질적으로든 주요 나라들 가운데 높은 수준을 보인다. 2008년 글로벌 위기가 발생한 지 얼마 지나지 않은 시점에서 작성된 월스트리트저널/헤리티지 재단의 투자 자유화 지수(investment freedom index)를 보면 우리나라의 제도적 자본자유화 수준 7)은 매우 높은 편이다.

또한 명목 GDP와 자본 유출입의 규모를 비교하여 측정한 실질적 자본시장 개방도 상대적으로 높은 수준이다. 비슷한 시점에 밀켄 연구소(Millken Institute)가 발표한 자본시장 접근성 지수(CAI; capital access indes) 8)도 우리나라는 세계 6위 수준을 나타냈다(서영경·성광진·김동우 2011).

환율 변동성이 크기 때문에 생기는 좋지 않은 영향은 2008년의 경우처럼 글로벌 수준에서 경제 위기가 펼쳐질 때 가장 극적으로 나타난다. 2008년 글로벌 위기 때 우리나라의 VIX(Volitility Index; 국제금융 시장의 위험에 대한 인식을 나타내는 지수)는 매우 빠르게 상승한 바 있다. 이 지수가 올라간다는 것은 투자자들이 생각하는 우리나라 위험의 정도가 커진다는 것을 뜻한다. 위험에 대한 일종의 보험료라 할 수 있는 CDS 프레미엄도 우리나라가 주요 나라들 가운데서 가장 큰 영향을 받았다. 환율 변동성을 국가별로 비교해보면 우리나라는 리먼 사태 이전에는 그 순위가 10위였는데 리먼 사태 직후에는 3위로 급속하게 올라가는 모습을 보였다[표 2-18]. 이는 그만큼 우리

---

7) 월스트리트 저널(Wall Street Journal)과 헤리티지 재단이 외국인 직·간접투자의 자유화를 평가한 투자 자유화 지수이다. 평가항목은 외국인 투자자에 대한 제도적 차별, 정책 효율성과 투명성, 자산 소유권 규제, 투자 영역 규제, 외환시장 개입, 자본 유출입 규제 등이다(서영경·성광진·김동우 2011).

8) 미국의 Millken 연구소가 122개 나라를 대상으로 발표하는 자본 자유화 지수.

나라가 위기에 취약하다는 것을 말해준다.

충분히 예상할 수 있는 바이지만, 환율 변동성이 커지면 여러 부작용이 생긴다. 첫째, 경기 증폭효과가 커진다. 경제가 잘 돌아갈 때는 외국자본이 별로 필요 없지만 그 때에 외국자본이 가장 많이 들어오고, 거꾸로 위기 때는 외국자본이 필요하지만 정작 그 시점에서는 외국자본이 빠져나간다. 그리하여 외국자본 유출입 때문에 경기가 증폭되는 효과가 나타난다. 우리나라처럼 역외에서 발생하는 외환 거래가 원/달러 환율에 미치는 영향이 큰 상황에서는 그러한 증폭 효과도 더욱 커진다 9).

[표 2-18] 환율 변동성1)의 국가별 비교

(단위: %)

국가	리먼사태 이전 2007.1~ 2008.9.12	리먼사태 직후 2008.9.15~ 2009.3	2009.4. 이후 2009.4~2010.12	
일본(엔)	0.51(5)	0.97(9)	0.51(10)	0.44(10)
호주(달러)	0.59(4)	1.67(4)	0.74(2)	0.68(1)
케나다(달러)	0.46(6)	1.05(7)	0.63(4)	0.57(6)
터키(리라)	0.70(2)	1.39(5)	0.60(6)	0.54(8)
영국(파운드)	0.37(8)	0.98(8)	0.54(9)	0.50(9)
유로지역(유로)	0.37(7)	0.92(10)	0.55(8)	0.59(5)
한국(원)	0.34(10)	1.69(3)	0.58(7)	0.60(4)
대만(달러)	0.16(18)	0.31(17)	0.21(17)	0.21(17)
인도네시아(루피아)	0.26(12)	0.92(11)	0.37(12)	0.26(16)

9) 우리나라 밖에서 원과 달러의 거래가 NDF 형태로 많이 이뤄진다. NDF(non-deliverable forward)란 미래의 환율 예측을 바탕으로 한 일종의 투기 거래(거래 시점에서는 현금을 주고받지 않고 정해진 거래 청산일에 차액만 결제하는 거래)인데, 주로 홍콩이나 싱가폴과 같은 역외 시장에서 이뤄진다. 역외에서 성립하는 환율이 국내 환율에 큰 영향을 끼치는 경우가 많은데, 이는 꼬리가 몸통을 흔드는 격이라 할 수 있다.

국가	리먼사태 이전 2007.1~ 2008.9.12	리먼사태 직후 2008.9.15~ 2009.3	2009.4. 이후 2009.4~2010.12	
브라질(헤알)	0.64(3)	1.84(1)	0.72(3)	0.64(2)
남아공(란드)	0.81(1)	1.75(2)	0.77(1)	0.62(3)
인도(루피)	0.26(13)	0.57(13)	0.36(14)	0.35(13)
멕시코(페소)	0.29(11)	1.27(6)	0.61(5)	0.55(7)
아르헨티나(페소)	0.13(19)	0.28(18)	0.19(18)	0.20(18)
필리핀(페소)	0.36(9)	0.47(14)	0.33(15)	0.34(14)
태국(바트)	0.20(17)	0.27(19)	0.15(19)	0.16(19)
러시아(루블)	0.22(15)	0.72(12)	0.49(11)	0.42(11)
싱가포르(달러)	0.22(16)	0.46(15)	0.27(16)	0.27(15)
말레이시아(링기트)	0.24(14)	0.36(16)	0.37(13)	0.39(12)
중국(위안)	0.09(20)	0.09(20)	0.(20)	0.06(20)
G20 국가 평균2)	0.40	1.07	0.51	0.47

주: 1) 전일 대비 변동률의 평균 기준, 2) 미국 달러화 페그제 국가인 사우디 아라비아 제외,
3) ( ) 안은 변동성 순위(고->저)
자료: Blooomberg, 한국은행, 서영경·성광진·김동우(2011)에서 재인용.

둘째, 환율 변동성 확대는 수출 기업들에게도 불리한 영향을 준다. 환율의 불안정은 거시적으로 보면 우리나라의 외환준비금 규모의 확대를 강제한다. 그뿐만 아니라 개별 수출 기업들 수준에서도 외환준비금 규모를 확대해야 할 필요성을 키운다. 그에 따라 기업들이 환율 변동 헷지를 하는 데 더 많은 비용을 부담하게 되면 수출 단가가 올라가고, 이는 수출금액의 감소로 이어질 수 있다. 또한 수출 기업들은 환율 변동성이 커지면 불확실성을 회피하기 위한 노력으로 수출 물량을 줄이기도 한다.

셋째, 위기가 전개되는 동안 상대적으로 외환에 대해 전문적인 지식을 가진 금융기관들이 수출 기업들을 상대로 이득을 챙길 수 있게 한다. 2008년 글로벌 위기 이후 드러났듯이 외환을 다루는 금융기관들, 특히 외국계 금융

기관들은 국내 수출 기업을 대상으로 환율 관련 파생상품(키코)을 대량으로 판매하여 큰 투기 이득을 얻었다. 거꾸로 수많은 수출 기업들은 키코 손실로 파산하거나 영업 규모를 줄일 수밖에 없었다.

넷째, 환율의 급변으로 심각한 외환위기가 발생할 경우 미국은 화폐 발행을 늘리거나 다른 나라에서 돈을 빌려와서 위기를 넘길 수 있지만 주변국은 돈을 빌려오는 대가로 구조조정을 해야 하는 상황으로 몰린다(Vasudevan 2008). 우리가 1997년 외환위기 이후에 경험한 바와 같이 구조조정에 따른 비용은 일차적으로 노동자나 영세 자영업자의 어깨 위로 떠넘겨진다.

이처럼 주기적인 환율 불안정은 무역회사들에게 환율 안정 비용을 부담시키고 노동자나 영세 자영업자들에게는 구조조정의 고통을 안길 수 있다. 따라서 국민경제의 안정적인 발전에는 환율의 안정이 필수적이다. 문제는 자본이동의 자유나 변동환율제도와 같은 신자유주의 근본 교리에 대한 도전 없이는 환율 안정 정책수단을 확보할 수 없다는 점이다.

•• 우리나라의 주기적인 환율 불안정

1997년 경제위기 이후 금융은 매우 팽창했지만 그 이용 기회나 조건이 경제주체들 사이에 골고루 차별 없이 주어진 것은 아니다. 특히 개인들만을 보면 금융 이용 기회와 조건의 불평등이 심각한 수준에 이른 것으로 나타난다. 이렇게 된 중요한 이유는 외환위기 이후 대부분의 우리나라 은행들을 외국 자본이 장악했다는 사실에서 찾을 수 있다. 외국계가 장악한 은행들은 금융이 갖는 공공성을 무시하고 수익성을 최우선에 두는 경영 전략을 정착시켜 나갔다. 이들 은행들은 기업대출보다 가계대출을, 그리고 신용대출보다 부동산 담보대출을 우선하는 영업을 보편적인 관행으로 굳혀나갔다.

은행들의 영업 행태 변화 등으로 자산과 소득이 많은 계층은 금융 이용 기회를 독점함으로써 추가적으로 자산을 늘릴 수 있었던 데 비해, 자산과 소득이 낮은 계층은 금융 이용 기회에서 아예 배제되었다. 『가계금융복지조사』의 분위별 가계부채 점유율을 보면, 가계 금융부채의 대부분은 자산과 소득이 많은 상위 계층에 몰려 있음을 알 수 있다. 예컨대 소득 하위 1분위의 금융부채는 가구당 평균 1,182만 원인데 비해, 상위 1분위의 금융부채는 11배나 많은 가구당 평균 1억 3,326만 원에 이른다. 순자산을 기준으로 보더라도 금융부채의 대부분이 순자산이 많은 계층에 몰려 있음을 알 수 있다[표 2-19].

[표 2-19] 부채 유형별 가구당 보유액, 구성비 (단위: 만원, %)

구분		부채	금융부채			
			담보대출	신용대출	신용카드	기타
전체		8,256	6,050	4,743(78.3)	868	71	367
소득	1분위	1,752	1,182	771(65.2)	166	65	180
	2분위	4,056	2,850	2,027(71.1)	425	84	314
	3분위	6,851	5,131	3,965(77.2)	713	79	375
	4분위	9,975	7,757	6,252(80.5)	1,032	87	385
	5분위	18,645	13,426	10,700(80.2)	2,004	43	580
순자산	1분위	2,903	2,800	1,233(44.0)	759	209	599
	2분위	4,076	3,742	2,847(76.0)	568	62	264
	3분위	6,388	5,550	4,431(79.8)	767	42	310
	4분위	8,910	6,784	5,427(79.9)	1,006	23	328
	5분위	19,001	11,371	9,776(85.9)	1,241	20	334

주: ( )안은 금융부채 대비 담보대출 비율임.
자료: 통계청·한국은행·금융감독원, 『가계금융복지조사』.

금융 이용 조건(금리나 수수료)의 불평등도 심각하다. 위의 [표 1]에서 보듯 자산과 소득이 많은 계층은 금리가 상대적으로 싼 담보대출을 많이 이용했다. 또한 소득과 자산이 많은 상위 계층은 금리가 싼 은행을 많이 이용하는데 비해, 소득과 자산이 적은 하위 계층은 금리가 상대적으로 높은 저축은행, 대부업 등을 많이 이용하는 것으로 나타난다[표 2-20]. 결국 자산과 소득이 많은 계층이 더 많은 대출을 더 낮은 금리로 받아서 주로 자산 불리기에 사용하고 있는 것이 오늘의 금융 현실이다.

[표 2-20] 소득·순자산 분위별 신용대출의 금융기관 이용 비중
(단위: %)

구분		2017년			2019년		
		은행	제2금융권	기타기관	은행	제2금융권	기타기관
소득분위	1분위	60.5	21.9	17.6	44.9	16.6	38.4
	2분위	63.8	22.2	14.1	59.6	24.1	16.3
	3분위	69.2	18.1	12.6	69.5	16.8	13.6
	4분위	73.9	14.9	11.1	75.6	12.6	11.8
	5분위	78.7	16.5	4.8	83.3	10.0	6.8
순자산분위	1분위	58.4	17.2	24.5	54.2	16.0	29.8
	2분위	70.3	20.0	9.7	72.8	18.3	8.8
	3분위	81.1	13.2	5.7	80.5	12.9	6.6
	4분위	78.1	15.3	6.6	79.7	10.0	10.3
	5분위	76.7	19.6	3.8	81.4	12.3	6.4

주) 제2금융권은 저축은행, 비은행금융기관, 보험회사를 의미.
자료 : 통계청·한국은행·금융감독원(각 연도). 「가계금융복지조사」

금융부문의 불평등을 가장 단적으로 보여주는 것은 금융 배제 계층이 대규모로 존재한다는 사실이다. 금융이 가장 풍부한 상황에서 일부 계층은 금융에서 배제됨으로써 고리사채 문제, 다중채무자 문제 등을 겪어야 한다. 개

인들의 신용은 10등급으로 구분되어 평가되는데 10), 이 가운데 신용이 낮은 7~10등급은 제도 금융기관을 아예 이용하지 못한다. 이렇듯 제도 금융기관에서 배제된 사람들의 수가 2020년 기준으로 350만 명가량 된다. 이들은 사금융을 이용할 수밖에 없는데, 그 규모가 220만 명가량이다(등록 대부업체 이용자가 180만 명가량, 미등록 대부업체 이용자가 40만 명가량이다). 사금융을 이용하는 사람들이 지급하는 금리는 등록 대부업체의 경우는 평균 18% 수준이고 미등록 대부업체의 경우는 수백 %에 이르기도 한다.

우리나라의 금융 성장은 이처럼 금융 불평등이라는 문제를 남겨놓았다. 금융 불평등은 소득과 자산의 불평등을 반영하는 면이 있지만, 거꾸로 소득과 자산의 불평등을 촉진하는 역할을 하기도 한다. 따라서 소득과 자산의 불평등을 완화하고자 한다면 반드시 금융 불평등 문제도 함께 다루어야 한다.

---

10) 2021년부터는 개인 신용평가 방법이 등급제에서 점수제로 변경되었다.

참고 문헌

서영경·성광진·김동우(2011), '원/달러 환율 변동성이 큰 배경과 시사점', 한국은행.
이제민(2011), '외환위기 이후 외국인 대한(大韓)투자와 한국인 해외투자의 수익 및 수익률-직접투자와 주식투자를 중심으로', 『경제발전연구』 제17권 제2호.
한국금융연구원(2014), 『한국 금융산업 발전사: 1990~2010년을 중심으로』.

Aky-z Yilmaz(2008), "Managing Financial Instability in Emerging Markets: A Keynesian Perspective", Turkish Economic Association Discussion Paper 4.
Carchedi Gulielmo(1991), Frontiers of Political Economy, Verso
Lapavitsas Costa(2013), Profiting without producing : How can Finance Exploit Us All, Verso.
Lapavitsas Costa(2009) 'Financilization Embroils Developing Cuontries' Papeles de Europa.
Malcolm Edey and Ketil Hviding(1995), "An Assessment if Financial Reform in OECD Contries", OECD Economic Department Working Papers, No 154.
Rodrik, Dani(2006), 'Social Cost of Foreign Exchange Reserves', NBER w/p No 11952.
Vasudevan(2008) "The Borrower of Last Resort: International Adjustment and Liquidity in a Historical Perspective" Journal of Econimic Issues.

정기 보고서

금융감독원, '대부업 실태조사', 각 연도 상·하반기
대한민국 정부, 『기금결산 보고서』, 각 연도.
통계청-한국은행-금융감독원, 『가계금융복지조사』 각 연도.
한국은행, 『연차보고서』, 각 연도.
한국은행, 『경제통계 연보』, 각 연도.
한국은행, 『금융안정보고서』 각 연도 상·하반기.

통계 자료

국가통계포털(KOSIS).
금융통계 정보시스템.
한국거래소(KRX) 홈페이지.
한국은행, 경제통계시스템(Ecos).
World Bank Indicator. https://data.worldbank.org/indicator.

3장
외국계 기업의 국부유출

김 성 혁 서비스연맹 정책연구원장

외국계 기업의 경제효과

이전가격과 국부유출, 한국지엠

미국에 본사를 둔 쿠팡

기업사냥꾼 MBK, 홈플러스 빨대경영

사모펀드에 은행을 넘겨 준 한국 정부

기술 먹튀, 하이디스

다국적기업의 조세회피와 글로벌 법인세 도입

•• 외국계 기업의 경제효과

한국은 김영삼 정부가 개방화를 확대하면서 외국인직접투자가 1995년 GDP의 2%에 달했고, 김대중 정부가 IMF의 자본자유화 요구를 받아들이면서 외국인직접투자는 1998년 GDP의 8~9%까지 높아졌다. 당시 부도난 국내 기업 주식을 외국인들이 헐값으로 인수하면서 13,000개의 외국인직접투자 기업들이 설립되었다. 외국인투자기업은 2020년 말 14,562개인데 대부분 내수시장 장악과 투자성 지분보유를 목적으로 한국에 진출하였다.

KOTRA의 기업경영분석(2020)을 보면, 외국인투자기업들의 재료비 중 수입 비중이 제조업은 40%이고, 비제조업은 43%로 나타났다. 해외조달(수입) 국가로는 일본이 33.9%, 중국 19.2%, 미국 13.4%로 3국이 차지하는 수입 비중이 66.5%나 되었다. 이와 같이 원재료 및 부품을 해외에서 수입하는 이유는, 모기업과의 계약·거래 때문이라는 응답이 34.8%로 가장 높았다(그 외

응답은 순서적으로 국내 생산품 부재 26.2%, 적절한 국내 조달처를 찾지 못함 12.8%, 국내 제품 가격경쟁력 취약 11.9%이다). 외국인 지분율이 100%인 경우 모기업과의 계약·거래 때문이라는 비중은 42.2%에 달했는데, 모기업의 권한이 클수록 한국지엠처럼 종속적인 불공정거래가 많다는 것을 추정할 수 있다.

[그림 3-1] 외국인직접투자 추이

(단위: 좌 신고건수, 우 신고금액 억 달러)

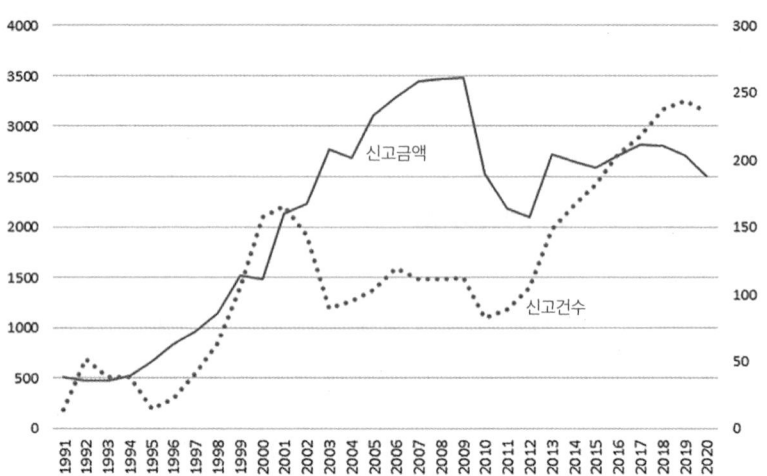

자료 : 통계청(2021), 해외직접투자통계, * 3개년 이동평균.

외국인투자기업은 2020년 말 14,562개인데 대부분 내수시장 장악과 투자성 지분보유를 목적으로 한국에 진출하였다.

KOTRA의 기업경영분석(2020)을 보면, 외국인투자기업들의 재료비 중 수입 비중이 제조업은 40%이고, 비제조업은 43%로 나타났다. 해외조달(수입) 국가로는 일본이 33.9%, 중국 19.2%, 미국 13.4%로 3국이 차지하는 수입

비중이 66.5%나 되었다. 이와 같이 원재료 및 부품을 해외에서 수입하는 이유는, 모기업과의 계약·거래 때문이라는 응답이 34.8%로 가장 높았다(그 외 응답은 순서적으로 국내 생산품 부재 26.2%, 적절한 국내 조달처를 찾지 못함 12.8%, 국내 제품 가격경쟁력 취약 11.9%이다). 외국인 지분율이 100%인 경우 모기업과의 계약·거래 때문이라는 비중은 42.2%에 달했는데, 모기업의 권한이 클수록 한국지엠처럼 종속적인 불공정거래가 많다는 것을 추정할 수 있다.

2001~2019년 19년 동안 외투기업의 경제효과를 보면, 이들은 한국경제에서 매출액의 13.2%, 수출의 17.6%를 차지하는 중요한 역할을 하고 있지만, 고용과 연구개발비 비중은 각각 6.0%, 6.2%에 불과하여 한국에서 창출하는 부가가치가 매우 낮다는 것을 보여준다[표 3-1].

[표 3-1] 외투기업의 경제효과

(단위: 국가 전체에서 차지하는 비중, %)

구분	2001	2005	2010	2015	2016	2017	2018	2019
매출액	14.8	12.9	13.6	12.8	16.7	11.0	10.9	10.8
수출액	9.7	16.9	19.8	19.5	20.2	19.1	16.9	18.6
수입액	12.1	17.5	21.4	20.0	20.7	19.3	no	no
고용인원	8.3	6.1	6.0	5.6	5.7	5.5	5.5	5.6
연구개발비	no	no	5.4	6.3	6.0	5.9	5.7	no

자료 : 산업자원부, '외국인투자기업 경영실태조사' 각 년도.

역대 정부들은 신자유주의 관점에서 다국적기업을 국제적 최적 자원배분의 수단으로 인식하였다. 산업자원부와 기획재정부 관료들은 이에 입각하여 외자유입으로 '국내 저축과 투자 증진', '외국기업의 첨단기술 이전', '경쟁 촉진', '수출 및 외환수입 증대' 등의 장점을 선전하였다.그러나 '적대적 M&A 등 투기화', '핵심산업 인수 등 경제종속', '들어온 자금 이상의 국부유출', '노동과 환경 기준 악화', '내수시장 잠식과 토착기업 몰락', '부품·소재 수입과 높은 로열티 지급' 등 부작용이 발생한다.또한 '해당산업의 각종 인프라와 연구개발에 대한 정부 투자', '산업은행 등의 지원', '외투기업촉진법에 따른 세제혜택', '토지 등의 무상지원', '지방세제 혜택' 등을 모두 포함하면 외자유치가 득보다 실이 되는 경우가 많다.따라서 공장을 짓고 기술이전과 고용창출로 국내 부가가치를 높이는 외자유치는 바람직하지만, 국부유출과 먹튀, 투기화와 과잉경쟁 등의 부작용에 대해서는 방지책이 필요하다.

하지만 역대 정부들은 외국인투자의 장점만 선전하고 문제점에 대해서는 방치하여 왔다. 이러한 허점을 이용하여 외투기업들은 유한회사, 유한투자회사 등으로 기업형태를 바꾸어 공시의무를 피하여 '이전가격 조작', '먹튀', '조세회피' 등이 만연하고 있다.그런데도 한국 정부는 외국인투자기업에 대한 실태조차 제대로 파악하지 못하고 있다. 외투기업의 고용과 조세 등에 대한 통계도 공표하지 않고, 법원 판결을 무시해도 제재하지 못하고 있다. 한국지엠은 불법파견한 사내하청을 직접 고용하라는 한국 법원의 판결도 거부하고 있으며 한국게이츠, 비오이하이디스, 한국산연 등은 먹튀로 노동자들이 길거리를 내몰리고 있다. 또한 외투기업인 MBK파트너스의 투자자 등 사모펀드, 부동산투자회사 등은 투기적인 M&A와 자산 팔아치우기로 고용불안을 초래하고 있다.

무책임한 외투기업의 횡포로 인해 고용불안은 심화되는데 정부는 되레 외투기업에 대한 각종 혜택을 늘리고 있다. 외국인투자촉진법에 따라 국내 진출한 외투기업은 법인세와 소득세, 취득세, 등록세 등 각종 조세를 감면받는다. 국·공유 토지와 공장은 저렴한 임대료로 빌릴 수 있고, 각종 보조금 혜택을 추가로 받을 수 있다. 최근 보조금 규모도 확대되었다. 여기에 더해 지자체들은 조례 제정을 통해 각종 특혜를 얹어 준다.그러나 외투기업은 특혜를 받은 만큼 고용창출과 지역경제에 대한 책임을 다하지 않고 있다. 외투기업은 고용안정기금 조성과 같은 노동자를 위한 최소한의 안전장치도 마련해 놓지 않는다. 한국 정부가 이런 의무를 부과하지 않기 때문이다. 이런 가운데 무분별한 폐업과 구조조정에도 정부나 지자체가 규제할 방법이 없다.

•• 이전가격과 국부유출, 한국지엠

신식민지와 다국적기업

산업혁명에 성공한 자본주의 국가들은 19세기 식민지를 무력으로 개척하였다. 이들은 식민지에서 원료와 노동력을 수탈하고 공산품을 수출하여 제국주의 국가로 성장하였다. 2차세계대전 이후 식민지들이 정치적으로 독립하자, 제국주의 국가들은 다국적기업을 내세워 국제무역과 현지 자본침투를 통해 이윤을 확보하는 방식으로 전환하였다. 다국적기업은 본사에 유리하게 계열사 간 거래를 조정하는데, 특히 국가 주권이 약한 개발도상국의 핵심산업을 장악하고 이전가격 조작을 통해서 이윤을 극대화한다.

이에 다수의 제3세계 국가들은 풍부한 천연자원과 노동력이 있음에도, 글로벌 공급사슬의 분업구조에 편입되어 경제의 자주적 발전이 가로막히고, 다국적기업의 착취 대상이 되고 있다. 다국적기업들은 원천지 국가에서 창출된 부가가치를 본사로 가져가는데, 가장 쉬운 방법은 다국적기업의 계열사 간 거래인 이전가격을 조작하는 것이다.

이전가격이란 다국적기업의 자회사들 간 원재료·제품 및 용역을 공급하는 경우에 적용되는 가격을 말한다. '이전가격'과 대비되는 개념으로 '정상가격(Arm's Length Price)'이 있다. 이는 아무런 특수관계가 없는 기업과의 거래에 적용되는 가격을 일컫는데, 과세당국은 이전가격 여부를 판정함에 있어 정상가격을 기준으로 하고 있다. 국내 재벌 그룹의 내부거래가 총수 이익을 위해 조작되듯이, 다국적기업의 계열사 간 국제거래도 본사의 이해에 따라 인위적으로 조작되는데, 다국적기업 본사는 원자재, 부품, 판매 과정에서 가격을 조작하고 로열티, 자문료, 높은 이자 등을 통하여, 다국적기업 자회사의 영업이익을 낮추고, 조세피난처나 본사가 있는 곳으로 수익을 이전한다. 결국 다국적기업의 자회사가 창출한 부가가치는 그 기업이 소재한 국가에 환원되지 못하고 제3국이나 본사가 있는 나라로 이전된다.

국제적으로 이전가격이 문제가 되어, OECD는 2017년 「다국적기업과 과세당국을 위한 이전가격 가이드라인」 개정판을 발간하였다. 이에 따르면, 다국적기업 내 계열사 간에 이익 배분이 경제적 실질에 따른 가치 창출 기여도에 따라 이루어질 것을 권고한다. 또한 원가분담협약(CSA)의 참여자를 결정할 때, 위험 통제 및 재정적 역량을 고려하여 경제적 실질이 반영되도록 규정하였다.

한국지엠의 이전가격 조작

한국은 다국적기업들에 대해 경제주권을 제대로 행사하지 못하고 있는 나라 중 하나다. 대표적인 사례는 한국지엠(외투기업 매출액 1위)인데, 이전가격으로 인해 국부유출과 고용불안이 발생하고 있다. 한국지엠은 미국 본사의 글로벌전략 변화로 수출물량이 크게 줄었으며 과도한 연구개발비, 저가 수출 등으로 매출원가율이 높아져 영업이익부터 적자이며, 본사에 이자 지급으로 순이익은 더 큰 적자가 발생한다.

[그림 3-2]를 보면 한국지엠은 2013년부터 생산과 수출이 감소하기 시작하여, 2014년 대규모 손실이 발생하고 2017년 자본잠식 상태에 빠졌다. 내수생산은 10만 대 이상으로 계속 증가했으나 수출물량이 크게 감소하였다. 특히 GM중국의 자립력이 높아지면서 대중국 KD(Knock Down) 수출이 급감하였다.

[그림 3-2] 한국지엠 생산과 판매 추이

(단위: 만 대)

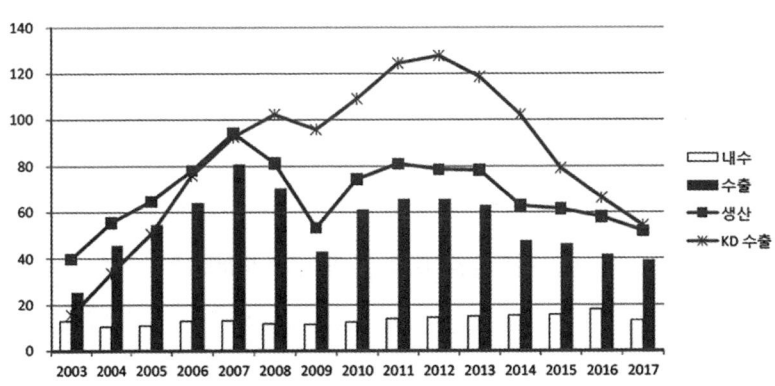

자료 : 한국자동차산업협회, 「한국의 자동차산업」 각 연도.

글로벌지엠의 미래 전략은 북미와 중국을 생산거점으로 삼고, 본사 중심으로 미래차(전기차, 자율주행, 차량공유)에 집중하는 것이다. 2013~2017년 매출실적을 보면 한국지엠의 매출은 크게 감소하였으나, 글로벌지엠의 매출은 안정적이다. 영업이익을 보면 한국지엠은 수천억 원 적자인데, 글로벌지엠은 높은 흑자를 기록하고 있다[표 3-2].

[표 3-2] 글로벌지엠과 한국지엠의 영업이익 비교

법인	항목	2013	2014	2015	2016	2017
글로벌지엠 (백만 달러)	영업이익	5,131	1,530	5,538	9,962	10,016
한국지엠 (억 원)	영업이익	10,864	-1,485	-8,552	-6,227	-3,305

자료 : GM 2017 연차 사업보고서, 한국지엠 개별 감사보고서, 범국민실사단.

사실 글로벌지엠과 한국지엠의 관계는 수직적인 원하청 관계와 유사하다. 한국지엠은 GM의 전략에 따라, 한국에 배당하는 물량을 생산하는 체계이다. 따라서 한국지엠의 매출 부진은 GM본사에서 할당된 물량이 줄었기 때문이며, 영업이익 등 수익구조가 악화된 것도 글로벌지엠의 계획된 원가배분 및 이전가격 조정 때문이다.

무엇보다도, 한국지엠 적자의 원인은 높은 매출원가 때문이다.

[표 3-3]을 보면 매출원가율이 95% 수준으로 적자가 날 수밖에 없는 구조이다. 2019년부터 인건비 증가율도 마이너스로 돌아섰고, 로열티 비중도 대폭 감소하였으나 매출원가율은 오히려 증가하고 있다. 한국지엠은

2005~2014년 평균 90.5%였던 매출원가율이 2015~2020년 평균 94.7%로 뛰어올라 도저히 수익을 낼 수 없는 구조가 되었다.

[표 3-3] 한국지엠 손익계산서 (단위: 억 원)

항목	2015	2016	2017	2018	2019	2020
매출액	119,372	122,342	107,978	91,672	84,538	84,975
매출원가	115,249	113,961	103,897	84,525	79,652	81,258
매출원가율	96.6%	93.2%	96.2%	92.2%	94.2%	95.6%
영업이익	-5,944	-5,312	-8,552	-6,227	-3,305	-2,968

자료 : 한국지엠 개별감사보고서.

다음으로, 낮은 수출가격도 이전가격 조작이 의심된다.

첫째 CKD CKD(Complete Knock Down)는 완전분해제품 수출방식이고, SKD(Semi Complete Knock Down)는 엔진, 전장 등 부품단위로 포장하여 수출하는 방식이다. SKD는 현지에서 간단하게 조립할 수 있지만, CKD는 현지에 조립공장 생산라인이 있어야 가능하다.

저가 수출은 한국에서의 수익을 해외로 이전시킨다.GM 입장에서 볼 때 완성차가 아니라 부품을 분해한 상태로 수출하면, 수출 관세를 피할 수 있고 부품 가격을 낮게 책정하면 한국에서 마진을 줄일 수 있다. 국내 완성사의 2011~2019년 평균 CKD 수출단가를 보면, 현대차 11,805달러, 기아차 9,334달러, 한국지엠 2,620달러, 쌍용차 15,449달러를 기록했다. 한국지엠의 CKD 수출단가는 다른 업체의 1/4 가격인 형편없는 헐값으로 수출되고 있다[표 3-4].

[표 3-4] 국내 완성사 CKD 수출단가 비교
(단위 : 달러)

항목	2011	2012	2013	2014	2015	2016	2017	2018	2019	2020
현대차	8,297	8,687	9,993	12,183	12,704	11,579	13,379	13,908	15,511	13,842
기아차	6,497	80,67	8,445	10,583	9,044	8,622	9,787	10,361	11,333	11,463
한국지엠	3,023	2,926	2,570	2,519	2,472	2,460	2,649	2,448	2,510	2,984
쌍용차	12,028	9,880	18,219	11,833	19,374	19,332	no	18,253	14,675	14,533

자료 : 한국지엠지부 사무지회(2021).

2014년까지 대우차가 개발한 소형차 모델들이 CKD로 중국 등 제3세계에 대량으로 저가 수출되었다. 그러나 GM중국의 생산능력이 340만대를 넘어서고 중국 판매가 400만대에 이르면서 한국의 CKD 수출물량이 빠르게 감소하였다. GM중국은 한국지엠과 같은 종속 자회사가 아니라 GM과 중국 상하이기차(국영기업)는 50:50 합작 관계이다. 상하이기차가 중국 내 개발과 생산을 요구하여 중국 생산은 계속 증가했고, 2014년을 정점으로 한국지엠의 대중국 수출물량은 크게 감소하였다.

둘째 한국지엠의 수출가격은 [그림 3-3]처럼 시간이 갈수록 오히려 떨어지고 있다. 수출/내수 대당 매출액은 차량 1대당 평균가격이라 할 수 있는데, 내수의 경우 매년 가격이 올라가는 반면, 수출은 정체되어 있다. 임금과 물가가 오르기 때문에 차량가격은 지속적으로 상승하는 것이 정상이나 수출 대당 매출액은 오히려 감소하는 이상 현상을 보인다. 이는 이전가격 조작으로 볼 수 있는데, 2017년 이후부터는 내수 대당 매출액이 수출 대당 매출액을 넘어섰다. 수출가격 감소는 한국으로 들어오는 이익을 줄이게 된다.

[그림 3-3] 내수 및 수출 대당 매출액 추이

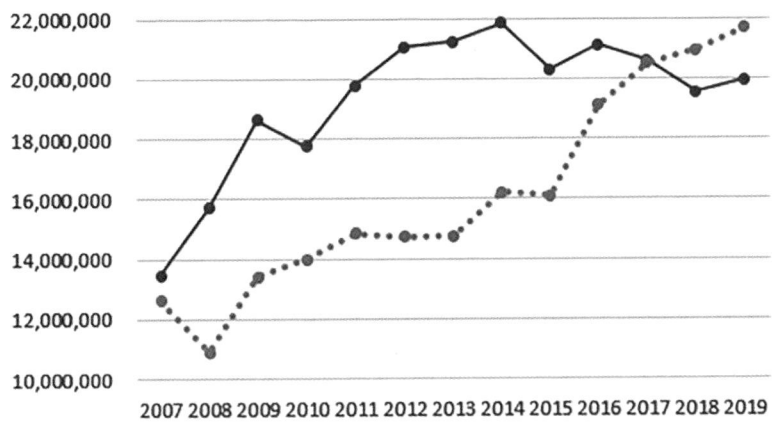

자료 : 오민규(2020).

또한, 원가분담협정(CSA)으로 인한 과도한 연구개발비 부담도 적자의 원인이다.

한국지엠이 부담하는 막대한 연구개발비는 글로벌지엠의 해외법인을 위해 사용되었다. [표 3-5]를 보면, 2015~2017년 3년간 한국지엠이 지출했거나 지출예정인 연구개발비 1조 8,870억 원 중 58%(1조 945조원)가 한국지엠이 아닌 GM의 다른 해외법인이 생산하는 차종을 위해 사용된 것이다 1). 이에 3년간 한국지엠은 9,410억 원을 떠안았다. 연구개발비는 원가분담협약(CSA)을 체결한 2007년부터 두 배로 늘어났다.

---

1) 범국민실사단(2018) 8쪽

[표 3-5] 한국지엠 지출 연구개발비, 실제 해외 부담분
(단위 : 억원)

연도	2015	2016	2017	합계
한국지엠 지출 연구개발비 (A)	6,498	6,140	6,231	18,870
해외에서 부담할 부분 (58%, B)	3,769	3,561	3,614	10,944
실제 해외 부담분 (C)	654	361	519	1,534
차 액 (B-C)	3,114	3,200	3,095	9,410

자료 : 한국지엠 각 연도별 재무제표.

여기에 본사로 지출되는 이자비용이 추가된다. GM 본사는 한국지엠에 시장보다 두 배나 높은 이자율(연 4.8~5.3%)로 1조 7,000억 원을 빌려주어, 연간 1,000억 원이 넘는 이자를 받아가고 있다. 재무구조 악화로 2015~2016년 추가로 7천억 원의 차입이 이루어졌고 이자 비용은 더 늘어났다. 결국 5년 만에 차입금은 3조 원으로 불어났고, 2011~2016년 사이 한국지엠은 GM 계열사에 이자비용만으로 5,159억 원을 지불하였다[표 3-6].

[표 3-6] 한국지엠의 본사 이자비용 추이
(단위: 억 원)

연도	2011	2012	2013	2014	2015	2016	합계
이자비용	150	261	1,157	1,126	1,122	1,343	5,159

자료 : 금융감독원 전자공시.

무능한 한국 정부

미국 GM은 2002년 대우자동차 인수에 4억 달러(4,332억 원), 2009년 유동성 위기 때 유상증자로 4,912억 원을 투입하여, 2018년까지 총 9,200억 원

을 투자하였다. 반면 2017년까지 미국으로 가져간 각종 수익금은 3조 원이 넘는 것으로 추정된다. 금속노조 한국지엠지부에 의하면 이자 비용 5,159억 원, 유럽·러시아 등 철수비용 부담금 5,085억 원, 연구개발비·구매비용 분담금 3,730억 원, 본사 업무지원비 1,297억 원 등이 GM 본사로 들어갔고, 여기에 연구개발비와 기술사용료 등을 더하면 3조 원이 넘는다고 한다. 이 과정에서 17% 지분으로 비토권을 가진 산업은행은 아무런 역할을 하지 못했다. 이명박·박근혜 정부 때 낙하산인사로 사외이사, 감사 등이 선임되었지만 GM의 약탈행위를 방조한 것으로 보인다.

김대중 정부는 GM 인수조건을 맞추기 위해 2001년 대우차 1,725명을 정리해고하였고, 2002년 기간산업인 자동차를 외국 경쟁사에 4억 달러(4,332억 원)에 매각하였다. 2018년 문재인 정부는 GM의 철수 압박에 굴복하여 8,100억 원의 국민혈세를 투입하고도, 이전가격 조작 등 국부유출 행위를 단죄하지 못했다. 산업은행(이동걸 회장)이 2개월간 실사를 진행하였으나 "GM 본사와의 이전가격 등 거래는 여타 계열사와 유사한 수준이며, 글로벌 기준에도 부합" 한다고 발표하여 GM의 모든 의혹에 면죄부를 주고 말았다. 이동걸 회장은 "실사는 과거의 잘못을 파헤치는 게 목적이 아니"라고 강변하고, 실사보고서는 '과거보다 미래'에 초점을 맞췄으며 '여러 '가정'들이 담긴 중간보고서 내용을 공개하면 남은 협상에 혼란을 초래할 수 있다'고 주장했다. 엄정한 실사를 해태한, 산업은행 회장은 국익과 한국 노동자들의 이해보다는 미국 GM의 이해를 대변하기에 바빴다.

GM은 2018년 군산공장 폐쇄 및 2,879명 희망퇴직을 단행했고, 불법파견 사내하청 직고용 법원 판결마저 이행하지 않고 있다. 이어 연구소 법인분리, 물류센터 통폐합, 정비사업소 외주화, 공장가동 축소 등으로 사실상 철수 수순을 밟고 있다. 산업은행이 GM의 이전가격 등에 대해 면죄부를 주었으나,

국세청은 한국지엠을 상대로 강도 높은 세무조사를 벌여 2014년 273억 원을 추징하였다.

당사(한국지엠)는 2006년 중 중부지방 국세청의 세무조사 후, 추징 받은 2007년부터 2010년도까지 귀속의 법인세 266억 원을 법인세비용으로, 부가가치세 7억 3400만 원은 잡손실로 처리하였습니다.
- 감사보고서, 법인세비용차감전순이익과 법인세비용간의 관계 -

한국지엠이 세무조사 후 273억 원의 추징금을 납부한 사실이 뒤늦게 알려졌다. … 한국지엠은 "영업이익을 의도적으로 낮게 계상하지 않았다"며, "한국지엠이 국내에서 생산된 차량을 수출하는 과정에서 유럽의 판매법인이나 남미에 있는 특수관계사로부터 받는 금액이 다소 낮다고 국세청이 판단한 것 같다"고 말했다.
- 경향비즈 2015년 6월 25일 -

정부는 한국지엠 자본잠식에 대한 의혹이 커지고 2017년 철수설이 나왔을 때, 독자생존 방안을 모색하여 산업주권을 행사해야 했다. 산업은행은 2010년 장기발전협약이, GM이 철수하더라도 독립된 자동차 회사로서 생존이 가능한 독자생존 플랜을 담은 협약이라고 설명한 바 있다 2).

이에 따르면, GM이 철수해도 독립된 자동차회사로 생존하는 방안이 찾아볼 수 있다. 장기발전협약에는 ▲GM대우가 공동 개발한 기술에 대한 항구적인 무상사용권, ▲CSA 해지 후에도 비용분담률에 따른 로열티 수령권 확

---

2) 오민규, 범국민실사단 실사보고서. 134~141쪽

보 조항도 있고, 심지어는 ▲독립적으로 신차개발, 수출, 해외생산, 합작투자가 가능하며 ▲국내·외 자동차사와의 전략적 제휴 및 M&A를 통한 계속 성장의 기회를 가질 수 있도록 명시되어 있다. 산업주권이 있는 국가라면, 알맹이를 모두 빼먹으면서 철수 수순을 밟고 있는 GM에 대한 지원을 중단하고, 독자생존의 길을 모색하는 것이 타당하다.

법적으로도 부실의 책임을 물어 한국지엠 경영권을 박탈하고 법정관리로 국유화하여 이후 독자생존으로 가는 방안도 있었다. 그러나 한국 관료들은 자기 임기 내에 큰 문제가 발생하지 않으면 된다는 안이한 생각으로 다국적기업 GM과 싸울 엄두도 내지 못하고 단기적 대응에 머물러 있다. 이제는 GM이 '연구소법인 분리', '아시아태평양지주회사 설립', '브랜드에 대한 소유권·사용권 강화' 등을 실시하여 독자생존 추진은 갈수록 어려워지고 있다.

•• 미국에 본사를 둔 쿠팡

쿠팡은 한국의 아마존으로 온라인쇼핑과 풀필먼트서비스로 플랫폼을 구축하여 유통·물류시장을 빠르게 장악하고 있다.

쿠팡은 서울에 주된 사무소가 있고 한국에서의 영업이 중심사업이므로 당연히 한국에 본사를 두어야 하나, 이상하게도 미국에 본사를 두었다. 모회사 Coupang Inc는 한국 쿠팡(주)의 지분을 100% 소유하고 있는데 한국계 미국인이 창업했고 일본기업인 소프트뱅크 비전펀드가 최대 주주로 있는 미국 기업이다.

Coupang Inc는 2021년 3월 11일 뉴욕 증시에 상장했는데 첫날 시가총액

100조원을 기록하여 한국 기업 중 SK하이닉스(99조 원)를 제치고 삼성전자(489조 원) 다음인 2위가 되었다.

언론에서는 모회사의 미국 상장 이유를 '차등의결권', '우리사주 조합원에게 지분 지급 회피', '투자자 확보' 등으로 지적하였으나, 더 큰 이유는 사실상 조세피난처인 델라웨어 주에 본사를 등록하면 한국 정부의 규제를 받지 않고 세금을 회피할 수 있기 때문일 것이다.

미국의 회사법은 설립장소가 아니라 등록장소를 거주지로 인정하므로, 델라웨어에 등록(정관 신고)한 법인은 델라웨어 주법을 적용받는다. 델라웨어 주는 미국에서 하와이 다음으로 작은 주이고 경쟁력 있는 산업이 없다. 주는 기업에 관대한 회사법을 도입하여 다수 기업들을 유치하고 등록세, 취득세 등으로 재정을 확보한다. 델라웨어 주 법원은 규제 측면에서 친기업 성격이 명확하여 경영자측에 유리한 판결을 내려주며, 기업활동과 인수합병 등에 대해 자유로운 기업지배구조 설계를 허용한다. 또한 법인세가 거의 없고 무형자산에 대해서는 과세하지 않아 델라웨어에 등록된 회사로 로열티 비용이 지불되면 이에 대해서는 세금이 없다.

이러한 환경을 이용하기 위해 현재 미국의 주요기업 500개 중 67.2%가 델라웨어에 등록되어 있다. 실제로는 기업 실체가 없이 우편함만 있는 유령회사들이 많은데 Corporation Trust Company의 본부 건물(노스 오렌지 스트리트 1209번지)에 주소를 둔 법인만 무려 28만 5천 개가 된다. 향후 쿠팡이 한국의 아마존이 되어 유통과 물류 시장을 독과점으로 지배하게 되면, 고배당과 로열티, 이전가격 등으로 미국 본사나 해외 계열사로 한국에서 창출한 이익을 빼 갈 것인데, 미국의 델라웨어는 이를 실현하기에 최적의 위치가 될 수 있다. 쿠팡 사례는 한국에서 사업하는 기업들이 형식적 본사를 외국에 두고 글로벌 자본시장에 상장하여 한국 정부의 규제를 벗어나, 마음껏 이윤을 추구할 수 있는 모델을 창출한 것이다.

Coupang Inc는, 한국에서 델라웨어 주 회사로 취급되어 회사법상 쟁점은 델라웨어주법에, 상장 관련 쟁점은 뉴욕주법에, 그리고 한국 내 영업활동은 대체로 한국법에 따를 것이다. Coupang Inc의 이사회는 12명의 이사로 구성되는데, 2명만 한국인이며 나머지 10명은 CEO를 비롯하여 주로 미국 국적의 외국인이다[표 3-7].

[표 3-7] Coupang Inc 이사회 구성과 역할

성명	이사회 지위	역할 및 경력
김범석	CEO	한국계 미국인, 쿠팡 이사회 의장
고라브 아난드	최고재무책임자(CFO)	아마존 근무
강한승	사내이사	한국 쿠팡 CEO, 김앤장 변호사, 청와대 법무비서관, 서울고등법원, 주미대사관 사법 협력관
투안 팸	최고기술책임자(CTO)	우버 시스템 개발
박대준	사내이사	쿠팡 신사업담당 CEO, LG전자 및 네이버 근무
해롤드 로저스	경영관리총괄수석부사장(CAO)	밀리콤 부사장, 시들리 오스틴(국제로펌) 파트너
리디아 제트	기타비상무이사	JP모건 근무, 소프트뱅크 펀드매니저
닐 메타	기타비상무이사	그린옥스 임원
메튜 크리스텐슨	기타비상무이사	로즈파크벤처캐피탈 CEO
벤자민 선	기타비상무이사	프라이머리벤처스파트너스 공동창업자
케빈 위시	사외이사	미국 연준(Fed) 전 이사
해리 유	사외이사	GTY테크놀로지홀딩스 부회장

자료 : 각 언론사.

미국 증권거래소에 공시된 자료를 보면, 쿠팡은 한국 이커머스 시장의 급

성장을 예견하면서 "쿠팡 없이 어떻게 살았을까를 염려하는 고객들의 세상을 창출하겠다"며 혁신 물류의 비전을 제시한다.

새벽 및 당일배송 : 매일 신선한 식료품을 포함한 수백만 개의 물품은 새벽배송(자정까지 주문하면 다음날 오전7시 이전에 도착)이나 당일배송을 통해 몇 시간 내에 배달된다. 우리는 전자상거래 업체 중 가장 많은 상품 품목을 보유하고 있고 365일 전국배송을 실시한다. 기술 및 인프라, 규모의 경제 등으로 통합한 비용 효율성을 높여 고객에게 무료배송, 저렴한 가격 등의 비용절감 효과를 제공한다. 우리는 유통의 양 끝단을 연결(판매자와 구매자)하는 물류 네트워크를 구축한다. 이제 시장에서 누구도 자신의 선택권을 줄이거나 무료로 당일배송을 보장할 수 있다. 인구의 70%가 쿠팡 물류센터(100개)의 11km 내에 거주한다. 매일 4만 명 이상의 노동자와 수천 대의 배송 차량이 수백만 개의 물품을 관리하고 처리한다.
- 미국 증권위원회에 공시된 쿠팡 등록 서류 333호 -

그러나 쿠팡은 플랫폼노동 등에 대해서는 한국 노동자들의 노동권을 제약할 수 있음을 설명한다.

한국 고용노동부를 포함한 국내 규제기관은 쿠팡플렉스 파트너와 쿠팡이츠 배달 파트너를 노동자(employees)가 아닌 독립계약자(independent contractors)로 판정했다. 당사는 이들이 독립계약자라고 믿는다. 이들이 서비스 제공 여부와 시간·장소를 선택하고, 다른 일을 하거나 경쟁업체에 서비스를 제공할 수 있기 때문이다.
- 미국 증권위원회에 공시된 쿠팡 등록 서류 333호 -

이를 보면 플랫폼노동에 대한 노동권은 한국에서 논쟁 사항이며 향후 법으로 정리될 사항인데, 일개 기업이 자신이 유리한 대로 해석하고 한국 노동부의 의견을 미리 받아서 플랫폼노동자들의 노동권을 제약하고 있다. 또한 쿠팡은 한국에서 수만 명의 일자리 창출하고 입점업체를 지원하고 있다고 주장하지만, 실제는 비정규직 일자리가 대부분이다.

주 6일 근무가 통상적인 시장에서 고객들에게는 주 7일 배송을 한다. 쿠팡 생태계에서 생계를 유지하는 수십만 명의 공급자와 가맹점도 지원하고 있다. 2020년 25,000개 일자리를 창출했고, 2025년까지 신규 일자리 50,000개를 창출할 것이다.
- 미 증권위원회에 공시된 쿠팡 등록 서류 333호 -

　정세균 전 국무총리 등 정치권에서는 쿠팡이 한국에 투자하고 일자리를 창출하는 모범 사례라며 칭찬했고, 많은 지원을 제공하였다. 그러나 론스타, 칼라일, 구글, 애플, 아마존, 지엠 등 한국 정부의 규제를 회피하는 외국계 기업들의 횡포가 쿠팡에서도 재현될 우려가 있다.
　첫째, 쿠팡은 택배업체로 지정되지 않아, 자체 차량을 사용할 수 있는 특혜를 받고 있다. 법원이 직매입한 제품(자사 제품)을 배송하는 것은 3자 물류(택배업)가 아니라고 판정하여, 쿠팡은 국토부 허가로 배 번호판을 발급받는 택배와 달리 자유롭게 증차할 수 있다. 사실 택배와 배송의 형식이 똑같으므로 사업에서 택배와 같이 국토부 허가를 받는 것이 상식이었으나 법 조문의 허점을 이용하여 화물운수법 적용을 피해 간 것이다. 또한, 쿠팡은 최초로 쿠팡플렉스라는 일반인 배송을 시작하였고, 정부는 이를 묵인하였다. 이러한 플랫폼노동은 4대 보험이 적용되지 않고, 자가용으로 배송하는 아르바이트 기사들은 사고시 자동차보험 혜택도 받을 수 없다. 화물운수법 미적용과 플랫폼노동 허용 등의 특혜는, 쿠팡이 전직 고위관료를 채용한 로비 능력과 정부의 외국인투자기업에 대한 배려 등으로 가능했음을 추정할 수 있다.

둘째, 쿠팡이 일자리를 많이 창출한 것은 맞지만 대부분이 비정규직이나 플랫폼노동으로 불안정한 일자리이다. [표 3-8]을 보면 쿠팡(주)은 상용직이 4,960명뿐이며, 기간제(6,510명)와 간접고용 비정규직(6,609명)이 훨씬 많다. 쿠팡물류센터도 상용직은 1,948명뿐이며, 기간제 및 일용직이 10,630명이나 된다. 여기에 노동부 공시에 기록되지 않는 쿠팡플렉스, 쿠팡이츠 등 일반인 플랫폼노동자는 10만 명이 훨씬 넘는다. 또한 쿠팡은 노동자들에게 휴식과 수수료 등을 제대로 제공하지 않아, 장시간 근무 등에 의한 과로사로 2020년 4명, 2021년 3월까지 3명이 사망하여 살인기업이라는 비판을 받고 있다. 최근 덕평 물류센터 화재시 화재경보를 무시하고 스프링클러도 고의로 작동하지 않으면서 작업을 계속했다. 회사가 휴대폰을 모두 걷어 보관하므로 작업자들은 화재 신고도 직접 하지 못하면서 아까운 소방관이 순직하였다.

[표 3-8] 쿠팡 노동자들의 고용형태

사업체 명	소속근로자 수			소속 외 근로자 수	업종 업종
	합계 (단시간)	상용직 (단시간)	기간제 (단시간)		
쿠팡 (주식회사)	11,470 (77)	4,960 (0)	6,510 (77)	6,609	도소매
쿠팡풀필먼트서비스 (유한회사)	12,578 (174)	1,948 (0)	10,630 (174)	5	운수·창고

자료 : 고용노동부 고용 공시(2020).

셋째, 쿠팡은 이미 수십만 명의 입점업체와 공급자를 포함한 생태계를 구성하고 있다. 그러나 납품업체에 줄 돈을 너무 늦게 주어 30일 안에 거래대금을 주도록 쿠팡법이 국회에서 발의되었다. 한무경 의원은 대규모 유통업체의 직매입 거래에 있어 상품 대금 지급 기한을 30일로 규정하는 '대규모 유통업의 거래 공정화에 관한 법률'을 발의했다. 쿠팡 등은 입점업체들에게 거래 금액을 지급하는데 44~60일이 소요하고 있다. 약 20조 원으로 추정되는 쿠팡 거래액을 한 달 늦추면 엄청난 금융 이익이 발생한다. 대부분 중소업체인 납품업체들은 상품을 팔고도 두 달간 자금회전이 되지 않아 애로가 크다.

넷째, 공정거래위원회는 쿠팡을 자산 5조 원 이상, 71개 대기업 중 하나로 공시대상기업집단으로 지정하였다. 공시대상기업집단에 속한 회사는 공정거래법에 따라 총수에게 일감 몰아주기와 사익편취 금지 등을 적용한다. 그러나 공정위는 김범수 의장이 외국인이기 때문에 총수(동일인) 지정을 배제하는 특혜를 주었다. 이에 김 의장은 의결권 77%(차등의결권)를 지닌 쿠팡그룹의 실질적 지배자이지만 그와 그 가족들은 일감 몰아주기와 사익편취 관련 규제를 받지 않는다.

쿠팡은 출혈경쟁과 물량 공세로 유통시장을 빠르게 장악하고 있다. 쿠팡이 독과점을 형성하게 되면, 국내 유통·물류 업체들이 몰락하고 배송기사, 입점업체와 납품업체들의 권익 보호도 어려워질 것이다. 사회적 통제에서 벗어나 이윤만을 추구하는 외국계 공룡에 대해, 시장 질서를 확립하고 이해당사자를 보호해야 할 한국의 법과 제도가 무력화될 수 있기 때문이다. 쿠팡은 외국계기업의 특징을 살려 한국 정부의 규제를 계속 회피할 것이며, 자사에 불이익이 발생하면 한국 정부를 제소할 수도 있을 것이다.

•• 기업사냥꾼 MBK, 홈플러스 빨대경영

　기업사냥꾼 사모펀드들은 국내외 투자자를 모아, 수익성은 좋으나 일시적으로 자금난에 처한 기업을 사고 파는 방식으로 차익을 챙긴다. 이중 MBK파트너스는 운용자금이 37조 원에 이르는 아시아 지역 최대의 사모펀드운영사이다. 김병주 MBK 회장은 10살에 미국에 건너가 하버드대 경영학과를 졸업하고, 투자은행 골드만삭스와 세계최대 사모펀드 칼라일에서 근무하였다. 그는 IMF 때 한미은행을 바이아웃하여 7천억 원의 차익을 내면서 기업사냥꾼으로 능력을 인정받았다. 하지만 박태준 포스코 전 회장의 사위이며 외환위기 때 정부 외국환평형기금 채권 발행 작업에 참여하는 등의 경력으로 특혜와 유착을 불러일으켰다. 한국의 은행법에 의하면 사모펀드가 금융기관의 대주주가 될 수 없다. 김병주는 미국 투자은행 JP모건을 끌어들여 컨소시엄을 구성하고 칼라일 위장계열사들을 내세워 금융감독위를 속이고 불법 매각을 성사시켰다. 이후 2005년 칼라일에서 독립해 영문명 '마이클 병주 킴'의 약자로 'MBK'파트너스를 설립했다.

　김병주는 대부분을 미국이나 해외에서 거주하며 필요할 때만 한국을 오가며 사업한다. MBK파트너스는 지배회사가 조세피난처에 위치하며, 한국에 유한회사로 등록되어 실적과 기업구조 공개를 회피하고 있다. 한국에서 엄청난 소득이 발생했으나 김병주는 미국 시민권자라는 이유로 정작 한국에는 소득세를 한 푼도 내지 않고 있으며, 법인세 탈루 의혹도 받고 있다. 2021년 9월 현재 국세청이 급여와 투자소득에 대해 탈세 혐의로 세무조사를 진행 중이다. 김회장은 그동안 한국 시민권자이고 거주지도 서울로 기재하였으나, 세금 문제 때문인지 올해 4월 국적은 미국으로, 거주지는 뉴욕 맨해튼으로 수정하였다. MBK파트너스 관계자는 거주지인 미국에 세금을 냈으므로 한미조세협정의 이중과세 방지 규정으로 한국에 세금을 낼 필요가 없다고 주장한다. 그러나 금융감시센터는 MBK 운용에서 외국계 자금이 더 많다고 해도, 국내 사업에서 거둔 수익에 대해서는 한국에 세금을 내야 한다고 지적한다. 비슷하게 쿠팡도 검은머리 미국인 김범석 대표가 미국 델라웨어에 본사를 두면서 한국의 규제를 피하고 있다.

MBK파트너스는 그동안 한미캐피탈, 딜라이브(케이블TV), 코웨이, 두산공작기계, 대성산업가스, 오렌지라이프(ING생명), 롯데카드 등을 바이아웃하였다. MBK의 투자전략은 전망이 좋은 내수기업을 인수하여, 구조조정으로 비용을 절감하고 실적보다 높은 고배당으로 이윤을 빼내며, 4~5년 내에 재매각으로 차익을 실현하는 것이다. 이에 따라 오렌지라이프(구ING생명)에서는 임직원 21%를 감원하고 2조원의 매각차익을 올렸고, 딜라이브 등에서 구조조정과 노동탄압으로 비판을 받았다.

숱하게 사회적 물의를 빚어온 MBK파트너스는, 홈플러스에서 코로나 시기 보호받아야 할 노동자와 입점업체들을 길거리로 내몰고 있다. MBK파트너스는 2015년 국내 유통업체 2위인 홈플러스를 차입매수(Leveraged Buy-Out) 방식으로 인수하였다. 인수자금 7.2조 원 중 2.2조 원만을 자체적으로 조달하고 5조원은 홈플러스 자산을 담보로 빚으로 조달한 것이다. 빚에 대한 연이자만 2,000억 원에 이른다. 홈플러스 인수에 참가한 주주들은 국민연금, 미국과 캐나다의 연기금, 공동투자펀드 등 국내외 기관투자자들이 포함된 사모펀드들이다.

홈플러스는 매각 이후 2016, 2017년은 흑자를 냈지만, 온라인쇼핑 확대와 투자 부진, 이자 지불 등으로 2018년부터는 적자로 돌아섰다.

MBK파트너스는 단기차익을 실현하기 위해, 2016년 순이익의 세 배인

6,035억 원을 배당하고, 2017년은 순이익의 두 배인 4,882억 원을 배당하였다. 2018년은 적자임에도 1,214억 원을 배당했다. 2019년은 큰 폭의 적자로 배당은 하지 못했으나, 상환전환우선주로 1,715억 원을 상환하였다. 2020년은 전년대비 영업이익이 40%나 줄었으나 유형자산을 처분하여 겨우 흑자를 내고 18억 원을 배당하였다.

나아가 투자금 회수를 위해 자산을 닥치는 대로 팔아치우고 있는데, 인수 다음해부터 매장을 팔고 임대해서 쓰는 세일앤리스백을 확대하다가, 2020년부터는 부동산가격이 급등한 지역을 위주로 폐점매각을 본격적으로 진행하고 있다. 작년에만 흑자매장인 대전둔산점(3,802억), 경기안산점(4,300억), 대구점(1,279억), 대전탄방점(908억) 등 전국 매장 4곳을 매각하여 1조 원 가량의 현금을 확보하였다.

MBK파트너스는 알짜매장이나 흑자매장은 땅값이 비싸다고 폐점하고, 실적 부진 매장은 손해난다고 폐점하고 있다. 투기자본의 막무가내 폐점, 도미노 폐점, 쪼개 팔기 방식으로 2만 직원과 8만 협력업체들의 고용안정이 벼랑 끝으로 내몰리고 국내 2위의 유통 대기업이 산산 조각나고, MBK는 6년간 무려 3조 5,000억 원이 넘는 부동산 매각대금을 챙겼다.

홈플러스 자산매각 현황을 보면 [표 3-9]와 같다.

[표 3-9] MBK 매각 이후 홈플러스 자산매각 추이

(단위: 억 원)

날짜	매장	매각금액
2016.07	서대전 잔여토지 매각	60
2016.12	가좌, 김포, 김해, 동대문, 북수원 세일앤리스백	1,167
2017.01	목포상동 부지 매각	5.035
2017.07	남양주 별내 부지 매각	689
2017.08	강서점 세일앤리스백(매각 후 임대 사용)	2,150

날짜	매장	매각금액
2017.10	킨텍스점 부분 매각 등	155
2018.02	의정부점, 울산남구점 등 세일앤리스백	3,672
2018.09	동김해점 폐점매각	no
2018.11	함안물류센터 세일앤리스백	750
2018.11	부천 중동점 폐점매각	950
2019.01	칠곡 IC 부지 매각	130
2019.04	무의도 연수원 매각	1,200
2019.08	인하, 대전문화, 전주완산점 세일앤리스백	3,150
2020.01	울산점(중구), 구미점, 경기시화점 세일앤리스백	3,003
2020.07	대전 탄방점 폐점매각(2021.2 영업종료)	908
2020.11	안산점 폐점매각(2021.8). 조례개정으로 용적률 낮춤	4,300
2020.11	대전 둔산점 폐점매각 (2021.12 영업종료)	3,802
2020.12	대구점 폐점매각(2021.12 영업종료)	1,279
2021.03	부산 가야점 폐점매각 통보(1년 후 영업종료)	3,500
2020.10	서울 중계점 폐점매각 추진 가정통신문	no
2021.03	대구스타디움점 영업종료 통보, 임대매장 재계약 중단	no
2021.08	동대전점 패점매각 결정, 계약 추진중	240

자료 : 각 언론사.

또한 홈플러스는 매장 매각과 구조조정으로, 6년 만에 1만 명이 넘는 노동자들이 회사를 떠나게 하였다. 고용공시를 보면 직영 5,290명, 간접고용 4,767명, 총 10,057명이 실직하였다[표 3-10].

[표 3-10] MBK 매각 이후 인력 추이

연도	홈플러스(3사 통합)	
	소속근로자	간접고용
2015	26,477	8,112

연도	홈플러스(3사 통합)	
	소속근로자	간접고용
2016	25,436	5,266
2017	24,769	5,386
2018	24,629	4,866
2019	23,371	3,763
2020	22,120	3,062
2021	21,187	3,345

자료 : 고용노동부 고용공시.

한국 정부는 2015년 자본시장법을 개정하여 사모펀드 설립과 운영에서 규제를 대폭 완화하고 투자자 보호를 강화하였으며, 기업구조조정의 주요 방식으로 사모펀드의 참여를 지원하고 있다. 사모펀드와 헤지펀드, 투자은행, 조세피난처 등은 약탈금융의 세계화를 만든 첨병들이다. 단기차익과 주주이익만 극대화하는 투기자본과 역외금융에 대해, 노동자와 국민경제를 보호하기 위한 강력한 규제가 필요하다. 신규투자 없이 자산매각과 구조조정으로 이익만 뽑아가는 사모펀드의 빨대경영은 배임행위로 규제되어야 한다.

마트노조는 투기자본 반대 투쟁을 완강히 전개하여, 새로 준공하는 빌딩에 신축 대형마트를 재입점하고 홈플러스 노동자들의 고용을 승계하기로, 매장을 인수한 부동산투자회사들과 합의하였다.

•• 사모펀드에 은행을 넘겨 준 한국 정부

　미국계 사모펀드 론스타는 외환은행을 통하여 수 조 원의 차익을 얻었으나, 한국 정부를 제소하여 국제재판이 진행되고 있다. 한국 정부는 나라 경제의 혈맥인 은행을 왜 투기자본에게 팔았을까?
　은행은 생산적인 곳에 자금을 공급하고 안전한 결제시스템으로 경제의 성장과 안정성을 보장하는 기간산업이지만, 일반 기업과는 달리 주로 타인이 예금한 돈으로 영업을 하므로 부채 규모가 크고 자기자본은 얼마 되지 않는다.
　예금은 고객에게 돌려주어야 할 부채이고, 대출은 고객들에게 받아야 할 자산이므로 부채와 자산 규모가 비슷하다. 이러한 조건에서 만약 고객들이 한꺼번에 예금을 인출하게 되면 지급불능 사태가 일어날 수 있다. 은행 업무가 중단되면 돈의 흐름이 막혀 전체 경제가 마비되는 시스템 위기로 파급된다.
　따라서 정부는 은행을 규제산업으로 정하고 대량 인출에 대비하여 예금의 7%를 중앙은행에 지급준비금으로 예치하게 하고, 파산할 경우도 고객 1인당 5천만 원까지 보장하도록 예금보험을 의무화한다.
　또한 재무구조 건전성 및 공공성 등을 감독하며, 특히 은행 소유자에 대해서는 후보자 적격성을 엄격히 심사하여 자격을 부여한다. 어떤 나라도 전국 단위 시중은행을 사모펀드에게 주는 경우는 없다. 더구나 론스타는 조세피난처에 위치한 페이퍼컴퍼니를 도관으로 하여 외환은행을 지배하므로, 우리나라의 조세당국과 금융당국의 통제가 미치기 어려웠다.
　외환은행은 한때 장기신용은행, 상업은행과 함께 국내 최대 은행 중의 하나였다. 그러나 IMF 외환위기로 경영난에 처했는데, 국내 은행을 매각하기로 한 IMF 이행각서에 따라 제일은행에 이어 외환은행이 매각되었다.론스타는 미국 텍사스 주에 본사가 있는 사모펀드로. 단기 투자수익을 올린 뒤

되파는 것이 주목적이었고, 론스타 펀드의 주요 투자자들은 국제통화기금(IMF)과 세계은행(IBRD) 등 국제금융기구와 공공연기금, 대학기금, 보험회사, 은행지주회사, 텍사스 석유재벌 등으로 구성되어 있었다.

론스타는 2003년 외환은행을 인수하여(지분 51%) 2012년 하나금융지주에 되팔면서 배당과 시세차익으로 약 4조 6,000억 원을 챙겨 먹튀 논란을 일으켰다. 나아가 "한국 정부가 외환은행 매각 지연과 불합리한 과세로 5조 1,000억 원 상당의 손해를 봤다"면서 국제투자분쟁해결센터에 중재를 요청하여, 현재 소송이 진행 중이다. 투자자-국가 중재소송(ISD)에서는 국가가 패소한 경우가 60%나 된다.

노무현 정부에서 재경부는 2003년 외환은행을 매각하였는데, 기간산업인 은행 매각에 비판적인 국민감정을 의식하여 이를 '매각'이라 하지 않고 '외자유치'로 표현하였다.

"2003월 8월 27일 한국외환은행은 론스타 펀드와 외자유치 계약을 체결하였는바, 이번 외자유치가 소기의 성과를 얻어 한국외환은행의 조속한 경영정상화가 이루어지고 한국수출입은행의 외환은행에 대한 출자 자금이 회수될 수 있도록 승인을 적극 검토하여 주시기 바랍니다."

― 재경부 공문 ―

이렇게 매각은 외자유치로 포장되었다. 경쟁입찰이나 공개적인 실사 과정 없이, 처음부터 론스타로 정해놓고 밀어붙였다. 국제결제은행(BIS) 기준 자기자본비율을 조작하기 위해 정체불명의 팩스 1장으로 BIS 비율을 산정했다. 재경부·금감위·외환은행이 입체적으로 움직여 투기자본에 외환은행을 넘겼다. 감사원 감사와 검찰 조사에서 이는 사실로 드러났다. 하지만 법원은 무죄를 선고했다. "헐값에 판 것은 맞지만, 정책 판단과 선택의 문제로 업무상 배임은 아니다"라는 이상한 논리였다.

- 시사인(2010.12.28.) -

감사원은, 정부가 43.2%의 지분을 보유한 외환은행을 매각하면서, 대주주 역할을 해야 하는 재경부 등은 손을 놓은 채 경영진만 매각 작업을 추진한 것을 잘못이라고 지적하였다. 당시 외환은행 이강원 은행장과 경영진은 스스로 은행의 가치를 낮게 평가하는 실사보고서를 작성하여, 외국자본으로 헐값 매각을 지원하였고, 고문료 등으로 약 17억 원을 부당하게 수령하였다. 원래 론스타는 골프장, 호텔, 건설 등의 비중이 큰 산업자본으로 은행법 3)에 따라 금융기관을 인수할 수 없었다. 그러나 대주주 적격성 심사는 1년에 2번, 2년이면 4번을 해야 하지만, 2008년 김석동 금융위원장과 추경호 부위원장이 재직할 당시 론스타의 대주주 적격성 심사를 한 번도 하지 않았다. 2013년 금융위원회가 대법원 판결에 따라 공개한 '론스타 대주주 적격성 심사자료'를 보면, 론스타는 일본에 자회사 형태로 골프장·호텔 등 약 2조 8,500억 원의 비금융자산을 보유했고, 한국에도 극동건설 등 5,821억 원에 이르는 비금융 계열사를 보유하고 있었던 것으로 확인됐다. 금융위도 론스타가 외환은행 대주주로서의 자격이 없다는 사실을 진작부터 알고 있었던 셈이다.

한편, 당시 심사 서류를 직접 다룬 핵심 실무자로 매각의 비밀을 가장 잘 알고 있는 허창욱 외환은행 차장(당시 43세), 진홍수 금감원 선임조사역(당시 39세)은 각각 돌연사, 과로사로 연이어 사망하였는데 이 또한 상당히 의심스러운 부분이다.

---

3) 은행법에는 산업자본이 총자본의 25% 이상이거나, 산업자본 총액이 2조원을 넘으면 은행 지분을 9% 이상 소유할 수 없게 되어 있다.

[그림 3-4] 2003년 외환은행 매각 당시 관계자들

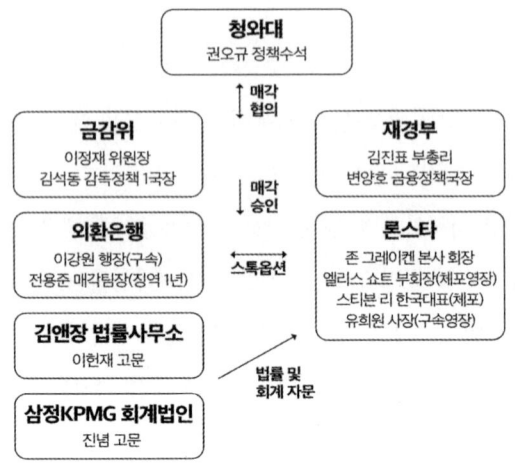

자료 : 각 언론사.

　[그림 3-4]에서는 의문투성이 매각 과정에 관여한 경제 관료들이 정리되어 있다. 외환은행을 인수한 론스타는 주주들에게 고배당을 실시하고 점포와 직원을 줄여 비용을 최소화하는 가혹한 구조조정을 진행하였다. 고배당으로 충분히 이익을 본 론스타는 인수차익을 챙기면서 한국을 떠나려 시도했지만, 뜻하지 않게 소송이 진행되어 매각 절차가 중단되었다[표 3-11].

[표 3-11] 론스타 투자금과 회수금 비교

투자 금액	
2003년 10월 신주 발행	1조 750억 원
2003년 10월 구주 매입	3,084억 원
2006년 5월 콜옵션 행사	7,715억 원
합계	2조 1,549억 원

회수 금액	
2007년 6월 13.6% 매각	1조 1,928억 원
8년간 배당	1조 7,098억 원
2012년 1월 전부 매각	3조 9,156억 원
합계	6조 7,446억 원

자료 : 각 언론사.

론스타는 펀드 투자자들에게 수익금을 돌려줘야 하는 기간이 중요한 사모펀드로 은행을 경영할 의지도 능력도 없는 투기자본이었다. 실제로 불과 인수 2년 만에 재매각을 추진했다. 2006년 1월 시티은행을 매각주간사로 선정하여 우선협상대상자를 물색하였고, 2006년 3월 국민은행과 계약을 체결했다가 파기했다. HSBC(홍콩상하이은행)와는 2007년 계약했다가 2008년 파기했다. 2010년에는 호주뉴질랜드은행 및 사모펀드인 MBK파트너스와 매각작업을 진행하였다.

투기자본감시센터를 위시로 하여 민변, 참여연대 등 시민단체들이 론스타의 은행 대주주 자격 등 여러 가지 의혹에 대해 고발하였고 이는 법적 분쟁으로 비화되었다. 결국 대법원은 론스타의 외환카드 주가조작 사건에 대해 유죄 판결을 내렸다. 당시 론스타측 이사들은 형사 처벌을 받았고 론스타는 외환카드 2대 주주였던 올림푸스캐피탈 등에 손해배상금으로 718억 원을 지급했다. 불법 행위로 외환은행을 인수한 것이 드러나면서 론스타는 외환은행을 다시 내놓아야 했다.

이에 따라 론스타는 외환은행 대주주 자격을 상실하였다. 그러나 금융위는 론스타의 범죄에 대해 '징벌적 처분명령'을 내리지 않고 지분 41%를 매각하라는 '조건 없는 매각명령'을 내려 면죄부를 주었다. 결국 론스타는 하나

은행에 외환은행을 팔고 고액 배당금에 매각 차익까지 챙겨 한국을 떠날 수 있었다.

외환은행 경영진과 금융위원회, 관련된 경제관료들은 왜 국익보다도 미국 투기자본의 이익을 위해 움직였을까? 론스타가 챙겨간 4조 6,000억 원과 ISD에서 패소할 경우 배상 등은 누구의 희생으로 메우게 될까?

•• 기술 먹튀, 하이디스

현대전자의 LCD사업부였던 하이디스는 현대전자가 부도 처리된 뒤 분사되어 2002년 중국의 비오이그룹에 이어서 2008년 대만의 이잉크사에 연이어 매각되었다.

[표 3-12] 하이디스 일지

	하이디스 일지
1989년	현대전자 LCD사업부로 시작
2002년	부도난 현대전자 분리매각으로 중국 비오이그룹에 4천억원에 매각
2006년	부도처리 후 비오이그룹 철수, 법정관리 돌입
2007년	대만 이잉크사에 3천억원에 매각
2008년	검찰 수사 결과 비오이그룹 하이디스 기술자료 4천331건 유출사실 확인
2012년	매출 증가에도 적자확대, 이잉크 해외 계열사로 국내물량 외주화
2015년	이천공장 폐쇄 방침, 인력 구조조정 예고

자료 : 매일노동뉴스(2015.1.8).

여기서 쌍용자동차와 유사한 외자자본에 의한 기술유출과 먹튀, 대량해고가 발생했다. BOE는 인수 직후 하이디스가 보유한 기술을 바탕으로 액정표시장치(LCD)를 생산하기 시작했고 기술공유를 내세워 하이디스와 전산망을 통합했다. 이를 통해 하이디스가 보유하고 있는 알짜 기술 4,331건을 통째로 빼가고(2008년 기술유출 검찰 조사에서 밝혀져 회장 및 개발센터장에 집행유예 선고), 인수 4년 만에 회사를 부도 처리했다.

LCD산업에서 삼성전자와 LG전자를 위협할 만큼 성장한 중국 BOE의 기술은 모두 2002~2007년 사이 하이디스에서 제공된 것이다. 중국 최초의 현대식 LCD 생산라인은 2003년 하이디스가 직접 인력을 중국에 파견하여 지어줬다.

BOE가 떠난 이후 2008년 대만의 E-Ink가 들어왔다. 이잉크는 전자상거래 업체인 아마존과 전자책 디스플레이 패널 공급 계약을 맺었는데 자국 내 생산설비만으로는 생산능력이 부족하여 법정관리 중이던 하이디스를 인수했다. 하이디스가 보유한 디스플레이 생산설비를 활용하겠다는 계획이었다. 이잉크는 BOE와 마찬가지로 인수 이후 기술 및 설비투자는 외면했고, 하이디스의 원천기술을 경쟁사들에게 팔아서 기술료 수입을 챙겼다. 이후 하이디스의 FFS 기술은 Sharp, AOU, CPT, CMI, BOE 등 삼성과 LG를 제외한 거의 대부분의 세계 LCD 업체들에 제공되었다. 하이디스 본사인 대만 E-Ink의 2013년 순이익이 10억 원에 불과했는데, 10원도 새로 투자하지 않은 하이디스 기술료 수입은 580억 원이며 2014년부터는 매년 1천억 원에 이르렀다. 이는 대만 본사 순이익의 30배에 달하는 금액이다. 본사 입장에서 하이디스 특허권은 황금알을 낳는 거위였다. 대만 E-Ink는 한국 노동자들은 모두 해고하고, 특허권을 아예 본사로 가지고 가버렸다. 이런 상황에서도 정부는 방관했고 기술과 숙련을 보유한 한국의 노동자들만 희생되고 말았다 4).

BOE에 매각되기 전 2,000명에 달했던 하이디스 노동자들은 계속 감소되어, 2008년 이잉크에 매각 때 800명이 남았다. 이어 2013년에는 400여명이 권고사직 등으로 퇴사하고, 2017년에는 마지막까지 남아있던 377명마저 해고통보를 받았다.

노동조합은 배재형 지회장의 자결, 대만 원정투쟁 등으로 격렬히 투쟁하였으나, 무능한 정부는 외자 유치라는 허상 속에 자국의 기술도 노동자의 고용도 지켜내지 못했다.

•• 다국적기업의 조세회피와 글로벌 법인세 도입

국제조세체제

20세기 국제무역이 활발해지면서, 다국적기업의 소득에 대해 어느 나라가 과세권을 행사할 것인가가 국제적인 문제가 되었다.

거주지주의는 자국 기업의 전 세계소득에 대해 거주지국(자본수출국)이 과세한다는 입장이며, 원천지주의는 국적에 상관없이 자본수입국에서 발생한 모든 소득에 대해서 원천지국이 과세권을 가진다는 입장이다. 당시 영국

---

4) 한지원(2015), '하이디스 공장폐쇄, 원인과 대책', 이슈페이퍼, 노동자운동연구소

등 제국주의 국가들은 식민지에 대한 과세권을 확보하기 위해 거주지주의를 채택하였고, 후발 제국주의 국가들은 절충적인 입장을 견지하였으며, 제2차 세계대전 이후 독립국들은 원천지주의를 주장하였다.

거주지주의(속인주의)는 국내와 해외 어느 곳에 투자해도 동일한 과세가 이루어지므로, 투자자들이 세 부담과 관계없이 가장 생산성이 높은 지역에 자본을 투자할 수 있어, 조세에 의해 투자배분의 왜곡 없이 투자 효율의 극대화가 이루어진다는 이론이다. 반면 원천지주의(속지주의)는 소득이 창출된 곳에서 과세가 이루어져야 하고, 소득 창출에 도움이 되는 서비스를 제공해 준 국가에게 그 대가를 지불해야 한다는 원칙을 따른다.

결국 영국, 미국 등 자본수출국의 이익을 우선하여 OECD 모델조약이 탄생하였다. 이에 따르면 이자, 배당, 사용료, 국제운수, 독립개인용역, 양도 등의 대부분의 소득에 거주지주의가 적용되며, 고정사업장(공장, 매장, 사업소, 창고 등 고정시설)이 있는 경우에만 원천지주의가 적용된다. 하지만 각국의 입장 차이로, 국제조세체제는 WTO와 같은 통일적인 국제규범이 없는 가운데, OECD 모델조약에 근거한 수백 개의 양자간 조세조약으로 난립하게 되었다.

모델조약에 따르면, 외국에 진출한 다국적기업은 고정사업장을 기준으로 법인세가 부과된다. 예외조항과 이전가격 등의 편법이 있었지만, 산업화시대에는 생산과 판매시 고정사업장이 존재하고 무역은 세관을 통해야 하므로 상품에 대한 과세가 가능했다. 그러나 서비스시대로 전환하면서 디지털화, 금융화, 무형화(지적재산권)가 확대되어, 상품과 공장 등 물리적 실체를 근거로 한 과세 방식에 허점이 발생하였다.

미국계 ICT기업들의 조세회피

디지털경제에서는 인터넷을 통해 다운로드 되는 소프트웨어나 앱이 있으면 세계 어떤 위치에서도 고정사업장 없이도 거래가 가능하다. 이런 조건을 활용한 대표적 사례가 미국계 ICT 기업들의 절세 전략이다.

구글은 미국 매출 비중이 20% 정도이고 해외 매출 비중이 80%이다. 그런데 2015년 해외 수익에 대한 실효세율은 2.4%에 불과하다.

애플의 경우 아일랜드 자회사에 유보된 이익이 1,020억 달러로 알려졌는데, 이 유보이익을 배당하여 미국으로 환수하면 당시 법인세 35%를 조세당국에 납부해야 한다.

다국적기업의 절세 행위에 대해, 레빈 의원은 의회 청문회에서 미국계 다국적기업들이 1조 9,000억 달러의 소득을 해외 조세피난처에 축적하고 있다고 비판했다.

[그림 3-5] 애플의 국내외 법인세 비교

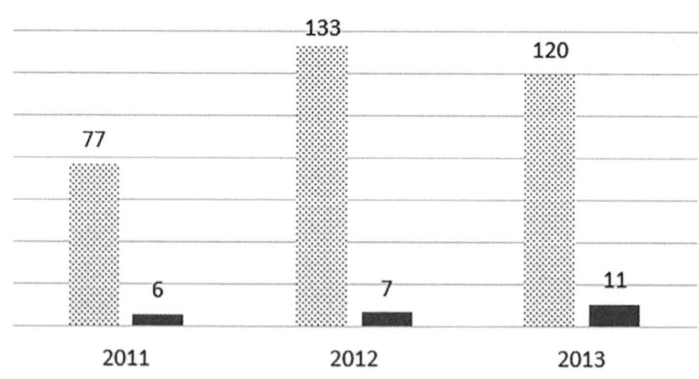

(단위: 백만 달러)

자료 : 매일노동뉴스(2015.1.8).

미국 증권거래위원회(SEC)에 의하면 애플의 해외소득은 2011년 240억 달러, 2012년 368억 달러, 2013년 305억 달러이다. 그러나 위의 [그림 3-5]처럼 해외납부 법인세는 동 기간 중 각각 6억 200만 달러, 7억 1,300만 달러, 11억 3,300만 달러에 불과하다. 애플의 해외 소득이 전체 소득의 70%를 차지하지만 해외 법인세 납부액은 미국납부 법인세의 10%도 되지 않았다.

미국계 다국적기업 애플의 조세회피 사례를 보면 다음과 같다.

애플은 유럽, 아프리카, 아시아 등 원천지국에서 발생한 소득을 조세혜택이 있는 경유지국을 통과하여 조세피난처로 가져간다. 미국본사로 소득을 가져가지 않고 조세피난처에 소득을 유보하면 조세를 이연할 수 있다. 원천지는 고세율국이므로 현지사업을 할 때 과세가능한 고정사업장을 두지 않고 발생하는 소득을 저세율국으로 이전한다. 여기서는 자산과 리스크를 최소화한다.

조세특례가 있는 경유지에서 다양한 절세 기제를 활용하고 비용공제는 최대화한다. 소득은 최종적으로 법인세가 0원인 조세피난처로 이전한다. 본사가 있는 거주지는 고세율국이지만 조세피난처에 있는 소득이 배당이나 이자로 거주지국으로 들어오지 않으면 과세가 이연된다.

아래 [그림 3-6]에서 애플의 미국 본사는 유럽에서 법인세율이 가장 낮은 아일랜드에 유럽판매법인과 유럽특수제조법인을 설립하고, 이들과 원가분담협약(CSA)을 맺어 본사의 지적재산권 사용권을 부여하는 대신 본사의 연구개발비 비용을 분담시킨다. 유럽판매법인은 애플의 OEM 메이커들로부터 제품을 구입해서 유럽, 중동, 아프리카, 인도에 공급하는 역할을 수행한다.

[그림 3-6] 애플의 유럽 사업구조

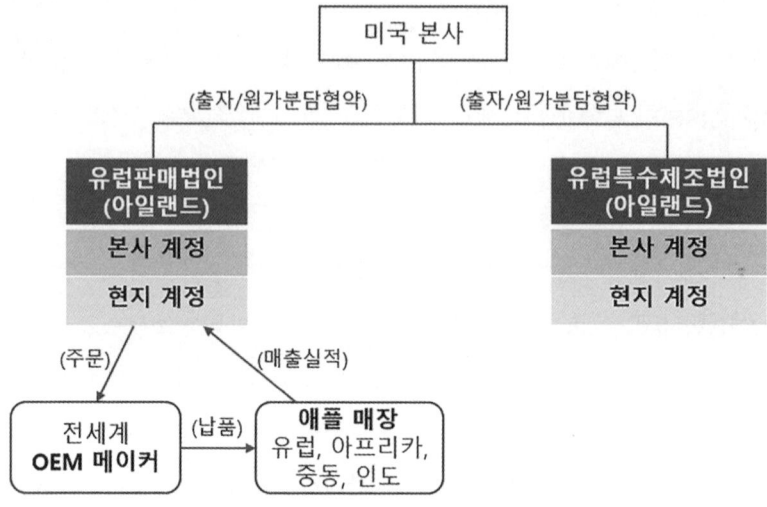

자료 : EC, 'State Aid: Ireland Gave illegal tax benefits to Apple worth up to €13 billion'(2016.8.30.)에서 재작성.

소비자들은 해당 국가의 애플 매장에서 제품을 구입하지만, 매출처는 아일랜드의 유럽판매법인으로 처리된다. 따라서 막대한 매출 이득은 원천지국이 아니라 거주지국의 유럽판매법인으로 집중된다. 여기서 유럽판매법인은 회계장부를 본사계정(head office)과 아일랜드 현지계정(Irish branch)으로 분리하여, 대부분의 이익을 본사계정에 넣고, 최소 이익만을 현지계정에 남겼다. 아일랜드는 현지계정의 이익에 대해서만 법인세를 부과했고 본사계정에는 과세하지 않는다. 유럽특수제조법인도 동일한 과정을 거친다.

아일랜드의 법인세율은 12.5%인데, 유럽판매법인의 2011년 실효세율은 0.05%에 불과했다. 이는 아일랜드가 저세율 혜택을 주면서 자본을 유인하여 등록세 등 별도의 이익을 얻으려는 목적에서 발생한 것이다. 아일랜드 정부는 애플에게 본사계정이라는 가상 계정을 인정하고, 동 계정에 귀속된 소득에 대해 비과세 처리하는 특단의 사전세무답변(tax ruling)을 해 주었다. 아일랜드는 관리장소를 거주지로 인정하여 아일랜드에 법인이 있어도 그 경영이 외국에서 이루어지면 아일랜드에서 과세하지 않았다. 페이퍼컴퍼니인 본사계정의 관리장소는 이사회가 열리는 조세피난처(버진아일랜드 등)로 기록하였다. 따라서 본사계정은 아일랜드에 과세 의무가 없다. 이는 법인 소재지와 과세권의 소재지를 불일치시켜 조세를 회피하는 기법이다.

EC는 오랜 조사 끝에 본사계정과 현지계정 간의 이익분배가 경제적 실질(economic reality)에 근거하지 않음으로써 독립기업거래원칙(arm's length principle)을 위배한 것으로 판단했다.

"아일랜드 정부가 애플에게 특단의 사전세무답변(tax ruling)을 통하여 다른 기업보다 세금을 덜 내도록 허용한 것은 EU의 state aid rule을 위반한 것이다."

이에 2016년 EC는 아일랜드 정부에게 2003~2014년 기간 동안 납부되지 않은 130억 유로(17조 9,000억 원)를 이자와 함께 애플로부터 추징할 것을 명령하였다.

국내 진출한 다국적기업들의 조세회피

한국의 경우도 다국적기업의 조세회피가 심각하다.[표 3-13], [표 3-14]의 앱마켓 매출액을 보면 구글과 애플이 88%를 점유하고 있으나, 법인세는 거의 내지 않는다. 6조원의 매출을 올린 구글은 한국에 97억원의 법인세를 납부했고, 매출액이 1조원도 되지 않는 네이버는 법인세로 4,633억원(11.2%)을 납부하였다. 구글과 애플에 같은 세율(11.2%)을 적용하면 구글은 6,720억 원, 애플은 2,576억 원의 법인세를 한국에 납부해야 한다.

[표 3-13] 앱스토어 매출액

구분	앱마켓		
	구글	애플	국내 등
매출액	6.0조원	2.3조원	1.2조원
비중	63%	25%	12%

자료 : 과학기술정보통신부, '2019년 모바일콘텐츠산업 현황 실태조사'.

[표 3-14] 정보기업 법인세 비교

업체	구글코리아	네이버	카카오
법인세	97억	4,633억	827억

자료 : 전자공시시스템(2021).

구글은 아시아 지역에서의 앱 사업 관련 법인 소득신고와 세금납부를 고정사업장이 있다는 싱가포르에 하고 있다. IT기업의 경우 고정사업장을 가르는 중요한 기준이 서버인데, 구글 아시아퍼시픽 서버는 싱가포르에 있다. 이에 대해 한국은 다른 나라들처럼 구글세 등을 제정하여 다국적기업에 과세하지 못했다.

글로벌 법인세 도입

다국적기업의 조세회피가 국제적인 이슈가 되고, 많은 나라에서 구글세 등으로 조세주권을 행사하자 결국 미국이 양보하여 G20 제13차 총회에서 글로벌 디지털세 도입이 채택되었다. 세계 각국에서 수익을 벌어들이는 글로벌 대기업들이 본국뿐 아니라 실제로 서비스를 공급하고 이윤을 창출하는 나라에서도 2023년부터 세금을 내도록 하겠다는 것이다.

글로벌 법인세는 연간 기준 연결매출액이 200억유로(27조원), 이익률이 10% 이상인 대기업 매출에 대한 과세권(초과이익 25%)을 시장 소재국에 배분하는 필라 1과, 연결매출액이 7억5000만유로(1조원) 이상인 다국적 기업에 대해 15%의 글로벌 최저한세율을 적용하는 필라 2로 구분된다. 2021년 9월 현재 136개국이 글로벌 법인세 도입에 합의하였다.

한국의 경우 국내에서 이윤을 창출하고도 과세하지 않는 다국적기업들에 대해 과세권을 행사할 수 있어 정부 세수가 늘어날 전망이다. 반면 삼성전자 등 한국 기업의 해외 세금이 늘어날 가능성도 있다. 그러나 우리 기업이 납부하는 것보다는 국내에서 과세권을 행사하는 게 훨씬 더 클 것으로 예측된다.

전경련은 한국 경제계를 대표하여 디지털세(글로벌 법인세)를 최소화하고 범위를 제한해 달라고 OECD에 건의하였다. 이는 다국적기업 과세로 세수가 확대되는 국민경제를 우선하지 않고 대기업 입장만 고려하는 편협한 행동이다.

글로벌 법인세는 자본수출국 중심의 국제조세체제 100년의 역사에서 혁명적 변화이다. 다국적기업의 조세회피와 선진국 중심의 과세권을, 이익이 창출된 곳, 즉 자본수입국에서도 과세할 수 있는 거대한 전환을 가져왔다.

참고 문헌

김성혁(2016), '다국적기업의 조세회피와 국제조세체제', 박사학위논문 인천국립대학교 대학원.
이규엽·김현수(2020), 「디지털세 논의에 관한 경제학적 고찰」, 대외경제연구원
이찬근·김성혁(2016), 'DIDS를 통한 BEPS 프로젝트 고찰', 한국국제조세협회, 45(2)
이한영·강하연·여혁종(2006), '미국 엑슨-플로리오법의 특징 및 시사점', 규제연구 제15권 제2호
오민규(2020), 'GM 경영행태 변화, 민주노조 대응방향'
오민규(2020), '한국지엠 재무 및 경영분석'
이승협·황현일·정혜원·안재원(2015), 「한국 진출 초국적기업 노사관계 실태조사보고서」, 전국금속노동조합.
임영일·백두주(2002), 「외국인 투자기업의 노사관계 실태에 대한 조사결과보고서」, 전국금속노동조합.
성희활(2007), '미국의 기간산업보호와 엑슨-플로리오법', 부산대 법학연구 제48권 제1호·통권57호
장석우, '홈플러스 2019년도 경영분석', 마트노조 공청회(2020.9.28)
한국지엠 범국민실사단(2018), 「실사보고서」, 전국금속노동조합
한국지엠지부 사무지회(2018.3), '산업은행 경영실사 관련 분석', 이슈페이퍼.
한국지엠지부 사무지회(2017.12), 「한국지엠 위기의 원인과 해법」
한국지엠지부 사무지회(2018.5), 'GM-정부 간 협약에 대한 비평', 이슈페이퍼.
한지원(2015), '하이디스 공장폐쇄, 원인과 대책', 이슈페이퍼, 노동자운동연구소.
KOTRA(2021), 「2020 외국인투자기업 고용실태조사」, 산업통상자원부
KOTRA(2020.12), 「2020 외국인투자기업 경영실태조사분석(2019 회계연도)」
KOTRA 「외국인투자옴부즈만 연차보고서」각 년도
US SECURITIES AND EXCUANGE COMMISSION(2021), FORM S-1 REGISTRATION STATEMENT, COUPANG,INC, Washing, D.C. 20549

4장

한국 재벌경제의 예속성

김 성 혁 서비스연맹 정책연구원장

한국 수출주도경제의 특징

대외의존형 수출경제

노동자, 자영업자 고용·소득 침체로 취약한 내수경제

수출주도성장 한계 봉착

국가별 기술수준 비교

한국 기술무역수지는 '만년적자'

'한국, 반도체 생산 세계 1위'라는 언론보도는 사실일까?

전기차와 자율주행 기술을 수입하는 현대자동차

설계 기술이 취약한 조선해양

철광석과 무연탄을 모두 수입하는 포스코

한국 유가증권시장을 장악한 외국인투자자의 비중

국내 우량기업들에서 20조원을 배당 받는 외국인투자자들

한국 주식시장은 외국인들의 '현금인출기'

•• 한국 수출주도경제의 특징

한국경제는 총수요에서 수출이 차지하는 비중이 매우 높은 대외의존형 경제인데, 수출의 대부분은 재벌 대기업이 담당하고 있다 [1].

관세청 자료를 보면, 2018년 기준으로 기업 수로 0.8%에 불과한 대기업(805개)이 전체 수출액의 67%를 차지하고 있다. 산업별로는 제조업(광업) 수출이 5,072억 달러로 전체 수출액의 84%를 차지하는데 이중 대기업이 71%를 점유한다. 특히 소수 재벌의 상위 13개 품목이 전체 수출액의 80%를 점하고 있다. 상위 수출 품목은 반도체, 자동차, 석유제품, 평판디스플레이, 선박, 무선통신기기, 일반기계, 석유화학, 철강제품, 섬유류, 자동차부품, 컴퓨터 등이다. 이는 대부분 중후장대 산업으로 국제분업에서 한국이 제조업

---

[1] 자산 10조원 이상의 31대 재벌이 수출액의 66.3%를 차지한다(2018년)

의 중위기술에 특화되어 있는 것과 연관된다.

한국은 수출 규모로는 세계 6위이지만, 수출시장 점유율 1위 품목 수는 매우 낮다. 수출 1위 품목은 2002년 77개로 세계 13위, 2019년은 69개로 세계 11위다[그림 4-1]. 이는 경제구조가 대기업의 완성품 중심이며, 다양한 부품·소재를 담당해야 할 중견·중소기업들이 대기업의 하청기업으로 머물러 있어 독립적 수출 능력이 취약함을 말해 준다. 한편 중국은 수출 1위 품목이 2002년 787개로 세계 3위였고 2019년 1,759개로 세계 1위로 올라섰다.

[그림 4-1] 세계수출시장 점유율 1위 품목수

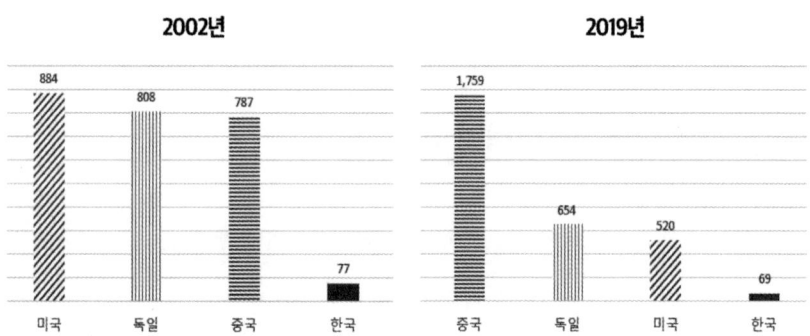

자료 : 한국무역협회.

일반적으로 수출주도정책은 국내시장의 부족한 수요를 해외 수요로 대체하고, 규모의 경제를 통해서 경제성장을 이루는 방식이다. 한국은 원조와 차관 등을 통해 조달한 자금을 특정 산업에 집중시키고 고환율 정책으로 수출을 확대하면서 고도성장을 이룩해 왔다. 이러한 수출주도성장은 '규모의 경제', '안정적 외화조달', '특화에 따른 분업효과' 등의 장점이 있으나 부작용이 크다. 먼저 내수기반이 취약하여 세계경제 위기나 대외환경 변화 시 경제의 변동성이 심하다. 다음으로 국제분업구조에 종속된 수출경제는 주요산업 자립화와 부문 간 균형을 파괴하고 있다. 또한 세계 대부분의 나라들이 수출 주도성장 정책을 취할 경우 과잉공급, 평가절하 경쟁 등으로 지속가능한 성장이 보장되기 어렵다.

실제 세계금융위기 이후, [그림 4-2]처럼 한국의 수출은 정체되고 있으며, 경제성장률 기여도도 마이너스를 기록하고 있다.

[그림 4-2] 연도별 수출액 추이

(단위: 천억 달러)

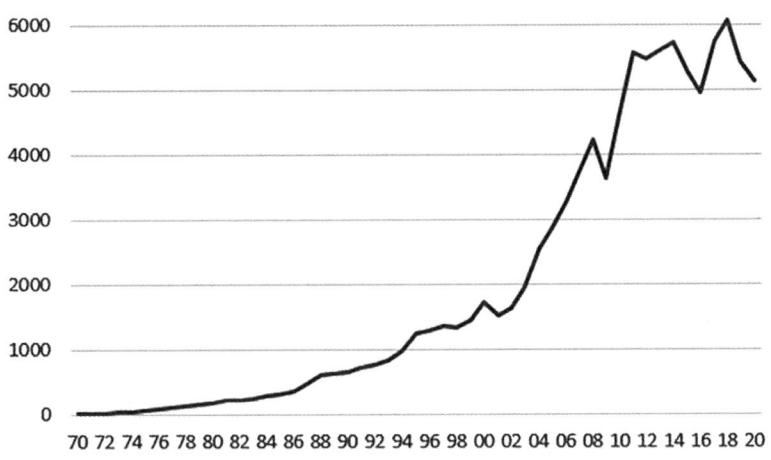

자료 : 한국무역협회(2021).

LG경제연구원에 따르면, 금융위기 이후 내수 중심국 2)의 성장이 수출 중

---

2) UN 데이터에 있는 수출 중심국은 독일, 네덜란드, 벨기에, 오스트리아, 덴마크, 스위스, 아일랜드, 한국, 홍콩, 대만, 러시아, 싱가포르, 태국 등이며, 내수 중심국은 미국, 일본, 인도, 호주, 스페인, 이탈리아, 프랑스, 브라질, 터키, 아르헨티나 등이다.

심국의 성장을 앞지르고 있다.

지난 45년간 208개 국가의 경제성장률 수치를 바탕으로 성장과 수출 및 내수의 상관관계를 분석하면, 세계무역이 확대된 1970년 이후 2007년까지 37년간 수출 주도국의 연평균 성장률은 4.2%로 내수 주도국 3.3%를 앞섰다. 세계 교역의 급성장을 배경으로 주요국가들이 수출주도성장 전략을 채택한 결과이다. 그러나 2008년 금융위기를 기점으로 2008~2013년까지 연평균 성장률은 내수 주도국이 3.5%로 수출 주도국의 2.4%를 추월하였다.

수출의 성장 기여도 역시 금융위기 이후 크게 낮아졌다. [그림 4-3]에서 수출 비중과 경제성장의 상관관계를 보면, 1970년 0.37에서 1990년 이후 점차 감소하여 2008년 이후 6년간은 마이너스(-0.09)로 돌아섰다. 수출이 오히려 성장을 갉아 먹고 있는 것이다 3).

[그림 4-3] 수출비중과 경제성장률의 상관관계

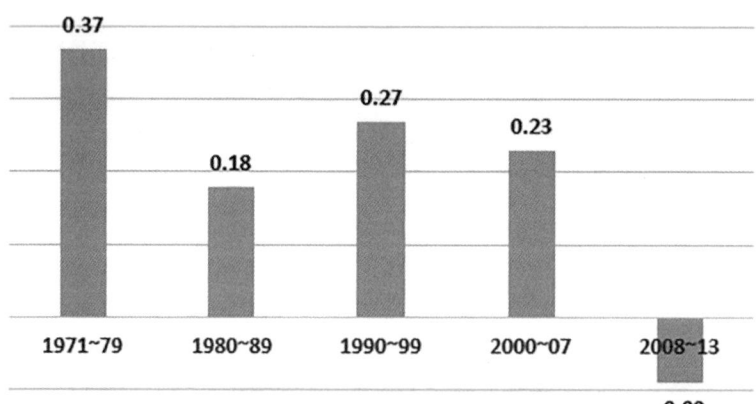

자료 : 이근태·고가영(2014.12) 재인용.

---

3) 이근태·고가영(2014.12), '우리나라 내수성장의 필요성과 선진국 사례에서 배우는 정책방향', LG경제연구원

•• 대외의존형 수출경제

이제까지 한국경제의 최대 화두는 수출과 성장이었다.

개발독재 시대에는 수출 대기업에 관치금융, 정부조달, 수출장려금 등이 주어졌으며, 역대 정부들은 '수출만이 살길'이라면서 재벌 대기업들의 실적을 국민경제의 성장이라고 선전하였고, 수백조 원의 외국환평형기금을 조성하여 고환율 정책으로 수출 대기업을 지원하였다 4).

납품 중소기업들은 대기업의 하청기업이 되어 불공정거래가 고착되었고, 저임금과 비정규직 사용으로 수출가격 경쟁력을 유지하였다. 따라서 수출이 늘어날수록 재벌 총수와 외국인 투자자들의 주머니는 볼록해졌지만 낙수효과는 사라지고 양극화만 확대되었다.

이러한 환경에서, 수출 대기업들은 내수를 떠받치는 국민들의 소득보다는 대외무역 조건을 우선하게 된다. '외국의 지불능력', '외국기업의 요구', '환율', '무역장벽' 등이 수출기업의 최대 관심사다. 따라서 '자기 나라 국민에 대한 서비스', '국민들의 소비 여력(고용과 소득 안정)' 등에는 관심이 없고 외국의 대외정책과 외국 바이어(Buyer) 눈치 보기에 바쁘다. 한국의 자동차 회사는 미국 등에서 발생한 제품결함 리콜 서비스에는 매우 책임적이나, 비슷한 결함이 발생한 국내 소비자에 대한 리콜에는 인색하다.

나아가 삼성, LG, 현대자동차 등 재벌기업들은, 미국에 공장을 짓고 미국인을 고용하라는 트럼프 대통령의 압박에 순응하여 [표 4-1]과 같이 현지공

---

4) WTO 규제로 정부의 대기업에 대한 산업보조금은 공식적으로는 없지만, 공기업을 통한 연구개발 지원, R&D 세금감면 등이 지속되고 있다.

장을 크게 늘려 왔다. 2018년 화성·평택에 설립한 삼성전자 반도체공장을 제외하고는, 최근 20년 동안 한국에 규모 있는 제조 공장이 신설된 경우가 별로 없으며, 국내에서 생산하던 수출 물량은 미국(무역압박 때문)과 개도국(비용절감 때문)의 현지생산으로 대체되어 국내 생산능력이 감소하고 국내 고용도 계속 줄어들고 있다.

[표 4-1] 트럼프 집권 이후 주요 대기업의 미국 투자 현황   (단위: 달러)

기업	LG전자	삼성전자	롯데케미칼	SK이노베이션	현대자동차
주	테네시	사우스캐롤라이나	루이지애나	조지아	보스턴
투자	3억 6천만	3억 8천만	31억	10억	17억
연간생산능력	세탁기 120만대	세탁기 100만대	에틸렌 100만톤 EG 70만톤	배터리 9.8GWh	자율주행 기술업체 설립

자료 : 각 언론사, 해당 기업.

바이든 시대에도, 2021년 5월 한미정상회담에서 국내 4대 재벌이 미국에 44.2조 원의 대규모 투자계획을 발표하였다. 삼성전자와 SK하이닉스는 각각 19.1조 원, 1.1조 원을 투자하여 반도체 파운드리(위탁생산) 공장을 설립하기로 하였고, LG에너지솔루션과 SK이노베이션은 전기차 배터리 합작법인에 15.7조 원을 투자하기로 하였다. 현대차는 전기차 생산과 충전 인프라 등에 8.3조 원을 투자하겠다고 발표하였다.

한편, 한국 대기업의 수출은 원료와 부품을 수입하여 최종재를 조립하는

가공무역의 잔재가 강하게 남아있어, 주요한 소재·부품·장비의 수입 비중이 크다. 한국이 반도체를 수출하려면 반도체 원료인 실리콘, 핵심 소재와 부품, 반도체 장비 등을 일본, 미국, 독일 등에서 수입해야 한다.

이러한 구조에서 한국은 수출한 만큼 수입도 증가하므로 무역의존도 5)가 G20 국가 중 독일(70.8)에 이어 세계 2위(63.5%)를 기록하고 있다.
세계 1위인 독일은 관세가 폐지되고 단일 통화가 실현된 국가연합 수준인 유럽연합(EU)으로의 거래(59%)를 수출로 계산하므로 무역의존도가 높지만, 한국의 경우는 전적으로 대외의존형 경제구조 때문에 무역의존도가 높다.

보통 인구가 작아서 내수기반이 취약하거나, 부존자원이 없어 생존 차원에서 국제무역에 주력하는 도시국가 형태인 싱가포르, 홍콩, 대만, 네덜란드, 룩셈부르크 등은 무역의존도가 높다. 반면 미국, 일본, 중국 등 인구가 많고 내수기반이 튼튼한 국가들의 무역의존도는 상대적으로 낮다. [그림 4-4]와 같이 인구 5천만 명을 넘는 OECD 국가 중 한국은 무역의존도가 매우 높은 편이다. 종속적인 국제분업구조에서, 무역의존도가 높을수록 국부유출과 양극화가 커질 가능성이 크다.

---

5) 무역의존도란 한 나라 경제가 무역에 의존하는 정도를 나타내는 지표로 1년간의 수출액과 수입액의 합계를 국내총생산(GDP)으로 나눈 비율이다. 우리나라 무역의존도는 1960년대 수출주도형 성장전략을 취해 온 이래 꾸준히 증가해 1990년대 중반까지 40%대를 유지하다가 이후 상승을 거듭해 2000년에 60%대로 증가했다. 그리고 2007년에 62.1%를 기록한 데 이어 2008년에 사상 처음으로 80%를 넘어섰다.

[그림 4-4] 2019년 G20 12개국의 무역의존도

(단위: %)

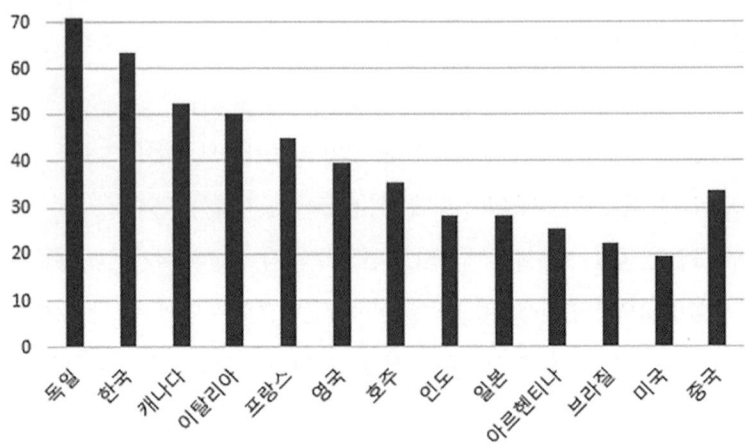

자료 : 통계청(2021). * 중국은 2017년 통계이며 G20 국가는 아님.

[그림 4-5] 무역의존도 증감 추이

(단위: %)

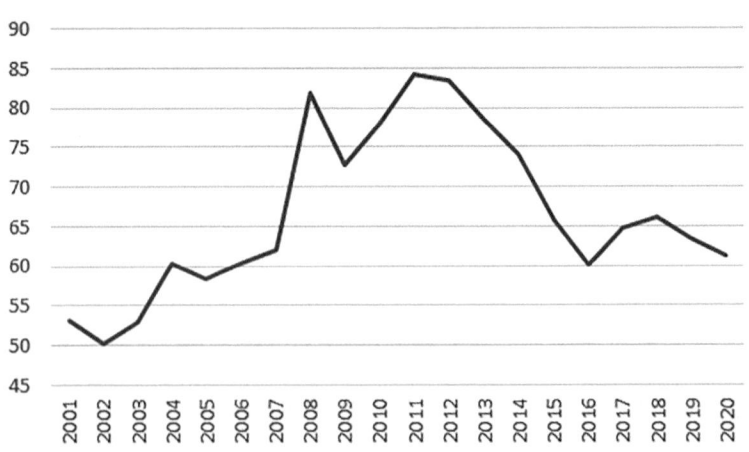

자료 : 통계청(2021).

위 [그림 4-5]는 금융위기 이후 한국 무역의존도의 하락을 보여주고 있다. 특히 수출의존도(수출의 대 GDP 비율)는 코로나 충격으로 2020년 32.9%를 기록하여, 2007년 31.7% 이후 12년 만에 최저치를 기록하였다.

위와 같이 '세계적인 보호무역과 유가변동', '미국의 금리인상', '환율 변동', '전염병과 봉쇄' 등 대외변수가 발생하여 한국경제는 양적 성장마저 유지하기 어려운 조건에 봉착한다. 따라서 민간소비 등 내수와 정부투자 비중을 높여야, 수출의 한계를 만회할 수 있고 지속 가능한 성장이 가능하다.

•• 노동자, 자영업자 고용·소득 침체로 취약한 내수경제

한국은 GDP 대비 수출 비중이 높고 내수 6) 비중은 매우 낮다.

GDP 대비 내수 비중이 2000년 전후 10년(1996~2005) 평균 70%에서, 2010년 전후 10년(2006~2015)간 평균 56%로 14%p나 하락하였다.

내수에서 가장 큰 비중을 차지하는 민간소비지출 비중이 계속 하락하고 있는데, 1960년대 62.7%이던 민간소비지출 비중은 계속 떨어져 평균적으로 1980년대 54.9%, 1990년대 52.0%, 2000년대 53.0%, 2010년대 49.0%를 기록하였다. [그림 4-6]을 보면 최근의 하락 추이를 볼 수 있다.

---

6) 내수(domestic demand)는 국민계정 상의 민간(가계)소비, 정부소비 및 내수관련 투자를 합산한 값에서 내수 관련 수입을 차감한 것이다.

[그림 4-6] GDP 대비 민간소비지출 비중

(단위: %)

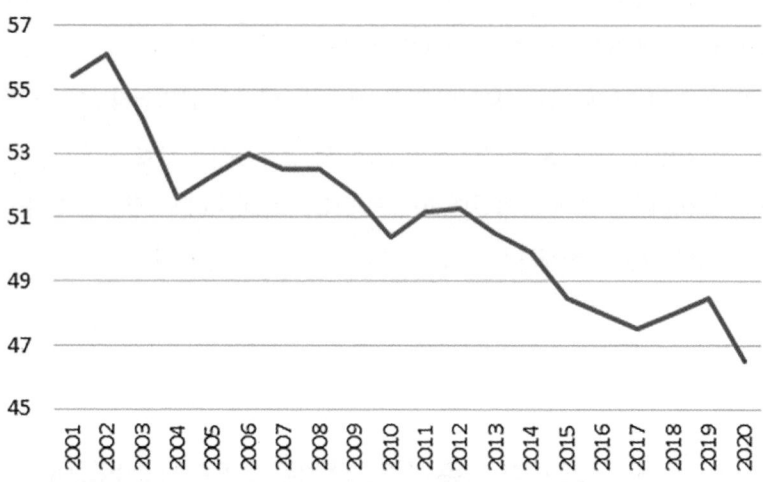

자료 : 한국은행(2021).

국회예산정책처에서는 "우리나라의 GDP 대비 민간소비 비중은 2000년대 들어 주요국에 비해 가파르게 하락하는 추세"라고 지적했다. 안정적인 소득을 보장해 주는 일자리가 적고 미래가 불안하다 보니 민간소비의 주요 주체인 가계가 돈을 벌어도 쓰지 않고 모아두는 성향이 짙다는 것이다.

문재인 정부는 핵심공약이었던 소득주도성장을 사실상 포기하고, 한국판 뉴딜정책으로 '대기업 특혜', '규제 완화', '단기 일자리 만들기' 등 친기업 혁신성장으로 회귀하였다. 이런 정책은 코로나 경제위기 상황에서 증폭되고 있는 내수침체와 고용절벽을 완화시키지 못하므로 민간소비 위축을 바꾸기 어렵다. GDP에서 가장 큰 비중을 차지하는 민간소비를 활성화하기 위해서는 2,000만 노동자와 600만 자영업자들의 고용과 소득을 보장하는 소득주도성장을 제대로 실시해야 한다.

정부는 2021년 수출 반등으로 경기가 회복되었다고 하지만, 고용 상황은 질적으로 회복되지 못하고 있다. 취업자 수는 양적으로는 코로나 이전상태로 회복하였지만, 질적으로는 여전히 불안정하다. 상용직은 비슷한 수치로 회복했지만 임시일용직은 2021년 단기적으로 늘어났다가 11월 이후 다시 감소하고 있다. 고용원이 있는 자영업자는 2021년에도 계속 몰락하여 감소세가 이어지고 있다. 고용원이 없는 자영업자는 특고, 플랫폼노동, 영세자영업자 등으로 꾸준히 증가하고 있다.

[그림 4-7]의 취업자 증감 추이를 보면, 상용직 취업자의 경우 2019년 이후 증가세가 계속 감소하여 2021년에도 감소세에 있다. 임시직 취업자는 2020년 크게 감소하였고 2021년 크게 증가하였다. 이는 코로나 시기 임시직이 대거 실직되었고, 2021년 경기회복에서 정규직보다는 비정규직을 늘리고 있는 현상을 보여준다. 일용직 취업자는 2017년 정점을 찍고 경기침체로 인해 계속 감소세를 보이고 있다. 고용원 없는 자영업자는 특고, 프리랜서 등이 포함되어 있는 1인 영세업자와 불완전노동으로 2019년부터 증가세이다. 고용원 있는 자영업자는 코로나 시기 크게 감소하였고 2019년에도 폭은 조금 줄었지만 여전히 감소하고 있다(증감률 마이너스).

한국은행에 따르면, 몰락한 고용원 있는 자영업자는 실직자(25.4%), 상용직(중소영세기업)(23.8%), 임시·일용직(7.3), 고용원 없는 자영업자(6.9%) 등으로 이동하였다.

[그림 4-7] 종사자 지위별 취업자 증감 추이

(단위: 천명)

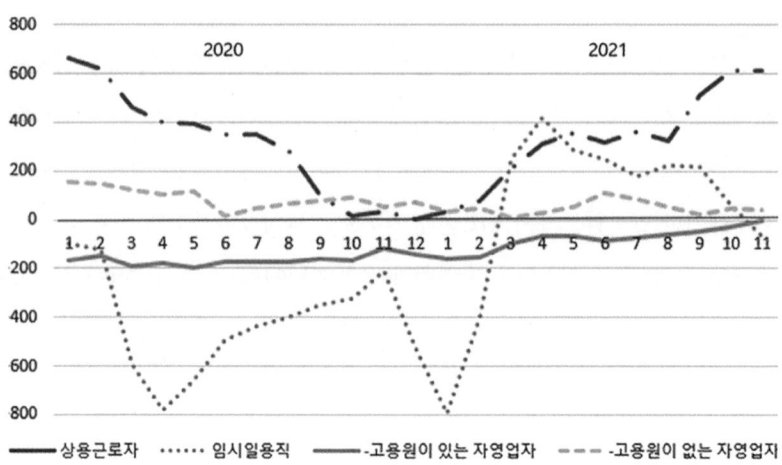

― 상용근로자　····· 임시일용직　― 고용원이 있는 자영업자　--- 고용원이 없는 자영업자

자료 : 통계청에서 재가공.

[그림 4-8] 연령별 취업자 증감 추이

(단위: 천명)

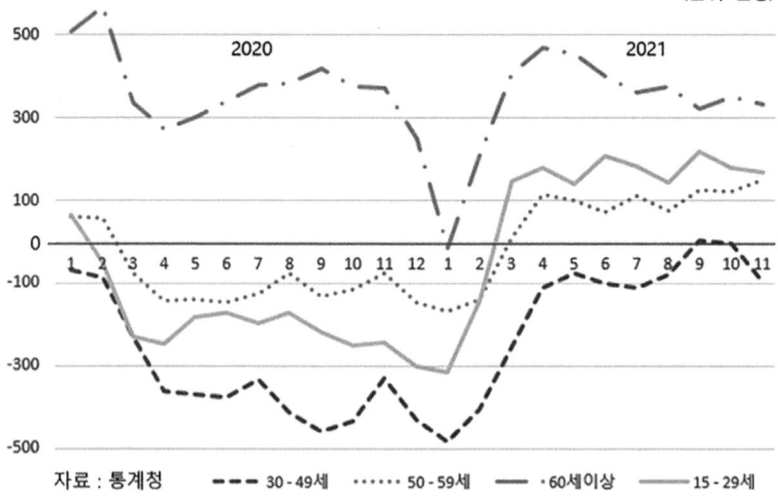

자료 : 통계청　--- 30-49세　····· 50-59세　― 60세이상　― 15-29세

자료 : 통계청(2021), 2021년은 8월까지 통계.

코로나 전후 연령별 취업자 증감 추이를 보아도 민생경제의 실패를 알 수 있다. 연령별 취업자 증감 추이를 보아도 불안정 일자리가 늘고 있다.

주로 비정규직이 많은 60대 이상과 20대의 일자리가 크게 늘고 있다. 반면 가장이며 정규직이 많은 30·40대 일자리는 여전히 감소하고 있다. 즉 정규직 좋은 일자리는 아직도 코로나 이전으로 회복되지 못하고 있다.[그림 4-8].

정부의 코로나 시기 민생지원도 매우 인색한 것으로 나타났다.

아래 [그림 4-9]를 보면 OECD 국가 중 한국은 '추가지출 및 세액감면', '유동성 지원', '사회지출' 모두 꼴찌 수준이다. 그나마 유동성 지출(대출)이 평균에 상대적으로 가깝다.

[그림 4-9] OECD 국가 코로나 관련 지출 비교

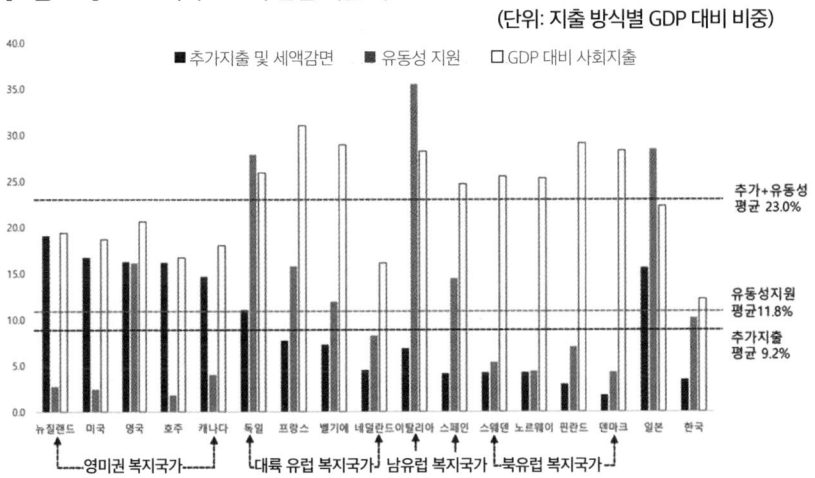

자료: 이상민(2021) 재인용, IMF. 2021. Fiscal monitor datanase of country fiscal measures in response to the COVID-19 pandemic.

•• 수출주도성장 한계 봉착

한국은 수출증가율 추이가 세계금융위기 이후 추세적으로 감소하는 가운데 2019년, 2020년 2년 연속 큰 폭의 역성장을 기록하였다[그림 4-10].

[그림 4-10] 연도별 수출증가율 추이

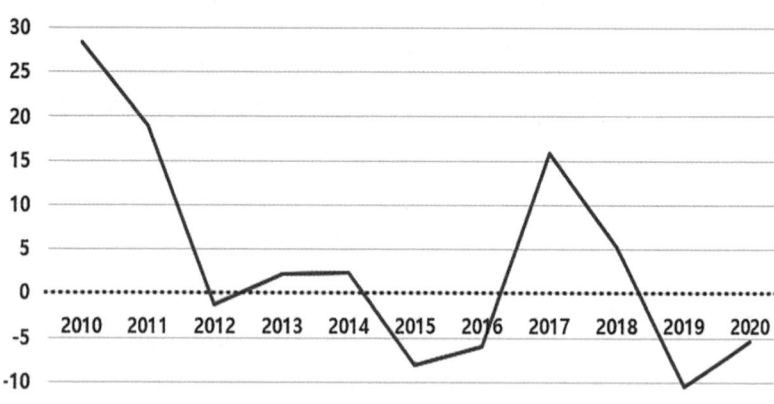

자료 : 무역협회(2021)에서 재가공.

2021년 수출은 최대치를 기록했지만 수입 증가폭이 더 커서 순수출(무역수지)은 2020년(449억 달러)보다 감소한 295억 달러에 그쳤다. 석유 등 원자재 가격 상승, 공급 차질 등으로 수입액이 크게 늘어났고 12월은 무역수지 적자를 기록하기까지 하였다. 2022년에도 수입 증가폭이 커서 무역수지가 2021년보다 더 감소할 것으로 추정된다[그림 4-11].

[그림 4-11] 한국의 무역수지 추이

(단위: 백만 달러)

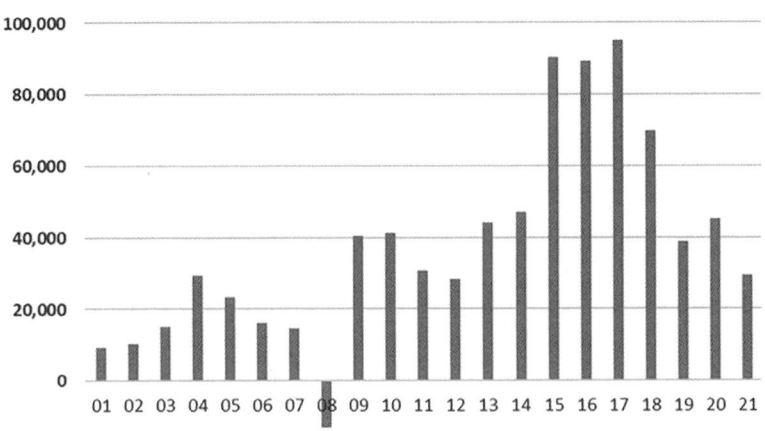

자료 : 한국은행.

수출 하락에 따라 한국의 경제성장률도 추세적으로 하락하고 있다. 아래 [그림 4-12]를 보면 1998년 외환위기와 2008년 금융위기 이후 수출의 반등으로 단기적으로 회복했던 경제성장률은 글로벌 금융위기 이전 4.6%(2000~2007년 평균)에서 금융위기 이후 3.1%(2008~2016년 평균)로 저하되었다 7). 한국은 1998년 외환위기, 2008년 금융위기 등 경제위기 때마다 수출증가로 빠른 회복세를 보여 왔으나 단기효과에 그치고 있으며, 최근 10년의 흐름으로 볼 때는 추세적 감소가 역력하다. 장기침체 국면에서 '보호무역주의'로 '중미 무역전쟁'이 발발한 가운데, 코로나 경제위기가 겹쳐 세계무역은 더욱 침체되고 있으며, 탈세계화로 '주요 산업의 자국 생산' 추세가 강화되고 있다.

---

7) 국회예산정책처(2017), 「내수활성화 결정요인 분석」

[그림 4-12] 경제성장률 추이

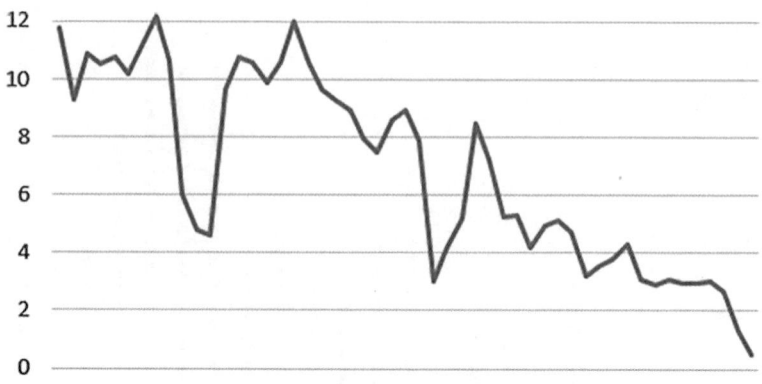

자료 : 통계청(2021)에서 재가공.   * 3개년 이동평균.

종합적으로 보면, 한국은 수출과 민간소비가 동반하락하면서 경제성장률이 추세적으로 저하되고 있다. 1998년 외환위기 이전 10% 수준의 성장률이, 2000년대에 5% 수준으로 하락하였고, 2010년대에는 2%대로 떨어졌다[그림 4-13].

[그림 4-13] 수출, 민간소비 동반부진, 성장세 하락

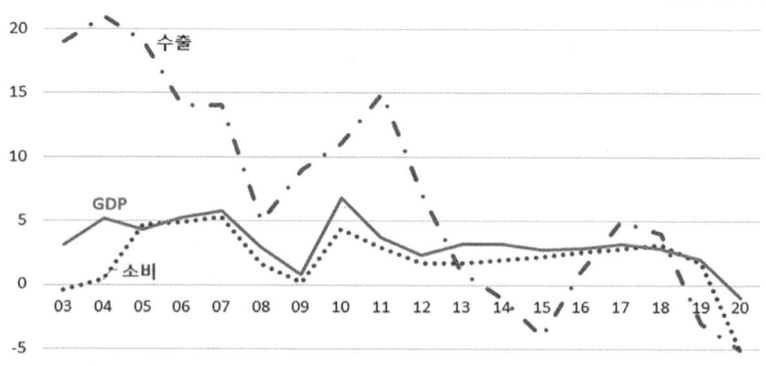

자료 : 관세청, 한국무역협회.   * 수출은 3개년 이동평균.

이제 저성장 시대에 한국경제의 지속성장을 도모하려면 수출주도형 성장 방식에서 내수주도 성장으로의 전환이 필요하다. 성장 활력의 지속을 위해서 뿐만 아니라 국민들의 삶의 질을 높이기 위해서도 내수기반 강화가 중요하다.

내수경제를 강화하기 위해서는 노동자·자영업자의 소득과 고용안정이 우선이다. 이를 위해 공공부문 확장(좋은 일자리, 대국민 서비스 향상)과 주요 산업 국내생산(고용증가)을 추진해야 한다.
나아가 남북 8,000만 규모의 통일경제와 대륙철도를 통한 동북아경제권 형성이 대안이다.

•• 국가별 기술수준 비교

국제비교로 2020년 한국의 기술수준을 살펴보면, 선진국과의 격차는 조금씩 좁히고 있으나, 중국의 추월을 허용한 것으로 나타났다.

[표 4-2] 국가별 기술수준(%) 및 기술격차(년)

구분	한국		중국		일본		EU		미국	
	'18	'20	'18	'20	'18	'20	'18	'20	'18	'20
기술수준(%)	76.9	80.1	76.0	80.0	87.9	87.6	94.8	95.6	100.0	100.0
기술격차(년)	3.8	3.3	3.8	3.3	1.9	2.0	0.7	0.7	0.0	0.0

자료 : 과학기술정보통신부 보도자료(2021.3.12).

과학기술정보통신부에 의하면, 2020년 한국의 과학기술 수준은 최고 기술보유국인 미국에 비해 80.1%이며, 기술격차는 3.3년으로 나타났다. 주요 국가별 기술수준은 미국을 100으로 잡았을 때 EU(96%), 일본(87%), 중국(80%) 등으로, 한국(80%)은 EU, 일본보다 많이 뒤떨어지며, 같은 80%로 중국에는 추격을 허용하였다[표 4-2].

11대 분야별 기술수준 변동을 나타낸 아래 표를 보면, 미국은 10대 분야에서 1위이며, EU는 기계·제조 분야에서 1위를 차지하였다.

한국의 기술수준 변동을 보면, 건설·교통 분야가 미국 대비 기술수준(84%)이 가장 높고, ICT·SW 분야는 기술격차(1.9년)가 가장 적은 것으로 평가되었다. 그러나 우주·항공·해양 분야는 미국 대비 기술수준(68.4%)이 가장 낮고, 기술격차(8.6년)도 가장 큰 것으로 평가되었다. 중국이 한국을 추월한 분야는 우주·항공·해양(한국 68.4%, 중국 81.6%), 국방(한국 75, 중국 81.7), 소재·나노(한국 80.8, 중국 79.9), 생명·보건의료(한국 77.9, 중국 78), 에너지·자원(한국 80.2, 중국 81.6), ICT·SW [8](한국 83.0, 중국 85.7) 등이다.

11대 분야별 기술격차 변동을 나타낸 아래 [표 4-3]과 [표 4-4]를 보면, 2020년 한국의 기술수준은 2018년 대비 모두 증가(1.6~5.0%p)하였고, 기술격차는 '우주·항공·해양' 분야를 제외하고 감소(-0.2~1.2년)하였다. 기술수준이 가장 많이 증가한 분야는 '건설·교통' 분야(5.0%p)이며, 기술격차가 가장 많이 감소한 분야는 '국방' 분야로(-1.2년) 나타났다.

중국, EU 및 미국 11대 분야의 기술수준 모두 2018년 대비 '유지 또는 증

---

[8] ICT : 컴퓨터를 기반으로 정보 및 정보 시스템을 제공하고 이용하는 기술, SW : 소프트웨어

가'하였다(각각 1.0~5.5%p, 0~1.5%p, 0~0.3%p).

일본은 우주·항공·해양, 국방, 에너지·자원 등은 향상되었지만 나머지는 정체되었다. 그러나 일본의 기술수준은 평균 87.3으로 한국(80.1)과의 차이가 있으며, 기술격차도 한국과는 1.3년 차이가 난다.

[표 4-3] 11대 분야별 기술수준(%) 변동

11대 분야 (중점과학기술 수)	기술수준(%)									
	한국		중국		일본		EU		미국	
	'18	'20	'18	'20	'18	'20	'18	'20	'18	'20
건설·교통(11)	79.0	84.0	75.4	80.0	89.3	89.1	96.5	97.8	100.0	100.0
재난안전(4)	75.9	80.4	70.0	75.5	90.5	87.8	92.5	92.6	100.0	100.0
우주·항공·해양(7)	65.1	68.4	80.6	81.6	83.1	83.5	93.2	93.3	100.0	100.0
국방(3)	72.5	75.0	80.0	81.7	76.3	77.0	88.3	88.3	100.0	100.0
기계·제조(13)	78.0	80.7	73.7	77.6	90.8	90.3	100.0	100.0	98.6	98.9
소재·나노(5)	78.3	80.8	76.2	79.9	98.0	97.6	91.7	91.9	100.0	100.0
농림수산·식품(9)	79.8	81.4	75.3	78.6	88.9	88.4	99.3	99.7	100.0	100.0
생명·보건의료(21)	75.2	77.9	73.2	78.0	83.8	81.6	91.0	92.2	100.0	100.0
에너지·자원(18)	76.8	80.2	76.8	81.6	90.6	91.0	96.7	98.2	100.0	100.0
환경·기상(12)	76.6	81.1	71.4	75.5	90.1	90.0	98.7	99.2	100.0	100.0
ICT·SW(17)	80.2	83.0	82.0	85.7	84.9	84.3	89.8	90.9	100.0	100.0
전체	76.9	80.1	76.0	80.0	87.9	87.3	94.8	95.6	100.0	100.0

자료 : 과학기술정보통신부 보도자료(2021.3.12.).

[표 4-4] 11대 분야별 기술격차(년) 변동

11대 분야 (중점과학기술 수)	기술격차(년)									
	한국		중국		일본		EU		미국	
	'18	'20	'18	'20	'18	'20	'18	'20	'18	'20
건설·교통(11)	3.1	2.6	3.8	3.2	1.4	1.6	0.2	0.1	0.0	0.0
재난안전(4)	3.4	2.9	4.3	3.3	1.1	1.8	1.1	0.9	0.0	0.0
우주·항공·해양(7)	8.4	8.6	5.3	5.1	4.1	3.9	1.6	1.8	0.0	0.0
국방(3)	6.7	5.5	4.3	3.8	5.6	4.7	2.5	2.3	0.0	0.0
기계·제조(13)	3.4	2.8	4.2	3.1	1.2	1.4	0.0	0.0	0.1	0.2
소재·나노(5)	3.0	2.5	3.7	3.2	0.4	0.6	1.1	1.1	0.0	0.0
농림수산·식품(9)	4.0	3.2	4.3	3.6	1.8	2.1	0.1	-0.1	0.0	0.0
생명·보건의료(21)	3.5	3.1	3.7	3.0	2.2	2.4	1.2	1.1	0.0	0.0
에너지·자원(18)	4.0	3.7	3.9	3.5	1.8	1.9	0.3	0.3	0.0	0.0
환경·기상(12)	4.1	3.7	4.9	4.6	1.9	2.0	0.3	0.3	0.0	0.0
ICT·SW(17)	2.1	1.9	1.9	1.6	1.5	1.6	1.0	1.1	0.0	0.0
전체	3.8	3.3	3.8	3.3	1.9	2.0	0.7	0.7	0.0	0.0

자료 : 과학기술정보통신부 보도자료(2021.3.12)

한편 한국과학기술기획평가원에 따르면, [표 4-5]와 같이 우리나라는 논문 증가율과 특허 증가율은 중국에 이어 2위를 유지하고 있어 매우 빠른 속도로 기술개발이 일어나고 있는 모습을 보이고 있다. 하지만 특허와 논문 영향력은 모두 미국 절반 수준에 머무르고 있어 양적 성장은 활발하지만 질적 성장은 아직 부족하다는 것을 알 수 있다. 또한 주요 4개국 특허 점유율에서 한국은 EU와 미국의 1/4 수준이며 청구항 9) 역시 미국의 절반에 머무르고 있

---

9) 청구항이란 특허출원인이 특허출원서에 자신의 발명에 대하여 보호를 받기를 원하는 사항을 기재한 것을 말한다(특허법제42조 제4항). 청구항은 발명의 구성에 없어서는 안되는 구성요

어 질적인 면에서 아직 많은 한계가 있음을 보여 준다.

[표 4-5] 국가별 연구 활동력 및 기술력 분석

구분		한국	중국	일본	EU	미국
활동력	논문 점유율	4.5%	21.9%	6.0%	38.2%	29.4%
	논문 증가율	107.8%	138.3%	36.2%	70.8%	35.2%
	특허 점유율	15.1%	46.2%	16.8%	6.6%	15.2%
	특허 증가율	34.7%	277.1%	-12.7%	9.7%	29.2%
	해외 출원도	0.9	0.1	1.7	5.5	4.1
기술력	논문 영향력	10.7	8.6	10.8	15.8	20.1
	특허 영향력	6.1	3.5	5.8	6.2	11.6
	IP4 10) 점유율	6.6%	0.6%	9.9%	24.8%	21.8%
	연구주체 다양도	0.88	0.93	0.89	0.98	0.94
	특허 청구항수	5.1	2.6	4.3	7.6	10.2

자료 : 한국과학기술기획평가원(2019), 2018 기술수준평가.

소나 단계로 이루어진다. 특허출원서에 청구항을 기재할 것을 요구하는 이유는 특허를 받을 수 있는 발명 즉 특허대상을 특정하기 위한 것이다. 특허대상을 특정하기 위하여 특허법에는 청구항에서 발명을 명확하고 간결하게 기재할 것을 요구한다. 그 이유는 첫째 특허침해를 구성하는 행위가 무엇인지를 분명하게 하여 침해행위자에게 경고를 하고, 둘째 청구항에 기재된 발명에 대한 특허심사를 쉽도록 하여 주기 위한 것이다. 특허출원된 발명이 특허법이 요구하는 청구항의 특정성의 요건 즉 특허대상을 특정하지 못하는 경우에는 특허의 발급이 거절되고 이미 발급된 특허라고 하더라도 무효가 될 수도 있다. 결국 청구항은 발명의 공식적 개념정의이며 특허라는 독점권이 가지는 권리범위를 설정한다. 신규성이나 진보성 또는 산업상 이용가능성은 바로 이 청구항에 의하여 주장된 바를 가지고 판단하며 특허침해행위의 성립여부도 바로 이 청구항의 권리범위가 어느 정도이냐에 달려있다. 선진국일수록 자신의 기술을 다른 나라에서 쉽게 사용하지 못하도록 청구항 수를 늘린다.

10) IP4란 한국, 미국, 일본, EU, 중국 중 4개국 출원을 뜻한다.

•• 한국 기술무역수지는 '만년적자'

　기술무역이란, 특허 및 사용료, 발명, 노하우의 전수, 기술자문, 컨설팅, 연구개발 서비스 등을 국가 간 거래하는 지적재산권을 말한다.
　한국은 선진국을 모방한 추격형 전략으로 중위기술에 도달하였지만, 기술무역수지는 매년 40억 달러 수준(4~5조 원)의 적자를 기록하여, 1997~2019년 동안 누적적자가 882억 달러에 이른다[그림 4-14].

[그림 4-14] 우리나라의 기술무역 추이

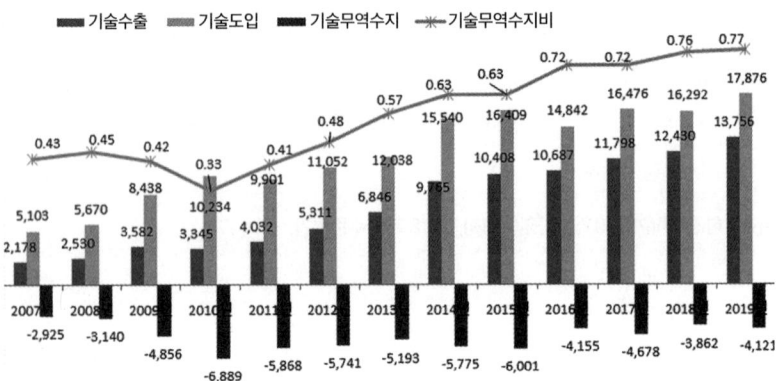

자료 : 통계청, 과학기술정보통신부 보도자료(2020.12.22.).

　한국은 최근 기술수출이 늘어나 기술무역 적자 폭이 조금씩 감소하고 있으나, 여전히 기술무역수지비 11)가 2019년 0.77로 선진국 기준인 1을 넘어서지 못하고 있다. 한국은 매뉴얼을 보고 시공하는 실행단계는 강하지만, 최초

---

11) 기술무역수지비 = 기술수출/기술도입. 기술무역수지비가 1이상이면 흑자이다.

로 밑그림을 설계하는 개념설계 영역이 취약하여, 로열티를 주고 관련 기술을 수입하고 있다.

기관유형별 기술무역 현황을 보면, [표 4-6]에서 중소기업과 중견기업은 기술무역수지비가 0.94로 적자폭이 낮은데, 대기업은 0.64로 적자폭이 높다. 실제 2019년 기술무역수지가 -41억 달러인데, 이중 대기업이 -37억 달러를 기록하고 있다. 나머지 기관들은 기술무역 규모 자체가 작다. 중소·중견기업들은 대기업에 종속되어 독자기술이 별로 없고 대기업의 설계도면대로 생산하여 납품하는 경우가 많다. 이러한 가운데 핵심기술 보유는 대기업의 관할권이므로 기술수입 비중도 대기업이 높은 것으로 추정된다.

[표 4-6] 기관유형별 기술무역 현황(2019년) (단위: 백만 달러, %)

기술무역 기관유형		기술수출		기술도입		기술무역 규모		기술무역 수지	
		금액	구성비	금액	구성비	금액	구성비	금액	수지비
전체		13,756	100.0	17,876	100.0	31,632	100.0	-4,121	0.77
기업	대기업	6,424	46.7	10,116	56.6	16,540	52.3	-3,692	0.64
	중견기업	3,472	25.2	3,707	20.7	7,179	22.7	-235	0.94
	중소기업	3,679	26.7	3,918	21.9	7,597	24.0	-239	0.94
	소계	13,576	98.7	17,741	99.2	31,317	99.0	-4,166	0.77
공공기관		119	0.9	76	0.4	195	0.6	43	1.56
교육기관		16	0.1	11	0.1	26	0.1	5	1.47
비영리기관		46	0.3	49	0.3	94	0.3	-3	0.94

자료 : 과학기술정보통신부 보도자료, 2020.12.22.

한국 기업들은 정답이 있는 객관식 문제에는 강하지만, 문제의 근원과 기본 개념을 묻는 주관식 문제에는 약하다. 이는 단기성과에 급급하고 실패를

용납하지 않는 기업 문화에서 기인한다. 창조적 기술 역량을 높이기 위해서는 시행착오를 통해 장기간 축적된 암묵지와 같은 능력, 맨바닥에서 최초 설계를 할 수 있는 문제해결 능력이 필요하며 이를 위해서는 사람에 대한 투자를 강화해야 한다. 핵심기술을 해외에 맡기게 되면, 설계를 담당한 나라의 기업에서 공급하는 자재와 장비를 쓰도록 개념설계가 작성되어 있어 소재·부품·장비까지 계속 수입하게 된다.

글로벌 공급사슬을 보면, 크게 미국이 설계와 기획, 독일·일본이 부품·소재와 공작기계, 한국·대만이 범용 중간재 생산, 중국이 최종 조립을 맡는 기술 분업구조가 형성되어 있음을 알 수 있다. 한국은 산업화시대에 소재·부품·장비를 선진국에서 수입하여 조립 후 중간재 또는 최종재를 수출해 왔고, 디지털시대에는 해외에서 지적재산권을 라이선스하여 제품과 서비스를 국내외 시장에 공급하고 있다. 주로 소재·부품·장비는 일본과 독일에, 소프트웨어는 미국에 의존하고 있다. 한국이 2001년 부품·소재 전문기업육성법을 제정한 후, 소재·부품·장비 산업은 2001년 240조 원에서 2017년 786조 원으로 생산이 3배 늘었고, 동기간 수출은 5배가 되었으며 무역수지도 흑자로 전환하는 등 외형은 크게 성장하였다. 그러나 이면에는 여전히 낮은 기술자립도, 만성적 대일 무역적자 등의 구조적 취약성이 존재한다.

소재·부품·장비의 대일 의존도를 보면 2018년 대일 전체 무역적자 241억 달러 중 소재·부품·장비에서의 적자가 224억 달러로 대부분을 차지한다. 이러한 결과, 주요 산업의 중간투입에서 국산화율이, 제조업 전체는 54%이며, 수출주도 산업인 반도체는 27%, 디스플레이는 45%로 매우 낮다.

정만태 산업연구원 선임연구위원 12)은 성장산업에서조차 국산투입 비율이 낮고, 대외의존도가 높은 것은 대량생산기반 제품구조와 주요 소재·부품·장비를 해외에 의존하는 산업구조의 취약성에 기인한다고 지적한다. 한마디로 그간 해외공급망에 치중했고 기술자립 노력이 미흡했다고 것이다.

한국은 기술무역수지에서 특히 전기·전자기술 분야의 적자 폭이 가장 크다. [표 4-7]를 보면, 총 41억 2천억 달러 기술무역 적자 중 전기전자분야 적자가 40억 9천억 달러로 대부분을 차지하고 있는데, 이 부분은 미국이 주도하고 있다. 한국이 전기전자, 정보통신 분야에서 하드웨어 인프라는 잘 갖추어져 있지만, 원천기술과 소프트웨어 핵심기술은 주로 미국에서 수입하고 있다. 이외에 농림수산, 섬유, 화학, 소재 등 분야의 기술무역에서도 수입의존도가 높은 것으로 평가돼, 기초과학이 상대적으로 열악하다는 것을 알 수 있다.

[표 4-7] 산업별 기술무역 현황(2019년)

(단위: 백만달러, %)

기술무역 산업분야	기술수출		기술도입		기술무역규모		기술무역수지	
	금액	구성비	금액	구성비	금액	구성비	금액	수지비
전체	13,756	100.0	17,876	100.0	31,632	100.0	-4,121	0.77
농림수산	34	0.2	170	1.0	204	0.6	-137	0.20
섬유	76	0.6	301	1.7	378	1.2	-225	0.25
화학	506	3.7	898	5.0	1,404	4.4	-392	0.56
소재	13	0.1	284	1.6	297	0.9	-271	0.05
기계	1,626	11.8	1,670	9.3	3,297	10.4	-44	0.97
전기/전자	4,071	29.6	8,167	45.5	12,237	38.7	-4,096	0.50

---

12) 정만태, '소재·부품·장비 산업의 4대 강국 단상', 기계설비신문((2020.09.04)

기술무역 산업분야	기술수출		기술도입		기술무역규모		기술무역수지	
	금액	구성비	금액	구성비	금액	구성비	금액	수지비
건설	162	1.2	68	0.4	230	0.7	94	2.37
정보/통신	5,957	43.3	5,100	28.5	11,057	35.0	858	1.17
기술서비스	854	6.2	447	2.5	1,300	4.1	407	1.91
기타	457	3.3	771	4.3	1,228	3.9	-314	0.59

자료 : 과학기술정보통신부 보도자료, 2020.12.22.

최근 10년간 우리나라의 기술무역수지비는 증가하는 추세를 보이고 있지만 0.77로 여전히 적자상태다. 반면 기술 선진국인 미국은 1.47, 일본은 6.55, 독일은 1.34로 1보다 커서 기술을 수출하고 있다. 이것은 우리의 과학기술 자립도가 낮다는 의미로, 과학기술분야 성과가 산업 수요를 충족시키지 못하고 외국에 의존하고 있다고 볼 수 있다.

[표 4-8]를 보면, 한국은 선진국에 대해서 기술무역 적자이며, 개도국에 대해서는 기술무역 흑자를 기록하고 있다. 특히 미국에 대한 기술무역수지가 -46억 달러로 전체 기술무역수지 -41억 달러보다 크다. 반면 베트남, 중국, 인도 등 개도국에 대한 기술무역 흑자가 늘어나 전체 적자 폭은 감소되고 있다.

[표 4-8] 한국의 국가별 기술무역 현황(2019년) (단위: 백만달러, %)

순위	국가	기술수출			기술도입			기술무역규모	무역수지	무역수지비
		금액	기업수	계약건수	금액	기업수	계약건수			
1	미국	2,592 (18.8)	1,468 (16.9)	9,041 (21.7)	7,188 (40.2)	1,830 (23.0)	9,072 (28.3)	9,780 (30.7)	-4,596	0.36

순위	국가	기술수출			기술도입			기술무역규모	무역수지	무역수지비
		금액	기업수	계약건수	금액	기업수	계약건수			
2	싱가포르	1,516 (11.0)	1,023 (11.8)	4,444 (10.7)	2,327 (13.0)	325 (4.1)	1,141 (3.6)	3,843 (12.1)	-811	0.65
3	중국	2,565 (18.6)	831 (9.6)	4,073 (9.8)	1,050 (5.9)	706 (8.9)	3,240 (10.1)	3,615 (11.4)	1,515	2.44
4	베트남	2,386 (17.3)	307 (3.5)	1,066 (2.6)	31 (0.2)	182 (2.3)	752 (2.3)	2,417 (7.6)	2,355	76.43
5	영국	1,271 (9.2)	723 (8.3)	4,089 (9.8)	958 (5.4)	533 (6.7)	2,121 (6.6)	2,228 (7.0)	313	1.33
6	일본	564 (4.1)	1,036 (11.9)	5,217 (12.5)	1,296 (7.3)	883 (11.1)	4,012 (12.5)	1,860 (5.9)	-732	0.44
7	인도	522 (3.8)	141 (1.6)	560 (1.3)	473 (2.6)	132 (1.7)	516 (1.6)	995 (3.1)	49	1.10
8	아일랜드	94 (0.7)	153 (1.8)	838 (2.0)	877 (4.9)	108 (1.4)	486 (1.5)	971 (3.1)	-784	0.11
9	독일	166 (1.2)	236 (2.7)	1,285 (3.1)	637 (3.6)	426 (5.3)	1,696 (5.3)	802 (2.5)	-471	0.26
10	네덜란드	164 (1.2)	82 (0.9)	372 (0.9)	339 (1.9)	166 (2.1)	698 (2.2)	503 (1.6)	-175	0.48
	기타국가	1,917	2,679	10,653	2,700	2,682	8,288	4,618	-783	0.71
	전체	13,756 (100)	8,679 (100)	41,638 (100)	17,876 (100)	7,973 (100)	32,022 (100)	31,632 (100)	-4,121	0.77

자료 : 과학기술정보통신부 보도자료, 2020.12.22.

한국의 재벌 대기업들이 외국자본에 매년 약 4~5조 원의 지적재산권 사용료와 약 20조 원의 고배당을 지불하면서도 성장할 수 있는 비결은 '세제 혜택', '환율 조정', '연구개발 지원 및 인프라 구축', '정책금융과 규제완화', '공기업 민영화' 등의 국가적 지원이 있고, 중소 납품업체와 비정규직 사용 등으로 생산 비용을 줄일 수 있기 때문이다. '독과점 시장', '부품단가 후려치기', '비정규직 사용과 장시간 노동', '기계설비 위주 대량생산체제와 단순노동' 등으로 비용을 줄이게 되면, 수출 기업은 저가 수출로도 경쟁력을 유지할 수 있다.

•• '한국, 반도체 생산 세계 1위'라는 언론보도는 사실일까?

우리나라 국민들이 알고 있는 상식과는 다르게, 한국은 세계 1위 반도체 생산 국가가 아니다.

반도체에는 시스템반도체(비메모리반도체)와 메모리반도체 두 종류가 있는데, 시스템반도체는 연산·제어 등의 정보처리 기능을 하며, 메모리반도체는 데이터를 기록·저장하는 역할을 한다. 시스템반도체는 CPU(컴퓨터 중앙처리장치), AP(모바일 중앙처리장치), MCU(자동차 전장시스템을 제어), 이미지센서 등으로 회로설계 등 고도의 정밀기술이 필요한 차세대 성장 동력으로 시장 규모가 2019년 250조 원에서 2025년 약 374조 원으로 매년 연평균 7.6%씩 성장하고 있다 13).

메모리반도체는 휘발성 메모리인 램과 비휘발성 메모리인 롬(낸드플레시)이 있는데 특별한 설계가 필요하지 않고 대규모 설비투자만 있으면 생산할

---

13) 한국수출입은행 해외경제연구소, '시스템반도체산업 현황 및 전망', 2020.12.28

수 있다. DRAM과 NAND는 한국(삼성전자와 SK하이닉스)이 세계 매출의 절반 정도를 생산하고 있다.

[그림 4-15] 세계 시스템반도체 점유율(%)

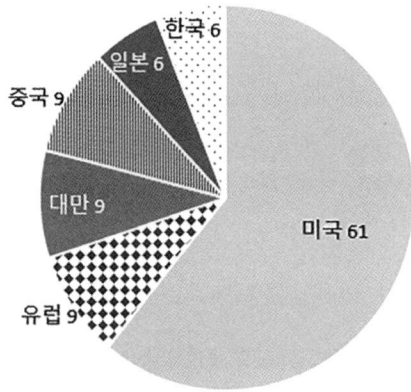

자료 : 미국반도체산업협회.

 시스템반도체는 다시 팹리스(설계 전문기업)와 파운드리(위탁생산)로 구분된다. 팹리스는 'CPU를 만드는 미국의 인텔', '스마트폰 반도체 칩을 설계하는 미국의 퀄컴과 애플', '반도체 칩 안에 안정적으로 회로를 구현하는 설계를 담당하는 영국의 ARM' 등이 주도하고 있다. 한국의 팹리스 경쟁력은 미국, 일본, 유럽은 고사하고 중국에도 뒤진다.
 팹리스의 설계도를 가지고 반도체를 위탁생산하는 업체가 파운드리다. 2021년 4월 반도체 시장조사업체인 IC인사이츠에 따르면 2020년 세계 반도체 시장은 약 502조 원 규모인데, 이 중 메모리 시장은 33%이고, 시스템 시장은 66%이다.
 세계 반도체 시장 총 점유율을 보면, 한국은 21%로 미국(55%)에 이어 세계에서 두 번째로 높다. 한국은 종합반도체 기업(IDM)의 비중이 높은 편이나, 설계기업인 팹리스 비중은 글로벌시장의 1%를 차지하는 데 그쳤다[표 4-9].

[표 4-9] 세계 반도체 회사 2020년 시장점유율(%)

구분	미국	한국	대만	유럽	일본	중국
종합반도체 14)	50	30	2	9	8	1
팹리스	64	1	18	1	1	15
총 점유율	55	21	7	6	6	5

자료 : IC 인사이츠(2021).

한국수출입은행 해외경제연구소에 따르면, 한국의 시스템반도체 세계시장 점유율은 10년간 정체 상태다. 1980년대 반도체 산업 초기에 기업들이 당장 성과가 나오는 메모리 쪽으로 양적 팽창에 치우친 결과 투자비용이 많이 들고 시간도 오래 걸리는 비메모리 쪽은 등한시한 결과로 분석된다. 그나마 파운드리 사업에서는 삼성전자(점유율 17%)가 2030년까지 130조 원을 투자하겠다는 전략으로 글로벌 업계 2위인 대만의 TSMC(점유율 54%)를 쫓아가고 있다.

따라서 한국 언론에서 반도체 생산 세계 1위라는 보도는 엄밀히 볼 때 거짓이다. 한국은 고부가가치 산업인 시스템반도체에서 한자리 수 점유율에

---

14) 반도체 회사는 크게 종합반도체(IMD, Iitegrated Device Manufacturer), 파운드리, 팹리스로 구분할 수 있다. 종합반도체 회사는 반도체 설계기술과 생산설비 모두 가진 회사를 의미하는데, 한국은 삼성전자, SK하이닉스, 매그나칩이 있다. 해외업체로는 인텔, 마이크론, 텍사스 인스투르먼트, 웨스턴 디지털, NXT반도체 등이 있다. 한편 반도체 설계 회사인 팹리스는 퀄컴, 애플, ARM, Nvidia 등이 있다.

머물러 있다. 한국은 메모리반도체 세계 1위라고 해야 정확한 표현이다. 시스템반도체 또는 반도체(전체) 세계 1위라고 할 수 있는 나라는 미국이며, 대표적인 업체는 인텔, 애플, ARM 등이다.

한국은 미국, 일본, 독일, 네덜란드 등에서 반도체 장비를 수입하고, 반도체 소재인 실리콘, 불화수소 등은 일본에서 수입하여 생산한다. 또한, 주로 팹리스 기업의 설계에 따라 위탁생산을 하므로 대량생산이 아니면 수지가 맞지 않는다 15). 따라서 수출을 많이 할수록 지적재산권 사용료 지불(퀄컴 등 시스템반도체 업체)과 소재·부품·장비 수입도 그만큼 늘어나는 대외의존형 생산구조를 갖고 있다. 2021년 품귀 상태인 차량반도체(시스템반도체)를 생산하지 못하는 것도 위와 같은 이유이다.

최근 미국은 디지털 산업의 꽃인 반도체 기술의 중국 이전을 막기 위해서 자국 중심 반도체 생산체제를 구축하고 있다. 반도체 생산기지가 한국, 대만, 중국 등 동아시아에 집중되어 지정학적 불안감을 느끼고, 반도체 설계뿐만 아니라 제조까지 미국이 직접 장악하겠다는 의도다. 나아가 미국은 세계 주요 반도체 제조 기업에 재고량, 생산능력, 상품공급 주기, 주 거래처 등 26개의 핵심정보 제출을 요구하고, 이를 거부하면 국방물자 생산법을 발동하여 수입을 통제하겠다고 압박하였다. 미국의 압박에 따라 자주권이 없는 한국(삼성전자, SK하이닉스)은 회사의 핵심 정보를 제공하였고, 거대한 이익을 보고 있는 중국과의 반도체 거래 및 투자를 축소하고 미국에 대규모 반도체 생산공장 투자를 결정하였다.

---

15) 한국은 거대한 자본을 투입하여 대형설비를 구축하고 위탁생산을 하므로 대량생산체계가 적합하다. 메모리반도체 중심이므로 자동차 생산 5위 국가이지만 차량용 시스템반도체는 생산하기는 어렵다.

•• 전기차와 자율주행 기술을 수입하는 현대자동차

현대차의 기계 관련 기술은 세계 정상급인데, 2000년대 초에 국산 엔진 제조기술을 확보하고 일본 미쓰비스와 기술협력 관계를 청산하였다. 2010년대 초에는 국산 변속기 제조기술을 확보하고 일본 아이신과 기술관계를 청산하였다.

현대차는 1990년대에 플랫폼 독자설계 이후 자동차 3대 기술인 섀시(차의 몸체를 뺀 나머지 부분), 엔진, 변속기를 모두 국산화하여 2012년에 영업이익률 10.2%를 기록하였다.

하지만 이는 모두 기계제어 방식인데, 이후 엔진과 변속기가 빠르게 전자제어로 넘어가면서 엔진은 보쉬, 변속기는 ZF 등 독일 기술을 도입하였다. 현재도 엔진 ECU(Electronic Control Unit, 전자제어장치)과 오일펌프 주요 부품은 보쉬에서, 변속기 ECU 등은 ZF에서 수입하고 있으며, 네비게이션은 구글의 기술로 LG가 생산한 제품을 사용하고 있다.

ADAS(Advanced Driver Assistance Systems, 지능형운전자보조시스템)의 핵심부품인 거리감지센서는 독일 헬라, 오디오는 영국 메리디안, 배기가스 제어는 프랑스 포레시아 등의 부품을 도입하여 생산한다. 최근 현대자동차의 3년간 영업이익률이 1~3% 수준으로 떨어진 이유 중 하나가 전장 부품의 외부 도입이 매년 5,000억 원 정도씩 늘어가고 있기 때문이다. 2018년 영업이익이 1.2%였다가 2019년, 2020년 조금 오른 이유는 제네시스, 그랜저, 팰리세이드 등 고급차가 많이 팔렸기 때문이다.

생산도 기존에는 자동화설비 및 로봇은 현대위아, 현대중공업, LS산전 등에서 장비를 구입했으나, 3~4년 전부터는 고품질을 유지하기 위해 스위스 ABB, 독일 KUKA(중국 인수), 덴마크 UR(유니버셜 로봇), 일본 화낙과 야스가와 쪽으로 도입선을 바꾸고 있다. 참고로 현대위아에서 생산되는 설비 상당수에 일본 화낙과 야스가와의 모터가 사용된다.

LG, 삼성, SK, 포스코 등은 배터리, 통신, 모터, 센서, 소재 등 전기자동차 기술력이 상당히 축적된 상태이지만, 국내 자동차 부품업체들 중 전장품을 납품할 수 있는 업체는 얼마 되지 않는다. 16) 실제 현대차 납품업체 4,700개 중 전장품을 납품하는 회사는 190여 개로, 자율주행이나 전동화가 본격화되면 다수 업체의 몰락이 예상된다.

또한 자율주행 기술은 미국의 앱티브, 전기차 플랫폼은 영국 카누, 모빌리티는 싱가포르 그랩, 네비게이션 맵은 구글 등과 기술제휴를 하고 있어, 현대자동차의 차세대 모델 부품의 대부분은 해외에서 도입하고 있다. 국내에서는 전기전자업체에서 일부 공급할 수 있으나, 현재의 부품 납품체계 내에서 조달하기는 어려운 수준이다 17).

•• 설계 기술이 취약한 조선해양

해사안전, 해상보안, 선박운항과 관련된 해양환경보호 등의 국제 해사 업무는 영국을 비롯한 유럽국가들이 15세기 대항해시대부터 글로벌 헤게모니

---

16) 한국지엠, 르노삼성, 쌍용차 등 외투기업 완성차와 그 부품사들은 모두 내연기관 생산이라 전기차 시대에 생존할 수 없으며, 현대·기아차 부품사들도 1/3이 몰락할 수 있다.
17) 백승렬, '한국 기술의 대외의존성에 대한 근본적 원인분석', 한국경제연구세미나(2020. 12. 30), 전국서비스산업노동조합연맹.

를 장악하여 왔다.

　해사 분야 규범과 제도 설계 및 분쟁 조정자는 주로 영국이고, 글로벌 해운업은 덴마크, 스위스, 그리스 소속 해운사들이 주도하고 있다.

　세계적인 설계기업, 선급회사, 보험사도 대부분 유럽국가 소속이다. 배를 만들 때는 국제 선급회사들이 안전성과 법규를 잘 지켜 설계했는지를 확인하고 운행허가를 해 주는데, 이 회사들은 대부분 제국주의 시대부터 해상무역을 장악해 온 영국, 네덜란드 소속으로 텃세가 세다. 세월호 진상규명 시에도 사고원인을 조사한 기관은 네덜란드의 선박 기초설계를 하는 회사였다. 자동차는 도면을 한 번 승인받으면 수백만 대까지 생산할 수 있으나, 선박의 경우 한 개의 도면으로 보통 한 척, 많아야 서너 척을 건조할 수 있다.

　선박의 가치도 선급회사가 평가를 하고, 이것이 보험료 산정의 기준이 되는데, 주요 해상보험이나 화재보험 기업도 영국과 네덜란드 소속업체들이다.

　선박 건조 기술도 프랑스 GTT가 화물창 특허를 보유하고 있고, 선박 추진엔진 기술은 덴마크와 핀란드가 세계 1위이다.

　이와 같이 유럽은 선박 관련 원천기술을 많이 가지고 있어, 직접 선박을 건조하기보다는 전문인력을 통하여 기술과 용역을 제공하고 높은 기술 수수료를 받는다.

　한국은 선박 건조에서 세계 1위이나 해사 부문에서는 전혀 영향력이 없고, 건조에서도 가장 고부가가치 기술인 설계 역량이 취약하다.

　조선업 설계에는 기본설계, 구조설계, 의장설계가 있는데, 의장설계는 우리나라가 높은 수준이며 기본설계와 구조설계는 중형선박까지는 한국이 직접 담당하고 있다. 그러나 수출용 대형선박 설계는 모두 외국업체에 의뢰하여 로열티를 제공하고 있다.

먼저 한국은 해양플랜트에서 개념설계 역량이 취약하여 커다란 손실을 보았다. 조선 3사는 해양플랜트를 상선 이후 성장 동력으로 보고, 저가 경쟁으로 대규모 수주를 유치하였다. 그러나 기본설계 등 엔지니어 역량이 부족하여 2015년 거액의 배상금을 물고 수 조원의 적자를 보았다. 발주사의 기본설계 변경으로 생산설계 변경 및 공기 지연으로 이어졌다. 결국 선박 인도 기일이 늦어지게 되었는데 당시 유가가 폭락하자, 발주사들은 인도 지연을 이유로 계약을 취소하였다.

다음으로 한국은 LNG운반선의 핵심인 화물창 설계 기술이 없어 해외기업에 로열티로 선가의 5%를 지불하고 있다.

LNG 화물창은 액화천연가스(LNG)를 영하 160도로 유지·보관하는 저장창고인데, 내부 온도가 조금만 올라가도 가스가 급격히 팽창, 폭발할 수 있어 정교한 설계 기술이 필요하다. 현재 국내 모든 LNG선 화물창은 프랑스 GTT의 설계로 건조된다. 2,000억 원인 LNG운반선 한 척을 건조할 때마다 GTT사에 100억 원의 로열티를 내야 한다. 2005년부터 2020년까지 국내 조선사가 GTT에 지급한 로열티만 4조 원이 넘는다.

조선업계 관계자는 "LNG선 화물창 기술사용료는 선박 엔진 가격(뱃값의 5%)이나 재료비·인건비 등을 제외한 LNG선 건조이익(100억~140억 원)과 비슷하다"며 "결국 외국기업(GTT)에 좋은 일만 시켜주는 셈"이라고 말한다. 2021년 한국 조선사들도 화물창 기술을 개발하였으나 아직 상용화까지는 길이 멀다. 실제 건조에 적용되어야 기술적 안전성이 입증될 수 있다.

또한 한국 조선사들은 5천억 원에서 1조 원에 이르는 고부가가치 선박인 크루즈선(초호화 여객선)을 만들지 못하고 있다.

한국이 부진한 이유는 크루즈선이 '선박+호텔·레저' 개념으로 승객의 편의성을 최우선으로 하고 있어 기본적인 설계가 선박 및 해양시설과 차이가 크기 때문이다. 호텔의 기능을 갖는 상부시설과 선박의 기능을 갖는 하부선체의 기능적 연결이 크루즈선의 가장 중요한 설계 개념이다. 여기서 소음, 진동, 구명 등의 핵심기술이 필요하며, 인테리어와 디자인 역량, 고급 자재 등도 확보해야 한다.

한국 조선사들은 크루즈선의 뼈대와 몸통을 만드는 건조 기술 능력은 충분하지만 설계 역량이 부족하고, 고급 인테리어 장식재를 공급해 줄 업체가 국내에 없어 기자재를 100% 해외에서 사와야 한다. 이런 부분에 로열티를 지불하다 보면 원가 부담 등으로 이해타산이 맞지 않아 크루즈선 제작은 기피 대상이 되고 있다.

•• 철광석과 무연탄을 모두 수입하는 포스코

철강산업은 산업혁명 이후 국가 기간산업으로 자리 잡았고, 제철 생산능력은 국력을 가늠하는 척도가 되어 왔다.

한국은 중화학공업 육성을 위해, 1968년부터 1992년까지 2,205억 원을 출자하여 포항제철을 준공하였다. 정부는 대일청구권 자금을 전용하고 일본으로부터 차관과 기술을 제공받았는데, 신일본제철이 기술용역으로 400명의 엔지니어를 파견했고 전기로 설비를 지원하였다.

포항제철은 포항에 이어 1992년 광양 제4기 설비확장 사업을 완공하여 조강 자급률을 높였다.

그러나 민간부문이 정부부문보다 효율적이라는 공기업 민영화·시장화 정책으로, 정부 보유지분 27%를 내외국인에게 매각하는 방식으로 2000년 민영화되었다.

현재 포스코의 포항 및 광양 제철소는 세계 최고의 철강 생산능력을 보유하고 있다. 한국은 제철소 내의 제선, 제강 설비 등의 핵심기술에서 빠르게 국산화를 이루어 가고 있지만 아직도 상당수는 일본과 독일 기술을 사용하고 있다.

먼저 핵심기술을 지멘스에서 수입하고 있다. 친환경 제조공업인 파이넥스 공법은 용광로를 사용하지 않는 제철방식으로 포스코에서 세계 최초로 성공하였으나 핵심기술은 모두 독일 지멘스에서 제공했다. 따라서 파이넥스 공법을 사용할 경우 지멘스에 기술사용료를 지급하고 관련 설비도 구입해야 한다.

다음으로 철광석, 연료 등에 소요되는 원부자재를 전량 수입하고 있다.

철광석과 무연탄은 호주, 러시아, 북한, 캐나다 등에서, 코발트와 리튬 등은 아프리카나 남미에서 전량 도입한다. 따라서 영업이익은 원부자재 수입가격과 합작 등으로 전 세계 원료시장을 과점하고 있는 광산업체들(주로 유럽기업)과의 관계에 따라 결정된다.

국내 철강기업들은 철광석, 원료탄(제철용 석탄), 철스크랩, 니켈 등 철강 생산에 필요한 주원료 조달을 대부분 수입에 의존하고 있다. 철스크랩의 경우 그나마 국내 조달 비중이 절반을 웃돌고 있으나 나머지 원료들은 해외에서 조달한다. 국제 원료 공급시장은 생산기업들에 의해 가격과 물량이 주도되는 '셀러 마켓(Seller's Market)'이다. 철광석의 경우 발레(VALE), 리오틴토(Rio Tinto), 비에이치피 빌리톤(BHP Billiton) 등 상위 5개 광산업체들이 세계 공급시장의 약 70%를 점유하고 있다. 아직까지 철광석을 대체할 수 있는 자원이 지구상에 없기 때문에 광산업체들의 가격교섭력은 상대적으로 절대

우위에 놓일 수밖에 없다.

또 국내 철강기업들의 원료 수입은 대부분 달러로 결제하는 구조다. 이는 철강기업들이 광산업체들과 원료를 계약할 때 국제 원-달러 환율 변동 폭에 따라 당초 예상했던 수입가격이 변동할 수 있는 위험부담이 상존한다. 효율적이고 안정적인 원료 조달에 취약할 수밖에 없는 것이다 [18].

코로나 이후 경제회복에 대한 기대로 원자재 가격이 상승하여 13년 만에 최고치를 기록하였다. 이로 인해 수입액이 크게 늘어나 교역조건이 악화되고 있다.

한편 북한의 경우, 자립적 민족공업을 강조하면서 철강 원자재를 모두 국산화하고 있다. 김충걸 내각 금속공업상은 수입 원료인 코크스가 필요 없는 '주체철' 생산을 확대하겠다며 금속공업의 혁신을 예고했다. 주체철이란 용광로에 철광석과 무연탄가스를 투입하고 산소열법으로 선철을 생산하는 방식이다. 철 생산에는 연료로 코크스를 투입하는 것이 일반적인데 북한은 코크스 원료인 역청탄이 없으므로 석탄가스에 의한 압연강재 생산방식을 개발하였다. 2018년 9월 김책제철소에서 100% 자체 기술과 연료, 원료로 운영되는 주체철 생산공정을 확립하였다고 보도하였다 [19].

• • 한국 유가증권시장을 장악한 외국인투자자의 비중

2021년 9월말 현재 외국인 투자자의 주식 등 보유규모는 769.2조 원, 채권

---

[18] 팍스넷뉴스(2020.7.24)
[19] 사회적경제미디어(2021.3.21)

보유규모는 203.6조 원이다[표 4-10].

[표 4-10] 증권유형별 보유현황 (단위: 십억원)

구분	주식 등				채권	총계
	코스피	코스닥	기타	소계		
2021.9	724,858	41,125	3,196	769,179	203,614	972,793

자료: 금융감독원 외국인투자자 증권매매동향(2021.10).

유가증권 시장(코스피) 상장주식의 외국인 투자자 보유비중은 2021년 9월 말 32.5%로 2020년말 36.5%에서 4.0%p 감소하였다.

[표 4-11]에서 외국인 보유비중이 총주식수로는 17.9%에 불과한데, 시가총액 대비로는 32.5%나 되는 것은 그만큼 우량주를 집중적으로 보유하고 있다는 것을 말해준다.

[표 4-11] 유가증권시장 외국인투자자 보유비중 (단위: 십억원, 천주, %)

	시가총액	외국인	(%)	총주식수	외국인	(%)
'19년말	1,475,909	561,940	(38.1)	55,322,658	11,598,747	(21.0)
'20년말	1,980,543	722,206	(36.5)	56,609,043	10,753,402	(19.0)
'21.9월말	2,231,957	724,858	(32.5)	60,456,236	10,816,848	(17.9)

자료: 금융감독원 외국인투자자 증권매매동향(2021.10).

2021년 10월말 현재 국적별 투자 현황을 보면 미국이 40.6%로 가장 많다[표 4-12]. 조세회피처로 분류되는 룩셈부르크(6.9%), 싱가포르(5.8%), 아일랜드(4.5%), 네덜란드(3.0%), 케이맨제도(2.0%) 등은 '검은머리 외국인' 또는 '미국계 투기자본의 서식처'로 볼 수 있으므로, 외국인 투자금액의 절반 이상은 미국계 자본으로 추정된다.

유가증권시장 상장주식에 대한 외국인 투자자의 투자방법은 직접투자(경영에 실질적인 영향력을 행사하려는 목적)는 23.7조 원이며, 포트폴리오 투자(분산)는 674.7조 원이다(금융감독원).

[표 4-12] 국가별 상장주식 보유 현황

(단위: 십억원, %)

국적	'19년말	'20년말	'21.10월말	비중
미국	251,678	317,435	301,472	40.6
영국	47,876	61,007	64,239	8.7
룩셈부르크	38,479	52,113	51,486	6.9
싱가포르	34,069	40,916	42,967	5.8
아일랜드	22,391	33,248	33,458	4.5
네덜란드	18,003	25,007	22,383	3.0
캐나다	17,296	22,053	21,570	2.9
노르웨이	15,007	20,358	19,035	2.6
중국	12,534	17,665	16,433	2.2
일본	13,987	16,603	16,237	2.2
호주	14,482	17,255	15,337	2.1
스위스	9,162	14,303	14,614	2.0
케이맨제도	11,136	13,264	14,575	2.0
사우디	7,863	12,729	11,451	1.5
홍콩	8,012	11,506	10,972	1.5
쿠웨이트	4,982	7,880	8,787	1.2
스웨덴	4,761	7,357	7,635	1.0
기타	61,474	73,628	69,513	9.4
합계	593,191	764,329	742,166	100.0

자료 : 금융감독원 보도자료(2021.11).

[그림 4-16] 외국인 증권투자 현황

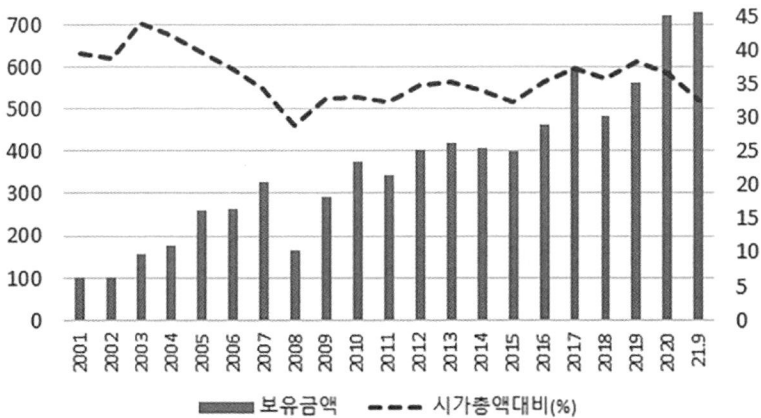

(단위: 조원, %)

자료 : 금융감독원 외국인 투자자 증권투자 현황 (각 년도).

   2021년 9월 기준으로 코스피에서 외국인들이 차지하는 비중은 32.5%이다. [그림 4-16]을 보면 외국인들은 1998년 외환위기 이후 주가가 바닥에 떨어진 우량기업들 지분을 대거 매수하여 외국인지분율이 40%에 달했다가, 2008년 금융위기 이후 대거 빠져나가 30%까지 낮아졌다. 2015년부터 다시 상승하여 2019년 38%대를 유지하다가 2020년 코로나 위기로 외국인 순매도가 지속되면서 35%까지 내려갔다. 코로나 경제위기 상황에서 경기부양과 양적완화 등으로 주식, 부동산 등에 거품이 많이 형성되었고 곧 금리인상이 예고되면서 2021년 하반기에는 외국인들이 빠져나가는 추세이다.

•• 국내 우량기업들에서 20조원을 배당 받는 외국인투자자들

　자본주의 사회에서 기업의 주인은 주주이며, 주주총회가 최고의결기구이다. 따라서 삼성전자, SK하이닉스, KT, 포스코, SK텔레콤, 시중은행 등 우량기업들의 주인은 주식 보유 합계 50%가 넘는 외국인투자자들이라고 할 수 있다.

　미국식 글로벌 스탠더드에서 기업은 주주의 이익실현을 최고 목적으로 경영된다. 코스피의 주가총액 2,500억 원 이상 종목에서, 외국인 지분 보유현황을 보면 [표 4-13]과 같다. 시가총액이 클수록 외국인 지분율이 높은데, 상위 40대 우량기업들의 외국인 지분율은 대부분 30%를 넘어선다 20).

[표 4-13] 종목별 외국인 유가증권 보유현황 (단위: %, 억원)

순위	종목명	외국인 지분율	시가 총액	외국인 보유총액
1	삼성전자우	78.8	59,906	47,198
2	S-Oil	76.5	9,570	7,319
3	하나금융지주	67.3	11,124	7,485
4	KB금융	66.7	18,212	12,142
5	LG화학우	64.6	2,995	1,934
6	현대차2우B	61.1	3,722	2,273
7	코웨이	60.2	4,775	2,872
8	신한지주	59.0	17,022	10,049
9	NAVER	57.3	61,599	35,323
10	현대차우	56.9	2,533	1,441
11	에스원	56.0	3,154	1,768

---

20) 외국인투자자들은 흩어져 있고, 한국 기업 주식 5% 이상을 취득할 경우 투자 목적, 금액, 주체 등을 신고해야 한다.

순위	종목명	외국인 지분율	시가 총액	외국인 보유총액
12	삼성전자	54.9	492,507	270,498
13	POSCO	52.0	24,543	12,752
14	SK하이닉스	50.7	103,012	52,190
15	엔씨소프트	50.2	20,549	10,323
16	LG생활건강	45.7	23,630	10,806
17	더존비즈온	45.7	3,321	1,517
18	LG화학	44.9	58,662	26,361
19	삼성화재	44.1	8,196	3,612
20	삼성SDI	44.0	46,347	20,397
21	KT	42.8	6,789	2,903
22	오리온	42.5	5,080	2,159
23	한국타이어	41.3	5,903	2,439
24	DB손해보험	40.4	2,931	1,184
25	현대모비스	40.2	28,802	11,583
26	한솔케미칼	40.0	2,766	1,107
27	KT&G	39.8	10,750	4,277
28	SK텔레콤	36.2	19,985	7,232
29	LG	35.0	16,203	5,668
30	삼성전기	34.9	14,154	4,933
31	카카오	34.3	43,275	14,821
32	기아차	33.9	32,186	10,908
33	현대글로비스	32.8	7,238	2,373
34	아모레퍼시픽	32.6	13,709	4,463
35	BGF리테일	32.5	2,748	893
36	LG전자	32.0	23,974	7,667
37	한국금융지주	31.6	4,865	1,537
38	이마트	31.1	4,711	1,467
39	현대차	31.1	50,639	15,739
40	LG이노텍	30.9	4,710	1,453

자료 : 한국거래소(2021.2.28.)에서 재가공.

현재 외국인들은 포트폴리오 투자(분산)로 단기수익과 고배당을 선호하며, 인수합병과 지배구조개편 등 주주 이익에 관련되는 사항에는 미국계 헤지펀드 엘리엇매니지먼트(현대자동차 고배당 요구), 소버린(SK에서 5개 펀드가 2.99%씩 14.99%의 지분을 가지고 최대주주가 되어 경영권을 공격) 사태처럼 적극적으로 개입하기도 한다. 또한, 이들은 시장정보를 빠르게 파악하여 경기 변화에 따라 주식 매매차익으로 배당금보다 훨씬 많은 수익을 벌어가고 있다.

[그림 4-17] 외국인 증권에 대한 배당금 추이

(단위: 억원)

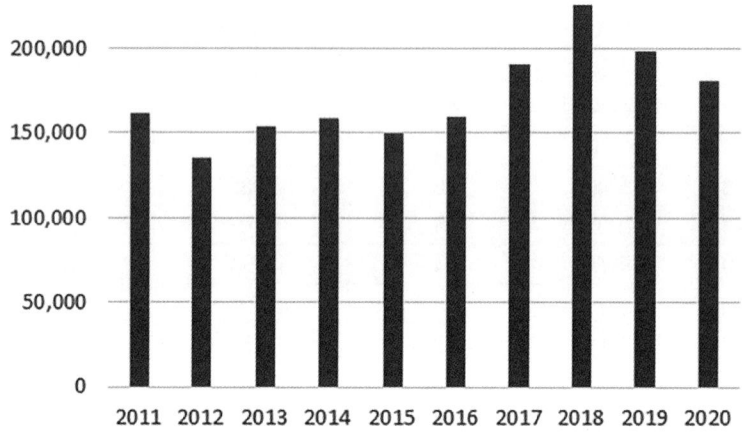

자료 : 한국은행 본원소득수지 각 연도.

한국은행 본원소득수지에서 외국인투자(직접투자+증권투자) 배당금 지급액을 보면 매년 약 20조 원에 이른다. 위 [그림 4-17]을 보면 2018년 약 22조 5,828억 원을 지급하였고, 2019년은 약 20조 원, 코로나 위기인 2020년은 약 18조 573억 원을 지급하였다.

[표 4-14]에서 주요 기업들의 배당금 현황을 보면 삼성전자(7조 7,426억 원), KB금융(4,811억 원), 신한금융(4,429억 원), SK하이닉스(4,234억 원), LG화학(4,017억 원) 순으로 높다. 유가증권시장은 외국인 주주 배당액 상위 10개사가 2019년 4조 5,917억 원(2020년은 12조 2,341억 원)을 배당했다. 2019년, 상위 10개사가 유가증권시장 외국인 배당총액(7조 8,963억 원)의 58.2%를 차지했고, 코스닥시장도 외국인 주주 배당액 상위 10개사가 916억 원을 배당하면서 코스닥시장 외국인 배당 총액(2,266억 원)의 40.4%를 기록했다.

[표 4-14] 코스피 외국인주주 배당금 상위 10대 기업 현황 (단위: 억 원)

순위	기업명(2018)	배당금	순위	기업명(2019)	배당금	순위	기업명(2020)	배당금
1	삼성전자	14,130	1	삼성전자	14,407	1	삼성전자	77,426
2	KB금융	5,337	2	KB금융	5,897	2	KB금융	4,811
3	SK하이닉스	5,245	3	신한금융	5,731	3	신한금융	4,429
4	신한금융	5,174	4	현대자동차	3,792	4	SK하이닉스	4,234
5	현대자동차	4,252	5	SK하이닉스	3,654	5	LG화학	4,017
6	하나금융	3,118	6	하나금융	3,189	6	포스코	3,225
7	SK텔레콤	2,995	7	KT&G	2,784	7	현대자동차	3,066
8	KT&G	2,855	8	SK텔레콤	2,655	8	하나금융	2,639
9	삼성화재보험	2,807	9	삼성화재보험	1,944	9	SK텔레콤	2,589
10	포스코	2,322	10	기아자동차	1,864	10	KT&G	2,370
합계		48,235	합계		45,917	합계		122,431

자료 : 한국예탁결제원, 한국거래소.

한편 한국씨티은행, 한국스탠다드차타드은행, 한국휴렛팩커드, 한국오라클, 구글코리아 등은 비상장 금융회사나 유한회사로 등록되어 배당금 실적이 파악되지 않은 경우도 많다.

한국 주식시장은 외국인들의 '현금인출기'

한국거래소와 금융감독원에 따르면, 코스피 지수는 1992년 624에서 2019년 2,197로 3.5배나 상승하였다. 유가증권시장에서 외국인이 보유한 주식의 시가총액 비중은 개방 첫해인 1992년 4.9%(4조 1,451억 원)에서 2019년 말 38.1%(561조 원)로 상승하여, 외국인은 국내 증시에서 가장 큰 손이며 절대강자가 되었다.

[그림 4-18] 증시개방 후 코스피와 외국인 수익

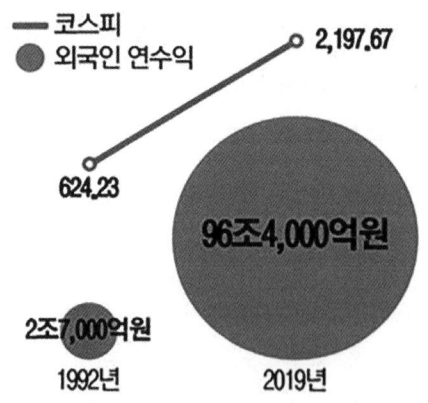

자료 : 한국거래소, 신영증권, 매일경제 재인용.

[그림 4-18]을 보면, 외국인투자자의 연간 총수익은 1992년 2조 7,000억 원에서 2019년 96조 4,000억 원으로 증가하였다. 외국인 연간 총수익은 전년 말 대비 보유 금액 증감액에 배당금을 더하고, 연간 순매수 금액을 빼서 계산한다. 2019년은 3분기까지 중간배당만 집계한 수치이므로 4분기까지 반영하면 110조 원에 가까울 수 있다. 외국인투자자들은 배당금보다 시세차익에서 더 많은 수익을 올리고 있다.

28년 동안 외국인 수익률이 코스피 증감률을 밑돈 경우는 단 세 차례뿐이었다. 김학균 신영증권 센터장은 "외국인들이 한국 증시에서 나오는 부를 독식… 국부 유출로 이어질 수 있는 상황"이라고 진단했다.

실제 한국 주식시장은 생산적인 자본의 장기투자가 아니라, 금융시장 변동성이 커질 때 외국인 투자자가 먼저 돈을 빼가는 투기성이 높은 시장으로 외국인의 '현금인출기'라는 오명을 얻고 있다. 외국인 투자자가 급하게 돈을 넣고 빼더라도 세금이나 규제 같은 '벌칙'이 다른 신흥국과 비교해 매우 적고, 특정 산업(IT 수출 산업)에 대한 의존도가 높은 게 가장 큰 문제다.

한국은 매우 접근성이 높은 시장이다. 팔고 나올 때 사실상 벌칙이 없다. 단기간에 사고 팔아야 하는 투기세력에게 가장 중요한 건 이런 접근성이다. (2018년 10월 한국 주가가 다른 국가에 비해 많이 하락한) 가장 큰 이유라고 본다.

- 앤디 버든 캐피탈그룹 CEO -

개인투자자를 차별하며, 기관투자자에게는 천국인 공매도 역시 외국인투자자들을 도와주는 제도이다. 상대적으로 신용이 낮은 개인투자자는 일부 증권사에서만 주식을 빌릴 수 있고 이자비용이 높지만, 기관투자자는 낮은 이자비용으로 한국증권금융, 예탁결제원 등의 주식을 대규모로 빌릴 수 있다. 이러한 혜택으로 외국인 투자자가 국내법을 무시하고 무차입 공매도를 하거나 특정 세력이 내부 정보를 미리 알아내 악용하는 경우까지 발생한다.

[그림 4-19] 2019년 코스피 투자자별 공매도 비중(%)

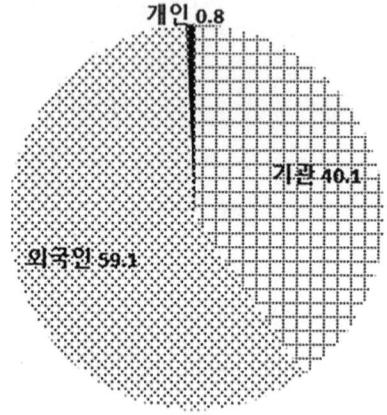

자료 : 김병욱 의원실(2020.8.26).

한국은 증거금 최저한도를, 한국거래소가 증권사 재량으로 규정하게 하고 있기 때문에 법적으로 규제할 수 있는 근거가 없다. 일부 증권사들은 기관과 외국인에게는 증거금을 아예 면제해 주기도 해 무제한의 레버리지를 활용해 공매도를 할 수 있어 20배의 공매도도 가능하다고 한다. 공매도 상환기간 규정에서도, 외국은 공매도를 한 이후 일정 기간 이내에 상환해야 하지만 한국은 규정 자체가 없다. 위 [그림 4-19]는 2019년 외국인이 주도하는 공매도 거래를 보여 준다.

참고 문헌

공계진·홍석범·김성혁·이상근(2012), 「재벌연구보고서」, 금속노조 노동연구원.

과학기술정보통신부, '심화되는 국가간 글로벌 기술 확보 경쟁 속에서 우리나라 120개 중점과학기술 경쟁력 지속적으로 향상', 보도자료(2021.3.12).

국회예산정책처(2020), 한국경제의 구조변화와 대응전략 Ⅲ : 지속성장을 위한 산업구조변화 대응전략.

백승렬, '한국경제의 대외의존성에 대한 근본적 원인분석', 한국경제 연구세미나(2020.12.30), 전국서비스산업노동조합연맹.

이근태·고가영(2014.12), '우리나라 내수성장의 필요성과 선진국 사례에서 배우는 정책방향', LG경제연구원.

이근태·고가영(2014), '한국경제의 새로운 도전 내수성장', LGERI리포트.

이상민(2021), '외국인투자기업 총부담세액, 실효세율 분석'

한국과학기술기획평가원(2019), 「IMD 2018 세계경쟁력 연감 분석 : 과학 및 기술 인프라 중심」

한종민(2019), 「2018년 기술수준평가」, 한국과학기술기획평가원.

5장
공공기관 민영화·시장화 전략을 진단한다

박용석 민주노총 부설 민주노동연구원장

들어가며

공공부문과 공공기관

공공기관 시장화 전략이란

공공기관 시장화 전략 기반 조성

공공기관 시장화 전략 전면화

노무현정부의 시장화 전략

이명박정부의 시장화 전략

박근혜정부의 시장화 전략

문재인정부의 탈시장화 실험(?) 실패

시장화 전략과 국가재정 및 고용 비중의 변화

국민의 생명·안전 보호 기반이 취약해진 공공의료 부문

공공운수서비스 철도와 도시철도의 위기

탈탄소에너지 전환이 전기.에너지 분야를 시장화하는 것인가

민영화 기업들은 괜찮은가

•• 들어가며

공공기관은 정부의 정책을 실현하는 핵심 도구로서 공공기관의 정책은 정부의 성격을 드러낼 수밖에 없다.

우리나라는 IMF 관리체제 이후 정부가 공공기관에 대해 민영화·경영효율화 등 시장을 우선시하는 정책을 지속적으로 전개해왔다.

2008년 금융공황 이후 시장의 실패문제가 부각되면서, 공공성을 강화해야 한다는 문제의식이 새로 부각되고 있다. 특히 최근 코로나 위기가 전세계적으로 확산·지속되는 가운데 유럽의 선진 각국에서는 국가(공공부문) 역할이 강조되면서 재정 확대, 복지 확대 및 주요 기간산업(철도·항공 등)의 재국영화 조치 등을 포함한 탈시장화 흐름이 확산되고 있다.

1980년대 이후 신자유주의 흐름 속에 계속 축소·조정국면에 놓여 있던 공공부문은 2008년 글로벌 금융위기와 2020년 코로나 위기 이후 다시 그 중요성이 강조되는 추세이다.

 반면, 공공기관 사회적 가치 실현을 국정방향으로 내세운 문재인정부하에서 세계적인 탈시장화 흐름과는 달리 한국판 뉴딜, ESG경영, 탄소중립 등 국정과제에서 지난 20년간 유지되어온 시장·이윤 확대 중심의 정책 흐름이 여전히 지속되고 있다. 우리나라는 경제·사회 전 분야에 걸쳐 불평등·양극화 상황이 심화되고 있고, 당면한 코로나 위기 국면에서 디지털 전환, 기후위기 대응, 및 제조업 위기에 따른 고용 위기 등까지 확산되기 때문에, 시장·이윤 확대 중심의 정책 흐름이 우려스러울 수밖에 없다.

 여기로부터 우리나라 공공기관 시장화 전략의 추진과정 및 폐해 등을 진단하고, 교훈과 과제를 살펴볼 필요가 있다.

•• 공공부문과 공공기관

 일반적으로 공공부문(public sector)은 공공서비스를 제공하는 것을 목적으로 한다. 이를 위해 관련 법의 근거 하에 국가가 시장에 개입하여, 국가 재정으로 국민의 편익·복지 증진 등을 제공하고 있다. 따라서, 국가는 공공부문을 통해 그 존립 목적을 구체적으로 드러내고 있다. 우리나라 공공부문은 공공서비스 정책 수립·관리를 목적으로 하는 '행정기관'(budgetary government)과 공공서비스 정책 집행을 목적으로 하는 '공공기관'(public institution)으로 구분된다. 통상적으로 공공기관은 정책 추진체계상 행정기관의 산하 조직으로 위치하고 있다. 중앙정부와 지방정부에 각각 행정기관과 공공기관이 모두 존재하지만, 공공기관의 경우 상대적으로 중앙정부 산하 비중이 높다 1). 중앙정부 산하 공공기관은 「공공기관운영에 관한 법률」(공운법)에 따라, △공기업(철도·전력·가스·도로·공항·토지주택·수자원공사 등) △준정부기관(건강보험·국민연금·철도공단·KOTRA 등) △기타공공기관(정부출연연구기관·국립대병원·국책은행 등)으로 각각 유형이 구분된다.

중앙정부 산하 공공부문은 각 유형에 따라, 기관 운영 및 사업 추진 과정에서 공공성(공익성)과 상업성(수익성)이 각각 다르게 작용한다. 정부부처 → 책임운영기관 → 정부출연연구기관 → 준정부기관 → 공기업(준시장형→ 시장형)으로 이동함에 따라 상업성(수익성) 비중이 높아지고 있다. 상업성(수익성) 비중이 높다는 것은 민영화 가능성이 높다는 것을 의미한다. 이에 따라, 공기업(특히 시장형 공기업)의 경우 상대적으로 민영화로 이행할 가능성이 높다. 우리나라의 경우 1980년대에 한국전기통신공사·한국담배인삼공사 등이 정부기업(전기전화국·전매청)에서 공기업으로 전환된 이후 IMF 관리체제 하에서 민영화되었고, 한국철도공사는 IMF 관리체제 직후 정부기업(철도청)에서 공기업으로 전환된 이후 끊임없이 민영화 논란에 직면하고 있다. 역사적으로 보면, 우리나라 공공부문은 공공성(공익성) 중심에서 상업성(수익성) 중심으로 대부분 이동해오고 있고, 그 반대의 경우에는 거의 존재하지 않는다는 특징이 있다.

---

1) OECD는 「국가계정체계」(the system of national accounts) 기준 하에 공공부문을 일반정부(general government) 및 공기업(public corporation)으로 구분하고 있다. 우리의 기준대로 할 경우 일반정부는 중앙·지방 행정기관 종사자 및 중앙·지방정부 산하 출연·보조기관(준정부기관·출자출연기관 등), 공기업은 중앙·지방 공기업으로 구성된다.

[표 5-1] 공공부문 운영원리(공익성과 상업성 분포)

공공부문(정부 소유)								민간 부문(민간 소유)		
← 공공성(공익성) ──────────── 상업성(수익성)→								← 공공성 –상업성 →		
정부부문(행정기관)			공공기관					비영리부문		영리부문
정부부처		책임운영기관		준정부기관		공기업				
행정부처	정부기업	행정형기관	정부기업	정부출연연구기관	위탁집행형	기금관리형	준시장형	시장형	공익법인	시민단체(NGO)	사기업
기획재정부	우정사업본부	국립극장	경찰병원	KDI, KIST	건강보험공단	국민연금공단	철도공사	가스공사	상공회의소	참여연대	기업

자료: 박정수(2017), 재인용.

중앙정부 산하 공공기관의 고용 비중은 2017년 기준으로 전체 공공부문의 21.8%에 불과하나 국가 경제에 차지하는 비중이 매우 크다. 공공서비스 직접 제공을 위한 인프라를 기반으로 해 설립·운영되는 만큼, 지난 4년간(2016~2019년) 예산은 전체 정부 예산(일반·특별회계)의 135~170% 수준이고, 자산은 지난 4년간 전체 공공부문의 75% 이상 수준에 달하고 있다(국회예산정책처, 2021).

[표 5-2] 공공기관의 예산 및 자산 현황 비교

(단위: 조원, %)

구분		2016년	2017년	2018년	2019년
예산	전체 정부 예산	389.1	404.2	433.0	473.7
	공공기관 예산	663.1	636.6	648.1	639.4
	공공기관 비율	170.4	157.5	149.7	135.0
자산	공공부문 전체 자산	1.044.4	1.075.8	1.081.8	1.125.0
	공공기관 자산	799.8	810.1	828.3	861.1
	공공기관 비율	76.6	75.3	76.6	76.5

자료 : 국회 예산정책처(2021).

한편, 공공기관은 행정기관(공무원 중심), 교육기관(교사 중심)에 비해 정책 운용의 탄력성이 높은 특성을 지닌다 2). 이러한 공공기관의 특성으로 인해, 정부가 추진하는 공공부문 정책(기능·고용·임금·복지 등)이 공공기관에서 직접적으로 작용하고, 정부 성격에 따라 그 위상이 시장화(정부 실패)와 탈시장화(시장 실패) 사이에서 시계추(pendulum) 현상을 보이는 경향이 있다.

정부는 △산업진흥 측면 △경제발전 측면 △국가재정 확충 측면에서 공공기관을 운영하고 있고, 각국의 공공기관 운영체계는 국가의 정체성, 정부의 국정방향, 경제상황 변화 등에 따라 매우 다양한 형태를 지니고 있다(OECD, 2004). 대체로 국가가 복지·노동·분배 등을 중시하는 경우(복지국가형)에는 공공기관의 기능 및 고용 비중은 확대되는 경향을 보이고, 국가가 시장·기업·이윤을 중시하는 경우(시장국가형)에는 그 반대의 경향을 보이고 있다.

공공기관 시장화 전략이란

공공부문 시장화 3)는 공공부문 운영 전반에 걸쳐, 국가가 재정을 건전·긴

---

2) 공공기관 종사자는 공적 업무는 담당하지만, 신분은 민간인으로서 공무원·교사 등의 특수직역과는 달리 경제상황 변화에 따라 구조조정이 가능하기 때문에 인력 운영의 변화 폭이 클 수밖에 없다.

3) 여기서 시장화는 공공부문 소유 및 운영구조 전반의 시장 원리 확대를 포괄하는 개념으로 접근한다. 민간 우선의 소유구조 측면(민영화·경쟁체제 등) 및 기업경영식 운영구조(상업화·경영효율화 등)가 포괄되는 구조로서 공공부문에 신자유주의적 질서가 작동되는 것으로 볼 수 있다(필자 주).

축 운영하고, 주요 공공 서비스를 시장 체제로 전환(민영화·외주화·경쟁체제 등)하며, 공공부문의 조직·인사·예산·보수 운영에서 시장원리(경쟁·수익·성과 중심의 경영효율화)를 확대하는 것을 일컫는다.

1980년대 이후 신자유주의와 함께 전세계적으로 확산된 국가 전략으로서, 공공행정론에서는 '신공공관리론'(NPM; New Public Management)으로 표현되고 있다. 진보·노동운동 진영에서는 신자유주의적 전략 또는 사유화·상업화전략으로 불리우고 있다.

공공기관 시장화 전략 추진과정을 보면, 크게 선진국 모델과 개도국 모델이 있다. 먼저, 시장·체제 위기 극복에서 출발하는 선진국 모델이 있다. 서구 선진국들(미국·독일·영국·프랑스 등)의 경우 2차 세계대전을 거치며 팽창된 공공부문을 전후 복지국가 체제로 전환하면서 '큰 정부' 흐름으로 유지한 후, 1970년대 이후 불황이 장기화되고 국가 재정 부담이 커짐에 따라 '작은 정부'(시장국가)로 전환하는 것이 일반적 경향이다. 2008년 금융위기 및 2020년 코로나 위기 국면에서 탈시장화 흐름(공공 통합 및 재국영화 등)이 나타나고 있다.

이와는 달리, 시장 형성을 중심으로 출발하는 개도국(아시아·중남미 등) 모델이 있다. 전후 저개발·개발도상국의 경우 국가가 경제개발을 주도하기 위해 공공부문을 적극 육성하는 흐름(개발독재국가)이 지속된 후, 1980년대 이후 세계적인 시장화 흐름과 유사하게 전환되는 경향이다. 개도국들 역시 2020년 코로나 위기 국면에서 탈시장화 흐름을 서서히 구체화하고 있다. 우리의 공공부문 발전은 전형적인 개도국 모델이다. 1960년대 이후 국가 주도 경제개발전략 추진을 위한 기반 조성(SOC·R&D 등 확대)으로 1980년대 후반까지 공공부문 적극 육성정책이 이어진 후, IMF 관리체계 이후 시장화 전략이 전면화되어 현재에 이르고 있다.

우리나라는 1990년 김영삼정부의 세계화 정책으로 시장화 전략(공기업 민영화 등)이 적극 검토되었으나, 정책으로 전면화된 것은 IMF 관리체제에 편입되면서이다. 그러나, 우리나라의 시장화전략은 전통적인 '작은 정부'(국가재정·시장개입 최소화) 전략 및 IMF 이후 시장화전략이 중층적으로 작용하는 가운데, 다른 나라들에 비해 극단적인 시장주의 모델을 보이고 있다 4). 또한, 국가체제 변화와 무관하게 60년간의 관료 독점 지배구조가 경제부처 변화(경제기획원→재정경제원→기획예산처→기획재정부)와 무관하게 지속적으로 작용하는 특징을 보이고 있다. 특히, 1987년 이후 대통령 5년 단임제 하에서 시장주의로 무장한 경제관료들의 독점 체제는 정권 교체와 무관하게 공고하게 유지되고 있다.

이러한 시장주의 경제관료 주도의 공공부문 정책이 지속되면서, 김대중정부의 전 공공부문의 강도높은 구조조정 정책, 노무현정부의 공공부문 경영혁신(경영 합리화) 정책, 이명박정부의 '공공부문 선진화' 정책, 박근혜정부의 '공공부문 정상화' 정책을 거치면서 공공부문의 시장화전략은 20여년 동안 소폭의 조정과정에도 불구하고 크게 변화되지 않고 현재에 이르고 있다. 더구나, 한국경제 정책의 지배그룹(경제관료·연구기관) 대부분이 영미형 신자유주의, 그리고 미국 주도 세계질서를 보편적 체제(global standard)로 맹

---

4) 우리 공공기관에서의 극단적 시장화 모델은 △OECD국가 중 최하위 수준의 공공부문 고용비중 △극히 낮은 공공 의료·사회서비스 비중 △주요 공공서비스(석유·정보통신·도시가스·항공 등)의 민간 주도 △철도·에너지(발전·가스)·R&D 경쟁체제 △공공서비스예산(PSO) 예산 긴축(도시철도 외면) △철저한 경영효율화(시장·경쟁·수익) 중심 운영체계 등에서 나타난다.

신하는 흐름이 자리잡고 있었다. 특히 1998년 IMF 관리체제 역시 이전 사례(멕시코 등)와 같이 미국 주도의 세계경제 질서 재구축의 틀 속에서 공공부문 중심의 국가 주도성을 약화시킨 결정적 계기로 작용했고, 그 흐름이 현재까지 유지되고 있다. 게다가 2012년 한미FTA 발효에 따른 우리 공기업의 재공영화(insourcing) 역진 제한 작동으로 인해 철도·에너지 등의 분할 민영화 및 시장화 전략 기반이 더 강화되었다.

지난 20여 년간 지속 강화되어온 우리 공공기관의 시장화 전략 흐름과 함께, 문재인정부의 탈시장화 실험(?) 및 실패의 과정, 그리고 시장화 전략이 낳은 폐해들을 이제 차례로 살펴보자.

•• 공공기관 시장화 전략 기반 조성

박정희 정부 시기 공공기관

박정희정부는 1961년 집권 이후 항공·통운·해운·기계(중공업) 등 운송·중공업 부문의 민영화와 함께, 공공기관 육성을 병행했다. 박정희정부의 정책은 국가가 경제개발을 주도하기 위해 공공부문을 확장하는 전형적인 개발도상국형 공기업 정책이었다. 박정희정부의 1차 민영화는 11개 공기업을 대상으로 1968~1973년에 걸쳐 진행되었다. 이를 통해 자연스럽게 한진그룹(항공·조선·해운), 대우그룹(중공업), 동아그룹(대한통운), 삼미그룹(철광) 등의 재벌그룹이 부상하고, 현대그룹의 중공업 기반이 강화되는 계기를 만들었다. 공기업은 아니었지만 정부 주도로 국가 기간산업이 주력 기업으로 자리 잡았던 한국화약(현 한화)·쌍용(시멘트) 역시 재벌그룹 반열에 올랐다. 이들 공기업의 민영화를 통해 재벌 중심의 한국경제 기반이 구축된 셈이 되었다. 이밖에 박정희정부는 전력·철강·은행 등의 기반 산업 강화 및 도로·토지·주택·수자원 등의 SOC 확충을 위해 공기업을 적극 육성하는 정책을 병행했다. 이러한 공기업들의 육성은 주로 해외 차관 등에 의존하여 추진됨으로써, 겉으로는 자립경제의 기반을 구축하는 모양새를 갖추었으나 안으로는 종속적 경제발전의 속성도 지니게 된 셈이다.

전두환 정부의 공공기관 정책

전두환정부 역시 박정희정부의 공기업 정책을 대부분 계승하여, 1980년대 초 주요 시중은행(한일·제일·신탁·조흥) 및 석유·준설공사 등을 각각 민영화했다. 당시 석유공사를 인수한 선경(현 SK) 역시 재벌그룹 반열에 올랐다. 이와 함께, 상당수의 정부출연·위탁기관을 확대 신설하는 정책을 병행하였다. 전두환정부에서는 1984년 정부투자기관관리기본법 제정을 통해 공기업의 경영 효율화를 위한 제도적 조치(경영평가제도 등)를 취했지만, 공공기관 정책 전반에 아직 시장화 전략은 깊게 반영되지는 않았다. 결과적으로, 박정희·전두환정부의 공기업 민영화는 재벌 중심 경제체제의 근간을 형성하게 된 것으로 볼 수 있다[표 5-3].

[표 5-3] 박정희·전두환정부의 공기업 민영화 추진 계획

연도	주요 내용	민영화 추진
1차(1968 ~73년)	· 제조·운수·항공 분야 11개사 민영화 완료 · 주식 매각 및 현물 출자(경영권 매각)	한국기계공업(1968), 대한항공공사(1968), 대한통운(1968), 대한해운공사(1968), 대한조선공사(1968), 인천중공업(1968), 대한철광개발(1968), 한국광업제련공사(1970), 대한염업(1971), 한국상업은행(1973), 한국수산개발공사(1973)
2차(1980 ~83년)	· 석유·은행 분야 7개사 민영화 완료 · 주식(지분) 매각	대한재보험공사(1980), 대한석유공사(1880), 대한준설공사(1981), 한일은행(1981), 제일은행(1982), 서울신탁은행(1982), 조흥은행(1983)

자료 : 경제기획원(1987).

전두환정부는 1987년 5월 민주화 열기가 확산되던 시절 32개 정부투자기관·출자기관 중 절반이 넘는 17개 공기업(투자기관 13개, 출자기관 4개)에 대해 민영화 추진 계획을 발표하고, 이중 11개 공기업을 대상으로 3차 민영화가 추진되기 시작했다. 중소기업은행·국민은행·외환은행 주식 완전 매각 등 국책은행 민영화가 검토되었으나 증권시장 침체를 우려하여 이를 유보하고, 한국증권거래소의 정부 지분완전 매각 및 포항종합제철·한국전력의 지분매각(국민주 방식)을 추진하였다. 공기업 민영화는 김영삼정부 들어 보다 본격적으로 추진되기 시작했다.

김영삼 정부의 민영화 계획

김영삼정부(1993~1997)의 민영화 계획은 그 이전(박정희·전두환정부)과

는 분명히 다른 흐름을 지니고 있었다. 1980년대 이후 전세계적으로 확산되었던 신자유주의 세계화 흐름이 반영된 것이었다. 세계화 흐름(OECD 가입 등)을 계기로 김영삼정부 시기에는 시장주의 사고에 사로잡힌 경제관료들 주도하에 민영화 정책이 기획되었다. 사실상 이 시기부터 공공기관 시장화 전략을 경제관료들이 주도하기 시작했고, 이후 30년 가까이 이러한 경향은 갈수록 심화되었다. 1994~1998년까지 임기 내내 민영화를 추진하겠다는 목표 아래, 1994년 2월 시장성·수익성이 높은 공기업 전반의 민영화계획을 [표 5-4]와 같이 발표했다.

[표 5-4] 김영삼정부의 공기업 민영화 추진 계획

민영화방식		1994년 추진	1995년	1996~98년
민영화 (59)	투자기관(6)	국민은행, 국정교과서	한국가스공사	중소기업은행, 주택은행, 담배인삼공사
	출자기관(1)	외환은행	-	-
	자회사(30)	한국기업평가, 한국이동통신, 한국비료, 대한중석, 한국종합기술, 고속도로시설공단 등	한국중공업, 남해화학, 한국신화, 대우조선	한국PC통신, 담배자판기
	지분매각 (21)	한국증권금융, 동부화학, 종합기술금융, 아시아나항공, 평화은행, 한국경제신문, 연합TV뉴스, 동남은행 등	-	매일유업
통폐합(10)		한국종합화학, 원진레이온, 주택경제연구원, 경주관광개발 등	석유공사, 광업진흥공사, 인삼수출공사	한국송유 관공사
전체(68)		54	7	7

자료 : 경제기획원(1994).

김영삼정부가 추진하고자 했던 한국통신·포항제철·국민은행·가스공사·한국중공업 등 기간산업 민영화는 여러 장애요인에 직면하여 애당초의 계획대로 추진되지 못했다. 당시 민영화가 제대로 진행되지 못한 데에는 △증시 불안으로 인한 국민주 매각 방식 지체 △주요 기간산업의 민영화(매각)에 대한 국민 비판 여론 △해당 공기업노조(한국통신·한국중공업·데이콤 등)의 반발 등의 장애요인이 복합적으로 작용한 탓이다. 결국 한국이동통신·고속도로공단 등 일부 공기업 민영화를 추진하고, 다른 기간산업의 민영화는 유보하는 대신 민영화 추진의 기반을 마련했다. 1997년 10월「공기업 경영혁신 및 민영화 법률」제정·시행을 통해 이들 공기업을 상법상 민간 회사 형태의 출자회사로 전환함으로써, 정부가 의도하면 언제라도 민영화가 가능하도록 조치했다. 결국 김영삼정부가 계획을 세웠던 공기업 민영화 정책 및 법제도 조치들은 1998년 이후 IMF 체제 하에서 민영화가 전면적으로 추진할 수 있는 기반으로 작용했다.

•• 공공기관 시장화 전략 전면화

IMF와 김대중 정부의 공공기관 시장화

김대중정부는 IMF 양허안(1997.12)에 따라 △국가 재정 및 시장·금융 개입 축소 △재정 건전화(공기업 경영권·지분 매각) △전 공공부문 구조조정 등의 전략 아래 김영삼정부가 기획한 공기업 민영화를 전면적으로 추진하게 된다.

 미국이 사실상 주도하는 IMF 관리체계는 미국 주도의 세계경제 질서에 수직적으로 편입되게 하는 계기로 작용하면서, IMF 구제금융을 받는 국가들의 경제 질서를 미국 중심 세계화 질서로 편입되도록 유도하고 있다. 아시아·남미 등 개발도상국(developing country)들과 같은 체제 전환 국가들(개발국가→시장국가)의 경우 국가 주도 계획 경제에서 시장경제로 이행하기 위한 정치적 목적이 민영화 정책에 강하게 반영될 수밖에 없었다. 그리고, 이는 결국 한국경제의 미국 종속성을 강화하는 계기로도 작용한다. 우리나라에 앞서 IMF 구제금융을 받았던 멕시코(1988~94년) 역시 발전공항항만통신 등의 공기업 민영화가 IMF 구제금융 양허안에 명시되어 있었고, 미국 주도의 민영화 정책이 전면적으로 추진되었다.

 그런데, IMF 관리체제 하에서 민영화 추진 상황을 구체적으로 살펴보면, 경제 활성화 및 외환 위기 극복의 정책 방향보다는 오히려 △재정정책(국제기관 차관 도입 및 정부 재정의 건전성 유지) △투자 유치 확대(국가의 재정 개입 차단) △자본시장 발전(외국자본의 투자 유치) △작은 정부 지향(국가의 경제 개입 축소) 등의 정치적 목적이 강하게 작용하고 있음을 알 수 있다. 특히 강력한 동력을 지닌 공공부문 노동운동세력 기반을 약화시킬 목표도 포함되어 있다(김상조, 1999).

 김대중정부는 IMF 경제위기를 앞세워 공공기관의 경영혁신을 이유로 1998년 5차례에 걸쳐 각 부문별(출연연구기관, 공기업 I·II, 출연·위탁기관, 지방공기업)로 공공기관 구조조정 계획을 발표하고, 기능조정(민영화·청산·통폐합·경쟁체제) 및 인력 감축을 강행했다[표 5-6]. 이러한 민영화 및 경영혁신추진계획에 대응하기 위해, 공공기관노조들은 1998년부터 2002년까지 김대중정부 임기 내내 저항을 계속했다.

[표 5-5] 1998년 각 부문별 공공기관 민영화 및 경영혁신계획 추진 현황

구분	발표시기	주요 내용
정부출연연구기관 운영개선방안	1998.5	· 운영시스템 개선 : 성과주의 인센티브제(연봉제 등) 구축 · 관리방식 개선 : 유사·중복기능 일원화, 연합이사회 도입 등 · 인력감축 1,710명(9.2%)
1차 공기업 민영화 및 경영혁신추진계획	1998.7	· 12개 공기업(한국통신, 가스공사, 포항제철, 담배인삼공사, 한국중공업, 한국전력, 석탄공사, 국민은행, 주택은행, 종합기술금융, 국정교과서, 남해화학)에 대해 99년까지 민영화 및 해외매각 추진
2차 공기업 민영화 및 경영혁신추진계획	1998.8.	· 19개 공기업, 55개 자회사에 대해 기능조정(위탁), 통폐합, 매각(경영권 및 지분) 등 추진 · 1998년말까지 인력 감축(25.1%, 41,234명) 추진
정부출연·위탁기관 경영혁신추진계획	1998.8.	· 1334개 '정부출연·위탁·보조기관'을 대상으로 각 공공기관의 통폐합, 기능 조정, 1998년말까지 인력감축(24.1% 수준, 13,400명) 추진
지방공사·공단 구조조정 및 경영혁신계획	1998.10.	· 80개 공사·공단 중 12개 축소(통폐합, 민영화 등) · 1999년 상반기까지 인력감축 22.8%(8,103명) 추진

자료 : 기획예산위원회(1998), 행정자치부(지방공사·공단) 자료(재구성).

특히, 공기업의 경우, 김영삼정부가 준비했던 민영화 계획이 확대된 수준에서 12개 주요 공기업 민영화 및 70여 개 자회사 매각 등이 추진되었다[표 5-6]. 한국통신·포항제철·담배인삼공사·국민은행 등은 국민주 방식으로, 한국중공업·한국종합화학·송유관공사·국정교과서 등은 경영권 매각 방식으로 김대중정부 기간에 각각 민영화가 완료되었다. 이와 함께, 한국전력은 발전부문을 분할하여 민영화하고, 정부기업(철도청)이었던 철도는 시설과 운영 부문 분할과 함께 운영 부문을 민영화하는 방안도 준비했다. 2000년 12

월 철도 및 전력산업 구조개편 관련 법률이 국회에서 제정된 것은 이 같은 민영화 정책을 제도적으로 추진하기 위한 조치였다. 이전에 정부기업으로 운영한 후 1980년대에 공기업으로 전환된 후 IMF 관리체제에서 민영화된 한국통신·담배인삼공사, 이전부터 공기업 전환을 시도하다 IMF 관리체제에서 공기업 전환 후 민영화를 추진했던 철도(철도청→철도공사)의 사례를 보면 결국 민영화 정책을 위한 정부의 지배구조 개편 흐름(정부기업→공기업→민영화)을 분명히 알 수 있다.

김대중정부에서 한국통신·포항제철 등과 함께 가장 중점적인 민영화 대상으로 선정하고 정책을 추진했던 철도·발전·가스 등의 민영화 추진 계획은 이후 중단 또는 변형되기에 이른다. 그 이유는 이들 노조들의 연대파업(2002.2) 및 이후 발전노조 장기파업에 따른 국민들의 민영화에 대한 비판 여론이었다. 결국, 김대중정부에서 매듭짓지 못한 철도·발전·가스 민영화는 노무현정부 들어 중단되었다.

[표 5-6] IMF 관리체제 이후 주요 공기업의 민영화 추진 상황

구분	지배구조 개편	민영화 추진계획	민영화 추진 상황
한국통신	· 공기업 전환(← 전신전화국, 1981.12) · 정부출자회사 전환(1997.10)	· 1987.5. 지분매각 추진 · 1994.2. 자회사 매각(이동통신 등) · 1998.7. 국민주 매각 완전 민영화(2002년)	· 이동통신 매각(1994.5) · 정부지분 매각 민영화 완료 (2002.5) · KT 출범(2002.8)
포항제철	· 포항종합제철 설립(1968.10, 정부출자회사)	· 1987.5. 지분매각 추진 (1989 상장) · 1994.2. 민영화 추진 · 1998.7. 국민주 매각 완전 민영화 (2000년)	· 정부지분 매각 민영화 완료 (2000.10) · POSCO 출범(2002.3)

구분	지배구조 개편	민영화 추진계획	민영화 추진 상황
국민은행	· 국민은행 출범(국책은행, 1962.12) · 시중은행 전환 (1994.12)	· 1987.5. 지분매각 추진 · 1994.2. 민영화 추진(지분매각) · 1998.7. 국민주 매각 완전 민영화(2002년)	· 주택은행 합병(2000.12) · KB국민은행 출범(2002.10) · 정부지분 매각 민영화 완료 (2003.12)
담배인삼	· 공기업 전환(← 전매청, 1987.4) · 정부출자회사 전환(1997.10)	· 1994.2. 민영화 추진 · 1998.7. 국민주 매각 완전 민영화(2002년)	· 주식 상장(1999.10) · 정부지분 매각 민영화 완료 (2002.8)
국정교과서	· 공기업 설립 (1962.12)	· 1987.5. 경영권 매각 추진 · 1994.2. 민영화 추진 · 1998.7. 경영권 매각 완전 민영화(1999년)	· 정부 경영권 매각 완료 (1999.4. →대한교과서)
한국전력(+발전)	· 정부출자회사 전환(1961.7) · 공기업 전환 (1982.1)	· 1987.5. 지분매각 추진 (1989 상장) · 1998.7. 분할(발전·배전·지역난방) 민영화 추진	· 전력산업구조개편법 의결 (2000.12) · 발전부문(한수원+5개 화력) 분할(2001.4) · 발전·배전 민영화 중단 (2004.6)
가스공사	· 한국가스공사 설립(1983.8) · 정부출자회사 전환(1997.10)	· 1994.2. 민영화 계획 · 1998.7. 국민주 매각 완전 민영화(2002년)	· 주식 상장(1999.12) · 민영화 중단 발표(2003.2) · 천연가스 민간 직도입(경쟁체제) 전환(2004.2)
철도	· 철도청 설립 (1963.9) · 철도공사법 의결(1989.12, 1995 폐지) · 한국철도공사 전환(2005.1)	· 1987.5. 민영화 검토(철도공사화 검토) · 1998.3. 정부 구조조정 (민영화) 추진 계획(2002년 시설-운영 분리, 운영 민영화) · 2011.4. 수서고속철도(SR) 분할 민영화 추진 5)	· 철도산업구조개편법 의결 (2000.12) · 민영화 중단 발표(2003.2) · 철도산업발전법 의결(2003.7) · 철도시설공단 분리 설립 (2004.1) · 수서고속철도(SR) 영업 (2016.12)

---

5) 고속철도 경쟁체제는 2011년 이후 추진

구분	지배구조 개편	민영화 추진계획	민영화 추진 상황
지역 난방	·정부출자회사 설립(1985.11) ·공기업 전환 (1992.5)	·1998.7. 분할 매각 민영화 (2001년) ·2008.10. 분할 민영화 추진	·부천·안양지역 열병합발전 매각(2000.6 → LG파워) ·분당·일산지역 열병합발전 매각 중단(2004) ·자회사(안산도시개발) 매각(2009)
한국 중공업	·공기업 전환 (←현대양행, 1980.10) ·정부출자회사 전환(1997.10)	·1994.2. 민영화 계획 ·1998.7. 경영권 매각 완전 민영화 (2000년)	·정부 경영권 매각 완료 (2000.12. →두산콘소시움) ·두산중공업 발족(2001.5)

자료: 필자.

공기업 민영화와 아울러, 공공부문 경영혁신 및 고통 분담 취지 아래 전 공공부문에 걸쳐 20% 이상(14만여 명)의 정규 인력이 2002년까지 감축되었다(2002, 기획예산처). 공공부문의 정규 인력 감축은 결과적으로 전 공공부문에 걸쳐 비정규직의 대폭 증가로 이어졌다. 경영혁신의 일환으로 공공기관에 대해 복지 축소 조치(공공기관 퇴직금누진제 폐지 등)도 아울러 취해졌다. 경영혁신 선도 차원에서 전격적으로 이뤄진 공공기관 퇴직금누진제 폐지와는 다르게, 공무원 연금제도 개악 조치는 2010년대 이후 추진되기에 이른다[표 5-7].

[표 5-7] IMF 관리체계 하의 공공부문 인력감축 현황 (단위: 명)

구 분		1997년말 정원	1998~2001 감축계획	감축 실적	감축률(%)
공무원	중앙부처	161,809	25,955	21,356	13.2
	지자체	291,288	56,649	49,506	17.0
	소계	453,097	82,604	70,862	15.6
공공기관	공기업	166,415	41,234	41,704	25.1
	산하기관	80,870	18,761	18,516	22.9
	소계	247,285	59,995	60,220	24.3
계		700,382	142,599	131,082	18.7

자료 : 기획예산처(2002).

•• 노무현정부의 시장화 전략

노무현정부는 국민 반대여론이 높았던 주요 공기업(철도·발전·가스·지역난방 등)의 민영화·분할매각 추진을 중단하는 대신, 철도공사를 비롯한 전 공공기관에 대해 상시적 구조조정을 포함한 강도 높은 경영혁신 정책을 추진하였다. 철도의 경우 기존 철도청(정부기관) 체계가 공공기관으로 전환되며 상·하 체계(철도공사-철도시설공단)로 분리되었다. 물론, 철도공사에 대해서도 경영혁신(수익확대·비용절감·경쟁강화 등)이 수반되었고, 민영화 추진 중인 발전의 경우 2004년에 남동발전의 매각이 중단됨과 아울러 전력의 배전 분할도 중단되기에 이르렀다. 가스공사의 민영화 역시 중단된 채 천연가스 도입 관련하여 민간도 참여하는 경쟁체제로 전환되었다. 2002년 연대파업을 불러일으켰던 철도·발전·가스는 결과적으로 민영화 및 분할 매각이 중단되기에 이르렀고, 배전·지역난방·공항 등 추가적으로 논의된 민영화 정책도 중단되게끔 했다. 특히, 지역난방공사의 경우 안양·부천 열병합발전 매각(LG파워 인수)에 따른 부정적 평가로 인해 이후 분당·일산의 매각 작업마저 중단되기에 이르렀다.

민영화·분할매각이 중단된 전력·가스·지역난방의 경우 주식시장 상장으로 일정 지분의 매각이 진행되었다. 이를 통해, 외국인 투자가 유입된 건 물론이다. 민영화가 중단된 공기업들에 대해서는 정부(기획예산처)의 「정부투자기관 경영혁신지침」(2003)에 따라 강도 높은 경영혁신이 구체화되었고, 이후 이 흐름은 전체 공공기관(정부산하기관 및 기타 공공기관)으로 확산되었다. 노무현정부의 경영혁신은 공공기관을 넘어 행정기관·교육기관 등에까지 확산되었다. 총액인건비제를 통한 인력 유연화 및 책임운영기관 설정을 통한 경영혁신(조직·사업 합리화 등) 등이 주요 내용이었다.

특히, 공공기관 시장화 전략의 완성판으로 작용할 공공기관운영법 제정과 통합 경영평가제도 기반 구축을 통해 이후 이명박정부가 '공공기관 선진화' 정책을 추진하도록 제도적 기반을 제공하였다. 노무현정부에서 기반을 마련한 공공기관 운영 정책(기능조정·인력운영·평가체계 등) 대부분은 현재까지 이어지고 있다. 노무현정부의 경영혁신 정책으로 공공부문 정규인력 감축 및 비정규직 확대(간접고용 포함) 정책이 취해진 결과, 2006년 말 공공부문 비정규직은 30만 명을 넘어섰다.

•• 이명박정부의 시장화 전략

이명박정부는 친기업(business friendly) 전략을 앞세워, 노무현정부에서 유보되었던 국가기간산업(철도·발전·가스·공항 등)의 민영화 추진을 부활시켰다. 공공기관 선진화를 통해 민영화·경쟁체제 등 하드웨어 구조개혁과 함께, 인력감축·경영효율화·노사관계선진화 등의 소프트웨어 구조개혁을 동시에 추진하면서, 김대중정부에서 전면화된 공공기관 시장화 전략의 틀을 사실상 완성했다. 이명박정부는 2008년 공기업 민영화('선진화') 중심으로 정책을 추진한 후 2009년 이후에는 강도 높은 경영혁신 정책을 강행했다. 친기업 전략에 맞게 이명박정부는 김대중정부의 민영화 계획을 부활시키면서, [표 5-8]과 같이 2008년 1~3차 선진화를 통해 공기업 민영화, 공공기관 통폐합, 경영효율화 정책을 추진했다. 특히, 2008년 촛불항쟁으로 민영화에 대한 국민적 반발 여론이 높아지자, 민영화 대신 민간과의 경쟁을 허용하거나 외주화를 확대하는 기능조정을 광범위하게 추진하기에 이르렀다. 또한, 129개 공공기관에 대해 22,000명의 인력 감축을 추진했고, 결국 이 감축된 정규 인력 만큼 비정규직이 대거 확대되기에 이른다.

[표 5-8] 공공기관 선진화 추진 실적(2010년 4월)

구 분	기관 명
• 민영화(24개)	·금융공기업 (7개) : 산은·자회사(캐피탈,자산운용), 기은·자회사(캐피탈,신용정보, IBK시스템) ·대한주택보증, 88관광개발(88골프장) ·자회사(10개) : 한국문화진흥(뉴서울CC)·한국자산신탁·한국토지신탁·경북관광개발·한국건설관리공사·안산도시개발·인천종합에너지·그랜드코리아레저·농지개량·기업데이타

구분	기관명
• 지분매각(5개)	· 인천국제공항공사·한국공항공사·지역난방공사·한전기술·한전 KPS
• 통 합 (36→16개)	· 주공+토공(토지주택공사) · R&D관리기관 통합 : 9→4개 · 정보통신진흥기관 통합 : 10→4개 · 환경자원공사+환경관리공단, 환경기술진흥원+친환경상품진흥원 · 한국산재의료원+근로복지공단 · 저작권심의위+컴퓨터프로그램보호위 · 청소년수련원+청소년진흥센터 · 코레일 트랙+전기+엔지니어링, 코레일 개발+네트웍스
• 폐지(5개)	· 정리금융공사·노동교육원·코레일애드컴·부산항부두관리공사·인천항부두관리공사
• 경쟁도입(2개)	· 한국가스공사·한국방송광고공사
• 기능조정(20개)	· KOTRA·중소기업진흥공단·정보통신국제협력진흥원(중소기업 해외마케팅지원 일원화) · 국민연금공단·건강보험공단·근로복지공단(4대보험 징수통합) · 생산기술연구원·디자인진흥원·에너지관리공단·한전(R&D관리 이관) · 관광공사·석유공사·광물자원공사·국민체육진흥공단·전기안전공사·산업기술시험원·예금보험공사·자산관리공사·한국감정원·가스기술공사
• 정원감축	· 129개 공공기관 (△2.2만명, △12.7%)
• 출자회사 정리	· 131개 미지정 출자회사 매각·청산·모기업 통합 등 통해 정리

자료 : 기획재정부(2010).

이명박정부는 지속적인 공공기관 선진화(소위 '2기 선진화') 추진을 위해, '3대 거품 빼기'(보수, 직급과 조직, 사업구조)와 함께, '노사관계 선진화' 정책을 추가적으로 추진했다. 이에 따라 △핵심사업 외 외부위탁 △단체협약(복지·경영참여·노조활동 등 관련)의 전면 개악 조치 △성과연봉제 시행 등의 조치가 계속되었는데, 결국 이는 공공기관 선진화의 최대 걸림돌로 공공기관노조를 지목하고, 공공기관노조 활동을 약화시키는 조치를 취하겠다는 의미였다. 이명박정부는 2011년부터 실행된 기업단위 복수노조제 허용 및 교섭창구 단일화 등을 통해 공공기관 민주노조를 뒤흔드는 작업을 병행하기에 이른다.

이명박정부가 추진한 주요 공기업의 민영화 추진은 공공기관노조들의 강한 반발(2009년 연대파업 등)과 국민 반대여론에 부딪혀 대부분 조정 또는 유보되었지만, 민영화의 정책 방향은 일관되게 유지했다. 특히, 철도 분할 및 의료시장화 조치들이 박근혜정부 하에서 취해지도록 기반을 제공했다.

한편, 2005년부터 7년간 논의되어왔던 한미FTA가 2011년 11월22일 국회 비준안 통과를 거쳐, 2012년 3월15일 발효되었다. 2007년 4월 노무현정부에서 1차 타결되었던 한미FTA는 국회 비준이 미뤄지다 이명박정부의 추가 협상(소고기·자동차 등)을 거쳐 타결·발효되었는데, 이 중에서 가장 논란이 집중되었던 영역이 공공부문이었다. 특히, 주요 공공서비스부문 경쟁·개방·민영화 추진을 한층 더 강화하기 위해 투자자-정부 강제중재제도(ISD: Investor-State Dispute)를 통한 협약 강제 및 역진방지(Ratchet) 조항으로 인해 공공부문의 대외 시장 개방 및 민영화에 대한 역진 방지 조치가 취해졌다. 정부는 교육·의료·에너지·철도 등의 공공서비스부문에 대해 개방·역진방지를 유보하는 조항을 포함시켰다고 밝히고 있으나(산업통상자원부, 2020), [표 5-9]에 따르면, 정부 차원의 최소기준 대우(국내 재산권 보호) 및 수용 조치(민영화 기업 재국영화)를 전 부문에 걸쳐 봉쇄한 협약 내용이 포함되어 있었다.

[표 5-9] 주요 공공부문의 한미FTA 미래유보 현황

구분	철도	전력	가스	상수도	보건의료	통신	방송
내국민대우	O	O	O	O	O	O	O
최혜국대우	O	×	×	×	O	×	O
최소기준대우	×	×	×	×	×	×	×
수용 및 보상	×	×	×	×	×	×	×
송금	×	×	×	×	×	×	×
이행요건	O	O	O	O	O	O	O
고위경영진	O	O	O	×	O	O	O
현지주재	O	O	O	O	O	O	O

자료 : 산업통상자원부(2020).

•• 박근혜정부의 시장화 전략

초기 이명박정부와의 정책 차별화('공공기관 합리화' 정책)를 시도했던 박근혜정부는 2013년 하반기 돌연 공공기관의 부채 문제를 집중 공격하고, 이들 공기업 부채가 공공기관의 방만경영의 산물로 규정했다. 2013년 하반기 당시 문제가 되었던 공기업 부채는 △이전 이명박정부의 무분별한 정책 추진(예, 4대강 사업, 해외 자원개발 등) △주요 공익사업(전력·철도·공공주택 등)추진 △SOC 시설 투자에 따른 자산 성격 등이 혼재되어 공공기관 경영책임으로 볼 수 없는 요소들이 많았으나, 박근혜정부는 이를 무시하고 공공기관(종사자·노조) 공격의 도구로 부채 문제를 정치쟁점화했다. 이에 따라, 부채 축소와 함께, '공공기관 정상화'에 따른 경영혁신 조치(단협개악·임금피

크제·성과연봉제)를 취했다. 이와 함께, 이명박정부에서 추진해오던 철도 분할(고속철도 경쟁체제) 조치를 2013년 말 강행했다. 의료 영리화·시장화 조치를 취하면서 공공의료 비중을 축소시켰고, 발전·가스 부문의 민간 참여와 경쟁체제도 확대했다.

　방만경영 정상화 명목으로 공공기관 노조활동을 억제하는 조치를 취했을 뿐 아니라, 정부 정책에 반발하는 전교조·공무원노조를 법외노조로 압박하는 등 공공부문 전반의 노조활동을 억압하기에 이르렀다. 박근혜정부의 이러한 시장화 및 노조 억압 전략은 결국 2016년 9월 이후 공공기관노조의 강력한 저항에 직면하게 된다. 2016년 9월 철도·지하철·건강보험·국민연금·가스·국립대병원·철도시설 등을 망라한 공공부문노조 사상 최대의 연대파업이 전개됨으로써, 2016년 10월 이후 확산된 촛불항쟁의 신호탄을 쏘아올린 것이다. 노무현정부에서 박근혜정부까지 이어진 공공기관 시장화 전략 흐름을 요약하면 [표 5-10]과 같다.

[표 5-10] 노무현정부~박근혜정부 공공기관 시장화 전략의 추진 과정 개괄

시기	주요 정책기조	기능조정(구조개편)	기관 운영·관리
2003~ 2007년 (노무현)	·하드웨어 구조개혁에서 소프트웨어 구조개혁으로 전환 ·상시적 구조조정·경영혁신(경영합리화) 시장화전략 기반 구축	·철도·전력(발전·배전)·가스·지역난방 등 민영화 중단 및 경영혁신 ·인천공항·지역난방·전력기술 등 지분매각(주식상장) 추진	·정부산하기관 경영평가 확대(정산법) 및 공기업 성과급 격차 확대 ·신공공 관리체계 완성(공공기관운영법 제정): 통합 경영평가체계 ·외주화·경쟁체제 확대로 고용구조 왜곡

시기	주요 정책기조	기능조정(구조개편)	기관 운영·관리
2008~ 2012년 (이명박)	· 하드웨어·소프트웨어 구조개혁 동시 추진 · '공공기관 선진화'로 시장화전략 사실상 완성 · 한미FTA 추가 타결 (2011.11) 및 발표 (2012.3)	· 철도·전력(발전·배전)·가스·공항 등 민영화 추진 · 산은·대우조선 등 민영화 추진 · 공공기관 통폐합(LH·연구지원·정보통신·환경 등) · 주요 공공서비스 미래유보 최소화 및 예외허용(개방·경쟁 확대)	· 선진화·경영효율화에 따른 인력감축(10%), 외주화·경쟁체제·민자 등 확대 · 노사관계 선진화 및 성과연봉제 추진
2013~ 2016년 (박근혜)	· 공공기관 부채 명목으로 방만경영 정상화 추진 · 철도 분할 및 의료 시장화 추진	· 고속철도 분할·경쟁체제 도입 · 에너지 경쟁체제, 의료시장화(영리화) 확대	· 단체협약 무력화 (2014), 임금피크제 (2015), 성과연봉제 전면화(2016) · 공공부문 노조 직접 공격(방만경영 주범 간주)

자료: 박용석(2020).

•• 문재인정부의 탈시장화 실험(?) 실패

촛불정부를 표방한 문재인정부는 초기 공공기관 국정방향 설정과 관련하여 이전 정부와는 다른 길을 선택했다. 이전 정부가 추진했던 △경영효율성 극대화 중심 정책 기조 △유연화(정규직 감축, 비정규직 확대 등)로 일관했던 공공부문 일자리정책의 전환 △노조활동 억압 정책 등을 전환한 것이다. 이에 따라 △공공기관의 사회적 가치 실현 △공공부문 81만개 일자리 확충 및 정규직화 △공공기관 노동이사제 도입 등이 국정과제로 제시됨에 따라, 20년간 지속되어온 시장화전략이 전환될 것이라는 기대가 높았다.

특히, 2014년 4월 세월호 참사 직후 국회의원이었던 문재인 대통령이 직접 발의했던 「공공기관의 사회적가치 실현 기본법안」(소위 '문재인법')이 대선 공약을 거쳐 「국정운영 5개년 계획」(2017.7)에서 문재인정부 국정방향으로 제시되었다. 법안에서 제시된 인권·환경·노동·복지·일자리·공동체 등 13개 사회적 가치 범주가 구체화됨에 따라(행정안전부, 2019), 이전의 시장화전략 폐해가 극복되고 탈시장화 의제들(노동·일자리·복지·공동체·환경 등)이 국정과제로 자리잡는 전기(轉機)가 마련될 것으로 기대했던 것이다(박용석, 2020). 정부 스스로도 사회적 가치 실현 국정방향과 관련하여 진보·노동운동 진영이 내세웠던 공공성을 대부분 사회적 가치 실현 국정과제에 포함할 것으로 밝혔다.

그러나, 문재인정부의 임기가 저물어가는 2021년 하반기 현재, 이러한 기대는 대부분 실망으로 바뀌고 말았다. 공공기관에서 탈시장화 전략의 전환 계기로 작용할 것이라고 기대했던 사회적 가치 실현 국정방향은 정작 중요한 시장화 적폐(철도·발전·가스 등의 분할 경쟁체제) 청산에는 한발도 내딛지 못한 채 표류하기 이르렀다. 과거 이명박·박근혜정부 시절 야당 위치에서 강하게 문제 제기했던 이러한 시장화 적폐들에 대해 본인들은 철저히 '내로남불' 태도를 취했다.

핵심 국정 과제였던 공공부문 81만개 일자리 확충은 사회서비스 부문 및 정규직화 정책에서 한계를 드러냈다. 민간위탁 폐해가 심각한 사회서비스 부문 공공 일자리 창출 실적이 불분명한 가운데 사회서비스원의 정착 가능성 역시 불투명하고, 비정규직 정규직화는 △낮은 정규직 전환율 △공공기관 파견·용역노동자 자회사 전환 △저임금·차별 논란 임금체계 등으로 인해 사회 전반의 좋은 일자리 정책을 선도하는 계기로 자리잡지 못했다. 공정임금 정책으로 출발한 직무 중심 임금체계 전환은 과거 정부의 성과연봉제 시즌2 수준으로 전락했고, 사회서비스 공급구조 개편 취지에서 출발한 사회서비스원 정책은 사회서비스원의 취약한 기반 및 공공 인프라 확충 실패 등으로 지속 가능성에 대한 우려가 제기되고 있다. 문재인정부가 추진했던 주요 공공정책을 보면 [표 5-11]과 같이 정리할 수 있을 것이다.

[표 5-11] 문재인정부 주요 공공정책 추진 및 상황 진단

핵심국정과제	주요 내용	상황 진단
공공기관 사회적 가치 실현	· 이전 정부의 공공기관 운영원리(경영효율성-경제적 가치 중심) 전환 가능성 · 공공기관 사회적 가치 실현 국정과제 구체화(전 공공부문 및 정부 부처)	· 사회적 가치 실현 국정방향 표류(정부 국정과제 확장→정부사업 포장 활용) · 사회적경제 활성화 정책과 사회적 가치 국정방향의 혼합 · 사회적 가치 실현 핵심과제(민영화·시장화 적폐청산) 실종 · 한국판뉴딜, ESG경영 등 시장-이윤 중심 성장 전략으로 선회
81만개 공공일자리 확충 및 비정규직 정규직화	· OECD 평균의 1/3수준에 불과한 공공부문 고용 비중 제고(좋은 일자리 공공부문 선도) · 고용 확대(간접고용 전환) 및 일자리 질 개선 위한 비정규직 정규직화	· 5년 인력확충 계획의 72.5%(58.7만명) · 사회서비스 인력 확충 및 공적 전환(사회서비스원) 전망 불투명 · 정규직 전환 미흡(전환 예외 다수, 3단계 민간위탁 전환 실종) · 공공기관 파견·용역 노동자 63.9% 자회사 전환(차별 지속)

핵심국정과제	주요 내용	상황 진단
공공기관 노동이사제 도입	· 중앙 공공기관 경영 참여 및 안정적 노사 관계 선도 · 공공기관 노조에 대한 기존 전략(적대시) 전환 기대	· 9개 광역 지자체가 이미 시행(10개 조례 제정) · 서울의 노동이사 모델(기업별노조 체계의 기관 직원 대표)의 광역 지방정부 확산 및 중앙 공공기관 논의 실종
공정 임금체계	· 개별 경쟁 중심 임금체계(성과연봉제)에서 공동체 중심 임금체계(공정임금)로의 전환 검토	· 2018년 공공기관 통일 직무급제 시행 검토후, 2019년 이후 기관 단위 직무급제 선회(임금억제·직무 중심 경쟁 임금 체계)) · 무기계약직 표준임금체계(2018년) : 저임금·하향평준화 시도(공정성 논란 진원지)
사회 서비스원 설립 및 공공 인프라 확충	· 사회서비스원을 통한 사회서비스 공급구조 개선 · 사회서비스 인력 확충(34만명) 및 사회서비스 공공 인프라 확충	· 사회서비스원의 취약한 근거(법 제정 지연, 지역 종합재가센터 기능 불안 및 불안정 고용, 공공시설 우선 위탁 무력화) · 사회서비스 공공인프라 확충 목표 대비 취약한 실적(종합재가센터 21.5%, 보육시설 5.5%, 요양시설 0.8%)

자료 : 필자.

더 문제는, 코로나 위기 국면에서 보여준 문재인정부의 무책임한 정책 방향에 있다. 전세계적인 코로나 위기로 국가 책무 강화가 요구되고, 공공부문의 탈시장화가 선진 각국에서 확산되는 상황에서도, 문재인정부는 한국판 뉴딜, ESG 경영, 녹색자본주의(탄소중립) 등의 친시장적·친기업적 정책 기조를 강화함으로써, 결국 사회적 가치 실현 등으로 대표되는 탈시장화 실험(?)은 사실상 완전히 실패한 채 마감되고 있다. 문재인정부의 탈시장화 실패

뒤에 남은 것은, 20년 이상 유지·확대되어온 공공기관 시장화전략이 훨씬 더 공고화되면서 철도·에너지 등 주요 공공서비스부문에 드리우고 있는 지속가능성에 대한 위기 징후들이다.

•• 시장화 전략과 국가재정 및 고용 비중의 변화

지난 20년간 계속된 시장화전략의 폐해로 인해 철도·에너지·도시철도·공공의료 등의 필수 공공서비스의 기능과 역할, 그리고 그 지속가능성에 대한 위기 징후가 나타나고 있다. 2003년 노무현정부가 철도·발전·가스 등의 국가기간산업의 민영화를 유보하고 상시적 경영혁신(시장화) 및 경쟁체제로 전환한 이후 이명박·박근혜정부 기간 동안 공공기관 시장화전략(공공기관 선진화·정상화)이 극대화되면서 필수공공서비스의 지속적 제공 기반이 현저히 약화되어 있다. 더구나, 공공기관 사회적 가치 실현 국정방향을 내세운 문재인정부가 국가 책임이 강하게 요구되는 코로나 위기 국면에서조차 시장화전략을 제대로 전환하지 못한 상황이기 때문에, 그 폐해는 여전히 강하게 남아 있다.

우리나라 시장화전략의 폐해의 가장 구체적인 징표는 국가재정 및 고용 비중의 국가별 비교를 통해 구체적으로 확인할 수 있을 것이다. 최근 우리나라는 코로나 위기 국면에서 과도한 국가 재정 지출 논란이 계속되고 있다. 야당(국민의힘)에서 국가재정 확장을 문제삼는 것은 '작은 정부'를 금과옥조처럼 여긴 그 정치세력의 정체성(identity) 문제라고 치부할 수 있으나, 촛불정부를 계승한다며 정책 차별성을 내세워온 문재인정부 국가재정 운영 문제는 가볍게 넘길 일이 아니다.

국가재정 운영과 관련한 부채 증가 논란에도 불구하고, 2018년 이후 2021년까지의 우리나라의 GDP 대비 일반정부 총지출 규모는 4년 평균 35.4%로서, 동일 기간 OECD 국가 평균의 44.0%에 미달하고 있다. 코로나 위기가 극에 달했던 2020년의 경우 우리나라 재정 지출은 38.5%로 약간 증가했으나, OECD 국가 평균의 49.0%에는 현저히 미달하고 있다(국회 예산정책처, 2021). [표 5-12]에 제시된 바와 같이, 우리나라 4년(2018~2019년)의 GDP 대비 국가 재정 지출 비중은 평균 35.4%로 분석되고 있다. 이는 과거 2017년의 32.5%에 비해서는 다소 증가된 수치이긴 하다. 그러나, 동일기간 동안 OECD 국가 평균은 49.0%로 나타남으로써, 그 격차가 더 크게 나타나고 있다. 문재인정부 기간 동안 우리나라는 '작은 정부' 체제를 일관되게 유지했다는 의미이다. 단순하게 우리나라의 국가 재정 지출을 OECD 국가 평균 수준으로 끌어올리기 위해서는 년간 140조원 추가 지출이 필요하다는 결론에 이른다.

[표 5-12] OECD 주요국의 GDP 대비 일반정부 총지출 (단위: %)

국가 구분	2018년	2019년	2020년	2021년	4년 평균
한국	31.2	34.0	38.5	37.9	35.4
독일	44.4	45.1	52.1	50.4	48.0
미국(USA)	42.2	42.2	46.2	45.1	43.9
스웨덴	52.2	52.1	61.8	57.1	55.8
스페인	32.5	32.7	37.4	35.8	34.6
영국(GBR)	39.3	39.0	44.6	44.6	41.9
이탈리아	48.4	48.7	58.5	54.9	52.6
일본	38.5	38.7	46.7	41.5	41.4
캐나다	41.0	41.2	56.6	52.0	47.7
프랑스	55.6	55.5	63.3	59.6	58.5

국가 구분	2018년	2019년	2020년	2021년	4년 평균
호주	35.4	35.6	47.4	40.2	39.7
OECD 평균	40.3	40.6	49.0	46.2	44.0

자료 : 국회 예산정책처(2021).

국회가 발표한 지난 5년간(2018~2022년) 국가 재정수지 비중(GDP 대비)을 보면, [표 5-13]에서와 같이 우리나라는 -1.4%로서 OECD 국가 평균 -6.3%에 비해 매우 준수한(?) 실적을 내세우고 있다. 특히, 코로나 위기가 절정에 달한 것으로 평가되는 2021년에 우리나라의 재정 수지 비율은 -3.8%로서 OECD 국가 평균 -8.4%에 비해 여전히 준수한 편이다. 우리나라 국가 부채 문제가 국제적 기준에서 본다면 거의 문제가 되질 않는다는 것을 알 수 있다.

[표 5-13] OECD 주요국의 GDP 대비 재정 수지

(단위: %)

국가 구분	2018년	2019년	2020년	2021년	2022년	5년 평균
한국	3.0	0.9	△4.2	△3.8	△3.0	△1.4
독일	1.8	1.5	△6.3	△4.4	△1.8	△1.8
미국(USA)	△6.3	△6.7	△15.4	△11.6	△8.3	△9.7
스웨덴	0.8	0.5	△4.0	△3.8	△2.3	△1.8
스페인	△2.5	△2.9	△11.7	△9.0	△6.6	△6.5
영국(GBR)	△2.2	△2.4	△16.7	△13.3	△8.8	△8.7
이탈리아	△2.2	△1.6	△10.7	△6.9	△4.4	△5.2
일본	△2.3	△2.6	△10.5	△5.5	△3.5	△4.9
캐나다	△0.4	△0.3	△15.6	△11.3	△5.8	△6.7
프랑스	△2.3	△3.0	△9.5	△7.4	△5.6	△5.6
호주	0.2	△0.2	△12.7	△6.5	△5.1	△4.9
OECD 평균	△2.8	△3.0	△11.5	△8.4	△5.7	△6.3

자료 : 국회 예산정책처(2021).

우리 공공부문을 지배하고 있는 전통적인 작은 정부 전략 및 IMF 이후의 극단적인 시장화 전략은 공공부문 고용구조에 가장 적나라하게 반영되어 있다. 2015년 기준으로 OECD 주요 국가들의 전체 취업자 대비 공공부문 고용 비중을 조사한 결과, 일반정부 및 공기업 모두 합해서 8.2%로서 OECD 평균 20.1%의 1/3 수준에 머무르고 있다(서울대 산학협동단, 2017). 우리나라의 공공부문 고용 비중은 1980년대 이후 세계적인 신자유주의 원조국가들인 영국(16.9%)·미국(15.6%)에도 훨씬 못 미치고 있다는 점에서 심각하다.

공공부문의 고용 비중이 개선되기 시작한 2017년의 일반정부 부문(행정기관·준정부기관 등)의 고용 비중을 보더라도, 아직 우리 공공부문은 7.7%로서 OECD 평균 17.7%의 절반에도 못 미친다(OECD, 2019). 공공부문 고용 비중이 낮다는 것은 결과적으로 국가가 제공해야 할 공공서비스가 미흡하고, 국민을 보호해야 할 국가의 책임 역량이 뒤쳐진다는 것을 반영하고 있다[표 5-14].

[표 5-14] OECD 주요 국가의 전체 취업자 대비 공공부문 고용 비중(2015, 2017년)

(단위: %)

국가명	2015년 공공 고용 비중(전 취업자 대비)			2017년 고용비중
	일반정부 비중	공기업 비중	전체 비중	일반정부 비중
노르웨이	30.0	8.4	38.4	30.3
스웨덴	28.6	2.4	31.0	28.8
프랑스	21.4	2.8	24.2	21.9
캐나다	18.2	0.4	18.6	19.4
영국(GBR)	16.4	0.5	16.9	16.0
스페인	15.7	0.4	16.1	15.3
미국(USA)	15.3	0.3	15.6	15.2

국가명	2015년 공공 고용 비중(전 취업자 대비)			2017년 고용비중
	일반정부 비중	공기업 비중	전체 비중	일반정부 비중
네덜란드	12.8	1.2	14.0	12.0
터키	12.4	1.5	13.9	10.8
독일	10.6	0.9	11.5	10.5
한국 6)	7.6	0.6	8.2	7.7
일본	5.9	0.4	6.3	5.9
OECD 평균	18.1	1.9	20.1	17.7

자료 : 「OECD National Accounts Statistics」(2015), 서울대 산학협동단(2017) 재인용, OECD(2019), 「Government at a Glance」

우리의 낮은 공공부문 고용 비중은 교육·의료·사회서비스 등 핵심 공공서비스 부문에서 공공부문 비중이 매우 낮고, 운수·에너지·정보통신·금융 등에서 민영화가 광범위하게 추진되었기 때문이다. 특히, 핵심 공공서비스 부문인 철도·발전·가스·도시철도·공항 등에서도 경쟁체제·경영효율화 중심의 운영이 지속되는 가운데, 공공성 확대를 위한 정책(통합·기능확대·인력확충)은 철저히 억제되고 있다. 특히, 우리나라 공공부문 고용에서 매우 취약한 것은 공공의료 영역을 손꼽을 수 있다.

---

6) 정부(통계청) 공공부문 일자리통계(2018.2)에서는 2015년 공기업 고용 및 공공부문 고용 비중이 조정됨(8.9%).

•• 국민의 생명·안전 보호 기반이 취약해진 공공의료 부문

국민의 생명안전과 관련된 핵심적인 공공서비스 부문인 의료는 OECD 가입 선진 국가들이 가장 중시하는 공공 영역으로서, 1980년대 이후 민영화 확산 속에 민영화 선도 국가(특히, 영국)에서조차 의료에 대해서는 공공 영역으로 계속 유지하고 있다. 우리나라 공공병원 비율은 매우 낮다. [표 5-15]에서와 같이, 2019년 기준으로 우리나라 전체 병원 3,920개 중 공공병원은 210개로서 5.4%에 불과하다. 종합병원(15.6%) 및 상급종합병원(28.6%)의 공공 비율은 상대적으로 높지만, 전체적으로는 공공병원 비율이 매우 낮다(보건복지부, 2020, 국립중앙의료원, 2019).

[표 5-15] 국내 병원의 민간-공공부문 비교 현황(2019년)

(단위: 개, %)

명칭		병상수	진료과목	병원수			공공 비율(%)
				민간	공공	합계	
종합병원	종합병원	100~300개	7개 이상	298	55	353	15.6
		300개 초과	9개 이상				
	상급종합병원	500개 이상	20개 이상	30	12	42	28.6
병 원		30개 이상	(해당 없음)	1,407	54	1,461	3.7
치과병원				230	7	237	3.0
한방병원				305	2	307	0.7
정신병원				114	0	114	0.0
요양병원				1,356	92	1,448	6.4
전문병원		(해당 없음)	(해당 없음)	109	0	109	0.0
계				3,710	210	3,920	5.4

자료 : 보건복지부(2020), 국립중앙의료원(2019).

국제적으로 비교할 경우, 2016년의 공공의료기관 비중은 5.5%로서 OECD 국가 평균 65.5%의 1/10에도 못 미친다. 문제는, 2010년과 2016년을 비교할 경우, OECD 국가 평균이 53.5%에서 65.5%로 증가한 데 반해, 우리의 경우 6.7%에서 5.5%로 더 낮아졌다는 점이다(건강보험연구원, 2020). 공공의료기관 병상수 역시 2016년 9.6%(2010년 13.0%에서 축소)로서 OECD 평균(89.7%)의 1/10에 불과(OECD는 동기간 15.1%p 증가)하다[표 5-16].

[표 5-16] OECD 및 한국의 공공의료 비중 비교(2010~2016년)

(단위: %)

구분		2010년	2016년
공공의료기관 수	한국	6.7	5.5
	OECD	53.5	65.5
공공의료기관 병상 수	한국	13.0	9.6
	OECD	74.6	89.7

자료 : OECD, 「2016 OECD Health Data」, 건강보험연구원(2020) 재인용.

정부(보건복지부) 자료(2019년 국장감사)에서도, 영국을 100으로 할 경우 공공의료 병상 비율은 프랑스 62.5%, 독일 40.6%, 일본 26.4%, 미국 24.9%, 한국 10.0%로 각각 나타나고 있다. 최근(2018년도) 사회보험 재원 적용 방식을 고려하더라도, 주요 국가들에 비해 우리의 공공병원 비율(5.3%)은 미국(23.0%)·일본(18.3%)·독일(25.5%)·프랑스(44.7%)에 비해 현저히 미달하고 있다. 의료 민영화 및 규제 완화가 가장 확산된 미국에 비해서도 우리의 공공병원 비율 및 공공병상 비율은 매우 취약한 편임을 알 수 있다.

한편, 2020년 이후 코로나 위기 국면에서 우리나라의 공공병원은 코로나 환자의 80%를 담당하는 상황에서, 2020년 코로나 위기로 공공의료 체제의 재구축이 필요하다는 여론이 높아지고 있다. 그러나, 우리나라의 공공병원 추가 확충 계획은 아직 구체적으로 제시되고 있지 못함으로써, 문재인정부 또한 기존 시장화 정책의 전환 계획이 매우 미흡한 상황이다 7).

이는 이명박·박근혜정부 기간 동안 일관되게 추진되어온 의료시장화 정책의 단면을 반영한다고 볼 수 있으나, 문재인정부 또한 이를 개선하기 위한 노력을 거의 기울이고 있지 않았다는 반증이다. 적어도 2020년 코로나 위기 국면에서 노사정 합의를 추진했고, 2021년 보건의료노조와의 노정간 합의를 체결한 문재인정부라면 임기 전에 공공의료 확충에 대한 명확한 청사진을 시급히 제출할 필요가 있다.

•• 공공운수서비스 철도와 도시철도의 위기

고속철도 분할·경쟁으로 구조적 경영위기에 직면한 철도

우리나라 철도는 2003년 철도 구조 개편(철도 상하 분리 및 민영화 유보) 이후 분할-경쟁체제를 근간으로 하고 있다. 철도 시설은 국가 중심의 시설공단이, 철도 운영은 시장화를 지향하고 있다. 간선(幹線) 철도의 경우 철도공

---

7) 2020년 코로나 위기 극복 노사정 합의(2020.7) 내용에 공공의료 확충이 포함되어 있으나 2021년 예산에 관련 내용이 전혀 반영되어 있지 않았고, 최근(8.31) 발표한 정부의 2022년도 예산(안)에도 이 내용이 거의 없음(대전의료원 설립 설계비만 반영). 최근 정부와 보건의료노조간 합의(9.1)에서 70개 권역에서 공공병원을 확충하겠다는 내용이 포함되어 있는데, 이후 2022년 추경 예산 편성으로 가능할지 지켜봐야 하나, 시기상 이는 차기 정부의 과제로 넘어갈 가능성 높음.

사 중심으로 운영하되, 일부 노선(예, 고속철도)에 대해 경쟁구조를 지닌다. 특히, 고속철도의 경우 수서발 고속철도(SR)가 철도공사 출자회사로 운영(요금 10% 인하)되면서 철도공사와 경쟁구조(경부선·호남선 등) 하에 있고, 신규 철도 노선은 민간과의 경쟁 입찰제를 통한 운영자 선정 등의 경쟁구조가 역시 작동되고 있다. 철도의 경쟁체제는 2003년 철도산업기본법 및 2011년 한미FTA 추가협약의 결과를 반영하는 것으로, 이는 결과적으로 △철도공사 중심의 정부 재정 운영의 한계(철도 설비 투자의 분산) △각 철도 사업자 간 경쟁(고속철도 간, 철도-자회사 간 등)으로 인한 불필요한 재정 낭비 △경쟁체제가 갖는 경영효율화(조직·인력운영 효율화, 임금억제·차별 등)의 문제를 초래하는 것으로 진단되고 있다 8).

철도공사는 고속철도(KTX), 광역철도(새마을호·무궁화호), 수도권 전철 등 여객운송 및 화물운송을 담당하고 있는데, 고속철도를 제외하고는 모두 적자 운영이 이뤄지고 있다. 이는 철도가 지닌 공적 기능 수행(광역철도·수도권전철의 요금 억제 및 공공 할인, 화물철도 낮은 운임)의 결과이다. 이러한 공적 기능으로 인한 적자 운영을 극복하기 위해, 철도공사는 고속철도 수입으로 나머지 적자를 보전하는 교차보조(cross-subsidization) 재정운용 방식을 취하고 있다.

그런데, 2014년에 어렵사리 영업이익에서 흑자 전환이 이뤄졌으나, 또다시 철도공사는 2017년부터 영업 적자로 전환된 채 적자폭은 누적되고 있다.

---

8) 2020년말 기준으로 철도공사는 정규직(무기 포함) 32,424명, 비정규 254명, 5개 자회사는 정규직 7,950명, 소속외(외주) 2,230명, ㈜SR은 정규직 607명, 소속외 509명, 철도공단은 정규직(무기 포함) 2,095명, 소속외 59명이 종사하고 있는데, 전체 인력 규모는 46,128명으로 집계됨. 이 전체 인력은 IMF 구조조정 직전(철도청) 인원 51,000명(공무원+고용직)에도 아직 미달하고 있음. 5개 자회사 노동자의 임금 차별이 심각하고 사실상 철도공사 외주 형태로 운영된다고 보면, 실제 국가 철도 부문의 정규직은 35,126명으로서 IMF 이전에 비해 70%에도 못 미친다고 볼 수 있음.

2016년 SR(수서고속철도) 영업 개시 이후 고속철도의 분할 경쟁체제로 인한 KTX 영업이익 감소가 주된 원인이다 9). 알리오(공공기관 경영정보시스템) 자료를 근거로 철도공사와 SR의 경영성과를 비교해보면, [표 5-17]에서와 같이 지난 5년간(2016~2020) 철도공사는 영업이익 및 당기순이익에서 각각 1조 7019억원, 2조 5766억원의 누적 적자 상태이나, SR의 경우 동일 기간 각각 545억원 및 157억원의 흑자 상태를 유지하고 있다.

공교롭게 철도공사의 5년 당기순손실액(2조 5766억원)과 동기간 SR 매출총액(2조 3932억원)이 비슷한 수준이기 때문에, 결국 철도공사의 경영 적자가 고속철 분할·경쟁에서 비롯되고 있는 것으로 볼 수 있다. 특히, 코로나 위기가 닥친 2020년의 경우 철도공사는 1조원 이상의 영업 손실 및 당기순손실을 기록했다. 실제 경영효율화 취지 아래 KTX과 SRT의 경쟁체제가 운영되고 있지만, 경영효율화는커녕 오히려 경쟁체제로 인한 비효율마저 나타나고 있다 10).

[표 5-17] 철도공사, SR의 주요 경영성과 비교

(단위: 백만원)

	구분	2016년	2017년	2018년	2019년	2020년	계
철도공사	매출액	5,693,543	5,786,709	6,326,845	6,401,396	4,858,607	29,067,100
	영업이익	121,584	-469,912	-33,904	-108,304	-1,211,372	-1,701,908
	당기순이익	-226,498	-855,528	-104,979	-46,922	-1,342,682	-2,576,609

9) 문재인정부 초기에 정부(국토교통부)는 철도 경쟁체제가 갖는 한계를 극복하기 위해 고속철도 통합 논의를 일시 진행한 바 있으나, 2018년 말 통합 논의를 중단하였음. 이후 2019년 1월 공공기관운영위원회에서 SR을 자율·책임경영(자체 수입률 향상 근거로 한 자율·독립 운영) 명목 아래 공기업으로 유형을 전환 관리함으로써, 사실상 SR의 완전 분리를 제도화했음.
10) KTX와 SRT의 경우 2017년 이후 고속철도 분담 비율이 75:25로 계속 이어지면서 경쟁으로 인한 고속철도의 경영 변화가 없고, 오히려 경쟁에 따른 별도의 중복 거래비용으로 2017년 559억원이 불필요하게 지출되고 있음(김태승, 2021).

구분		2016년	2017년	2018년	2019년	2020년	계
㈜SR	매출액	30,157	580,110	640,729	666,998	473,397	2,391,391
	영업이익	-42,363	41,935	45,586	32,733	-23,394	54,497
	당기순이익	-32,906	32,115	37,086	18,439	-39,083	15,651

자료 : 알리오(재구성).

  철도공사는 시설 기반을 보유하고 있는 다른 SOC 공기업(도로·공항·항만·수자원 등)과 달리 시설 기반이 없는 공기업이기 때문에 부채의 원인 및 특성과 관련한 또다른 우려를 낳고 있다11). 철도공사의 총부채는 2020년 말 기준으로 18조 88억원으로서 지난 4년간 4조 2647억원의 부채가 증가했다[표 5-18]. 부채 증가 규모도 다른 SOC에 비해 높은 데다, 유동부채(단기 상환 부채)가 3조 2743억원에 달하고 있기 때문에 우려스럽다. 결국 고속철도 경쟁이라는 영업 손실 요인(영업이익·당기순이익 적자)이 부채에 반영되고 있는 것으로 추정되고 있다.

[표 5-18] 주요 SOC 공기업의 부채 현황

(단위: 백만원)

구 분		2016년	2017년	2018년	2019년	2020년	증가액
철도공사	유동부채	2,908,664	2,854,491	3,855,831	2,607,674	3,274,254	-
	총부채	13,744,146	14,880,760	15,553,710	16,329,796	18,008,877	4,264,731
수자원공사	유동부채	3,154,565	3,056,095	2,901,471	3,202,178	4,109,364	-
	총부채	13,638,855	13,633,291	14,009,630	13,919,329	13,834,938	196,083

11) 다른 SOC 공기업(도로·공항·항만·수자원 등)의 부채는 대부분 시설 설비 투자 성격이 강하기 때문에 이는 자산 성격으로 간주될 수 있음. 철도의 경우 역사 시설을 제외하고는 대부분의 시설이 국가철도공단 소유(철도공사 선로사용료 부담)이기 때문에, 부채의 성격이 다른 SOC 공기업과 전혀 다른 성격(사실상 운영 부채)을 지니고 있음.

구분		2016년	2017년	2018년	2019년	2020년	증가액
도로공사	유동부채	4,653,532	4,014,783	4,193,497	4,196,982	4,339,071	-
	총부채	27,512,459	27,191,645	28,112,848	29,453,632	31,165,848	3,653,389
인천공항공사	유동부채	701,725	1,307,654	1,220,610	1,227,767	1,219,594	-
	총부채	3,682,268	4,315,375	3,562,834	2,974,884	4,050,232	367,964
한국공항공사	유동부채	210,316	245,446	260,636	255,520	236,034	-
	총부채	377,684	384,557	401,928	408,928	731,736	354,052
부산항만공사	유동부채	226,133	346,232	326,622	505,632	622,163	396,030
	총부채	1,779,890	1,769,177	1,999,690	2,189,570	2,552,433	772,543

자료 : 알리오(재구성).

국가 기간 철도의 중심에 있는 철도공사에서 이 같은 분할 경쟁 및 적자 운영이 지속될 경우 결국 서민의 보편적 교통서비스 역할을 하는 적자 영업부문(광역철도·수도권전철)의 구조조정이 불가피할 수밖에 없을 것이다. 이미 정부는 적자 운영이 불가피한 광역철도에 대해 민자 방식을 설정함으로써 또다른 악순환의 굴레를 만들고 있다 12). 과거 이명박·박근혜정부를 되돌아보면, 이러한 철도공사의 부채는 곧바로 철도공사 구조조정의 근간으로 작용할 것으로 예상된다. 적자 원인을 공공기관의 책임(방만경영)으로 전가하는 시장화전략이 여전히 기승을 부리고 있기 때문이다.

현재 세계 각국에서는 철도의 전략적 자산 가치를 인정하여 일부 국가(일본 등)를 제외하고는 국내 경쟁체제가 대부분 후퇴되고 있고, 독일·프랑

---

12) 기획재정부 보도자료(2021.8)에 따르면, 정부는 6차 재정운영전략위원회를 통해 광역철도(부산~울산, 대전~충북 등) 민자사업을 구체화했음.

스·중국 등에서 철도 통합 체제가 확대되고 있다. 더구나, 최근에는 철도 분할 민영화의 원조 국가인 영국에서조차 탈민영화(철도 통합)을 정부가 선언(2021.5)하기에 이르렀다. 박근혜정부의 철도 분할 당시 이를 반대했던 더불어민주당이 집권 이후에도 이러한 분할 경쟁체제를 유지하고, 경쟁체제의 폭을 확대(SRT 전라선 확대 검토 등)하려는 것 자체가 도무지 이해되질 않는다. 정책의 이율배반을 넘어 국민의 필수서비스 확대에 대한 낮은 인식 수준의 문제를 지적하지 않을 수 없다.

공공서비스 제공 기반 자체가 위태로운 도시철도 부문

주요 대도시 시민들의 일상적인 교통수단이자 가장 대표적인 공공서비스인 도시철도(지하철)의 경영 위기가 지속적으로 구조화되고 있다. [표 5-19]에서와 같이, 전국의 6개 도시철도는 지난 5년간(2016~2020년) 영업이익 및 당기순이익 측면에서 6조 5301억원, 5조 4348억원의 손실이 각각 누적된 상태이다. 특히 코로나 위기가 닥친 2020년의 도시철도의 경영 적자는 매우 심각한 수준이다. 보수 언론에서는 이 상황에 대해 지난 시기 끊임없이 도시철도(지하철)의 방만 경영 및 구조조정을 언급해왔고, 이미 2020년에 영업이익 및 당기순이익 기준으로 각각 1조원 이상의 손실을 기록한 서울교통공사는 누적 재정 적자를 이유로 한 구조조정 계획을 밝힌 바 있다 13). 이러한 서울교통공사의 구조조정 추진 사례는 언제라도 전국의 도시철도에 확산될 위험을 지니고 있다.

---

13) 서울교통공사는 오세훈 신임 서울시장의 자구노력 요구(2021.5)를 받아들여, 6월에 1,539명 인력(최대 1,900명까지) 감축 및 임금 동결 계획을 발표한 바 있음.

[표 5-19] 도시철도공사(지방공기업) 경영성과 비교

(단위: 백만원)

구 분		2016년	2017년	2018년	2019년	2020년	계
부산 교통공사	영업이익	-279,797	-334,769	-335,255	350,913	-470,940	-1,069,848
	당기순이익	-136,434	-149,213	-165,968	-152,515	-263,450	-867,580
대구도시 철도공사	영업이익	-218,542	-234,595	-226,734	-250,625	-308,671	-1,239,167
	당기순이익	-134,892	-159,276	-147,957	-139,562	-206,151	-787,838
인천 교통공사	영업이익	-103,666	-153,690	-181,193	-124,719	-220,392	-783,660
	당기순이익	-110,693	-116,963	-121,591	-124,719	-159,006	-632,972
광주도시 철도공사	영업이익	-69,937	-70,122	-74,667	-75,555	-81,828	-372,109
	당기순이익	-37,009	-35,460	-40,553	-35,728	-37,485	-186,235
대전도시 철도공사	영업이익	-49,830	-52,809	-55,384	-56,998	-73,548	-288,569
	당기순이익	-37,918	-37,691	-39,962	-36,601	-43,583	-195,755
서울 교통공사	영업이익	-	-521,969	-532,214	-532,404	-1,190,161	-2,776,748
	당기순이익	-	-525,362	-538,893	-586,467	-1,113,737	-2,764,459
전체	영업이익	-721,772	-1,367,954	-1,405,447	-689,388	-2,345,540	-6,530,101
	당기순이익	-456,946	-1,023,965	-1,054,924	-1,075,592	-1,823,412	-5,434,839

자료 : 클린아이(재구성).

각 도시철도(지하철) 개통이래 단 한번도 영업이익 및 당기순이익을 내지 못하는 도시철도(지하철) 재무구조는 시장화전략의 덫에 갇힌 공공서비스 부문의 현주소를 반영하고 있다. 각 도시철도(지하철)의 요금은 원가를 전혀 반영하지 못한 상태에서 대부분의 도시철도공사의 요금현실화율(평균요금/평균원가)은 [표 5-20]에서와 같이 50% 미만에 머물고 있다. 교통요금이 원가에 현저히 미달한다는 의미이다. 이러한 낮은 요금현실화율은 △물가 인상 우려 공공요금 억제 △급속한 고령화에 따른 무임승차 비율 확대 △시내

버스와의 환승체계 등 정책 목적(공공성)이 그 근간에 자리잡고 있다.

그런데, 현재 우리 교통SOC 재정구조에서는 이러한 도시철도(지하철)의 낮은 요금에 대한 공공서비스보상(PSO) 체계가 전혀 작동되지 않고 있지 않다. 적자의 원인이 공익적 사업과 연관되어 있음에도 불구하고, 공익적 사업에 대한 별도의 재정 지원 없이 경영효율화로 이 문제를 해결토록 정책을 설정하고 있는 것이다. 이는 결국 도로 중심 교통SOC 재정전략의 한계 및 공공기관 시장화전략(재정 긴축 및 경영효율화)으로 인한 구조적 요인이 복합적으로 작용한 결과로 볼 수 있다. 중앙정부의 재정운용 전략의 한계를 반영하듯, 도시철도공사들의 예산편성 기준을 설정하는 행정안전부 역시 이에 대한 언급이 전혀 없는 상태이다. 물론, 이러한 흐름은 문재인정부 및 더불어민주당 집권 주요 특별·광역시에서도 별로 다를 바 없이 전개되고 있다.

[표 5-20] 도시철도공사(지방공기업) 요금현실화율 14) 비교

(단위: %)

구 분	2016년	2017년	2018년	2019년	2020년	평균
부산교통공사	44.2	41.6	40.9	40.9	20.4	37.6
대구도시철도공사	28.2	28.6	28.0	26.5	16.4	25.5
인천교통공사	44.1	40.2	38.7	41.5	32.7	39.4
광주도시철도공사	23.2	24.7	23.3	23.4	19.5	22.8
대전도시철도공사	47.8	46.4	45.1	44.6	34.0	43.6
서울교통공사	-	65.4	65.0	65.7	46.2	60.6

자료 : 클린아이(재구성).

---

14) 요금현실화율 : 평균요금/평균원가(%)

•• 탈탄소에너지 전환이 전기, 에너지 분야를 시장화하는 것인가

정부의 탄소중립 정책 및 신재생에너지 투자 전망

현재 문재인정부는 탈원전·탈석탄을 포함하여 세계적인 기후 위기 대응 흐름에 참여하는 탄소중립 정책을 다각도로 진행(한국판 뉴딜, ESG 경영, RE100 등)하고 있다. 정부(산업부)는 「제9차 전력수급기본계획」(2020~2034)을 통해 [표 5-21]에서와 같이 석탄발전 비중을 2019년 40.4% 수준에서 2030년까지 29.9%로 축소하는 정책 목표를 제시(산업통상자원부, 2020)한 후, P4G 정상회의(2021.5)에서는 급기야 「2050탄소중립선언」에 참여하기에 이르렀다. 또, 최근(2021.11) COP국가 정상회의에서 우리나라는 2040년 석탁발전을 중단하겠다는 야심찬 선언을 발표하기 이르렀다.

[표 5-21] 정부의 2030년 발전량 비중 조정 계획

(단위: %)

연도 구분	원자력	석탄	LNG	신재생	양수	기타	계
2019년	25.9	40.4	25.6	6.5	0.6	1.0	100.0
2030년	25.0	29.9	23.3	20.8	0.7	0.3	100.0

자료 : 산업통상자원부(2020).

이미 정부 발표에 따라, 화력발전 5사는 2034년까지 석탄발전소 19기를 LNG로 대체해야 한다. 이미 2024년 폐지가 예정된 삼천포 3·4호기(남동발전), 2025년 폐지가 예정된 보령 5·6호기(중부발전), 태안1·호기(서부발전), 2020년 가동 중단이 예정된 하동1호기(남부발전)가 1차적인 LNG 전환 대상

이다. 사실 냉정하게 접근한다면 LNG 전환 역시 탄소중립이라는 정책 목표와 일치하는 것은 아니다. 그러나, 석탄발전의 폐해에 대해 수많은 우려가 제기되고 있는 상황에서 차선적으로 LNG 전환이 검토되고 있는 것이다.

그런데, 정부가 2030년에 신재생에너지 발전 비중을 현재의 6.5%에서 20.8%로 높이겠다고 발표했지만, [표 5-22]와 같이 정작 우리나라의 대표적인 발전 6개사(한국수력원자력 및 5개 화력발전사)의 신재생에너지 투자계획은 너무나 미흡하다. 2020년 기준으로 1.8%에 불과하여(금융감독원 전자공시시스템), 에너지 전환에 대한 준비가 매우 취약한 것으로 나타났다. 이는 결과적으로, 국가적 에너지 전환 정책 추진을 국가 공기업 주도로 하지 않겠다는 정부의 정책방향을 시사하는 것으로 볼 수 있다. 에너지산업에서 날로 비중이 높아지고 있는 민간 기업, 그중에서도 에너지 재벌 중심의 신재생에너지 정책 방향이 의심되는 대목이다.

[표 5-22] 각 발전사별 투자 계획(2020년)

(단위: 백만원, %)

구분		총투자계획		기투자		투자예정	
		금액	비율	금액	비율	금액	비율
한국수력원자력 15)	발전설비·건설	24,180,828	99.3	19,628,276	99.6	5,456,350	98.1
	신재생에너지	181,005	0.7	74,014	0.4	106,991	1.9
한국남동발전	발전설비·건설	2,033,475	87.3	11,719	8.1	2,021,726	92.6
	신재생에너지	295,229	12.7	133,520	91.9	161,829	7.4
한국남부발전	발전설비·건설	1,317,101	100.0	545,098	100.0	772,003	100.0
	신재생에너지	0	0	0	0	0	0
한국동서발전	발전설비·건설	2,186,900	96.9	17,410	20.3	2,169,490	99.9
	신재생에너지	70,792	3.1	68,422	79.7	2,370	0.1

---

15) 한국수력원자력은 2019년 기준

구분		총투자계획		기투자		투자예정	
		금액	비율	금액	비율	금액	비율
한국 서부발전	발전설비·건설	47,723	91.5	30,334	88.4	17,389	97.4
	신재생에너지	4,448	8.5	3,987	11.6	461	2.6
한국 중부발전	발전설비·건설	1,898,052	100.0	1,722,792	100.0	175,260	100.0
	신재생에너지	0	0	0	0	0	0
계	발전설비·건설	29,766,027	98.2	20,232,837	98.6	10,436,958	97.5
	신재생에너지	551,474	1.8	279,943	1.4	271,651	2.5

자료 : 금융감독원 전자공시시스템(재구성).

2020년 기준으로 5개 화력발전사의 유연탄 연료 사용 비중은 대부분 60%를 넘고 있다. LNG 비중은 약 30% 수준이다. 유연탄 사용 비중이 높은 이유는 효율성(연료 비용 대비 높은 열효율) 중심의 발전산업 특성이 지속되기 때문이다. 2001년 5개사로 분할되어 경쟁체제로 운영 중인 발전부문은 결과적으로 5개 발전사의 분할에 따른 경영효율화(수익 확대) 정책 일변도로 달려오고 있다. 이러한 분할 경쟁체제의 공공 발전산업을 전환하지 않을 경우, 에너지 전환(탄소중립·탈석탄) 정책 추진에 심각한 문제를 야기할 수밖에 없을 것이다.

발전 부문 민간 확대

문제는, 이러한 정부 주도의 에너지 전환이 추진되는 과정에서, 발전사업의 민간 확대가 계속 진행중에 있기 때문에, 정부 정책의 실효성에 대한 논란이 계속되고 있다. 한국수력원자력과 5개 화력발전사 모두 2016년 이후 지속적으로 설비용량·발전량·거래금액 비중이 감소하는데 반해, 민간(에너지재벌)의 비중은 계속 증가하여 지난 5년간 설비용량 및 발전량 비중은 [표 5-23]에서와 같이 10% 이상 증가하였다. 설비용량 기준으로 민간 발전의 비중이 35.2%를 점유하고 있는데도, 2024년까지 추가 7개 석탄화력발전소 건설 계획 중 6개를 민간(에너지재벌)이 추진하고 있다.

  과거 민영화 등을 통해 사업 기반을 강화한 민간 에너지 재벌들이 공공부문의 취약한 지배구조(시장화+관료적 지배구조)를 틈타 이윤 극대화를 지향하고 있는 것이다. 더 심각한 것은 정부가 추진하는 탈탄소 중심의 에너지전환이 공공 발전 역할을 축소하고 민간 발전 사업자를 육성하는 방향으로 이뤄질 경우 가능성이 높다는 점이다 16). 실제 발전산업의 경우 경쟁체제·외주화 등이 중층적으로 작용하면서, 불안정 고용이 사회문제로 대두되는 상황에서 민간 지원 중심의 에너지 전환이 갖는 고용 위협 요인 또한 심각하다 17). 무엇보다, 에너지전환·탄소중립의 정부 정책목표를 실현하기 위해서는 경영효율화 중심의 분할 경쟁체제가 아닌, 발전 통합을 통한 정의로운 전환(just transition)이 필요한데도, 정부는 이를 외면하고 있다.

---

16) 실제 정부(기획재정부)가 발표한 「2021년 하반기 경제정책방향」에서도 탄소중립 사업에 민간 참여를 중점적으로 설정하고 있고, 2022년 예산(안)에서도 탄소중립경제 선도 예산으로 11.9조원을 편성(그린 뉴딜 13.3조원 별도)하면서 민간 중심 산업 전환을 중심에 두고 있음.

17) 발전부문 경쟁체제·외주화로 인한 불안정 고용은 2018년 12월 고 김용균 사망사건(서부발전)에서 심각한 사회문제로 대두된 바 있으나, 아직도 이 상황은 개선되지 않고 있음. 게다가, 정부가 최근 발표한 「산업구조 변화에 대응한 공정한 노동전환 지원방안」(2021.7)은 산업 전환 기업을 상대로 R&D 지원 및 자금 융자. M&A 활성화를 위한 규제 완화 등이 주요 내용으로 자리잡고, 공공 발전 부문의 고용 안정은 거의 언급되지 않아 대조를 이루고 있음.

[표 5-23] 각 부문별 발전 시장 점유율

(단위: %)

구분		2016년	2017년	2018년	2019년	2020년	증가(%p)
한국수력원자력	설비용량	26.9	23.8	22.9	22.8	22.1	-4.8
	발전량	31.2	27.7	24.3	26.7	29.8	-1.4
	거래금액	27.0	20.7	17.5	18.1	23.0	-4.0
5개 화력발전	설비용량	47.9	46.3	45.3	43.8	42.7	-5.2
	발전량	50.3	49.3	49	45.9	41.6	-8.7
	거래금액	51.7	52.8	51.4	49.8	47.2	-4.5
기타 (민간)	설비용량	25.2	29.9	31.8	33.4	35.2	10.0
	발전량	18.5	23	26.7	27.4	28.6	10.1
	거래금액	21.3	26.5	31.1	32.1	29.8	8.5

자료: 금융감독원 전자공시시스템(재구성).

천연가스 민간 경쟁체제

과거 천연가스의 도입·도매·기지운영을 독점 운영하다 IMF 외환위기 이후 민영화를 유보하고 경쟁체제로 전환한 한국가스공사의 공적 체계 역시 위험 요소를 지니고 있다. [표 5-24]에서와 같이 2016년 6.3%에 불과했던 민간 대기업의 천연가스 직도입은 문재인정부에서 계속 확대되면서 2020년 22.4%로 증가했고, 가스공사의 도입(수입)량이 2020년 최저수준에 이르고 있다(구준모, 2021). 천연가스 직도입 경쟁 체계 속에 2014년 도시가스사업법 개정으로 직도입 민간업체의 천연가스 해외 재판매가 허용되었고, 정부는 민간업체 뿐 아니라 발전사들도 석탄화력 비중 축소(LNG 확대) 명목 아래 경쟁적으로 직도입을 유도하고 있다.

가스산업의 경쟁체제 및 민간 직도입 확대 상황에서 한국가스공사는 5년간(2016~2020) 1조 3799억원의 누적 당기순손실을 기록하고 있다. 현재의 국제 가스 구매시장이 구매자 우위의 구조임을 고려해 볼 때 가스공사의 경영 손실은 이례적인 상황으로 볼 수 있고, 이는 결국 가스공사의 장기적 지속 가능성에 우려를 낳기에 충분하다.

[표 5-24] 가스공사 및 민간의 천연가스 수입 현황

(단위: 천톤, %)

연도 구분	한국가스공사		민간(대기업) 직수입	
	수입량	비율	수입량	비율
2013년	39,326	96.5	1,414	3.5
2014년	36,332	96.4	1,368	3.6
2015년	31,410	94.4	1,878	5.6
2016년	31,846	93.7	2,155	6.3
2017년	33,063	87.7	4,645	12.3
2018년	38,170	86.1	6,173	13.9
2019년	33,734	82.2	7,280	17.8
2020년	30,798	77.6	9,202	22.4

자료 : 구준모(2021).

현재 가스산업은 국내 도시가스업(도소매)이 민간 에너지기업 중심으로 시장이 공고하게 구축된 상황에서 천연가스 도입까지 민간 비중이 확대될 경우 국가의 에너지 전략에도 심각한 문제를 낳을 수 있다 18). 과거, 노무현 정부(2003년)에서 천연가스의 미래 전략자원 특성을 고려하여 민영화를 중단했던 가스공사 위상을 감안해 볼 때, 가스공사의 경영 위기를 가중시키고

---

18) 현재의 천연가스 도입 경쟁체제 확대로 인해 가스공사의 경우 구매 경쟁력 약화로 장기 도입보다 단기 도입으로 전환하게 됨으로써, 결국 가스공사의 경영 위기의 원인으로 작용할 수 있음. 물론, 가스 직도입 민간 사업자의 단기 영업이윤은 높아질 수밖에 없음.

가스공사 중심의 공적 관리체계를 위태롭게 하는 현재의 가스 경쟁체제는 분명 문제가 있다. 정부의 탄소중립 정책방향은 LNG 전환을 넘어 탄소 배출을 원천적으로 축소시키는 것으로서, 이는 LNG 도입·도매·소매를 공적으로 관리하는 체제가 아닐 경우 탄소배출 정책 추진 그 자체가 혼란에 직면할 수 있다.

•• 민영화 기업들은 괜찮은가

민영화 기업들의 경영 진단

 공공기관 혁신을 내세우는 전문가들은 공공혁신의 최고 단계로 민영화를 내세우고 그 성과를 극찬하기 바쁘다. 그리고, 우리나라 역시 해외 공기업의 민영화가 경영효율성을 증가시키는 유효한 결과를 낸 것으로 진단한 선행 연구를 바탕으로 하고 기회만 닿으면 공기업 민영화를 일관되게 주장했다 [19].
 그러나, 실제 우리나라에서 민영화된 기업의 경영정보를 보면 이러한 연구 결과와는 사뭇 다른 흐름을 파악할 수 있다. 실제 민영화 기업의 민영화 전후 성과를 비교하기란 쉽지 않다. 특히, 민간 재벌로의 경영권이 매각된 경

---

[19] 해외 공기업의 민영화 성과에 대해서는 Doubaki & Cosset(1998)의 연구가 대표적으로 거론됨(박정수·박석희, 2011, 재인용). Doubaki & Cosset는 1980년~1992년에 21개 개발도상국에서 진행된 민영화 사례(32개 산업, 79개 기업)의 △수익성 △경영효율성 △자본투자 △산출물(성과) △고용수준 △주주 배당금 등에서 유의미한 효과를 낸 것으로 진단하고 있음.

우 기업 내부의 산업·업종 구조개편이 다각도로 진행되어 민영화 전후의 경영성과를 판단하기 거의 어렵다.

다만, 국민주 방식 민영화가 진행되어 기업 실체가 유지되는 기업(예, KT·포스코·KT&G·국민은행 등)에 대해서는 경영공시(금융감독원 전자공시스템)를 통해 그 성과 진단이 가능할 것이다. 이들 4개 공기업(한국통신·포항제철·담배인삼공사·국민은행)은 1987년 5월부터 민영화 추진이 검토되었고, 1997년 10월 출자회사 전환(단, 국민은행 1994년 시중은행 전환)을 거쳐, 1998년 7월 정부의 민영화계획(국민주 중심의 매각 방식의 완전 민영화)에 따라 각각 2000년~2003년에 걸쳐 민영화가 완료되었다.

여기서는 국민경제 비중 및 직원 고용 비중이 높은 KT와 포스코(POSCO) 재무구조 분석을 통해, 민영화가 국민경제에 미치는 효과를 진단해보고자 한다. 각각 정보통신서비스업 및 철강제조업을 대표하는 거대 기업이자 국가 기간산업으로서 민영화 과정에서뿐 아니라, 민영화 이후에도 그 성과를 둘러싼 논란은 계속되고 있기 때문이다. 경영성과에 대한 진단은 △매출액 △연구개발(R&D)예산 △주주 배당 △임원 현황 △직원 고용 현황 등을 중심으로 접근하고자 한다.

한국통신의 민영화(KT) 및 포항제철의 민영화(포스코) 성과 진단

우리나라 대표적인 공기업으로서 2002년에 민영화가 완료된 KT의 경우, [표 5-25]에서와 같이 2002년 대비 2020년의 매출액은 2배(11.7조→23.9조)로 늘어났으나, 오히려 연구개발 예산은 절반으로 감축(3,023억 → 1,569억

원)되어 매출액 대비 비중은 1/4 수준으로 축소되었다. 당기순이익의 규모와 무관하게 대체로 유사한 수준의 현금 배당은 지속적으로 유지되고 있는데, 2020년 12월 현재 KT 지분의 43.8%가 외국인으로서 경영성과의 해외 유출이 추정되고 있다. 정규 인력 규모는 2002년(43,659명)에 비해 2020년(22,123명)의 경우 절반 수준으로 축소되었고, IMF 구조조정 이전(1998년) 기준(59000여명)에 비해서는 37% 수준으로 정규인력이 축소되어 있다. 정규 인력의 축소는 민영화 이전뿐 아니라 그 이후에도 계속 진행된 구조조정(명예퇴직 추진)의 결과, 그리고 각 계열사(2015년 현재 41개) 업무 위탁에 따른 결과로 풀이된다.

[표 5-25] 민영화 이후 KT 주요 경영정보

(단위: 백만원, 명, %)

구분		2002년	2006년	2010년	2014년	2016년	2018년	2020년
경영성과	매출액	11,708,839	11,772,070	21,331,313	23,431,673	22,786,989	23,460,143	23,916,667
	영업이익	1,794,080	1,737,130	2,175,082	-406,590	1,483,303	1,261,522	1,184,127
	당기순이익	1,963,817	1,233,449	1,192,542	-966,176	797,844	762,305	703,392
이익환원 20)	현금배당액	212,877	416,190	586,150	-	195,977	269,659	326,487
	비율(%)	10.8	33.7	50.0	-	24.6	39.2	49.6
	연구개발비	302,338	307,732	521,249	173,211	210,913	196,758	156,940
	비율(%)	2.58	2.61	2.44	0.74	0.93	0.84	0.66
임원현황	임원수	(미공시)	(미공시)	11	8	10	11	11
	평균임금	(미공시)	(미공시)	590	298	493	380	677
	대표임금	(미공시)	(미공시)	(미공시)	507	2,436	1,449	2,251

20) 현금배당액 비율은 당기순이익 대비(%), 연구개발비 비율은 매출액 대비(%)

구분		2002년	2006년	2010년	2014년	2016년	2018년	2020년
직원 현황	정규직	43,659	37,514	30,987	22,363	22,981	23,409	22,123
	비정규직	(미공시)	(미공시)	168	630	594	426	597
	전체직원	43,659	37,514	31,155	23,371	23,575	23,835	22,720
	간접고용	(미공시)	(미공시)	(미공시)	(미공시)	(미공시)	81	150
	평균임금	50	52	59	70	76	81	87

자료 : 금융감독원 전자공시시스템(재구성).

세계적 철강기업

2000년에 민영화를 완료한 포스코 역시 [표 5-26]에서와 같이 2002년 대비 2020년의 매출액이 5배(11.7조→57.8조) 이상 증가했지만 연구개발 예산 비중은 축소(매출액 대비 1.57% → 1.13%)되었다. KT와 유사하게 당기순이익 규모와 무관하게 지속적으로 높은 수준의 주주 현금 배당이 이뤄지고 있다. 2020년 12월 기준으로 포스코의 외국인 지분은 50.62%로서, KT와 유사한 상황이 나타나고 있다. 매출액 증가에도 불구하고 정규인력은 오히려 감소(19,1169명 → 17,665명)되었는데, 정규직보다 많은 간접고용(18,417명)이 현재 고용되어 있다. 결국, 생산 증가의 수요를 간접고용으로 소화한 것을 알 수 있다.

[표 5-26] 민영화 이후 POSCO 주요 경영정보

(단위: 백만원, 명, %)

구분		2002년	2006년	2010년	2014년	2016년	2018년	2020년
경영 성과	매출액	11,728,595	20,043,409	32,582,037	65,098,445	53,083,513	64,977,777	57,792,796
	영업이익	1,833,485	3,892,307	5,047,046	3,213,530	2,844,325	5,542,620	2,403,035
	당기순이익	1,101,325	3,206,605	4,202,791	556,659	1,048,169	1,892,064	1,788,152
이익 환원 21)	현금배당액	286,057	621,119	770,329	630,527	639,978	800,029	620,287
	비율(%)	26.0	19.4	18.3	102.1	46.9	47.3	38.7
	연구개발비	184,097	255,511	527,502	604,021	482,150	584,843	655,359
	비율(%)	1.57	1.27	1.62	0.93	0.91	0.90	1.13
임원 현황	임원수	(미공시)	(미공시)	13	12	11	12	12
	평균임금	(미공시)	(미공시)	517	345	446	469	583
	대표 임금	(미공시)	(미공시)	(미공시)	1,094	1,642	1,822	17,665
직원 현황	정규직	19,169	17,523	16,249	16,957	16,283	16,899	17,665
	비정규직	(미공시)	(미공시)	139	920	201	251	267
	전체 직원	19,169	17,523	16,390	17,847	16,584	17,154	17,932
	간접고용	(미공시)	(미공시)	(미공시)	(미공시)	(미공시)	(미공시)	18,417
	평균임금	45	61	61	82	87	98	98

자료 : 금융감독원 전자공시시스템(재구성).

민영화 성과 진단 함의

　국민경제 비중 및 직원 고용 비중이 높은 통신서비스기업 KT와 철강제조업 포스코(POSCO) 경영정보 분석을 통해 민영화가 국민경제에 미치는 효과를 진단해 보면, △매출액 증가와 무관한 연구개발(R&D) 예산 축소 △당기순이익과 무관한 지속적 주주 배당 △고용인력 축소 △억압적 노사관계

---

21) 현금배당액 비율은 당기순이익 대비(%), 연구개발비 비율은 매출액 대비(%)

등의 공통점이 확인되고 있다.

참고로, 경영권 매각 방식을 취한 한국중공업의 민영화(현 두산중공업)의 사례도 한번 검토할 필요가 있다. 두산중공업은 민영화 이전(2000년) 및 민영화 이후(2002~3년) 두차례에 걸쳐 37.2%의 인력을 감축(7,556명→4,744명)하여, 사회적으로 큰 물의(2003년 고 배달호 사망사건)를 빚은 데다, 최근 경영위기에까지 직면하고 있다.

여기서, 우리는 두 가지 의문을 제기하지 않을 수 없다. 과연, 민영화의 성과가 긍정적으로 진단된 해외 사례가 과연 한국에서 제대로 나타나고 있는가, 그리고 경영혁신의 최고 단계로서 민영화를 주장하는 시장주의 전문가들의 판단이 여전히 유효한가이다. 결국 공기업 민영화, 공공기관 시장화 전략은 객관적으로 성과가 있어서라기보다는, 그 자체로 성과가 있다고 간주하는 민영화·시장화에 대한 물신주의(物神主義)일 뿐인 듯하다.

참고 문헌

건강보험연구원(2020), 「공공의료 확충의 필요성과 전략」
경제기획원(1987), 「공기업 민영화 및 경영개선 추진계획」
경제기획원(1993), 「공기업 민영화 추진계획」
고용노동부(2011), 「공공부문 비정규직 근로자 현황」
고용노동부(2017), 「공공부문 정규직 전환 가이드라인」
공공운수노조(2021), 「공공부문 일자리 81만개 확충 의견서」
공공일자리전문위원회(2018), 「공공부문 종사자 수 현황」
공공일자리전문위원회(2021), 「공공부문 81만개 일자리 확충 추진상황」
국회 예산정책처(2021), 「2020 대한민국 재정」
기획예산위원회(1998), 「정부산하기관 및 지원단체 현황」
기획예산처(2002, 2006), 「공공개혁 백서」
기획재정부(2010), 「공공기관 선진화 추진 실적」
김상조(1999), 'IMF 구제금융과 한국경제의 미래'
박용석(2020), '포스트 코로나 시대 공공성 강화 및 공공 일자리 창출 방안', 민주노동연구원
박용석(2021), '문재인정부 4년 일자리정책 평가', 민주노동연구원
산업통상자원부(2020), 「한미 FTA 협정문, 부속서」
산업통상자원부(2020), 「제9차 전력수급기본계획」(2020~2034)
서울대학교 산학협력단(2017), 「OECD 국가와 비교한 공공부문 일자리 확충 방안」
일자리위원회(2017), 「일자리정책 5년 로드맵」
조성재외(2019), 「공공부문 민영화의 쟁점과 노사관계」, 한국노동연구원
통계청(2018~2021), 「공공부문 일자리 통계」
한국비정규노동센터(2006), 「공공부문 비정규직 현황」
행정안전부(2019), 「2019 정부혁신 추진계획」
OECD(2004), OECD Guideline on the corporate Governance of state-owned enterprise
OECD(2015), 「OECD National Accounts Statistics」
OECD(2019), 「2019 Government at a Glance」

6장

자립적 민주경제와
통일경제에 대한 모색

김 장 호 민플러스 편집국장

한국경제 잔혹사
삼성이 있는데 예속경제라고?
수출편향경제는 지속가능한가
불평등의 문제를 해결하지 않으면 항쟁이 일어난다
'분단비용'과 '통일비용'
북 경제에 대한 이해
남북공동선언에 나타난 통일경제의 상
남북경협사례
통일경제는 어떤 모습일까
통일경제는 어떻게 가능할까
통일경제전략은 가장 뚜렷한 대안경제전략

•• 한국경제 잔혹사

지금까지 해방 후 한국경제사를 '미군정기-원조경제-차관경제-개방경제'라는 경로를 거쳤다고 개괄하는 것이 일반적이었다. 그러나 이런 역사구분만으로는 부족하다. 첫째로 개방경제라는 표현이 마치 한국의 주동적 조치인 것처럼 착시현상을 일으키고 1), 둘째로 IMF외환위기 이후의 경제적 특성이 잘 드러나지 않는 약점이 있기 때문이다.

---

1) 구한말에도 함포외교로 '개방'을 강요당했고, 신자유주의 세계화 시기에도 우루과이 라운드를 시작으로 '개방'을 강요당했다. 구한말은 제국주의가 주도하는 1차 세계화 시기이고, 1980년대 이후는 미 제국주의가 주도하는 2차 세계화의 시기였다. 역사적으로 제국주의가 주도하는 개방담론은 언제나 식민지 경제침략을 은폐하는 기능을 하였다. 때문에 그 용어를 그대로 받아쓰는 것에 대해 경각심을 가져야 한다.

그래서 한국경제의 역사를 [표 6-1]처럼 크게 3시기로 나누어 재구성하자고 제안한다. 첫 번째 시기는 '신식민지 경제로의 재편기'로 '미군정~원조경제 시기'이다. 두 번째 시기는 '종속적 산업화 시기'로서 '박정희 개발독재 시기'이다. 세 번째 시기는 '종속적 세계화 시기'로서 '경제개방이 시작되고, IMF외환위기를 거쳐 최근까지 이르는 시기'이다.

[표 6-1] 한국경제약사

시기		소시기	권력	제국주의
1기	신식민지 경제 구축기	신식민지 예속화 시기	미군정	전후 과잉생산체제
		원조경제 시기	이승만정권	
2기	종속적 산업화 시기	경공업중심 종속적 산업화 시기	박정희정권	제국주의 국제분업 형성기
		중화학공업중심 종속적 산업화 시기	박정희유신체제	
3기	종속적 세계화 시기	점진적 종속적 세계화 시기	전두환· 노태우정권	신자유주의 세계화 추진
		전면적 종속적 세계화 시기	김영삼 정권 ~ 현재까지	

자료 : 필자.

제1기 : 신식민지 경제예속화

이 시기는 미군정과 이승만 정권 시기라는 두 개의 소시기로 나눌 수 있다. 미군정기는 신식민적 경제예속화가 진행된 시기이고, 이승만정권 시기는 식민지 원조경제로 한국경제의 명맥을 이어가던 시기이다.

미군정 3년은 일제식민지 잔재를 청산하지 못하고 남측 점령지를 미국의 신식민지로 재편되는 과정에 불과했다. 당시 남한 총자본의 80~90%에 해당하는 적산 대부분은 해방직후 노동계급이 자주관리하고 있었다. 그러나 미군정은 이를 탈취하여 친일·친미세력에게 불하하였고, 적산은 민족자산이 되지 못하고 오늘날 친미친일재벌의 뿌리가 되었다. 적산불하가격은 30~90%까지 할인한 헐값이었고, 10~15년 분할납부방법이었으며, 물가가 64배 폭등하며 사실상 공짜나 다름없었다.

해방직후 남측에서 산출된 쌀은 미군정의 묵인 하에 일본으로 대대적으로 밀반출됨으로써 민중들은 기아선상에 헤매게 되었는데, 강제식량공출로 인해 더욱 심각한 착취속에 고통받았다. 재정금융을 틀어쥔 미군정은 통화를 증발하여 물가를 폭등시켰다. 이같은 상황은 조선인민들의 9월 총파업, 10월 인민항쟁의 원인이 되었다.

이런 조건에서 미군정과 이승만 정권은 농지개혁으로 민중을 달래지않을 수 없었다. 농지개혁에 대해 오늘날 학계에서 경제성장이나 민주화에 기여했다는 결과론적 평가가 나오고 있으나, 사실상 북의 토지개혁에 대한 예방혁명적 궁여지책이었고, 유상매입, 유상불하로 진행된 불철저한 농지개혁이었다. 농지개혁은 농민이 아니라 미군정, 이승만 정권이 주도하여 두 차례 진행되었다. 대상 토지 역시 각각 귀속농지 29만여ha, 한국인 소유농지 3만여ha, 총 61만여ha로, 해방직후 소작지 140만여ha의 42.4%에 불과한 것이었다. 그것도 가난한 농민들은 분배농지를 되팔 수 밖에 없게되고, 다시 신흥지주계급이 등장하고 소작제 부활로 이어졌다.

지속된 경제적 위기를 미국은 전후 과잉생산된 원조물자로 메꾸었다. 미국은 유럽에는 마샬플랜을 통해 자본을 투하하고, 식민지에는 원조물자를 투하함으로써 전후 미국 중심의 제국주의 세계질서를 세워나갔다. 1960년까지 미국이 한국에 투하한 원조총액은 109억 6700만 달러로 당시 GDP의

31%를 차지했다.

  원조물자는 일차적으로 식민지군사경제를 구축하는데 대부분 사용되었는데 원조총액의 70%가 군사원조였다. 또한 한국 곡물생산의 40%에 이르는 미국산 잉여농산물 원조는 오히려 식량농업, 원료농업 양 측면에서 한국 농업기반을 와해시켰다. 농산물 원조의 70%는 밀가루였다. 원조물자는 친미매판재벌에게 독점불하되어 국내농산물과 유리된 삼백산업의 성장을 가져왔고, 이승만 정권은 원조대충자금으로 예산의 절반가량을 메꾸며 명맥을 이어나갔다. 그리고 이 양자는 미국원조물자에 기생하고, 정경유착으로 연결되며 친미매판정치, 우익파쇼통치로 민중들을 억압, 착취하였다. 이러한 원조경제도 50년대 말 미국이 무상원조에서 유상원조로 정책을 전환하자 한국경제는 급격히 무너지고 4.19혁명의 경제적 배경이 되었다.

제2기 : 종속적 산업화

  이 시기는 한국경제가 미제국주의 국제분업체제에 본격적으로 편입되는 과정으로서 경공업 중심의 종속적 산업화 시기와 중화학공업 중심의 종속적 산업화라는 두 개의 소시기로 나눌 수 있다.

  60년대 시작하여 70년대 본격화한 초국적 자본의 성장을 통해 미국은 세계경제질서를 제국주의 국제분업체계로 재편하기 시작하였다. 또한 미국은 60년대 남북체제 경쟁전략을 본격화하면서, 남측에 외채에 의한 수출산업화 전략을 추진하였다. 이른 바 박정희 개발독재시대가 시작된 것이다.

  그러나 경제개발 5개년 계획은 박정희 정부가 아니라 미 국방부 '랜드 연구소'의 찰스 울푸 박사와 미 오리건대 경제자문단의 의견을 반영하여 작성된 것으로써, 미일한 수직분업구조에서 한국을 하청경제화하는 전략이었다.

수출산업개발 종자돈은 일제식민지 배상청구권을 포기한 대가로 마련했고, 한미일 삼각무역편대에 편입되어 경공업 중심의 덤핑수출전략으로 본격화하였다. 여기로부터 한국경제는 수출을 하면 할수록 대일적자가 누적되고, 만성적인 무역적자에 시달리는 외채경제의 취약성을 확대해갔다. 수출산업화는 국내 내수기반 중소기업이나 농업 등과는 괴리된 채 불균형 성장을 이룩하게 되었다. 이로 인하여 한국 수출산업화전략은 저임금, 저곡가에 기반하여 수출기업의 자본축적을 위한 가혹한 착취체제가 구조화하게 되었다. 전태일 열사의 분신은 바로 이런 조건속에서 발생한 것이었다.

1970년 무렵 외채의 원금과 이자가 늘어나고 경공업 제품수출이 한계에 부딪치면서, 박정희정부는 그 출로를 유신체제의 구축과 외국인 직접투자확대, 중화학공업 추진에서 찾았다. 마산, 이리(익산)에 수출 자유 지역이 만들어지고, 울산, 포항, 창원, 여천(여수), 구미 등에 대규모 공업 단지가 들어섰으며, 철강, 조선, 기계, 전자, 비철금속, 석유 화학 등 중화학 공업 등에 엄청난 자금을 쏟아부었다.

1974~1979년간 총 1조 4,385억원의 대출 중 61%에 해당하는 9,782억 원이 중화학공업부문에 투자되었고, 1978년의 경우 국민투자기금, 산업은행자금, 산업합리화 자금 등 정책자금 중 92.8%가 중화학부문에 집중되었다.

수요없는 중화학공업부문의 과잉중복투자는 70년대 말 오일쇼크와 스테그플레이션에 따른 세계경제위기의 직격탄을 맞고 외채위기, 경제위기로 쓰러졌다. 1980년 외채는 271억 달러(GNP의 48.2%)에 이르렀으며, 빈부격차는 1978년 상위 20%가 전체 국부의 46.7%를 차지했다. 결국 박정희 정권은 YH무역노동자 투쟁, 부마항쟁 등으로 막을 내리게 되었다.

산업화 또는 공업화의 유형에는 자본주의적 공업화와 사회주의적 공업화,

자립적 공업화와 종속적 공업화의 길이 있다. 이 시기 남과 북은 모두 산업화, 공업화를 달성했다. 북은 사회주의 국제분업조차도 거부하고 중화학공업을 중심으로 경공업과 농업을 동시 발전시키는 자기완결구조를 갖는 자립적, 사회주의적 공업화의 길을 걸었다. 반면 남쪽은 미국 중심의 제국주의 국제분업체계 속에 깊숙이 편입되어 외자에 기반한 종속적, 자본주의적 공업화의 길을 걸었다.

제3기 : 종속적 세계화

이 시기는 1997년 IMF외환위기를 전후에서 점진적 세계화 시기와 전면적 세계화시기로 나눌 수 있다. 80년대 이후 미국은 금융제국을 발판으로 신자유주의 세계화 전략을 추진했다. 이에 따라 한국경제는 종속적 신자유주의 세계화의 길을 걷게 된다.

전두환, 노태우 정권 시기는 미국이 한국에 대해 종속적 세계화를 점진적으로 강제하던 시기이다. 전두환 시기의 구조조정을 거쳐 노태우 정권 시기의 저금리, 저유가, 저달러라는 3저호황으로 한국경제는 양적인 팽창을 거듭하였으나, 그 성과는 모두 부동산 투기와 재벌의 비대화로 이어졌다.

한편 이 시기 미국은 무역분쟁을 야기하며 강력한 개방압력을 들이댔고, 박정희 친미독재시절부터 강화되어온 관료체계에 자리잡은 친미신자유주의자들은 미국의 요구에 따라 점진적 개방일정을 밟아나가게 된다.

1986년 7월 21일 담배·지적소유권(물질특허·소프트웨어·저작권)·보험시장 개방에 관한 통상협상을 일괄 타결되고, 쇠고기·오렌지·포도·사과 및 밀·옥수수·콩 등의 주요 곡류가 1991년 1월까지 3단계에 걸쳐 수입이 자유화됨과 동시에 사료·원료·곡물에 대한 수입쿼터제가 1988년 말까지 폐지되었다. 미국 통상압력에 따른 수입개방 정책으로 수입자유화율이 1987년 91.5%, 1994년 98.5%에 달했다. 농산물 수입개방도 90% 이상 높아져 농가의 몰락과 농촌해체의 길로 들어섰다.

미국의 신자유주의 세계화전략은 금융개방압력으로 이어졌다. 그 결과 1988년 12월 발표된 '자본시장 국제화의 단계적 확대 추진 계획'은 외국인의 국내투자펀드와 주식의 직접투자를 제한적, 단계적으로 확대하고, 외국 증권회사의 국내지점 설치를 허용한다는 것이었다. 1991년에는 주식시장개방 추진방안과 4단계 금리자유화 추진계획을 발표했다. 1990년 3월에는 환율제도를 '복수통화 바스켓 제도'에서 '시장 평균 환율제도'로 전환했다.

미국은 '한미 금융정책 회의'에서 자본·금융 시장의 개방과 자유화의 확대를 거듭 요구했고, 김영삼 정부 시기 1992년 3월 '제1단계 금융자율화 및 개방계획', 1992년 6월 '제2단계 금융자율화 및 개방계획', 1993년 '제3단계 금융자율화 및 개방계획', 1995년 10월 외국기업의 국내 주식발행과 상장허용으로 이어지더니, 마침내 1996년 9월 한국경제의 전면적 금융개방을 의미하는 OECD 가입을 완료하였다.

그러나 한국경제의 종속적 세계화는 훨씬 더 폭력적인 방식으로 강행되었다. 모든 준비를 마친 미국은 본격적인 한국에 대한 '양털깎기'에 들어갔다. IMF외환위기가 터진 것이다.

97년초 미국은 금리인상에 들어갔다. 그리고 동아시아 지역에 금융개방체제를 구축한 데 기초하여 태국 바트화 공격을 시작했다. 태국 금융위기는 인도네시아, 필리핀, 말레이시아, 싱가포르, 홍콩에 이어 한국으로 확대되었다. 당시 한국은 금융개방의 흐름에 따라 기업들의 외채차입에 의한 글로벌 과잉투자와 우후죽순 설립한 종금사들이 장단기 금리차를 이용한 단기외채, 장기자산구조를 가지고 있었다. 게다가 한보, 기아 부도 사태 등으로 한국경제는 성장률이 하락하기 시작하였다. 이러한 조건에서 미국은 급격한 자본이탈, 외채상환요구, 외채 만기연장 거부라는 3가지 충격을 가했다. 이에 따라 한국은 원화 환율이 급등함에 따라 부채부담이 더욱 증가하고, 외환고갈이라는 유동성 위기에 빠지면서 결국 IMF 구제금융으로 가게 되었다. 투기자본의 공격과 병행하여 미 국무부 정보조사국 INR은 외환위기 발생 1년 전부터 한국경제 동향을 관찰해왔고, 주한 미 대사관은 IMF 직후 일일보고서를 작성했으며, 클린턴 행정부는 일본을 압박하여 단기외채 만기연장을 거부하도록 강요하였다.

문제는 IMF 구제금융 이후에 더욱 커졌다. 미국의 입김에 따라 사실상의 총독부 역할을 하던 IMF는 재정과 금융 긴축, 금융시장 전면개방, 외국 금융기관의 한국금융기관 인수합병 참여 허용, 상업은행에 대한 외국인 100% 지분 허용, 자본계정 자유화 가속, 노동시장 유연화 확대 등을 요구했다. 특히 IMF 고금리 정책으로 시중은행 금리가 연 29.5%까지 올라가면서 자기자본 5배 이상의 부채에 시달리던 대기업들은 줄줄이 도산하고, 금융부실화가 심화되었다. 미국 자본들은 알짜기업과 거대은행, 토지와 빌딩 등의 자산을 헐값에 인수하였다. 또한 경제성장률이 -6.9%로 급락하게 되었고, 실업률은 2.6%에서 7.0%로 급등하면서 100만 실업자가 양산되었고, 물가는 4.4%에서 7.5%로 뛰었다. 여기에 공기업 민영화까지 진행되어 공공부문에서만 전체 인력의 약 20% 정도가 감원되었다. 그리고 구조조정, 외주화, 민영화가 본격화되고, 실업이 일상화되었으며, 비정규직 고용이 급속도로 확대되었다.

IMF 구조조정을 계기로 한국경제는 전면적인 종속적 세계화 과정을 겪으면 신자유주의 경제체제를 강제이식 당하였다. 주요 은행들이 미국 금융자본의 손아귀에 넘어갔고, 대우, 삼성그룹을 포함한 재벌소속 대기업들 자산이 헐값에 매각되었으며, 주요 공기업들이 분할 민영화 해외매각의 길에 들어서기 시작했다. 비정규직이 양산되고 농업이 파탄나면서 1:99사회라는 불평등한 헬조선의 문을 열게 되었다.

97년 외환위기를 계기로 강제이식된 종속적 신자유주의경제는 한미FTA를 통하여 더욱더 심화되었다. 2008년 금융공황과 2021년 코로나 펜데믹 위기를 한국경제는 자산버블과 부채 폭탄을 키워가는 방법으로 더 큰 위험을 축적하는 방식으로 끌어 왔다. 또한 위기를 노동자민중에게 전가하고, 제국주의 자본과 수직적으로 일체화된 재벌독식체제, 고용불안, 비정규직 확대, 낮은 임금과 장시간 노동, 산재확대라는 양극화 불평등 구조를 심화시키는 방법으로 해결해 왔다. 종속적 세계화 과정을 통하여 한국경제는 수출을 많이 하면 할수록 국부유출이 심해지고, 한국경제와 유리된 수출재벌들이 살찌는 구조로 고착되었으며, 자산불평등, 소득불평등이 심화되어 노동자민중들은 더욱더 가난해지는 경제구조로 전환되었다. 그리고 종속적 신자유주의 세계화 경제구조 속에서 주기적인 양털깍기 위험에 노출된 경제구조를 가지게 되었다.

돌아보면, 미국에 의해 한국경제는 적산이라는 민족자산을 수탈당했고, 수출주도 경제개발자금을 만들기 위해 막대한 대일 식민지배상금을 포기해야 했다. 그리고 IMF를 거치며, 그나마 덤핑수출과 민중의 고혈위에 쌓아놓은 내부자산을 송두리째 다시 미국에 약탈당하는 결과를 빚었다. 이것이 예속경제의 숙명이다. 이 구조를 해결하지 않으면, 앞으로 또 부채폭탄이든, 자산버블 붕괴 등의 과정을 거쳐 또 다른 경제재앙, 예속경제의 대가를 치르게 될 것이다.

•• 삼성이 있는데 예속경제라고?

지난 7월 유엔무역 개발회의(UNCTAD)는 한국을 개도국에서 선진국 그룹으로 지위를 변경했다. 이 기구 회원국 중 선진국으로 지위가 바뀌기는 처음 있는 일이다. 실제로 한국은 무역 규모가 세계 9위이고, 1인당 GDP도 3만 달러를 돌파하여 이제 이탈리아를 뛰어넘는 경제대국이 되었다. 특히 한국 경제의 상징은 삼성이다. 삼성전자는 소니·파나소닉 등 일본 기업을 크게 앞질렀고, 애플 스마트폰이 나온 이후 노키아는 재기 불능 상태에 빠졌지만, 삼성은 오히려 애플을 따라잡았다. 한국 기업들은 동남아에 진출하여 제국주의적인 모습을 보이기까지 한다. 이런 한국경제를 과연 예속경제라고 할 수 있을까? 이 문제를 해결하려면 제국주의 경제체제와의 관계 속에서 한국경제를 바라보아야 한다. 이 점을 제국주의 세계화 전략, 제국주의 축적 체계와 한국경제의 축적 체계, 한국 자본의 소유구조, 한국경제에 관철되는 자본주의 불균등 법칙을 통해서 살펴보고자 한다.

세계화는 제국주의 전략이다

세계화와 관련해서, 지구화와 세계화를 구별하여 이해할 필요가 있다. '지구화'는 인류가 각기 고립된 세상에서 점점 더 서로 가까워지는 자연발생적인 문명사적 발전과정을 지칭하는 개념으로 이해할 수 있다. 반면 '세계화'는 제국주의의 세계경제침략 전략으로 이해하여야 한다. 이것을 구별하지 못하면, 진보주의자가 제국주의자의 눈으로 세계화된 세상을 설명하는 오류에 빠지게 된다. '또 다른 세계화', '아래로부터의 세계화'라는 진보진영의 구호는 바로 이러한 착시현상을 반영한 것으로 제국주의 논리를 일부 수용한 결과가 되어버린다.

세계화를 어떻게 이해하는가 하는 문제는 한국경제의 본질적 특성을 규명하는 데 영향을 주기 때문에 중요하다. 세계화를 인류 문명 발전의 자연사적 과정으로 이해하면, 세계화는 한국경제의 능동적 선택이자 바람직한 전략으로 된다. 그러나 세계화를 제국주의의 세계 지배 전략의 일환으로 보게 되면 한국경제의 세계화는 제국주의경제로의 강제 편입과정으로 된다. 따라서 인류사의 문명 발전과정은 '지구화'로, 제국주의의 침략정책은 '세계화'로 구별하여 이해할 것을 제안한다.

제국주의 세계화의 물결은 크게 2차례에 걸쳐서 일어났다. 첫 번째는 1차 대전 직전 경쟁적 자본주의가 독점자본주의로 진화하고, 금융과두제를 형성하면서 식민지 침략에 나섰던 시기이다. 이 시기가 자본주의 제국주의가 등장한 시기이고, 세계화를 '국제화'라 부르면서 식민지 침략을 '식민지 근대화'를 위한 것이라고 합리화하였다. 두 번째는 80년대 이후 신자유주의 세계화로 전개되었다. 이 시기 세계화는 각국의 개방을 강요하고, WTO 체제를 강제하면서 각국의 경제주권을 약화시키면서 경제식민지를 확장하였다. 한국 역시 IMF, FTA를 거치며, 예속경제가 더욱 심화되었다.

신자유주의 세계화는 미국 국가독점자본주의의 세계화

세계화와 관련하여 일국적 관점과 세계체제적 관점간의 차이도 해소할 필요가 있다. 생산의 세계화를 중심에 두는 입장은 신자유주의 세계화를 2차 대전 이후 형성된 일국적 범위의 국가독점 자본주의가 일국 시장의 불균형을 세계적 차원에서 균형을 달성하기 위해 세계화를 추진했다고 분석한다. 이런 관점에서 금융은 보조적 역할로 한정되고, 주된 동력은 산업자본으로 된다. 금융세계화를 중심에 두는 입장은 이미 세계는 세계체제를 형성하였고, 금융자본이 주도권을 가지고 하는 신자유주의 세계화 체제를 주도하고 있다고 분석한다.

그런데 신자유주의 세계화는 미국 국가독점 자본주의의 세계화이다. 즉 제국주의 자본주의 국가들이 평균적으로 세계화를 추진한 것이 아니라는 의미이다. 2차 대전 직후 제국주의 체제는 이미 미제국주의를 중심으로 여타 제국주의 국가들이 하위 동맹으로 편성된 미국 패권 중심의 제국주의 체제였다. 이들은 미국을 중심으로 제국주의 연합을 형성하여 집단적 신식민지 체제를 구축하였다. 그런데 군사적 케인즈주의적 특징을 가진 전후 미국 국가 독점 자본주의 체제는 스태그플레이션으로 위기에 빠졌다. 이것은 자본주의 경제가 공급과잉 상태를 더 이상 해소할 수 없는 지경에 이르렀으며, 생산의 영역에서 이윤창출이 한계에 다다랐음을 보여준 것이었다. 이 과정은 미제국주의는 달러불태환을 선언하고, 변동환율제로 이행하면서, 달러제국주의, 금융제국주의의 길로 들어서는 과정과 연결되어 있다. 게다가 소련동구사회주의 몰락을 계기로 신자유주의 세계화를 완성하게 되었으며, 2008년 금융공황이 터지기 전까지 30년을 풍미하게 되었다. 이 과정에서 미국 국가독점 자본주의 체제는 군산복합체를 중심으로 구축되어 있다가 월가로 불리는 은행독점자본, 빅테크라 불리는 정보독점자본들의 연합체로 진화하였다. 결국 신자유주의 세계화체제는 미국 군산복합체를 기본 토대로 유지하면서, 달러 팽창과 달러 환류체계를 중심으로 하는 금융 세계화를 기본 축적 체계로 하고, 초국적 기업의 제국주의 국제분업체계가 결합된 세계화된 약탈체제이다. 여기서 초국적 기업은 70년 산업자본을 중심으로 확대되다가, 정보통신혁명을 거치며, 빅테크 산업을 중심으로 이른바 글로벌 공급체인이라고 불리는 제국주의 국제분업체계로 이행하였다고 할 수 있다.

2018년 국제결제은행(BIS)와 블룸버그 데이터 서비스에 따르면 세계 자산 규모는 2017년 말 기준 1000조 달러(약 107경원)에 달한다. 이 수치는 예술품이나 본원통화, 좁거나 넓은 의미의 통화, 억만장자들의 재산, 중앙은행 자산 등은 중복을 고려해 제외하고, 금과 은, 외환 거래, 주식·채권 시가총액, 파생상품 거래 규모, 부동산 가치 등만 계산한 결과이다. 국제통화기금 IMF가 추정한 2018년 실물경제의 세계 총생산은 77조 9900억 달러였다. 즉 금융자산이 실물 자산의 12.8배 이상이라는 의미이다 2).

한국경제는 종속적 신자유주의 경제

한국경제는 종속적 신자유주의 경제이다. 종속적 신자유주의 경제는 세계화시대의 예속경제형태이다.종속적 신자유주의 경제는 군산복합체의 군사식민지형태가 심화되는 가운데, 달러체제하에서 금융종속을 기본으로 종속적 국제분업체계에 편입된 예속경제이다.

그렇다면 제국주의 신자유주의 세계화체제하에서 한국의 경제구조는 어떠한가.종속적 신자유주의 경제는 대외적으로 구조적, 일상적 국부유출 경제이고, 대내적으로 극단적인 양극화 구조가 고착된 경제이다.달러의 금태환 정지 이후 금융세계화가 진행되고, 달러순환구조가 구축되었으며, 시뇨

---

2) '양적완화로 글로벌 금융자산 1000조 달러 돌파 … 세계 총생산의 12배', 중앙일보, 2018.01.07. https://www.joongang.co.kr/article/22263872#home

리지 효과를 통해 다수의 개발도상국가들이 달러제국주의에 편입, 종속되었다. 이로 인하여 달러 종속국들에서는 수출성장의 과실이 외환보유고 등 달러 표시 자산의 강제저축과 환율방어 비용 부담으로 고착되고, 상시적인 금융위기에 노출되어 있을 뿐만 아니라 달러 유동성 확대로 인한 자산 불평등이 확대재생산된다.

금융 종속화 함께 생산의 세계화 과정을 통하여 글로벌 공급망에 종속적인 중하위 국제분업체계에 편입됨으로써, 국내경제와 유리되고, 양극화가 재생산되는 심각한 종속적인 불평등 경제구조가 고착된다. 미국 등 주요 제국으로부터 설계와 핵심소재, 부품장비를 공급받아, 중하위 소부장과 중후장대형 조립가공수출을 담당하는 종속적 산업구조를 통해 양적 성장을 이루었지만, 결과는 수출의 과실이 국내경제로의 낙수효과를 낳지 못하고 오히려 양극화와 불평등을 심화시킨다. 수출산업과 내수산업의 양극화, 고성장산업과 농업파탄 등 저성장 몰락산업의 양극화, 수도권과 지방의 양극화, 금융불평등에 따른 자산의 양극화, 교육불평등에 따른 기회의 양극화, 고용불평등에 따른 노동시장의 양극화, 복지양극화 등으로 인하여 이루 말할 수 없는 경제사회적 불평등 문제를 양산한다.

뿐만 아니라 미국식 세계화전략이 강제됨으로써 경제주권과 공공성이 약화되고, 시장화, 민영화가 심화되면서 예산운용, 고용, 연금, 보건, 복지 영역에서 진전을 가로막고, 외국자본과 재벌의 이윤조달창구로 변질왜곡된다.

한국경제의 소유구조

2018년 국감에서 금융감독원이 제출한 '국내은행 외국인 지분율 현황' 자료에 따르면 2017년 말 기준 6대 시중은행의 외국인 지분율은 평균 73.3%였다. 하나금융지주의 외국인 지분율은 74%, 국민은행은 69.4%였는데, 70%를 넘어섰고, JP 모건이 6.2%를 보유해 2대 주주로 올라와 있다. 신한은행의 모회사인 신한금융 지주의 외국인 지분율은 68.9%인데, 여기는 미국계 자산운용사인 블랙록펀드가 5.1%를 보유하고 있다. SC제일은행은 100%, 지분을 보유하고 있다. 한국씨티은행 역시 100%이다. 지방은행의 외국인 지분율도 50%를 넘고 있다 3). 이러한 사실은 결국 한국경제의 생명선이 초국적 금융자본에 종속되어 있다는 것을 말해준다.

한국의 알짜기업 역시 마찬가지이다. 올해 들어 외국인들이 삼성전자 주식을 대거 처분했음에도 불구하고 여전히 외국인 지분율은 2021년 8월 26일 현재 51.7%에 달한다. 원래 53.4%에서 감소했음에도 이 정도이다. SK하이닉스 역시 외국인 지분율은 50%대를 지속적으로 유지해왔다.

경제의 핵심인 금융과 재벌 대기업의 소유주가 누군인가에 대해 다시 생각해 보아야 한다. 그리고 재벌 총수들이 자신의 사익을 추구하는 것만 아니라 본질적으로 누구의 이익을 위해 일하고 있는지는 명백하다. 이것을 예속경제라고 하지 않고 무엇이라고 불러야 하는가.

종속적 불균등 발전 법칙의 작용

그럼에도 개별 수출 대기업들이 세계적 수준의 기업으로 성장을 이룩한

---

3) '[2018 국감]6대 시중은행, 외국인 지분율 평균 73% 넘어', 대한금융신문, 2018.10.11. http://www.kbanker.co.kr/news/articleView.html?idxno=75539

것에 대한 해명은 있어야 한다. 그것은 종속적 신자유주의 경제도 자본주의 경제이기 때문에 불균등 발전 법칙이 작동하기 때문이다. 따라서 종속적 산업화 과정에서도 압축성장이 가능하고, 생산의 세계화 과정에서 일부 개별 산업이 수직적 국제분업체계의 중산층 서열로 올라서는 것도 가능하다.

그러나 제국주의 경제와 예속경제 사이에는 불균등 발전 법칙이 종속적 형태로, 예속을 재생산하는 형태로 관철된다. 제국주의적 예속을 기본 규정성으로 하여 불균등 발전 법칙이 왜곡 굴절된다. 선진제국들 사이에 나타나는 불균등발전 양상과는 다르다.

첫째로는 예속자본의 성장은 어디까지나 제국주의 자본에 의한 금융 종속 구조의 범위 안에서 진행된다. 한국 금융자본이 독자적 금융 축적과 압축성장을 통해 달러 체제를 재편할 수 없고, 월가의 금융 주도성을 추월할 수 없다. 한국경제에 주주자본주의적 행태가 이식되고, 주요 은행과 반도체, 자동차 등 알짜기업에 대한 외국인 지분이 모두 50%를 초과하는 것은 한국의 자본시장의 주인, 은행과 알짜기업과 은행의 주인이 미국 자본이며, 자본시장에 대한 운영의 주도권이 미국 금융자본에 있다는 것을 말해준다. 한국 재벌들에게 경영권을 그대로 두는 것은 그것이 편하기 때문이며, 주주자본주의적 지배 형태나 관행이 그러하기 때문이다.

둘째로 국제분업체계의 서열에서 제국주의 자본 서열에 올라서는 것 역시 불가능하다. 자본주의 국제분업체계는 제국주의 자본의 축적과 생산방식에 따라 진화한다. 그리고 선진제국 자본이 신흥 종속국 자본에 단계적으로 이전하는 형태를 역사적으로 밟아왔다. 한국의 수출 경공업은 일본의 사양산업을 물려받은 것이고, 중화학 공업도 중후장대형 산업, 공해산업 등을 물려받은 것이다. 한국이 미국 제조업의 공동화와 독일, 일본의 틈새를 뚫고 수출 제조업 강국으로 발돋움하게 된 것은 국제분업상 최적화의 이익, 지경학적

이익의 산물임은 분명하다. 이로 인해 예속경제형태 중에는 최상층에 올라서게 되고, 일부 산업은 제국주의 자본을 추월하는 모습을 보이기도 한다. 그러나 국제분업체계는 일부 자본의 성장 추월 문제가 아니라 세계적 세계화에 따른 구조적 질서이다. 이 변화를 주도할 수 있는 것은 미 제국주의 등 선진 자본뿐이며, 예속 자본들은 여기에 복무할 뿐이다. 때문에 총체적으로 한국경제는 구조적인 국제분업체계 서열에서는 종속적 지위에 있다. 반도체의 경우 이전에는 공해산업으로서 제국주의 본국에 설계만 남기고 중하위 경제권에 순차적으로 이전한 것이었으나, 이제는 4차 산업혁명 시대에 전략적인 기간산업이 되었기 때문에 다시 회수하고 있다. 이러한 재편의 주도권 역시 미국 제국주의 자본이 가지고 있다는 점을 최근 삼성의 상황에서도 뚜렷하게 알 수 있다.

종속적 신자유주의 경제는 세 가지 예속 고리를 통하여 국내 불평등을 심화시킨다. 첫째로 금융산업과 유동성 확대라는 파이프라인을 통하여 자산버블을 형성하는 식으로 불평등을 심화시킨다. 은행, 보험, 주식, 채권 등의 금융산업과 이와 연동된 부동산 투기를 통하여 민중에 대한 심각한 착취가 진행되고 있다. 주식, 부동산 등 자산버블은 자체의 가치 증식이 아니라 실물자산의 성장분을 금융 착취구조를 통해서 약탈해가는 카지노경제이다.

따라서 실물경제에서 증가된 국민순소득의 분배 과정에서 실물경제상의 분배보다 더 많은 양을 약탈해감으로써 구조적인 불평등을 확대재생산의 원인이 되고 있다.

둘째로 한국 수출 재벌의 매판성이 그 어느 때보다도 심화되고 있다. 혹자는 한국 재벌이 관치금융을 벗어나 직접금융을 통해 자본을 조달하고, 세계화를 통해서 세계시장을 상대로 더욱 성장하고 있다고 한다. 그러나 사실은 제국주의 자본과 종속적으로 일체화되어 제국주의 자본의 한국경제에 대한 수탈의 파이프라인 역할을 하고 있으며, 지분구조상 외국인 주식회사로 변질되어 있다. 실제로 한국 경제정책의 핵심이 수출강화 정책이고, 한국의 모든 자원이 다른 것을 희생하고 수출 대기업을 지원하는 구조로서, 수출 이익의 상당분을 외국자본과 수출재벌들이 독식하여 나누어 갖는 구조이다. 그 결과로 실물경제상의 소득분배율 역시 지속적으로 악화되어 왔다.

셋째로 한미 동맹이라는 정치군사경제 예속 동맹을 통하여 한국 민중을 조약, 법, 정책 등을 통해 제도적으로 착취하고 있다. WTO, 한미FTA 체제를 통하여 한국의 경제주권은 심각하게 제약되어 있으며, 특히 농업 몰락으로 이어지고 있다. 국가예산은 한미 동맹에 복무하는 군사 부문에 많은 예산을 지출하고 있으며, 전략 자산 구입비, 방위비 분담금이 지속적으로 증대하여 식민지 군사경제에 복무하는 예산으로 되고 있다. 또한 공공부문 민영화, 시장화, 해외매각 정책을 확대함으로써 국가 경제정책을 산업정책과 민생 복지 강화에 자주적으로 작성하고 집행하는데 심각한 제약으로 되고 있다.

때문에 한국 노동자 민중은 실물 경제상의 수탈에다가 이보다 더한 금융 수탈 구조와 한미 동맹 체제하에서 군사적, 제도적 착취를 포함한 삼중 착취를 당하고 있다. 따라서 달러지배하의 금융종속과 재벌의 매판성, 한미 동맹 문제를 해결하지 않는 한 한국 사회의 불평등을 근본적으로 해결하는 것은 불가능하다.

•• 수출편향경제는 지속가능한가

두 가지 의문

최근 '선도국가론'이 유행이다. 대한민국이 추격자 위치에서 선도자 위치로 올라서자는 취지이다. 문재인 정부의 정책방향도 그러하고, 차기 대선주자들도 선도국가를 외친다. 그런데, 한 가지 의문이 생긴다. "자립적 경제구조 없이 선도국가가 가능한가?"

한 가지 의문이 더 생긴다. 한국은 수출주도 경제이다. 한국은 2019년 현재 무역의존도가 63.5%로 대외경제 비중이 지나치게 높다. 아예 수출편향경제라고 하는 편이 옳다. 한국이 선도국가가 되려면 계속 수출이 잘 되어야 한다. 그런데 "지금 세계경제는 한국이 수출을 더 잘될 수 있는 방향으로 돌아가는가?"

한국의 수출편향경제는 두 가지 심각한 문제점을 가지고 있다.

첫째로, 수출편향경제는 탈세계화 시대에 지속 가능하지 않다는 점이다. 미제국주의는 지금 신자유주의 세계화 전략에 수정을 가하고 있다. 미국은 세계 패권을 유지하기 위해 신자유주의 세계화 전략을 중미분리 전략, 탈세계화 전략으로 수정하였다. 미국부터가 경제적 자립기반을 강화하는 쪽으로 방향을 바꾼 것이다. 한국 수출의 1등 품목인 반도체부터가 이미 미국, 중국, 유럽연합 등이 자체 생산 전략으로 돌아서서 백가쟁명, 춘추전국시대로 들어섰다. 이러한 현상은 배터리, 의료산업, 친환경산업 등으로 이어질 것이다.

이러한 탈세계화 시대에 한국경제의 지향점을 수출주도 경제를 계속 심화시키면서 미국을 택할 것인가, 중국을 택할 것인가라는 식으로 설정하는 것은 오판 4)이다. 문제를 자립경제 기반을 강화할 것인가, 종속적 수출지향경제를 지속할 것인가로 세워야 한다. 한편 최근 들어 수출 주도 국가보다 내수 주도 국가들이 경제성장률이 더 높다는 점도 참고하여야 한다. 원리적으로도 그렇지만, 세계추세를 놓고 보아도, 종속적인 수출편향경제로 선도국가로 도약하는 것은 불가능하다.

둘째로, 종속적 수출편향경제는 대외적으로 상시적 국부유출, 대내적으로 양극화 심화라는 약탈 착취 경제의 표본이다. 달러패권 경제에서 한국의 수출경제는 수출 이익 대부분을 미국 금융자본에게 털리는 구조를 가지고 있다. 한국 내 금융기관과 알짜기업 모두가 미국 자본의 소유이고, 국내 자산 상당수가 미국 금융자본의 약탈 대상으로 되어 있다. 그리고 수출은 국내 대기업이 주로 담당하고 있는데, 외환보유고 강제저축 비용, 수출 진작을 위한 고환율 관리 비용, 수출 대기업 경쟁력을 높이기 위한 감세정책, 보조금 지급 등은 모두 국민의 혈세로 충당하고 있다. 그러나 대기업은 국내 고용보다는 해외 진출을 선호하고, 비정규직을 확산하는가 하면, 골목상권을 침해하고, 각종 불법 탈법으로 경제이익을 사유화하고 있다.

지금까지는 대외적으로 국부가 유출되고, 내부적 양극화가 심화되더라도, 그래도 "수출해서 남는 것이 있다", "한국 지형상 어쩔 수 없는 선택이다",

---

4) 물론 중국과 결별하고 과감하게 미국과의 경제동맹을 강화함으로써 미국중심의 공급에서 상위그룹으로 도약하는 것이 더 올바른 지정학적, 지경학적 선택이라는 견해도 있다. 그러나 한미동맹하에서 선도국가로의 도약이라는 전략은 세 가지 점에서 문제가 있다. 첫째는 미국이 쇠퇴하는 국가라는 점에서 전략적 선택을 양자택일식으로 하는 것은 위험하다는 점, 둘째는 달러의 위기와 연동되어 장기적으로는 한국경제의 몰락의 가능성까지 내포하고 있다는 점, 셋째는 기회비용이라는 측면에서도 국제경제질서의 전환기에 탈세계화의 흐름에 부합하는 전략을 가속화하기보다는 자주적 전략에 투자하는 것이 유리하다는 점이다.

"낙수효과를 믿어라"라고 말해도 통할 수 있었다. 그러나 미국이 자국 중심의 제조업을 강화하는 쪽으로 방향 전환을 하는데 뒷돈이나 대주고, 내부 빈부격차는 참을 수 없을 정도로 극심해지고 있는 조건에서, 현재의 수출편향경제 시스템에 대수술이 필요하다는 국민들의 목소리는 높아질 수밖에 없다.

선도국가, 선도경제의 실체는 자립적 민주경제이다. 자립경제는 미래경제의 대안이다. 자립적 민주경제는 두 가지 측면의 결합이다. 하나는 자립적 국민경제이고, 다른 하나는 민중적 민주경제이다. 여기서는 자립적 국민경제를 중심으로 살펴보자.

자립적 국민경제의 개념

국민경제론은 역사적 맥락과 이론적 맥락에서 접근할 수 있다.

먼저 역사적 맥락에서 볼 때 국민경제란 어떤것인가. 원래 국민국가, 국민경제는 서구에서 시작된 것이다. 국민국가, 국민경제는 자본가가 주도하는 자본주의적 국민국가, 국가 경제체제를 뜻한다. 2차대전 이후 성립된 케인즈주의적 수정자본주의 체제는 이런 일국적 국민국가와 국민경제에 기초하여 세워진 것이다. 2차 대전 이후 제국주의 체제는 그래도 국민경제를 인정한 것이었다. 그런데 신자유주의 세계화 시대는 국민경제, 국민국가를 심각하게 약화시켰다. 미국은 세계를 다자간, 양자간 세계화된 신자유 무역질서에 편입시키고자 하였다. 그것이 달러 세계화, WTO, FTA 체제이다. 그 실체는 미국의 금융패권질서에 미국 초국적 기업을 중심으로 세계를 단일화된 글로벌 공급망 체계로 재구성한 것이다. 여기에 한국은 금융종속을 기본으로 제조업의 제국주의 하위 분업구조에 편입된 것이다.

그러나 최근 영국의 EU 탈퇴나 중미 대결은 그것이 가능하지 않음을 보여주었고, 오히려 시대는 탈세계화와 국민경제, 국민국가 질서가 복원되는 추세로 나아가고 있다. 이런 조건에서 일국적 범위에서 내포적 성장을 지향하는 국민경제 개념을 복원하는 것은 탈세계화시대 경제전략을 수립하는데서 출발점이 되고 있다. 또한 국제사회에서 정치·경제적 쟁점도 변화한다. 신자유주의시대 핵심 쟁점은 관세 철폐, 국가보조금 지급 금지, 금융 개방, 지적재산권 보호, 농산물 수입개방 등 자유무역 확대에 관한 것이었다. 그러나 앞으로는 각국 경제의 경제주권, 발전권, 번영권, 블록경제의 형성 방향 등을 둘러싼 논쟁이 치열하게 전개될 것이다.

다음으로 이론적 맥락에서 국민경제론이란 어떤 것인가. 신고전파 경제학에서 말하는 국민경제는 기업, 가계, 정부라는 경제단위 활동을 양적, 기능적으로 분석한다. 때문에 국민국가와 산업구조 간 연관성 속에서 국리민복을 지향하는 재생산 구조를 설명할 수 없다. 반면 정치·경제학적 국민경제론은 국민국가 수준에서 내부 주요 산업부문 간의 연관성, 국가적 범위에서 국가 산출물과 그 결과물의 분배 방식, 산업성장과 고용유발효과, 해당 국민경제의 세계체제 내의 위치 등을 다루게 된다. 예를 들어 자국 내 광업, 농업생산물이 국내 원자재로 얼마나 쓰이고 있는지, 하나의 산업부문이 성장하면 국내 고용이 얼마나 창출되는지, 국내 총생산(GDP)이 증가했을 때, 국민적 분배는 어떻게 이루어지는지를 따져 묻게 된다.

이러한 정치·경제학적 국민경제론을 도입해 한국경제를 연구한 선구적 경제학자는 박현채였다. 박현채는 국민경제를 선진 자본주의형 국민경제, 후진 자본주의형 국민경제, 식민지 종속형 국민경제로 구별하였다. 종속형 국민경제는 제국주의 경제에 복속되어 형태적으로는 국민경제의 모양을 이루고 있으나, 내용적으로 식민지적 성격을 가진 경제를 말한다. 때문에 종속형 국민경제는 제국주의 경제와 종속적으로 연결되어 있어 내부 산업 간, 부문 간 연관성이 분리되고, 불균형화, 파편화되어 따로 노는 이중경제형태를 띠게 된다. 제국주의와 연결된 경제는 잘나가고, 여기로부터 분리된 경제 영역은 붕괴 몰락하는 것이다. 이것은 결국 빈부격차의 원인으로 작용한다.

그러나 박현채는 자립적 민족경제와 국민경제 상호 관계에 대한 분석에서 실패하였다. 박현채는 자립적 민족경제가 두 가지 종류가 있다면서 당위적 민족경제와 현실적 민족경제로 나누었다. 그리고 당위적 민족경제를 '자기 완결적인 자율적 재생산 메커니즘이 실현된 경제'로 보고, 현실적 민족경제를 '몰락해 가는 민족경제 부문, 중소기업이나 노동자, 농업경제'로 보았다. 여기에 기초해서 종속적 국민경제를 극복하는 방안을 축소 몰락해 가는 현실적 민족경제를 키워, 종속적 국민경제를 극복하고, 자립적인 완성된 민족경제로 나아가야 한다고 생각했던 것이다. 이러다 보니 자립적 민족경제와 현실적 민족경제의 구별이 가능한가 하는 논쟁, 현실적 민족경제가 어디에 존재하는가 하는 실체논쟁에 휘말리게 되었다.

여기서는 종속적 국민경제를 자립적 국민경제로 먼저 바꾸어야 한다는 점을 제기한다. 왜냐하면, 남쪽의 경제만으로는 이러한 민족자립경제를 달성하는 것은 구조적으로 어렵기 때문이다. 자립적 민족경제는 통일경제 속에서만 실질적으로 달성이 가능하다. 그런 점에서 자립적 국민경제는 자립적 민족(통일)경제의 낮은 단계라고 할 수 있다.

그렇다면 자립적 국민경제란 무엇인가? 자립적 국민경제는 종속적 국민경제를 극복하고, 경제의 재생산구조가 자립적, 내포적 연관관계속에서 순환구조를 가진 대 기초하여 대외 경제가 접목되는 경제를 말한다. 한국경제는 일차적으로 종속형 신자유주의 경제를 극복하고 자립적 국민경제로 전환해야 한다.

자립적 국민경제의 상

자립적 국민경제의 상을 그려보자면, 크게 금융 종속, 수출편향경제를 개혁하는 것을 중심으로 공공부문, 농업에 대한 대책까지 이어져야 대강을 잡을 수 있다.

(1) 금융주권 회복

원래 금융경제는 화폐를 매개로 이루어지며, 경제의 순환을 촉진하는 기능이다. 그러나 달러체제는 세계기축통화로서의 발권력을 바탕으로 달러 살포와 금융세계화를 통해 은행, 주식, 채권, 보험 등의 가공자본을 형성하고 자체의 부가가치를 추구함으로써, 경제의 순기능이 아니라 실물경제에 대한 카지노식 약탈경제, 부채경제를 심화시키고 있다.

한국경제는 전형적인 달러 식민지 경제이다. 한국경제가 달러체제에 깊숙이 편입되어 있고, 금융의 양적 팽창에 비해 경쟁력은 취약하기 때문이다 [5]. 대다수 주류 세력은 이에 대한 해법을 금융경쟁력 강화에서 찾고 있다. 그러나 이러한 해법은 자산 불평등을 더욱 심화시키는 방안이고, 부채폭탄을 안

---

[5] 한국은 제조업경쟁력은 세계 5, 6위 정도이나 금융경쟁력은 세계 40위~45위 정도이다.

고 사는 길이며, 우리도 빼앗긴 만큼 외국에서 털어오자는 카지노 경제논리이다.

그렇다고 자립적 국민경제를 세우는 방향이 간단한 것은 아니다. 우선 신자유주의 세계화 시대의 금융종속을 극복하려면 종속적 산업화 시기와는 달라야 한다. 국제적으로 달러패권구조를 극복하는 것과 함께 국내에 들어온 외국자본에 대한 종속구조를 동시에 극복하는 방향으로 가야 하기 때문이다. 달러패권을 극복하는 것은 일국적 노력만으로는 안된다. 국제적 노력이 필요하다. 다행히 달러패권이 약화되고 있고, 기축통화가 달러, 유로, 위안화 등으로 다축화되고 있으며, 결제시스템도 달러 결제국제금융망(SWIFT) 말고도 위안화국제결제시스템(CIPS) 등이 세워지고 있다. 이것은 유리한 국제경제적 환경이다. 달러패권 극복문제는 향후 세계적 부채경제가 어떻게 폭발하느냐에 달려있을 것이다.

일국차원의 주체적 노력도 배가해야 한다. 달러표시자산을 줄이고, 다변화하는 노력이 더욱 강도높게 진행할 필요가 있다. 또한 자본의 이동과 소유에 대한 통제력도 강화해야 한다. 가장 효과적인 방법 중의 하나가 토빈세를 도입하는 것이나, 이 역시 국제적 협조가 없으면 효과가 없다. 그렇다 하더라도 일국적 범위에서 가능한 외국자본 유출입 규제, 외국자본의 국내 금융기관 소유 규제, 핵심은행의 국유화, 자본 도피 규제 등은 얼마든지 가능하다. 국가경제전략, 정책방향과 의지가 문제일 뿐이다.

(2) 수출편향경제를 국민경제복원으로 개조

한국의 수출편향경제는 달러환류 체계와 밀접히 결합되어 있으며, 종속적인 FTA 체제, 한미 군사동맹 등으로 촘촘하게 구조화, 제도화되어 있다. 한국의 수출경제 시스템은 대외종속과 국내 양극화의 핵심고리이며, 재벌과 친미 관료들은 금융수탈과 국내 불평등 악순환 고리의 핵심 담당자들이다.

미국에 있어 한국경제는 값싼 상품 공급지이고, 달러환류 시스템의 안정적 수탈 대상이며, 성장기에 있는 한국 자본시장을 상대로 한 일상적 수탈과 주기적인 양털 깎기가 가능한 최상의 먹잇감이다. 또한 한국 내적으로는 국가예산에서부터 고용, 교육, 복지, 농업 등 모든 분야의 자원이 오직 수출 대기업의 이익을 보장하는 데로 집중하고 희생하는 구조이다. 그러나 수출 기간산업의 이익은 사유화되고, 손실은 언제나 사회화되고 있다. 한 마디로 수출은 한국의 모든 자원과 가치를 빨아들이는 블랙홀이다. 이런 수출편향경제를 왜 지속해야 하는지 의문을 가져야 할 때이다. 특히 탈세계화 시대에는 수출편향 전략 그 자체도 대폭 수정해야 할 상황이다.

수출편향경제를 내실 있는 국민경제로 완전히 뜯어고쳐야 한다. 종속적 세계화 경제가 아니라 국민경제의 내부 연관성을 중시하는 경제로 전환해야 한다. 수출편향경제를 자립적 국민경제 복원으로 전환하자는 의미는 수출 대기업의 이익을 중소기업 강화, 고용 없는 성장의 극복, 자영업의 개선, 농업경제의 회생, 사회적 경제에 대한 투자로 재분배해야 한다는 것을 의미한다. 또한 이 과정은 녹색성장이나 디지털 성장과 같은 친재벌 한국판 뉴딜이 아니라 자립적 국민경제 형성을 위한 산업구조의 재편을 지향하는 한국판 뉴딜로 재구성되어야 한다는 의미이다. 이런 경제전략에 기초하여 복지 확대를 위한 증세도 논해야 포퓰리즘을 극복하고 조세저항도 극복할 수 있다.

(3) 공공부문 강화와 기간산업 국영화

앞으로 한국경제는 공공부문의 선도적 역할에 기반하여 일자리도 창출하고, 시장경제도 개혁하는 방식으로 가야한다. 수출 대기업이 핵심인 민간경제를 자립적 국민경제로 전환하는 것은 매우 강력한 저항을 동반하고 지난한 과정이 될 것이다. 특히 신자유주의 세계화 논리가 국민적으로 내면화된 조건에서 자립적 국민경제를 복원하자고 하면, 양극화와 불평등에 대한 대한 팽배한 불만에도 불구하고 국민적 설득력을 높이기가 쉽지 않다. 따라서 두 가지 방법을 병행해서 선도적 사례와 모델을 만들고 확산시켜 나가야 한다.

우선 공공부문이 수출편향경제를 시정하고 자립적 국민경제를 복원하는 데 앞장서도록 해야 한다. 공기업 운영과 예산편성에서 자립적 국민경제 구축을 위한 전략 대상과 계획을 세우고, 단계적 순차적으로 집행해 나가야 한다. 구체적으로 전력, 철도, 통신 등 에너지 핵심 인프라 산업, 기간산업 국영화를 강화해야 한다. 또한 주거, 의료, 교육, 돌봄 등 공공복지 영역, 일자리 창출 영역의 국영화도 더욱 확대해야 한다. 나아가 녹색, 디지털 방역 관련 신성장산업 공공부문 신규 창설, 공공 OECD 평균 수준의 재정 확충, 외주화 공공부문 재국영화와 양질의 공공부문 인력 확충 및 공공서비스 기반 확충 등이 필요하다.

다음으로 민간영역에 구조조정이 진행되는 부실기업과 산업구조조정이 진행되는 기업들을 적극적으로 국유화하고 자립적 국민경제의 토대를 강화하는 방향에서 운영하도록 해야 한다.

이렇게 하려면 공공부문 시장화, 민영화 전략을 완전히 폐기하고, 자립적 국민경제 건설에 공공부문을 내세우고 강력한 국민적 캠페인을 전개하면서 추진력 있게 진행해야 한다.

(4) 식량자립화를 위한 농업회생

한국농업, 농민, 농촌문제의 핵심은 수입개방에 의한 식량자립 상실이며, 이에 따른 농민 몰락, 도농격차 확대, 농촌 황폐화이다. 한국의 식량자급률은 23%로, 77%를 외국 초국적 거대 식량 회사에 의존하고 있다. 1990년대 초반 GDP에서 차지하는 농업생산액은 약 9% 수준으로 떨어지고, 최근에는 3% 수준으로 떨어지며, 해체·와해 위기에 처했다. 미국 중심의 초국적 농식품 자본과 곡물 자본들이 WTO, FTA 체제를 통해 한국 식량과 농업을 장악해 가는 과정에서 한국의 농작 구조는 곡물 중심 농작에서 과수 채소원예 중심 농작으로, 가내형 축산에서 공장형 축산구조로 전환되었다. 다수 농가들이 농사비도 건질 수 없는 곡물 농사를 포기하고, 상품화된 과수채소원예 작물로 전환해 갔으며, 결국 식량자급률이 급속하게 떨어지는 문제를 낳았다. 과도한 곡물 수입은 과잉재고로 이어져 다시 곡물 농사 포기로 이어지는 형국이다. 헌법상 경자유전 원칙은 무너진 지 오래이고, 비농민에게까지 농지 소유의 길을 열어줌으로써, 임차농이 재확대되었다. 농업 직불제는 농지 투기를 유발하고, 농사를 짓는 임차농들이 보상체계에서 배제되는 문제까지 낳고 있다. 최근에는 쌀농사를 지어야 할 경작지에 태양광발전소를 짓고 있는 실정이다. 이런 구조 속에서는 절대로 쌀농사, 곡물 농사가 회생할 수 없다. 과수채소원예 중심 농작이 늘어나면서 농산물 상품화가 강화되고, 농업의 공공성이 파괴되고 있다. 과수채소원예 농가들은 수입농산물과의 경쟁에서 밀려나 몰락하고 있으며, 수급 불안정으로 주기적 농산물 파동이 발생하여 막대한 피해를 보고 있는 데다가 과다한 수입 농약 사용으로 농토와 환경이 파괴되고 있다. 공장형 축산은 미국의 거대 곡물 메이저들로부터 옥수수, 콩 등 막대한 사료 도입이 불가피하고, 여기에 유전자 변형 사료 문제까지 겹치면서 상시적인 국부유출, 축산 종속 심화, 환경파괴, 국민 건강권 위협이라는 문제가 발생하고 있다. 게다가 닭, 돼지, 오리 등 다수 축산농가는 국내 축산 대기업의 하청농으로 전락한 상태에서, 주기적 구제역으로 농사피해가 발생할 때마다 막대한 국가 지원비로 축산 대기업을 먹여살리는 구조가 오늘날 축산농업의 현실이다.

　농업정책은 수입개방 논리와 기업화전략을 뼛속까지 신념화한 친미 관료들이 장악하고 있고, 농업금융을 책임져야 할 농협은 오히려 재벌 못지않은 농가의 약탈자로 군림하고 있는 형편이다. 농산물 유통구조는 지나치게 다단계화되어 있고, 유통자본의 추가 착취로 말 그대로 이 땅의 농사군들은 뼈꼴이 빠지는 지경이다.

　가장 중요한 것은 식량주권 회복을 위한 종합 대책을 세우는 것이다. 농산물 수입개방을 점차적으로 축소해야 하며, 식량자급률을 법제화해야 한다. 특히 쌀 수입을 중단하고 쌀농사 확대가 시급하다. 이를 위해서는 직불제를 개선하고, 쌀농사에 대한 혜택을 늘려 농가 소득을 보장함과 동시에 쌀 경작지를 다시 늘려야 한다.

　또한 경자유전 원칙을 철저히 고수하고 제2의 농지개혁을 실시함으로써, 부재지주의 불로소득을 제거하고, 농가 소득으로 환원시켜야 하며, 농지개혁을 청년 자영농, 협업농 육성과 연결시켜 농촌인구 소멸과 경지면적의 축소를 막아야 한다. 동시에 현재 확대되고 있는 농민기본수당제를 전국적으로 확대함으로써, 농촌 전반의 복리를 향상시켜야 한해다. 그리고 농업금융과 농산물 유통 체계의 개선을 위해서는 농협을 개혁하고, 농산물 직거래를 확대해야 한다.

　요컨대 수출편향경제를 자립적 국민경제로 개조하려면, 우선 금융 종속 문제를 건드려야 한다. 그리고 공공부문의 선도적 역할을 높여야 한다. 나아가 식량자립, 농업회생 전략과 연결되어야 한다. 이런 문제들 해결 없이 자산불평등 해소, 양질의 일자리 창출, 복지 확충, 제조업, 자영업, 농업이 고르게 발전하는 경제를 만들어 가는 것은 불가능하다. 시작조차도 할 수 없다.

•• 불평등의 문제를 해결하지 않으면 항쟁이 일어난다

해결될 기미가 보이지 않는 불평등

우리나라 2천만 노동자 중 845만 명이 비정규직이다. 이중 특수고용노동자가 300만 명이 넘고, 요즘 늘어나는 플랫폼 노동자는 통계에 잡히지도 않는다. 그리고 2천만 노동자 중 대기업 노동자는 16.9%에 불과하고, 83.1% 중소기업에 다닌다. 비정규직, 중소기업, 여성, 고졸 노동자들은 임금을 절반밖에 받지 못한다. 550만 명이 넘는 자영업자들은 몰락하고 있고, 노인 빈곤을 가속화하고 있다. 400만 청년들은 일자리를 찾질 못한다. 300만 농민들은 농사비도 건지기 힘들다. 총체적으로 벌어먹고 살기가 힘들다.

그런데 이러한 현상이 나아질 기미가 보이질 않는다. 오히려 더 악화되고 있다. 코로나 팬데믹은 자산 불평등을 가속화하고, 연이어 터지는 부동산 비리 등은 국민적 분노를 야기하고 있다. 더욱이 다가오는 금리 인상, 부채 폭탄 등의 위기는 노동자 민중들의 삶을 심각한 파탄으로 밀어 넣을 가능성이 커지고 있다. 이러한 문제를 '불평등'의 문제라고 하고, 이제 이 불평등 문제를 해결하지 않으면 항쟁이 일어날 상황이다.

경제시스템을 완전히 바꾸어야

대안을 찾아야 한다. 작금의 한국 사회의 불평등 문제는 단순히 한 두 가지 정책을 잘못해서 발생한 문제가 아니다. 아주 구조적인 문제이다. 한국경제의 구조적 문제는 두 축이다. 하나는 예속, 다른 하나는 불평등. 앞에서는 예속의 문제를 중심으로 그 대안으로 '자립적 국민경제'에 대해서 알아보았다. 여기서는 불평등에 대한 대안으로 '민중적 민주경제'를 제기하고자 한다.

민중적 민주경제는 종속적 자유시장경제를 개조한다

민중적 민주경제란 한국사회의 극심한 불평등을 해소하고 민주적 경제 평등을 실현하는 경제를 말한다. 이렇게만 이야기하면 너무 추상적이다. 그 구체적인 의미를 3가지로 나누어 살펴보자.

민중적 민주경제는 첫째로 신자유주의 경제의 대안이다. 민주주의 경제는 본질상 자본주의 경제이다. 그러나 자본주의 경제라 할지라도 자유민주주의 경제가 있고, 민중적 민주주의 경제가 있다. 자유민주주의 경제는 다시 고전적 자유주의 경제와 신자유주의 경제가 있다. 고전적 자유주의 경제는 극심한 빈부격차를 야기하고 독점자본주의로 진화하였다가 1929년 대공황으로 붕괴의 길을 걸었고, 결국 세계대전으로 이어졌다. 신자유주의 경제는 금융투기자본의 주도아래 1980년대 등장하여 30년간 전세계를 풍미하다가 2008년 금융공황 이후 쇠퇴 몰락의 길을 걷고 있다.

한국에서 자유주의 경제는 IMF 외환위기 이후 전면화되었다. 6월 항쟁이후 한국경제는 '경제민주화'의 길을 걷고 있었다. 그러나 IMF를 거치며 한국경제는 '경제민주화' 길에서 이탈하여 '경제 자유화'의 길로 변질되었다.
97년 이후 한국경제는 '경제민주화 국면'이 아니라 '경제자유화 국면'이었다. 때문에 어떠한 경제민주화도 성공할 수 없었다. 경제자유화를 경제민주화로 착각하면 안 된다. 때문에 오히려 외국자본과 재벌은 더욱 살이 찌고, 민생은 더욱 어려워졌다. 지금은 경제 자유화로 인해 발생한 불평등의 문제가 심각한 국면이며, 신자유주의 경제 자체가 위태로운 상황이다. 때문에 노동자 민중은 신자유주의 경제를 대체할 새로운 경제 패러다임을 준비해야 한다. 그것이 민중적 민주경제이다.

민중적 민주경제는 한국형 혼합경제, 한국형 복지사회를 건설한다

둘째로 민중적 민주경제는 유럽식 사회민주주의 복지국가와도 다르다.
유럽식 사회민주주의 복지국가는 자립적 국민경제가 달성된 조건에서 선진 자본주의 국가에서 전개된 사회경제형태를 말한다. 그러나 한국과 같이 자립적 국민경제 달성되지 못한 조건에서는 유럽식 사회민주주의 복지국가는 불가능하다. 첫째로 이를 실현할 정치세력이 부재하고, 둘째로 사회민주주의 복지국가를 실현할 경제 시스템이 취약하다. 국부의 상당량은 외부로 유출되고, 국내 소수 재벌에 의해 착취당하는 조건에서 유럽 수준의 보편적 복지는 불가능하다. 엄청난 국부유출과 재벌 집중에도 불구하고 국제적으로 선진국 행세를 할 수 있는 것은 전적으로 근면한 한국 노동자 민중 덕분이다.

한국 민중은 높은 산업재해, 세계 최고의 비정규직 비율과 임금 착취, 강도 높은 장시간 노동, 낮은 복지수준이라는 희생 속에서 이나마 한국경제를 일군 주역이다. 또한 중소기업이 고용률은 높으나 매우 취약하고, 유럽과 달리 광범위한 자영업자 대군이 존재한다. 한국 역시 복지국가를 지향해야 한다. 그리고 혼합경제를 지향해야 한다. 그러나 그것은 유럽식 사민주의라기보다는 민중적 민주경제에 기반한 한국형 민주복지국가가 될 것이고, 유럽에 비해 훨씬 다원적인 혼합경제가 될 것이다.

민중적 민주경제의 주체는 대다수 민중이다

셋째로 민중적 민주경제 실현의 주체는 극소수 예속자본이 아니라 대다수 민중일 수밖에 없다. 극소수 예속 재벌들은 민주경제 또는 경제민주화, 불평등 해소에 앞장설 생각도 의지도 없다. 오히려 가장 가혹한 착취자일 뿐이며, 민주경제, 경제민주화의 방해자일 뿐이다. 한국 사회에서 민중적 민주경제를 실현할 주체는 노동계급을 포함하여 농민, 빈민, 청년, 여성, 중소자본가, 자영업자 등 다수의 민중이다. 이렇게 민중이 주체가 되는 경제민주화는 더 높은 단계의 평등경제를 실현하는 조건을 마련하게 된다. 민중적 민주경제는 절박한 당면 불평등 문제를 해소함과 더불어 보다 높은 단계의 평등경제로 이행하는 토대를 튼튼히 할 수 있게 한다. 민중적 민주경제는 두 가지 측면에서 높은 단계의 평등경제를 실현하는 토대를 마련한다. 하나는 민중의 요구와 이해관계를 반영하는 국관영, 공공부문경제를 창설 강화함으로써 이행경제의 토대를 강화한다. 다른 하나는 민중 정치역량과 주도권을 강화함으로써 이행경제의 주체를 강화하게 된다.

민중적 민주경제 실현 방안

그렇다면 민중적 민주경제를 실현하려면 어떻게 해야 할까? 사실 복잡할 것이 없다. 첫째로 불평등의 원인을 제거하는 민주주의적 경제개혁을 강력하게 추진해야 한다. 불평등의 원인을 제거하려면 불평등을 통해 수혜를 얻는 기득권 세력을 타격해야 한다. 특히 불법, 편법으로 경제 특혜를 누리는 경제권력을 제거, 약화시키는데 우선 집중해야 한다. 정경유착, 경언유착, 뇌물수수, 불법 편법 상속, 불공정거래, 기술탈취, 골목상권 침해, 부당노동행위 등 이루 말할 수 없는 경제 범죄의 온상인 재벌특혜 구조를 그대로 두고 불평등 해소한다는 것은 다 거짓말이다. 약간의 완화조차도 불가능하다. 또한 금융 불평등, 자산 불평등을 확대하는 모피아와 같은 매판적 금융권력, 자산권력들을 통제해야 하며, 금융 감독 기구들을 재정비하고, 금융기관의 서민배제적 금융 행태와 관행을 시정할 수 있는 법 제도를 강화해야 한다.

나아가 건설 부동산, 농협 등 각종 산업 경제 영역에서 해외자본, 재벌, 관료 간의 유착 세력, 즉 건피아, 원피아, 교피아, 세피아 등 관피아를 타파하고. 관료 독점적 부정부패세력을 척결하는 민주주의적 경제개혁을 추진해야 한다.

둘째로 공공부문의 선도적 역할을 높여 평등경제의 토대를 강화해야 한다. 먼저 공공부문은 자립적 국민경제 형성의 강력한 지렛대이기도 하지만, 민중적 민주경제를 창출하는 유력한 토대이기도 하다. 공공부문의 선도적 역할을 높여 시장을 개혁하는 것을 기본 전략으로 추진해야 한다. 그래야 좌절하지 않고 강력한 추진력으로 불평등 해소와 민주경제건설의 길로 전진할 수 있다. 에너지, 교통, 통신, 디지털, 금융 등 기간 핵심 산업은 물론이고, 주택, 교육, 의료, 돌봄, 주거 등의 분야에서 공공부문을 강화하고, 이를 통해 질 좋은 일자리 창출과 민주적 통제 시스템을 강화하여 시장 개혁의 원동력으로 삼아야 한다. 나아가 특히 4차 산업혁명과 관련하여 공공재적 빅데이터를 사유화하는 것을 최소화하고, 지식경제시대의 생산수단이라고 할 수 있는 플랫폼의 공유화, 사회화를 적극 추진해야 한다. 이와 함께 협동조합, 사회적 기업 등 풀뿌리 사회적 경제를 확대 지원하고, 그 네트워크를 활성화함으로써 민중 자신이 민주경제의 주역으로 나설 수 있도록 다양한 조치를 강화해야 한다.

자립적 민주경제는 어떻게 실현 가능한가

앞에서 예속과 불평등 구조의 함정에 빠져있는 한국경제를 개조하려면, '자립적 국민경제'와 '민중적 민주경제'의 길로 나아가야 함을 살펴보았다. 이를 합치면 '자립적 민주경제론'이 된다.

문제는 이러한 대안경제가 어떻게 실현 가능한가이다. 그것은 민중의 직접행동과 자주적 민주정부를 수립하는 길밖에 없다.

우선 지금과 같은 예속과 불평등 체제에서 민중들은 자신의 요구를 집단적으로 조직하지 않고서는 어떠한 개선도 기대할 수 없다. 예속과 불평등을 극복하는 가장 강력한 방도는 민중 자신의 직접행동이다. 특히 민중들은 경제 영역에 대한 민주적 통제감시 역량 강화하고, 불법 편법을 아래로부터의 실력으로 엄단할 수 있어야 한다. 때문에 경제적 개선 조치를 위한 법 제도, 정책들도 중요하지만, 노동조합 보장, 정치활동 보장 등 민중의 직접행동을 확대하고 민중 기본권을 강화하는 정책과 법 제도 개선이 매우 중요하다.

다음으로 자립적 민주경제는 결국 그것을 실현할 의지와 실력이 있는 정치세력에 의해 실현된다. 자립적 민주경제는 자립적 민주정부를 수립하고 운영할 수 있는 민중 자신의 정치역량이 갖추어질 때만 현실이 된다. 그 해답은 촛불항쟁에서 마련된 민중 자신의 직접정치에서 찾을 수 있다.

•• '분단비용'과 '통일비용'

한국경제가 자립적 민주경제로 이행해야 하지만, 그것만으로는 부족하다. 결국 남북 경제협력 문제, 통일경제 문제를 풀어야 경제개혁을 완수할 수 있다. 이런 점에서 통일경제론에 대한 모색이 절실하다. 그 출발점은 통일비용에 대한 왜곡된 시각부터 교정하는 것이다.

분단비용, 통일비용, 통일편익

국민들이 통일을 반대하는 첫 번째 이유로 꼽는 것은 '통일비용'이다. 그러나 남북정세가 좋아지면 통일비용을 부담하겠다는 의사가 크게 늘어나기도 한다. 2018년 427판문점 선언 직후 서울신문사가 메트릭스에 의뢰해 조사한 결과에 의하면, '통일비용' 부담 의사를 묻는 질문에 '매우 그렇다'(24%), '그렇다'(46.7%)로 전체 70.7%가 긍정적 답변을 하기도 하였다[그림 6-1]. 실제 통일가능성이 열릴 때 국민들의 통일지향성은 폭발적으로 올라올 수 있다는 것을 의미한다.

[그림 6-1] 통일비용 부담의사 설문조사

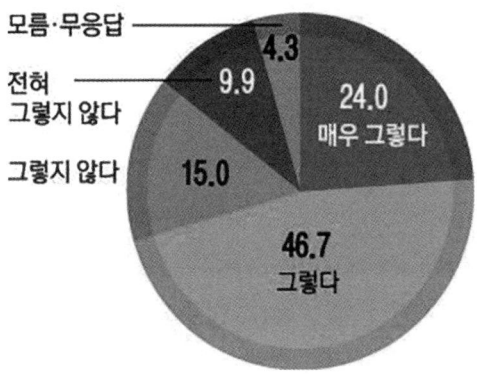

자료 : 메트릭스.

그럼에도 통일비용 이데올로기는 무거운 부담으로 퍼져있다. 하지만 '통일비용'보다 더 무서운 것은 '분단비용'이다.

분단비용은 분단이 유지되기 때문에 발생하는 비용이다. 분단비용은 여기에 그치지 않는다. 분단비용에는 분단이 되지 않았다면 얻을 수 있는 편익의 손실비용까지 포함된다. 다시 말해 분단비용은 "통일이 이루어지지 않고 있기 때문에 부담하는 비용과 분단이 되지 않았다면 얻을 수 있는 편익의 손실을 합한 비용"이다. 후자는 기회비용이며, 통일비용과의 관계 속에서 그 의미가 더 뚜렷하게 드러난다. 통일비용은 통일시기에 투자비용이며, 통일편익을 창출하기 위한 비용이다. 분단비용은 장기적이며, 통일비용은 일시적이고, 통일편익은 항구적이다.

분단비용은 유·무형을 합쳐 막대하다. 대표적으로는 막대한 주한미군 주둔비, 무기 구입비, 자체 군사력 증강비 등이 있다. 여기에 대륙과 대양을 연결하는 물류거점 효과, 남북통일에 따른 규모의 경제효과, 국토 이용의 효율성 제고, 남북경제의 유기적 결합에 의한 시너지 효과 등 경제적 편익들은 모두 분단이 유지됨으로써 발생하는 기회비용의 상실이다. 여기에다 이산가족의 아픔, 전쟁 위협, 남북 간 적대와 증오, 국가보안법 체제 유지로 인한 민주주의 후퇴 등 무형의 분단비용까지 합치면 그 비용은 이루 말할 수 없다.

통일비용은 통일에 따른 편익의 증진을 가져오는 투자비다. 또 통일이 되면 소모적 분단비용을 통일비용으로 사용할 수 있게 된다.

통일 이후 경제적 편익은 남북한 분단비용 소멸 및 남북한 경제통합에 따르는 편익이다. 비경제적 통일 편익은 분단 해소로 인한 안보 불안 및 전쟁 위기 해소의 정치·군사적 편익, 이산가족 문제 해결, 학문과 문화 발전 및 관광, 여가, 문화 서비스 기회 향상 등의 사회·문화적 편익 등을 들 수 있다.

한 가지 예를 들면, "통일국가의 군비 지출을 GDP 대비 1% 수준으로 할 수 있게 된다면, 남한 군비지출을 GDP의 3% 선으로 보았을 때, 우선 2%의 군비 지출 감축이 가능하다. 여기에 군 병력 수 감소와 노동인력 증가에 따른 경제효과를 GDP 대비 2.65%로 추산하면, 단 이 두 가지 항목만으로도 GDP 대비 2% + 2.65% = 4.65%의 분단비용을 축소할 수 있게 된다" 6)라는 연구결과도 나와 있다.

요컨대, 분단비용은 통일비용보다 막대하게 크며, 통일비용은 이에 비하면 얼마 되지 않고, 나아가 통일편익은 분단비용에 비해 말할 수 없이 크다는 사실을 인식하는 것이 중요하다.

---

6) 신창민, 통일비용 및 통일편익, 국회예산결산특별위원회 2007

통일비용분석

통일비용에 대한 연구는 다양하게 진행되었다.

기존 통일비용 연구들을 보면 최소 500억 달러(5,600억 원)에서 최대 5조 달러(5,600조 원)까지 추계상 큰 편차를 보인다. 추계방식으로는 북의 1인당 GDP 달성 목표를 위해 얼마의 재정지출이나 총 투자액이 필요한가를 기준으로 CGE이나 시뮬레이션 모형 등과 같은 계량경제모형을 사용하거나, 통일에 수반되는 비용 항목을 나열하고 개별 항목에서 필요한 비용을 추계하여 합산하는 방법 등이 있다. 전자의 경우 이영선(2003)은 10년 동안 5,614억 달러, 울프앤아프라모픈Wolf and Akramov(2005)는 5년 동안 6,670억 달러의 통일비용이 든다고 추계했다. 후자의 경우 박석삼(2003)은 매년 35조원, 김유찬(2010)은 매년 112조 6,085억원이 든다고 추계하였다 7). 박근혜정부가 '통일대박론'을 터뜨릴 당시 통일연구원은 북한의 급변사태와 즉각 통일 염두에 두고, 정치, 사회, 경제분야를 포괄하는 통일비용은 지수화하여 분석 8)하고, 남측이 주도하고 책임진다는 의미에서 '선도통일론'이라는 모형까지 제출하였다.

통일비용 부담에 대한 국민들의 부정적 인식에는 역설적으로 통일비용 연구결과들이 한몫하고 있다. 예외 없이 흡수통일을 전제로 독일식 체제 전환비용으로 설정하고, 북한경제를 시장화하는 비용을 통일비용이라고 추산하고 있다. 당연히 비용이 과다 책정되고, 남한 국민의 세금으로 북한 국민을 먹여 살려야 한다는 논리가 확산된다.

---

7) 신동진, 통일비용에 대한 기존연구 검토. 국회예산정책처(2011.8), 경제현안분석 제64호 9~11쪽
8) 조한범 외, 한반도 통일의 비용과 편익: 정치·사회·경제 분야, 통일연구원, 2015.01

통일경제의 잠재력 추정

통일경제의 잠재력을 분석한 연구들도 흥미 있다.

현대경제연구원은 2050년까지 통일될 경우, 실질 GDP 약 5,100억 달러, 1인당 GDP 약 2만 1천 달러 수준에 달해, 세계 12위권의 경제 규모에 이르고, 동북아 역내 경제권 형성과 유라시아 물류거점 역할이 강화되면, 1인당 실질 GDP 약 9만 2천 달러, 실질 GDP 규모 약 6조 9천억 달러에 달해 중국, 미국, 인도, 브라질, 일본, 러시아 등에 이어 세계 7위 수준의 경제 규모를 갖춘다고 전망했다.

대외 경제 연구원은 남북이 총 30년에 걸쳐 3단계 통합과정을 거칠 경우, 남북한 총 763조 5,000억 원(연평균 41조 7,000억 원)의 경제성장 효과가 나온다고 분석했다 9).

골드만삭스는 국내외에 많이 알려진 <통일 코리아? 북한 위험 재평가 (1부) : A United Korea? Reassessing North korea Risks(Part I)>라는 2009년 10월 21일 리포트에서 남북이 통일되면 30~40년 안에 국민 총생산(GDP) 규모가 프랑스와 독일, 일본 등 주요 G7국을 추월할 것이라고 전망했다[그림 6-2].

대다수 남측 보고서들이 흡수통일을 전제로 한 반면, 이 보고서는 통일 통합 과정이 전환기(2012~2027년)-통합기(2028~2037년)-성숙기(2038~2050년)라는 3단계를 거칠 것으로 예측하고, 통일방식은 급격한 통합으로 많은 비용을 지출한 독일식 통일보다는 중국과 홍콩과 유사한 방식의 점진적 통

---

9) 대외경제정책연구원(2017), 남북한 경제통합 분석모형 구축과 성장효과 분석, 중장기통상전략연구 17-01

합으로 이뤄질 것으로 예상했다. 통일비용 또한 적절한 정책들이 마련된다면 감내할 수 있는 적절한 수준으로 감축할 수 있을 것이라고 주장했다 10).

[그림 6-2] 통일한국은 30~40년 안에 GDP 상 프랑스, 일본, 독일 추월

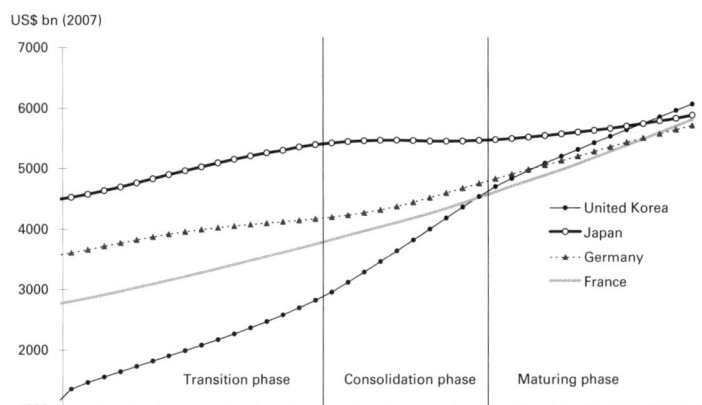

자료 : GS Global ECS Research.

많은 연구들이 분단비용이 분단유지비와 통일편익에 대한 기회비용이며, "분단보다는 통일이 낫다"라는 결론으로 이어지고 있는 점은 긍정적이다.

그러나 통일비용분석에서는 남측의 북측에 대한 투자비용, 위기관리비용, 북측 주민복지 지원비용 등에 대한 분석이 주를 이루고 있다. 나아가 통일편익은 북 경제의 시장화, 자본주의화, 체제 전환을 통해서 얻게 되는 편익으로 간주하고 있다. 그러나 북한경제의 특성상 이런 일은 일어나지 않는다. 그 이유는 다음 내용에서 볼 것이다. 앞으로는 흡수통일이 아니라, 자립적 민족경

---

10) Goldman Sachs Global Economics, Commodities and Strategy Research, "A United Korea? Reassessing North korea Risks(Part I), September 21, 2009

제, 연방형 민족경제 형성이라는 관점에서 통일비용과 통일편익, 경제발전 모형에 대한 분석이 필요하다고 본다.

•• 북 경제에 대한 이해

　남측 대다수 전문가들은 북측 경제를 바라볼 때, 남측 우위의 자본주의 관점에서 남측이 북측에 무언가를 지원해야 하고, 궁극적으로 북의 개혁개방과 체제 전환이 필요하다는 논리에 입각해 있다. 그러나 북이 수십 년간 가혹한 제재를 이겨내고 자체의 경제체제를 지켜왔으며, 오늘날에는 새로운 발전기에 들어선 과정을 이해한다면 그러한 시각은 교정되어야 한다. 이런 의미에서 북의 경제철학, 경제전략, 경제운영방식 등 있는 그대로의 북의 경제발전전략을 간략히 살펴보고자 한다 11).

북 경제관의 특징

(1) 정치의 우위에 기초한 경제생활
　북의 경제관의 가장 큰 특징은 '경제에 대한 정치의 우위'에 기초하여 경제를 접근한다는 점이다. 대다수의 자본주의 이론이나 마르크스-레닌주의 이론에서는 정치보다는 경제가 많은 것을 결정한다는 견해에 기초해 있다.

---

11) 이 부분은 주로 '사회주의 경제강국 건설전략, 2009, 사회과학출판사'를 참조하였다.

그러나 북에서는 사상이론적으로나 현실적으로나 명백하게 정치가 경제를 규정한다. 북은 '인민대중의 자주성 실현'이 사회 역사의 본질이며, 혁명의 내용이자 목표라 규정하고, 그 구체적 영역으로 사상정치적 자주성, 경제적 자주성, 문화적 자주성으로 나누어 3대 혁명을 추진한다. 그중 가장 중요한 것이 정치적 자주성이며, '경제적 자주성'이란 '인민대중의 자주성 실현을 위한 물질적 기초'로 설정한다.

북의 이러한 정치 우위의 경제관을 이해하지 못하면, 정부가 기업 활동에 개입하고 기업을 통제하려 한다는 식으로 자본주의 시장경제논리에 입각하여 북의 경제활동을 규정하는 우를 범하게 된다.

(2) 사회주의 인민경제 철학

북은 사회주의경제이다. 북은 사람은 사회적 존재로서 집단적 성격을 본성으로 하고, 이 본성에 따른 집단주의를 구현한 경제체제가 사회주의 경제체제라고 본다. 집단주의를 제대로 실현하기 위해서는 사람의 요구와 이해관계가 일치해야 하며 이를 위해서는 이해관계의 차이를 가져오는 개인소유를 엄격하게 제한하고 전 인민적 소유관계를 확립해야 한다는 것이다.

이 관점이 실현된 소유 형태가 전 인민적 소유(국가적 소유), 협동(조합)적 소유다. 개인 소유는 생필품이나 음식 등 소비품에 한정된다. 나아가 북은 협동적 소유도 점차 전 인민적 소유형태로 전환시켜가고 있으며, 이의 완성을 사회주의 완전승리라고 규정한다.

그렇기 때문에 북의 주민이 돈을 많이 가지고 있다고 해서 공장, 부동산, 기계류 등 생산수단 소유, 기업 소유 등을 할 수 없다. 북 주민에게 있어 돈은 자신이 일한 만큼 받은 생활비 개념이며, 돈이 좀 있다면 자신의 생활을 좀 더 유족하게 하는 수단일 뿐이다. 때문에 남측의 일부 전문가들이 전망하는 것처럼 북 주민에 의한 자본투자, 자본가화는 이뤄질 수 없다.

(3) 민족자립경제 철학

북은 사회주의 경제이면서 동시에 철저하게 민족자립경제노선을 견지해 왔다. 북은 자본주의진영 내의 국제분업은 물론 사회주의 국제분업관계조차 근본적으로 부정했다. 사회주의 진영 내에서조차 자립적 경제토대가 없으면 대국주의에 휘둘리고, 자주성을 지킬 수 없다는 것이다. 때문에 지금도 온갖 경제제재와 봉쇄 속에서도 자립적 민족경제노선을 고수하고 있다. 북의 경제를 이해하는 데서 이러한 민족 자립경제 철학과 그 역사를 정확히 이해하는 것이 매우 중요하다. 북미관계, 남북관계가 개선되고 경제교류가 활발해지면 북의 경제도 결국 중국, 베트남처럼 개혁개방경제로 전환될 것이라는 전망들이 있는데 이것은 북의 민족자립경제철학을 잘 모르는데서 발생하는 희망사항일 뿐이다.

북의 경제강국건설 목표

북은 <사회주의 강성국가>를 지향한다. 이중 정치사상강국, 군사강국의 목표는 달성했으나, 경제강국을 아직 건설하지 못했다고 본다. 북은 경제강국의 특징으로 3가지를 설정한다. '사회주의 경제강국', '지식경제강국', '인민생활향상 경제강국'이 그것이다.

(1) 사회주의 경제강국

북은 사회주의 경제강국을 '인민대중중심의 사회주의경제강국'으로 정의

한다. 이를 위해 김정은 위원장은 2가지 목표를 정하였다. 하나는 "당면 목표로 국가경제발전 5개년 전략수행기간(2016~2020년)에 모든 공장, 기업소들에서 생산 정상화의 동음이 세차게 올리게 하고 전야마다 풍요한 가을을 마련하여 온 나라에 인민들의 웃음소리가 높이 울려 퍼지게 하는 것" 12)이다. 다른 하나는 전망목표로 "인민경제의 주체화, 현대화, 정보화, 과학화를 높은 수준에서 실현하며 전체 인민들에게 남부럽지 않은 유족하고 문명한 생활을 마련해주는 것" 13)이다. 2021년 초 조선로동당 8차 당 대회에서는 이러한 당면목표 달성에 미진함이 있었다고 평가하고, 차기 5개년 계획 속에 보강· 정비전략을 채택하였다.

(2) 지식경제강국

북은 현 시대를 지식경제시대이며, 새 세기 산업혁명이 강력하게 추진되는 시대라고 규정한다. 이른 바 '4차 산업혁명'에 대해 국가적 범위에서 비교적 잘 정리된 입장을 갖고 있다고 볼 수 있다. '지식경제시대-새 세기 산업혁명-최첨단 돌파전'은 21세기 북의 사회주의 경제건설노선을 규정하는 키워드다. 지식경제는 선행했던 수공업시대(매뉴팩처시대), 기계제 산업시대와는 질적으로 구별되는 새로운 경제유형으로, 첨단과학기술에 의거하여 적은 노력, 적은 자원, 적은 에너지로 많은 물질적 부를 창조하는 경제이다. 오늘날 '지식경제는 지식과 경제, 과학기술과 생산이 일체화된 기술집약형 경제'라고 정의한다.

북은 국가경제력을 경제규모나 생산규모로 특징짓는 <자본주의 경제대국

---

12) 조선로동당 제7차 대회 사업총화 보고, 2016.
13) 이승현, '김정은, '사회주의 경제건설 총력 집중' 새 전략노선 천명', 통일뉴스. 2018.4.21.

>의 특징과는 달리, 어떤 환경이나 조건에서도 나라와 인민의 물질적 수요를 자체로 안전하고 원만하게 충족시키며, 어떤 경제적 예속이나 의존, 경제제재도 통하지 않는 경제, 어떤 경제위기, 경제파동에도 견딜 수 있는 생활력이 강한 경제력이 경제강국의 경제력이라고 정의하고 있다. 이를 북은 '자력갱생 사회주의'라고 한다.

그렇기 때문에 남측 전문가들이 말하는 '북의 자력갱생 모델로는 경제성장이 어렵고 한국처럼 국제분업체계에 편입되어 가공조립형 수출경제를 지향해야 한다'는 주장은 북에게는 통하지 않는다. 또한 개성공단 사례를 염두에 두고 남의 자본투자, 북의 노동력이라는 노동집약적 경협모델은 향후 남북경협에서 핵심모델이 될 수 없을 것이다.

(3) 인민생활향상 경제강국

'전체 인민이 경제생활 모든 면에서 세상 부러움 없이 잘 사는 경제'라는 꽤 긴 서술로 표현되는 '인민생활 향상' 문제와 관련하여 북은 매우 독특한 견해를 제시한다. 지금까지 '인민대중의 경제생활문제를 경제력이 강한 나라의 기본징표로 내세운 이론은 없었다'는 것이다. 특히 선행한 사회주의 이론도 인민생활문제를 독자적인 사회주의 경제이론으로 내놓지 못함으로써, 자본주의 나라들의 '물질적 번영'에 대한 환상에 빠져 자본주의 경제생활을 사회주의 건설과 생활문제해결의 목표로 내세우는 것으로 수정함으로써 사회주의 생활을 자본주의적인 것으로 변질시켰다고 비판한다.

북에서 말하는 인민생활영역은 노동생활 즉 일자리와 노동조건, 분배와 소비생활 영역이다. 여기에서 노동조건을 개선하고 분배를 풍부하게 달성하며, 소비생활이 유족한 상태에 도달하는 것을 경제강국의 본질적 특징의 하나라고 밝히고 있다. 최근 북이 경공업, 농축수산업에 매진하고 있는 것도 이 일환으로 보인다.

경제강국 건설의 추동력 - 자력갱생과 과학기술

북은 사회주의 경제강국 건설을 위한 근본 추동력으로 자력갱생 정신과 과학기술이라고 규정한다. 그리고 이를 구체화시켜 인민경제 강화 4대 지표로 인민경제의 '자립성, 주체성, 현대화, 정보화'를 제시한다.

(1) 자체의 자원에 의거한 공업의 주체화

'공업의 주체화'란 '원료, 자재, 연료의 주체화, 국산화 문제'이다. 대체로 원료문제를 필요량의 70%까지를 자체로 해결할 수 있다면 공업의 주체화가 실현된 것으로 평가하는 듯하다. 그러나 아직은 이에 도달하지 못했다고 판단된다.

최근 북은 자체의 풍부한 자연자원을 개발하는데 적극적이다. 지질탐사부문의 기술역량과 기술장비수준을 제고하는데 힘을 쓰고 있는데, 우선 채취공업을 경제강국건설의 '전초선'으로 규정하고 선차적인 힘을 집중하고, 앞으로는 원유탐사, 해저자원탐사 등에도 큰 힘을 넣으려 하고 있다.

경제의 자립성과 주체성을 달성하기 위하여 또 하나 역점을 두고 있는 것이 '첨단과학기술에 기초하여 자체의 원료, 재료들과 에너지를 연구개발 널리 이용'하는 사업이다. 대표적으로 비날론 공업을 비롯 2009년 성진제강연합기업소에서 제철, 제강분야에서 비 코우크스화, 석탄가스화하여 이른 바

'주체철'을 완성하였다. 또한 2010년 남흥청년화학연합기업소, 2011년 흥남 비료연합기업소 석탄가스화 공정 건설하여, 비료공업의 주체화를 최첨단수준에서 전면적으로 실현하게 되었다고 자랑한다. 건재공업분야에서도 '우리나라 흙, 돌을 원료로 무연탄가스화에 기초하여 타일을 생산하게 되었다'고 알려져 있다.

(2) 첨단과학기술에 기초한 경제기술적 자립성의 강화

경제의 자립성, 주체성 강화에서 역점 분야는 '첨단과학기술의 자립성' 확보이다. 지식경제시대에는 '첨단기술자립이 경제자립의 생명'이라고 규정할 정도이다.

대표적으로 프로그램산업(소프트웨어산업)에서 컴퓨터산업, 정보통신산업 등 정보산업의 여러 부문을 대대적으로 창설을 우선적으로 다그치면서, 나노기술산업, 생물산업, 새재료산업(신소재산업), 새 에너지산업, 항공우주산업 등 최첨단산업분야를 개척하는 길로 나아가야 한다고 역설하고 있다. 이를 통해 산업구조의 다면성과 종합성을 새로운 높은 수준에서 보장하겠다는 취지이다.

(3) 새세기 산업혁명과 기술집약형 경제로의 전환

북은 새세기 산업혁명, 정보산업혁명을 경제강국건설의 전략적 과업으로 간주한다. 특히 '주체적 관점에서 정보산업혁명의 본질과 특징에 대한 올바른 견해를 세우는 것'이 중요하다고 본다. 자본주의 정보산업혁명은 자본주의 불치병을 더욱 악화하는 방향에서 진행되지만, 사회주의 정보산업혁명은 자주적이고 창조적인 생활을 최상의 수준에서 누릴 수 있게 한다는 것이다.

사회주의경제강국건설은 첨단과학기술에 기초하는 사회주의경제건설의 새로운 높은 단계이므로, 첨단산업혁명을 통해 나라경제를 기술집약형으로 전환시키는 요구가 나서게된다. 북은 기술집약형 경제지표를 '경제개발투자 총액에서 연구개발과 경제현대화 몫의 비중', '과학기술발전의 경제발전 기여율', '노동의 기술장비도', '산업구조에서 첨단산업의 비중', '노력자원 총숫자에서 과학자, 기술자, 전문가, 고급기능공의 비중', '생산물에서 과학기술 용량의 비중' 등 구체적으로 설정한다. 이러한 지표들이 50%를 넘어서야 기술집약형 경제로 전환되었다고 바라본다.

(4) 인민경제의 현대화전략 실현

인민경제의 현대화란 '정보기술, CNC기술을 비롯한 첨단과학기술에 기초한 생산설비와 생산공정의 갱신'하는 것이다. 보다 넓은 뜻으로는 '자동화, 정보화'를 바탕으로 무인화를 지향한다.

북이 '우리식 현대화'라고 할 때는 첫째, 현대화의 목표를 대담하게 세계적 수준에서 세우는 것, 둘째, 자력갱생의 원칙에서 자체의 힘으로 현대화하는 것이다. 인민경제 현대화에서 핵심적인 역할을 하는 것은 세계패권을 차지했다는 '우리식 CNC체계'이다. 2012년 10축 CNC개발에 성공하고, 현재는 13축 이상을 넘어선 것으로 보인다.

북은 CNC개발 성과에 기초한 공장 개건 현대화 사업을 우선 공업, 특히 기간공업 현대화분야에서 적극 추진하면서 경공업공장으로 확대하고 있다. 낡은 설비를 현대적 설비로 바꾼다거나 아예 현대적 공정을 일식으로 본보기를 창조하는 방식이다. 무인화 본보기 공장으로 326전선공장, 무인 버섯

공장 등이 보도된 바 있다.

이와 더불어 농업의 현대화도 다그친다. 농업의 현대화는 '최신생물공학에 기초한 종자혁명, 농업화학기술혁명의 적극화, 농업생산 과학화, 농촌경리의 종합기계화'를 주요 내용으로 한다.

북에서 현대화된 새로운 생산체계는 과거 생산체계와 다른 몇 가지 경제기술적 특징을 가지게 된다. 제1단계는 '재래식 낡은 설비들을 CNC기계로 바꾸는 단계'이다. 설비갱신과 CNC공업화를 동시에 밀고 나가는 첫 걸음이다. 제2단계는 '자동화된 유연생산구역을 형성하는 단계'(FMS)이다. 제한된 일정한 구역에서 CNC기술에 기초한 생산체계를 수립하는 CNC공업화의 보다 높은 단계를 말한다. 제3단계는 '컴퓨터통합생산체계(CIM)를 형성하는 단계'이다. 이 체계는 주문, 계획, 설계, 제작, 검사, 판매 등 모든 생산부문과 노동력, 자재, 설비, 회계 등 경영관리부문을 컴퓨터망에 의해 하나로 통합된 생산체계를 일컫는다. 제4단계는 '무인화의 실현 단계'로 인민경제 현대화의 최종목표다.

대외경제관계의 원칙과 방도

북이 자력갱생을 강조한다고 하여 대외경제관계 문을 닫은 패쇄경제를 지향하는 것은 아니다. 북은 대외종속적 경제로 나아갈 수 있는 대외관계나 무분별한 투자 유치 등을 반대할 뿐이다. 오히려 2000년 이후 매우 적극적인 대외경제정책을 수립하고 펼쳐왔다. 북이 대외경제를 적극적으로 하지 않은 것이 아니라 미국의 대북제재로 거꾸로 봉쇄당하고 있다고 보는 것이 정확할 것이다. 북의 대외경제전략을 살펴보면 그 점을 보다 정확히 이해할 수 있다.

북은 대외관계 원칙으로 ① 자주, 자력갱생의 원칙, ② 사회주의 원칙, ③ 실리주의 원칙을 제시한다.

대외경제관계에서 자주, 자력갱생 원칙은 당과 국가의 대외관계 발전전략을 관철하고, 자립적 민족경제를 강화발전시키는 토대위에 세계시장에 진출하는 방식으로 표현된다.

사회주의 원칙은 우리식 사회주의를 지키고 발전시키기 위한 전략적 이익과 경제적 이익을 실현하는 혁명적, 계급적 원칙으로, 경제실무적 문제가 아니라 자주적 대외경제관계의 운명과 관련된 정치적 문제라고 본다. 때문에 국가의 통일적 지도와 통제하에서 정연한 사업체계와 엄격한 규율을 세워야 한다고 강조한다.

실리주의 원칙은 다른 나라 최신기술을 도입하여 자체에 없거나 부족한 것을 해결하는 방향으로 실제적 이익을 얻는 원칙이다. 나아가 자본주의 시장을 주동적으로 개척하여 실리를 보장한다는 의미다,

북은 대외경제관계의 기본 방향을 첨단기술 도입에 두고 있다. 이를 위해 무역, 합영, 합작, 과학기술 협조 모든 방면에서 첨단기술을 실정에 맞게 수용하고, 없거나 모자라는 것을 유무상통으로 해결하고자 한다.

대외경세관계 확대발전시키기 위한 방도로는 우선, 자체의 경제적 밑천으로 수출품생산기지를 마련해서 북만의 독점적 수출제품 생산부문, 첨단제

품, 민족전통산업제품 수출 기지를 준비하는 것을 앞세운다. 실제로 CNC, 마그네사이트, 의료품 등은 경쟁력이 있다고 평가된다.

다음으로 경제무역지대 사업, 합영, 합작 사업을 발전시키는 것이다. 북이 2018년 현재 중앙급 경제특구 5개, 중앙급 경제개발구 4개, 지방급 경제개발구 18개 등 27개로 확대한 것도 이 일환이다. 북이 집중하고자 하는 합영 합작방식은 시장경제 조성이 아니라 사회주의 강성국가의 물질 경제적 토대를 강화하는 데 기여하는 영역이다. 구체적으로는 지식경제시대 요구에 맞는 첨단산업부문, 자체에 풍부한 지하자원을 개발하여 원료와 자금문제 해결 분야, 최신 농업기술에 기초한 실리있는 농업분야, 건설, 운수 등 경제강국건설과 인민생활향상에 기여하는 분야 등이라 할 수 있다.

•• 남북공동선언에 나타난 통일경제의 상

남과 북이 통일경제를 이룬다면 어떤 모습일까?

그 실마리는 남북경협사업에서 찾아야 한다. 그간 진행된 남북경협사업은 통일경제모델의 단초를 제공하기 때문이다. 남북경협은 2000년 6.15공동선언, 2007년 10.4선언, 2018년 4.27판문점선언과 9.19평양공동선언에 근거해서 진행된 사업이다.

남북공동선언에서 남북경협사업은 <민족경제의 균형발전>이라는 방향, <공존공영>과 <유무상통>이라는 원칙에 입각해 있다. 그리고 당국 간 실행기구로 <남북경제협력위원회>를 두었다.

구체적으로 주요 공동선언에 합의한 남북경협 사항은 무엇일까?

6.15공동선언 4조항은 '남과 북은 경제협력을 통하여 민족경제를 균형적으로 발전시키고 사회·문화·체육·환경 등 제반 분야의 교류와 협력을 활성화하여 서로의 신뢰를 다져 나가기로 하였다.' 즉, 6.15 공동선언은 민족경제의 균형발전에 대해 합의하였다.

10.4선언은 6.15공동선언의 집행사항들인 만큼 매우 구체적이다. 10.4선언 5항은 '남과 북은 민족경제의 균형적 발전과 공동의 번영을 위해 경제협력사업을 공리공영과 유무상통의 원칙에서 적극 활성화하고 지속적으로 확대 발전시켜 나가기로 하였다.'는 대원칙 하에서 아래와 같은 구체적인 세부사항을 담았다.

> 남과 북은 경제협력을 위한 투자를 장려하고 기반시설 확충과 자원개발을 적극 추진하며 민족내부협력사업의 특수성에 맞게 각종 우대조건과 특혜를 우선적으로 부여하기로 하였다.
>
> 남과 북은 해주지역과 주변해역을 포괄하는 서해평화협력특별지대를 설치하고 공동어로구역과 평화수역 설정, 경제특구건설과 해주항 활용, 민간선박의 해주 직항로 통과, 한강하구 공동이용 등을 적극 추진해 나가기로 하였다.
>
> 남과 북은 개성공업지구 1단계 건설을 빠른 시일 안에 완공하고 2단계 개발에 착수하며 문산-봉동간 철도화물수송을 시작하고, 통행 통신 통관 문제를 비롯한 제반 제도적 보장조치들을 조속히 완비해 나가기로 하였다.
>
> 남과 북은 개성-신의주 철도와 개성-평양 고속도로를 공동으로 이용하기 위해 개보수 문제를 협의·추진해 가기로 하였다.
>
> 남과 북은 안변과 남포에 조선협력단지를 건설하며 농업, 보건의료, 환경보호 등 여러 분야에서의 협력사업을 진행해 나가기로 하였다.
>
> 남과 북은 남북 경제협력사업의 원활한 추진을 위해 현재의 남북경제협력추진위원회를 부총리급 남북경제협력공동위원회로 격상하기로 하였다.

10.4선언은 우선 '투자 장려, 기반시설 확충, 자원개발' 등 경협의 기본사업 과제들을 제기하고, '민족내부협력사업의 특수성에 맞게 각종 우대조건과 특혜를 우선적으로 부여'한다고 함으로써, WTO나 FTA 등 국제교역상 발생하는 제반 문제를 민족내부거래라는 원칙에서 관세장벽 없이 특혜와 우대조건으로 해결하고자 하는 정책적 의지를 반영했다.

또한 구체적인 경협사업들도 제기되었다. 서해안 공동어로구역이라는 어업협력, 해주항을 포괄하는 경제특구건설, 한강하구 공동어로구역 개발, 개성공단사업과 이에 따른 문산-봉동간 철도화물선 개설과 통행, 통신, 통관 등 제도적 문제, 개성-신의주 철도와 개성-평양 고속도로 개보수문제, 안변, 남포 조선협력단지 건설, 기타 농업, 보건의료, 환경보호 등 여러 분야의 경협사업을 추진하기로 하였다. 10.4선언에서 합의한 남북경협사업은 매우 방대한 사업이었으며, 때문에 남북경제공동기구도 장관급에서 부총리급으로 승격하기로 하였다.

4.27판문점선언의 경우, 1조 ⑥항에서 '남과 북은 민족경제의 균형적 발전과 공동번영을 이룩하기 위하여 10.4 선언에서 합의된 사업들을 적극 추진해 나가며, 1차적으로 동해선 및 경의선 철도와 도로들을 연결하고 현대화하여 활용하기 위한 실천적 대책들을 취해 나가기로 하였다.'고 합의하였다.

남북경협의 방향에서 '민족경제의 균형발전'에 '공동번영'을 강조하여 추가한 것이 눈에 띈다. 그러나 실제로는 '10.4'선언을 재확인하고 말보다는 실천으로 '동해선, 경의선 철도와 도로 연결'이라도 잘 하자는 수준이다.

9.19평양공동선언에는 남북경협을 복구·발전시키기 위해 보다 구체적인 합의들이 진행되었다. 9.19평양공동선언 2조는 '① 남과 북은 금년 내 동, 서

해선 철도 및 도로 연결을 위한 착공식을 갖기로 하였다. ② 남과 북은 조건이 마련되는 데 따라 개성공단과 금강산관광 사업을 우선 정상화하고, 서해경제공동특구 및 동해관광공동특구를 조성하는 문제를 협의해나가기로 하였다. ③ 남과 북은 자연생태계의 보호 및 복원을 위한 남북 환경협력을 적극 추진하기로 하였으며, 우선적으로 현재 진행 중인 산림분야 협력의 실천적 성과를 위해 노력하기로 하였다. ④ 남과 북은 전염성 질병의 유입 및 확산 방지를 위한 긴급조치를 비롯한 방역 및 보건·의료 분야의 협력을 강화하기로 하였다.'는 세부사항을 담았다.

서해선 철도, 도로 착공식을 출발점으로 개성공단, 금강산 관광을 먼저 정상화한 이후에 서해특구와 동해관광특구를 조성하는 데로 확대하고, 자연생태, 산림, 방역과 보건 분야 등 주된 관심사로 되고 있는 경제분야를 먼저 확대하자는 제안을 담은 것이다.

그러나 이들 사업은 모두 중단되었다. 개성공단, 금강산 관광처럼 잘 발전하다가 중단된 것도 있고, 도로, 철도 연결사업처럼, 변죽만 울리다가 묶여 있는 사업들도 있으며, 조선단지협력 등 아예 시작도 못 해 본 사업들도 있다.
4차례의 남북정상이 합의 발표한 남북경협사업들이 순조롭게 집행되었다면, 지금 남북경제협력은 매우 높은 수준으로 발전했을 것이며, 통일경제에 대한 상과 희망이 더욱 뚜렷한 실체로 다가서 있을 것이다. 특히나 지금과 같은 세계적인 경제위기 국면에서 남북은 차별적인 경제번영의 길로 전진하고 있었을 것이다.

여기서 '민족경제의 균형발전'이라는 개념에 대해 짚고 넘어갈 필요가 있다. 일부 보수언론은 남북간 경제격차가 크기 때문에 결국 민족경제의 균형발전은 남측이 북측을 지원하는 개념이라고 정의한다. 심지어 그동안 통일운동단체에서도 민족경제의 균형발전의 실현수단이 북에 대한 인도적 지원에 있다고 생각할 정도였다.

그러나 민족경제의 균형발전에서 '균형발전'은 두 가지 의미를 갖고 있다.
하나는 남과 북 공히 내부경제에서 균형발전을 추구한다는 의미가 있다. 실제로 남측 경제의 경우 산업간 불균형과 양극화, 수도권과 지방의 양극화와 불균형이 매우 심각하다. 북 또한 도농간의 격차, 군수와 민수와의 격차 역시 풀어야 할 숙제이다. 이같이 민족경제의 균형발전에는 남북 각각이 통일경제 속에서 각각 내부의 불균형을 개선하는 과정과 연동한다는 의미가 담겨있다.

다른 하나는 남과 북이 서로 다른 경제체제를 가진 조건에서 연방형 경제공동체로 발전하는 과정에서 균형발전을 추구한다는 의미가 담겨있다. 남과 북이 서로 상이한 경제체제를 가지고 있음에도 불구하고 균형발전이 가능하다고 판단하는 것은 민족이라는 동질성과 더불어 자원구조, 지형구조, 인구구조, 경제제도 상의 특징 등이 상호 장점을 극대화하고 단점을 보완하기에 유리한 구성을 가지고 있다는 점에 있다. 그러나 이러한 구조는 분단형태를 가지고 있는 조건에서는 단점이 더 극대화될 뿐이다. 이런 점에서 남북경제가 이질성을 극복하고 장단점을 보완하는 형태의 균형발전전략을 수립하는 것이 필요하고, 또 가능하다고 할 수 있다.

•• 남북경제협력 사례

자원협력사업 경험과 의미

지금부터는 분야별 남북경협 사례의 경험을 통해 통일경제의 초보적 상을 잡아가 보겠다. 따라서 기존에 진행된 남북경협사업을 단순히 사안별 사례 소개 차원으로 검토하는 것이 아니라 각 분야별 남북경협이 통일경제수립에 어떤 의의가 있는가를 중심으로 살펴보고자 한다. 여기서 검토할 경협사업은 자원협력사업, 과학기술협력사업, 관광협력사업 그리고 다음 편에 농업협력사업, 물류인프라협력사업, 특구협력사업 등 6가지이다.

자원협력사업은 민족경제의 자립성과 균형성을 회복하는데서 가장 의의가 있는 사업이다.

그런데 자원협력사업에 대한 일반적 인식은 북측의 풍부한 지하자원 채굴사업에 대하여, 남측 자본이 투여되어 활용하는 방식으로 접근하는 경향이 강하다. 이것은 결국 남측의 수출주도형 산업에 대한 원자재 문제로 접근하는 것이며, 값싼 원료자원을 찾아다니는 자본의 논리에 입각한 것이다. 이런 1차원적 시각을 뛰어넘어 남측 경제의 자립성 강화, 북측 경제의 활성화, 민족경제의 총체적 자립성이라는 측면에서 접근하여야 하며, 분단으로 인해 발생한 남북경제의 단절과 파행성을 극복하고, 종합적인 민족경제의 균형발전을 위해 가장 유리한 경제협력이라는 측면에서 접근해야 한다.

석유개발사업

남측은 '기름 한 방울 나지 않는다.' 특히 석유를 기반에너지로 삼고 있음에도 전량을 수입에 의존한다. 남측 총소비 에너지 중 96%를 수입하고 있으며, 수입량에서 석유가 1억 2,330만톤(41%), 수입액에서 994억 달러(66.8%)를 차지하고 있다 14).

북의 경우 1997년 10월, 일본 도쿄에서 북한 유전 설명회를 열어, '50억~4백억 배럴이 있다'고 발표한 바 있고, 1997년 6월에는 남포 인근해안에서 4백50배럴의 석유를 생산했다고 발표하였다 15). 북의 원유 매장 지역은 평양, 서한만, 동해안, 온천(남포), 경선만, 안주 분지 등으로 알려져 있다.

북의 유전개발은 90년대 말과 2000년대 초, 호주 아미넥스, 스웨덴의 타우르스 페트롤리엄(Taurus Petroleum), 영국의 소코 인터내셔날(Britains Soco International) 등 4개국과 탐사협력을 진행한 바 있으나 대북제재, 자본 부족, 시추기술 등의 이유로 더이상 진척되지 못하고 있다. 한국석유공사 역시 2004년 북한과 석유 공동개발을 타진하였으나 정세 악화로 진행되지 못했다. 남북이 북 석유자원을 공동 개발하여 성과를 얻을 경우, 가격을 국제가격에 비해 1/5로 정도로 절감할 수 있고, 남측은 하루 5만 배럴을 생산할 경우 9억 1,250억 달러, 100만 배럴을 생산할 경우 20조 원의 이익이 발생하는 것으로 추정한 연구결과가 나와 있다 16).

또한 현재 남측 석유화학공업에서 발생하는 중유의 과잉생산물량을 유무상 통 한다면 공동석유개발 초기단계에서 에너지 협력까지 보완해 나갈 수 있다.

---

14) 김성훈, 남북통일경제론, 191쪽
15) 에너지경제연구원, 북한의 석유개발현황과 남북협력, 에너지동향 제17권 10호(2000)
16) 김성훈, 남북통일경제론, 194쪽

[그림 6-3] 지도로 표시한 북한의 원유탐사지역

자료 : 1998년 1월7일자. [조선신보 갈무리].

자원개발 경협의 경험 : 정촌 흑연광산, 단천 3개 광산

남북이 구체적으로 추진했던 공동자원개발 사업은 북한 정촌 흑연광산 개발과 북한 단천 3개 광산에 대한 공동조사 사업이었다. 3개 광산은 검덕 아연광산, 대흥과 룡양 마그네사이트 광산을 의미한다.

정촌 흑연광산은 2003년 대한광업진흥공사(현 광물자원공사)가 북한 민족경제협력연합회와 공동개발하기로 합의한 후 2007년부터 시험생산을 시작했던 남북 간 최초의 자원개발 협력사업으로, 2007년 550톤, 2010년 300톤이 남측에 반입되기까지 하였다 17). 2007년에 북한의 함경남도 단천지역 3개 광산(검덕, 대흥, 룡양)의 경우 현지 공동조사를 3차례 진행하고, 초기 단계의 투자와 협력이 진행되었으나 5.24조치로 결국 중단되었다.

이 3개 광산개발사업은 정촌 흑연광산 사업에 비해 세 가지 의미에서 한 단계 높은 차원의 남북경협이었다. 첫째는 정촌 흑연광산 개발사업이 경의선과 해주항을 이용하지 못함으로써 물류비와 투자비의 증가를 가져왔다면, 단천지역의 경우 항만, 철도, 제련소 등 건설 인프라 투자사업과도 연계된 사업이었다. 둘째는 남북이 합영합작 형태로 진행한 공동개발사업이었다. 셋째는 단천지역 사업은 2005년 '남북 경공업 및 지하자원개발에 관한 합의'에 따라 추진된 사업으로서, 남측은 의류, 신발, 비누 등을 생산하는데 필요한 원자재를 북측에 유상으로 제공하고 북측은 남한에 생산물, 지하자원 개발권, 생산물 처분권 등을 제공하는 협약으로서 산업간 '유무상통' 으로 한 단계 높은 협력방식이었다. 이 사업이 중단된 이후, 북측은 이미 건설한 허천강 수력발전소에 이어, 금골선 철도와 2012년 마그네샤크링카를 생산하는

---

17) 이현주(국토연구원 한반도·동북아연구센터장), 한반도신경제지도 구상과 자원개발에서의 남북협력, 북한자원 뉴스레터 2018. 봄호 기고문, 남북교류협력 지원협회

단천제련소, 단천신항만 건설을 완료하여 여기로부터 남은 수익을 경공업에 투자하고 있다 18). 남측은 연간 170만톤의 아연을 수입하고 있는데, 이 협력사업이 성공했다면 수입물량의 30%(약 4억 달러)의 수입대체 효과가 있었을 것이다.

자원협력의 중요성

[표 6-2] 북한 지하자원 매장량

광종구분	광종	기준품위	단위	매장량
금속	금	금속기준	톤	2,000.00
	은	금속기준	톤	5,000.00
	동	금속기준	천톤	2,900.00
	연	금속기준	천톤	10,600.00
	아연	금속기준	천톤	21,100.00
	철	Fe 50%	억톤	50
	중석	WO3 65%	천톤	246
	몰리브덴	MoS2 90%	천톤	54
	망간	Mn 40%	천톤	300
	니켈	금속기준	천톤	36
비금속	인상흑연	FC 100%	천톤	2,000.00
	석회석	각급	억톤	1,000.00
	고령토	각급	천톤	2,000.00
	활석	각급	천톤	700
	형석	각급	천톤	500
	중정석	각급	천톤	2,100.00
	인회석	각급	억톤	1.5
	마그네사이트	MgO 45%	억톤	60

---

18) 김성훈, 남북통일경제론, 214~216쪽

광종구분	광종	기준품위	단위	매장량
석탄	무연탄	각급	억톤	45
	갈탄	각급	억톤	160
	소계		억톤	205

자료 : 조선중앙연감(2011년 기준), 북한지하자원넷(I-RENK).

북 자체의 발표만 보더라도 북의 자원매장량은 엄청나다[표 6-2].

홍순직 국민대학교 한반도미래연구원은 2017년 '북한광물자원개발포럼'에서 '북의 주요 광물자원 잠재가치는 3조9천33억 달러(약 4천214조원)로 한국의 24.3배로 추정된다'고 밝혔다. 그에 따르면, 남측 필요 광물자원은 연간 약 307억8천만 달러 규모로 이 중 절반만 북에서 조달해도 연간 153억9천만 달러(약 16조6천억원)의 수입대체효과가 기대된다고 하였다. 이 중 북과 공동개발이 유망한 광종으로 금, 아연, 철, 동, 몰리브덴, 마그네사이트, 인상흑연, 인회석 등을 꼽았다. 특히, 북에는 남측 정부가 선정한 '10대 중점 확보 희귀금속'인 텅스텐과 몰리브덴이 매장되어 있다. 또한 고수석 중앙일보 통일분화연구소 연구위원은 일본은 북의 희토류, 미국은 금, 중국은 철광석과 석탄을 탐내고 있다고 지적했다. 김영민 광물자원공사 사장은 '광물자원의 해외 의존도가 높은 우리나라가 미래 원료확보 문제를 해결할 방안은 북한광물자원개발협력'이라고 강조했다고 한다 [19].

남북간 자원협력은 단순히 남측 경제의 수입대체효과를 넘어서 민족경제의 자립성을 강화한다는 측면과 균형발전의 측면에서 보아야 한다.

특히 원자재가 달러 결제 체제에 묶여 있고, 환율 변동이나 투기자본들의 개입에 의해 등락이 심할 뿐 아니라 구조적으로 수입이 불가피한 조건에서

---

[19] 김동현, "광물자원 수요, 절반만 북한서 가져와도 연 16조원 수입대체", 연합뉴스, 2017-11-29

원자재에 대한 해외의존은 결국 예속성의 심화로 이어질 수밖에 없다.

자체의 자원과 원료, 자체의 기술, 자체의 힘으로 걸어가는 것이 자립경제의 본령이다. 그중에 가장 출발점으로 될 수 있는 에너지자원과 원료문제를 남북경협을 통해 자체로 마련할 수 있다면 경제에서 매우 강력한 자립적 토대를 마련할 수 있다.

또한 금수강산, 자원의 박물관이라고 불릴 정도로 막대한 지하자원들이 북측에 몰려있고 북측은 경공업 등이 취약한 조건에서 민족경제의 균형을 회복하는 포괄적인 유무상통의 경협을 추진한다면 남북 모두가 취약한 산업을 보강하고 종합적이고 균형적인 발전을 도모할 수 있을 것이다.

과학기술협력사업

남북 간 과학기술협력사업은 아직 무르익지는 않았지만 원천기술 자립화와 첨단기술의 공동개발을 위해 매우 필요하고 전망성이 높은 사업이다.

남북 간에는 학술교류를 중심으로 과학기술 교류를 이미 진행한 바 있다. 2001년 포항공대와 평양정보센터 사이에 '가상현실 분야 공동연구 합의서'를 체결하고 평양정보센터 CAD소프트웨어(산악) 개발진과 포항공대 컴퓨터 공학과 가상현실연구원들이 연구개발을 진행한 바 있다. 또한 개성공단 사업자를 포함하여 KT, 삼성과 북측 기업들 사이의 연구교류도 있었고, 생명공학 연구회, 과학기술기획평가원, 화학연구원, 지질자원연구원 사이에서도 연구교류가 진행되었다 [20].

---

[20] 김성훈, 남북통일경제론, 262쪽

2006년에는 평양인민문화궁전에서 민족과학기술학술대회가 개최되었다. 여기에는 남측 25명, 재중동포 10명, 재미동포 7명, 재일동포 1명 약 200명이 참가하였다. 대회에서는 미래를 이끌 융합기술, 경구용혈전용해제, 청곡키나제(혈궁불로정)의 다기능적 특성에 관한 연구 등 90여 편 논문이 발표되었다 21).

　과학기술협력사업은 남북 모두 국책사업이기도 하고, 세계경제가 지식기반경제로 전환함에 따라 경제의 자립성을 확립하는데 있어서 사활적인 과제로 나서고 있다. 또한 남북 모두 강력한 인적, 물적 자원을 갖춰가고 있어, 남북과학기술 협력은 그 어느 분야보다도 전망성이 밝다고 할 수 있다.

　북의 과학기술강국 구상은 과학기술 발전만이 아니라 과학기술에 기초한 국가 전 영역의 빠른 발전까지 포괄하는 개념으로서 핵심적인 국가전략으로 자리 잡았다 22). 그 결과 과학기술 교육 강화, 교육환경 개선, 생산현장의 현대화·정보화 진전, 사회 전반의 정보화 확산, 지적 소유권에 대한 인식 제고 등 가시적인 변화를 거두었다.

　북은 기초과학이 강할 뿐만 아니라 CNC(Computerized Numerical Control, 컴퓨터 수치제어) 기술을 기반으로 생산현장을 스마트 공장이라 할 수 있는 통합생산체계, 정보화 무인화를 추진하고 있으며, 농업, 축산, 서비스 분야로 확대하고 있다. 우주항공분야에서는 이미 그 경쟁력을 입증하였다. 또한 기초과학과 풍부한 지하자원에 기반한 소재·부품·장비의 원천기술, 첨단기술 개발의 잠재력이 매우 높다.

　그럼에도 불구하고 '첨단수준인 부문이 있는가 하면 한심하게 뒤떨어진

---

21) 같은 책, 262쪽
22) 변학문, 북한의 '과학기술 강국' 구상과 남북 과학기술 교류협력, 통일과 평화(10집 2호·2018), 82쪽

부문도 있다' 23)고 자평할 정도로 약점도 가지고 있다. 여기에 남측의 하드웨어, 제품개발기술, 자금력 등이 결합하면 긍정적인 효과를 볼 수 있다.

남측 역시 소재, 부품, 장비의 자립화, 국산화와 더불어 중후장대형 수출산업 부문을 반도체, 신약, 전기차, 친환경산업 등 고부가가치 영역에서 새로운 기술개발을 서둘러야 할 때이다.

박찬모 포항공대 총장은 '북측의 소프트웨어 기술과 남측의 하드웨어 기술, 상업화 기술을 결합하면 좋은 성과를 얻을 수 있을 겁니다. … IT분야로 보면 애니메이션 분야와 가상현실 분야, 휴대전화에 들어가는 내장형 소프트웨어 공동개발 등도 좋은 아이템이 될 것 같습니다. 좀 더 장래를 내다보면 융합기술 분야에 공동연구과제를 선정하여 새로운 상품, 새로운 서비스를 개발하면 남북경제 활성화에 도움이 될 것으로 보고 있습니다'9)라고 발언한 점은 시사적이다. 과학기술분야에서 남북 간 상대적 장점들로 협력하고 보완하면 IT(정보기술), NT(나노기술), BT(바이오기술), ET(친환경기술) 분야에서 많은 성과를 낼 수 있을 것이라는 진단이다.

과학기술분야는 남측의 경우 공기업, 대기업, 중소기업이 각자의 영역에서 역할을 할 수 있는 경제협력사업이기도 하다. 국가 차원에서 한국의 인공위성과 북의 로켓을 결합시키면, 과학기술협력의 세기적 상징이 될 수 있고, 대기업은 정밀기계, 자동차, 반도체, 신소재분야, 생명공학, 핵공학 분야에서, 중소기업은 경공업 분야, 의료정밀기기, 신소재산업, 자동차 부품, 소프트웨어, 대체에너지 개발 등의 분야에서 광범위하게 협력할 수 있다. 이런 점에서 과학기술분야에서의 남북협력은 매우 절실하고도 중대한 사업이라고 할 수 있다.

---

23) 2016.5.6 조선노동당 제7차 대회 사업총화보고 중에서

남북과학기술 협력은 구체적인 협력이 진행될 경우, 북에서는 지식경제 시대에 걸맞게 은정첨단기술개발구 같은 거점을 중심으로 기술기업 창업을 확대하는 사업이 가능하다. 또한 개성공단 단계별 확장계획이 1단계 경공업 중심, 2단계는 경공업+기술집약형, 3단계는 대기업 종합 형으로 설정했던 것처럼, 남북경협은 필연적으로 과학기술협력으로 진화하게 되어 있다. 오히려 주요 걸림돌은 첨단과학기술이 북으로 들어가는 것을 막으려는 대북제재이다.

관광협력사업

관광협력사업은 직접적인 경제효과뿐만 아니라 다양한 정치군사적, 사회문화적 효과가 있고, 고부가가치를 창출하는 미래산업이라는 측면에서 매우 전략적인 남북경협사업이다.

1998년부터 시작된 금강산관광은 2005년부터는 남북관광 30만 명 시대를 열었으며, 2008년 7월 관광 중단 전까지의 누적 관광객은 195만 6천 명에 달했다.

금강산 관광은 정치 군사적으로 한반도 긴장 완화와 정치적 대립과 완충의 가교역할을 수행하며, 당국 간 대화 채널 유지의 가교역할을 해왔다. 사회문화적으로도 대규모 인적 교류를 통한 남북 인적 교류의 새로운 장을 열었다. 민간차원의 관광교류가 확대되고, 자주교류의 공간을 제공함으로써 민족 동질성 회복과 민족대단결을 강화하는 계기를 제공했다. 또한 경제적으로도 남북 상호이익이 되는 방향에서 관광사업이 진행되었다 24).

관광분야 남북경협은 단순히 경제적 효과뿐만 아니라 다양한 정치군사적, 사회문화적 효과를 발생시키는 특성이 있는 중요한 경협분야라는 것을 말해준다.

북은 자연경관에서부터 주체의 사회주의, 잘 보존된 생태환경, 최근에 발전한 정보지식사회로서의 면모 등 매우 다양하고 잠재력 높은 관광자원을 가지고 있다. 그리고 김정은 시대에 이르러 코로나19위기가 발생하기 전까지 급속한 확대발전의 길을 걸었다. 삼지연시, 양덕온천문화휴양지, 원산갈마해안관광지구 등 3대 관광지개발이 대표적이다. 북이 관광산업에 주목하는 것은 초기투자가 용이하고 그 수익은 장기적이라는 장점, 미국의 대북제재로부터 상대적으로 자유롭다는 측면, 북 경제개발사업의 해외자금확보에 유리하다는 점, 관광산업이 산업발전을 추동하는 연관효과가 크다는 점 등을 감안했을 것이다. 무엇보다 남북관계에서 관광산업이 발전하면 인적교류가 활발해지고, 분단으로 인해 심화되었던 남북 간 이질성을 회복하는데 유리할 뿐만 아니라 국제사회에서도 북의 사회주의에 대하여 잘 알릴 수 있고 이미지를 개선할 수 있다는 점이 가장 크게 작용했을 것이다.

비록 금강산관광이 중단되고, 남북경협이 차질을 빚고 있지만 북의 관광산업개발은 여전히 전략적으로 강화되고 있다.

2013년 5월 29일 채택된 「경제개발구법」에 따라 2020년 현재, 28곳의 경제개발구 중 국경지역이나 해안지대 인근에 지정된 18곳의 경제개발구에는

---

24) 현대경제연구원, 금강산관광 16주년의 의미와 과제, 현안과 과제 14-43호(2014.1.10.)

신의주국제경제지대, 황금평-위화도경제지대, 무봉국제관광특구, 온성섬관광개발구, 청수관광개발구 등 관광개발구가 포함되어 있다. 2014년에는 최고인민회의 상임위원회 정령 제48호로 '원산-금강산국제관광지대' 설치를 선포하였으며, 2015년 '나선특구 종합개발계획'에는 창진동식물원, 갈음단 해수욕장, 비파섬생태관광구 등 10곳의 관광지 개발계획도 포함됐다 25).

뿐만 아니라 호텔경영학과, 호텔봉사학과, 관광학부 등이 장철구 평양상업종합대학 등 주요 대학에 설치되어 관광인재를 양성하고 있으며, 2017년에는 관광 전문 웹사이트인 '조선관광'을 개설하고, 주요 관광지와 관광상품, 국내 여행사, 편의시설 등을 소개하고 있다. 또한 다양한 관광산업개발과 관련된 논문들이 발표되고 있다.

한국은행 통계를 보아도 수출산업 매출 100억원 증가에 따른 고용창출 효과는 79명인데 반해, 관광산업의 경우 매출 100억원 증가에 다른 고용창출 효과는 229명으로 3배 이상 차이가 난다고 밝혔다. 또한 한국문화관광연구원은 관광산업의 소득증대 효과가 전체 산업 평균에 비해 37.7% 더 높다는 분석결과를 제시하였다. 금강산 관광경험만 놓고 보아도 관광 11년간 2,000억원의 파급효과와 2,000여명 일자리 창출에 기여하였다 26).

최근 관광산업은 남북경협보다 북중협력으로 대체되고 있다. 이는 단순히 경협 중단에 그치지 않고 정치군사적, 사회문화적 기회비용의 상실로 이어지고 있다. 경제적으로도 남측 관광산업발전과 북측 관광산업발전을 동시에 억제하고 있다. 관광산업에서 남북경협을 잘 발전시키면, 물류교통의 유라시아 연결과 결합될 경우 어마어마한 시너지 효과를 거둘 수 있으리라는 것

---

25) 이해정 외, 2019, 북한의 관광정책 추진 동향과 남북 관광협력에 대한 시사점, 전략지역심층연구19-06, 대외정책연구원
26) 김성훈, 남북경제통일론, 247, 248쪽 재인용

은 전문가가 아니라도 짐작할 수 있을 것이다.

농업협력사업

농업협력사업은 당장은 남쪽 과잉재고로 쌓인 쌀과 북 다른 농산물을 유무상통할 수 있는 상호이익의 경협사업이며, 궁극적으로는 민족 내 식량자립과 건강한 먹거리 생산을 위한 통일농업으로 전진해 가야 하는 필수적, 사활적 경협사업이다.

남북 간 농산물 교류나 농업협력사업은 일반적 인식에 비해 알게 모르게 다양한 형태로 꽤 진행되었다.

2008년 가락동 농수산물시장에서 유통되던 바지락의 90%는 북한산이었다. 2009년 남측으로 반입된 북측 농림수산물은 9만 7,500톤에 달했다. 북한산 송이버섯, 고사리, 마늘 등 밭작물과 바지락, 피조개 등 수산물 등이 주종이다. 2010년 4월 월간 남북교류동향에 따르면 1년 만에 북한산 농수산물 반입량이 44.2%나 폭증했다고 보고하고 있다. 품목에는 무, 고추, 은행 등 견과류, 목재류, 오징어, 낙지, 굴 등 수산물이 망라되어 있다. 북한산 농산물의 반입은 상업적 형태이긴 하나 농산물 교류가 생각보다 쉽고 가까이 있다는 것을 알게 된다.

남쪽에서 북측으로 반출된 농산물은 쌀이 압도적이다. 1995년에는 15만 톤, 2000~2007년 기간에는 총 240만톤의 쌀이 차관형식으로 북쪽으로 반출되었다.

남북농업 생산현황을 보면, 남측 곡물 생산량은 2012년 현재 484만톤으로, 1,435만톤을 수입하고 있다. 북측 곡물 생산량은 2013년 현재 503만톤으로 자체 생산량만 보면 남한보다 많고 최근에는 식량자급을 달성했다는 보도도 나온다. 그러나 북 역시 매년 30만톤 정도를 수입하고 있고, 곡물 중 쌀의 비중을 높이는 과제가 여전히 남아있다. 전체적으로는 남북 모두 식량자급의 안정성이 떨어진다. 특히 구조적으로는 남측의 경우 수입개방으로 인한 농업예속, 자립농업의 해체위기가 심각하며, 북측의 경우 산지가 많고 경지면적이 제한되어 남쪽과 농업협력이 절실한 조건이다.

때문에 통일농업을 통하여 농산물 교역을 강화하고, 체계적으로 남북농업의 구조개혁과 생산성을 향상시켜 가면 충분히 식량자급을 달성할 수 있다.

당장 가능한 농업협력은 당국 차원에서 유무상통의 방식으로 남쪽에서 과잉재고로 골치를 썩고 있는 쌀을 북에 넘겨주고, 대신에 북의 다른 농산물이나 지하자원 등 다른 품목을 공급받기만 하여도 즉각적인 윈윈 효과를 거둘 수 있다. 이것은 5.24조치만 해제해도 당장 가능하다. 남측 농민단체들이 그렇게 요구하는데도 잘 진행되지 못하는 이유를 알 수 없다.

이러한 유무상통 교역방식은 민간 농업분야에서는 장차로 각각 공급량, 수요량, 생산조건 등을 감안하여 농산물 교역 품목을 계획적으로 조정하고 수산물, 임업물로 확대하여 진행하면 더욱 큰 효과를 볼 수 있을 것이다. 이러한 교역은 국민건강권 차원에서도 좋은 결과를 만들 수 있다.

통일농업은 좀 더 복잡한 설계를 가지고 진행해야 한다. 기후에 맞는 경작지 확보, 수리시설 등 인프라 건설, 농임수산업의 기계화, 과학화 사업이 진행되어야 하고, 농기계, 비료, 종자산업, 농산물 유통산업 전반에서 장기적이고, 상호보완적 종합 사업으로 접근해야 한다. 이렇게 하려면 남북공동식량계획이나 남북공동 농업정책추진계획안을 마련해야 하고, 남측의 쌀과 북의 옥수수, 콩, 감자 등의 계획적 교역, 농수산물 생산, 유통, 소비의 전 과정에서 재배치와 교역품목 조정, 식량자급률 달성 공동 목표치 설정 등의 사업이 전개될 필요가 있다.

인프라물류협력사업

남북 간 인프라물류협력사업은 통일경제의 자립적 기반을 강화하고 남북경제의 이질성, 부문 간의 불균등성을 완화하고 균형발전을 이루는 데서 선차적인 사업이다.

인프라물류 사업은 매우 포괄적인 사업이다. 전력, 도로, 철도, 항만, 공항 등의 에너지, 교통물류기반시설과 산업단지, 주택건설 등의 지역별 인프라시설과 통신망, 데이터센터 등 정보화네크워크까지 포괄한다. 나아가 농업과 산림, 해양 등 국토사업영역까지 광범위하게 인프라물류에 포함시킬 수 있겠으나 여기서는 전력, 교통 등의 인프라에 주목한다.

그동안 남북간 인프라물류협력 사업은 경수로 건설이 시도되다가 중단된 바 있고, 6.15 직후 김대중 정권 시절 200만㎾ 규모의 전력송전사업을 논의한 바도 있었다. 구체적으로 실행에 옮긴 것은 경의선 및 동해선 철도·도로연결과 개성공단 건설 사업이다. 철도는 2002년 경의선 구간 문산~개성 간 27.3km, 제진~금강산 간 25.5km의 동해선 구간이 복구되고, 경의선은 2002년 12월 31일에 남측구간이 모두 복원된 후, 2003년 6월 14일 완전히 남북 간에 연결되었다. 그러나 금강산 관광과 개성공단 폐쇄로 철도, 도로운

행은 중단되고 말았다.

4.27판문점선언 이후 2018년 12월 26일 개성판문역에서 남북간 철도·도로 연결 및 현대화 사업 착공식 27)도 갖고, 고속철도 구상도 나왔으나 결국 한미 워킹그룹의 통제로 모두 무산되고 말았다.

남북은 70여 년간의 분단구조 속에서 서로 다른 경제체제를 발전시켜왔고, 이것은 양적, 질적으로 양 지역 간 인프라의 격차를 심화시켜 왔다. 북측에서는 철도 중심의 교통체계가 구축된 반면 남측은 도로중심의 교통체계가 구축되었고, 북측에 수력발전소와 석탄중심의 에너지체계가 구축된 반면 남측에서는 화력발전소(원전포함)와 석유 및 천연가스 중심의 에너지체계가 구축되었다. 북측은 자립적 경제체제가 구축되면서 공항이나 항만 개발이 미약했지만, 남측은 초기부터 수출중심의 경제개발 기조 속에 항만과 공항 개발도 적극적으로 추진해 왔다.

북의 경우 1990년대 고난의 행군을 거치면서 산업활동이 극히 위축되고 관련 인프라시설이 낙후되게 되었다. 때문에 물자와 인력의 수송체계 그리고 전력의 생산 및 공급체계가 약화되어 내부 경제는 물론 남북경협과 대외 경제에서도 인프라 기초가 취약한 형편이다 28).

남측의 경우 저비용·고효율의 물류체계를 만들 수 있는 '기회'이다. 한국의 경우 2004년 기준으로 국가물류비가 924,590억 원으로 GDP대비 11.86%에 달해 일본 9.6%, 미국의 9.5%보다 높은 수준이다. 특히 한국은 국가물류비 중 수송비가 차지하는 비율이 76.5%로 물류비 감소를 위해 수송비

---

27) 김효정, 끊긴 길에 첫 이정표…남북, 개성서 철도·도로 연결 착공식(종합), 연합뉴스 북한포탈. https://www.yna.co.kr/view/AKR20181225053951504?section=nk/news/all
28) 같은 자료, 18쪽

감소가 중요 과제이다 29).

통일경제 형성의 측면에서 볼 때, 북측은 인프라물류 현대화 차원에서, 남측은 인프라물류 구조개혁 차원에서 협력할 필요가 있다. 북은 에너지 부문에서 석탄 등 발전연료 지원 및 전력설비의 현대화, 교통부문에서 물류비용의 절감을 위한 남북간 육상 및 해상교통망 연결 및 확충, 통신부문에서는 개성공단, 금강산 등 교류거점 지역의 통신망 현대화를 위한 협력들이 이미 경협 차원에서 논의된 바가 있고, 북측이 제기한 주요 경제특구별로 지역별 인프라개발과제들을 중장기적으로 전망성 있게 협력할 수 있다.

통일경제의 가장 강력한 비전 중의 하나인 태평양 해양과 유라시아 대륙을 연결하는 물류거점으로서의 기능을 강화하기 위해서는 경원선 또는 동해선을 시베리아횡단철도(TSR)와 연결하고, 남북종단 고속화도로와 아시안하이웨이(Asian Highway)까지 연결할 수 있으며, 동북아송유관 역시 한반도로 연장할 수 있고, 동북아전력연계와 남북한 전력망 연결, 극동러시아 천연가스 파이프라인의 한반도 연결 등 30) 거대 인프라 프로젝트들이 즐비하게 줄을 서고 있다.

통일경제 물류체계를 철도체계를 중심으로 저비용·고효율 물류체계로 전환할 경우, 2단 적채열차 도입 시 수송능력이 84% 증대하고, 운임은 25% 인하가 가능하다. 또한 대륙횡단철도가 연결될 경우 부산-베를린간 운송거리는 12,485km로 해상운송 21,319km의 절반에 불과하고, 운송기간 역시 부산-함부르크항 사이가 해상운송 28일에 비해 17일로 단축되는 효과가 있다. 이

---

29) 김성훈, 남북경제통일론, 229쪽
30) 이상준 외, 남북인프라협력사업의 통합적 추진방안 연구, 국토연구원. 2005, 10쪽

경우 운송비용은 콘테이너 1TEU당 260달러의 수송요금 인하 효과를 낳게 된다. 여기에 물류통과 예상수입은 2005년 물동량 기준 남측 1,018달러, 북측 2,241만 달러, 합쳐서 한국 돈으로 최소 340억 원까지 추산되었으며, 이러한 수입은 누적적으로 증가하게 된다 31).

개성공단 등 경제특구협력사업

개성공단사업은 남북 최초의 공동개발 경제특구사업으로서, '공존공영'의 원칙에 입각한 초기 단계 모델이라 할 수 있다.

개성공단사업은 총 2,000만 평을 3단계에 걸쳐 공단과 배후도시를 조성하는 사업으로서, 남북 최초의 산업단지협력, 경제특구 협력사업이었다. 1단계는 100만 평에 300개 업체, 2단계는 150만 평에 700개 업체, 3단계는 350만 평에 1,000개의 업체가 입주하여 총 2,000개의 업체가 입주토록 계획되었다 32).

2004년 6월 시범단지에 식기회사 리빙아트, 의류회사 신원 등의 15개사가 입주계약을 체결하였고, 2005년 9월에는 본단지 1차 24개사 분양이 있었으며, 2007년 6월에는 사실상 마지막 분양이 되어버린 본단지 2차 183개사의 분양이 있었다. 그러나 2013년 4월~8월 한 차례 중단되었으며, 2016년 2월 10일 가동을 전면 중단하게 되었다. 만약 개성공단사업이 2, 3단계로 지속발

---

31) 김성훈, 남북경제통일론, 243~244쪽
32) 허련, 개성공단 개발사업의 성과와 함의, 대한지리학회지 제40권 제4호(2011), 521쪽

전하였다면, 개성공단사업은 초기 임가공형태 33)를 뛰어넘어, 소재·부품·장비나 첨단과학기술협력단지로 확대발전 하였을 것이다.

그럼에도 불구하고 개성공단사업은 남북경협에서 많은 의의와 시사점들을 남겼다.

첫째로, 남측 중소기업의 활로와 북측의 외화획득이라는 공존공영의 원칙에 입각한 사업이었다.

개성공단 입주기업 수는 2005년의 18개사에서 2015년에는 125개사로 늘었고, 북측 근로자 수는 같은 기간 6,013명에서 5만 4,988명으로, 연간생산액은 같은 기간 1,491만 달러에서 5억 6,330만 달러로 크게 늘었다 34).

2014년 현재 10년간 개성공단은 남측에게는 32.6억 달러의 내수 진작 효과를, 북측에는 3.8억 달러의 외화수입을 가져다준 것으로 추정된다. 부문별로는 남의 경우, 공단 매출액 22.0억 달러와 건설·설비투자 10.6억 달러를, 북한의 경우에는 임금 수입 3.0억 달러를 비롯해 토지임대료와 중간재 판매액 등의 경제적 효과를 거둔 것으로 추정된다. 만약 총 3단계까지의 개발계획이 진행된다면 남측은 총 642.8억 달러의 내수 진작 효과를, 북측은 43.9억 달러의 외화벌이가 기대되는 것으로 추정되었다 35).

---

33) 임가공 형태의 또 다른 경협사업으로 조선협력단지 건설사업이 있는데, 북한 안변에 선박블록공장을 건설하고 남포의 선박 수리공장을 현대화하는 사업에 대한 합의가 있었으나 추진되지 못했다.

34) 양문수, 개성공단 전면중단 1년과 남북관계 : 평가와 과제, 국회입법조사처 <개성공단 전면중단 1년, 남북관계 어떻게 할 것인가 세미나 자료집> 2017.2.2

35) 현대경제연구원, 개성공단 가동 10년 평가와 발전방안, VIP리포트14-44호(통권 595호) (2014.12.08.)

실제로 개성공단 사업으로 득을 많이 본 것은 남측이었다. 남의 경우 한계 상황에 처한 중소기업들에게 회생의 기회를 제공하였고, 사양 산업의 구조조정 및 남한 산업구조의 고도화를 촉진하며 새로운 성장 동력을 창출할 수 있는 기회를 주었을 뿐만 아니라 중국, 베트남 등지로 진출했던 중소기업들의 유턴이 진행되기도 하였다 36).

개성공단은 남측 경제와 높은 산업연관 효과를 유발하기도 하였다. 개성공단 입주기업들은 생산활동에 필요한 원부자재 등의 조달을 위해 업체당 평균 34.4개의 협력업체와 거래관계를 맺고 있으며, 연간 평균거래 규모는 47.9억원에 달했다. 2005년부터 2010년 9월까지 개성공단으로 인한 생산유발효과는 47.4억달러, 부가가치 유발효과는 13.8억 달러, 고용유발효과는 19,721명으로 분석되었다 37).

북 역시 경제난을 타개할 수 있는 근로자 임금과 외화수입을 충당할 수 있었으며, 일정한 남측 임가공 기술을 습득할 수 있었다.

둘째로, '작은 통일'의 장으로서 남북경협에 따른 각종 법, 제도, 공단운영 관리 등 문제에 대한 실험과 적용실천의 장이었다.

개성공단 초기 협의에서 남측의 현대는 해주를 원했고, 북은 신의주를 제시했으나, 개성공단으로 낙착을 보았고, 북은 김정일 국방위원장의 결단으로 전방군대를 뒤로 빼기도 하였다. 남측은 현대아산이 자금난에 시달리자

---

36) 양문수, 개성공단 전면중단 1년과 남북관계 : 평가와 과제, 국회입법조사처 <개성공단 전면 중단 1년, 남북관계 어떻게 할 것인가 세미나 자료집> 2017.2.2
37) 조혜영 외, <개성공단 기업의 국내산업 파급효과 및 남북산업간 시너지 확충방안>, 지식 경제부·한국산업단지공단, 2010, 68-123쪽; 양문수, 개성공단 사업의 평가와 과제, 7쪽 재인용

토지공사가 합류함으로써 정부차원의 지원을 보탰다. 개성공단사업과정에서 남북 간에는 3통(통행, 통신, 통관)문제, 노무·환경·보험·임금 등에 관한 문제, 개성공단의 운영주체와 각종 제도 문제, 국제화 문제 등 다양한 문제들이 제기되었다. 무수한 논쟁과 갈등 속에서도 이러한 쟁점들은 대체로 합의를 만들어가면서 개성공단을 운영할 수 있었다. 개성공단사업이 '작은 통일'이라고 불렀던 이유가 여기에 있었다. 3통은 번잡한 통행절차를 간소화하고, 1일 단위 상시통행 실시를 위한 전자출입체계(RFID)의 구축, 물자반입반출 등과 관련된 문제였고, 노무 관련 등의 사항은 인력수급과 양성, 노동규정과 기업운영에서의 근로자에 대한 지휘감독 관련, 임금 인상과 임금 직불제 도입, 탁아소 등 복지시설 추가 설치, 부식물에 대한 북측 식재료 사용 등의 문제였다 38).

셋째로, 정치군사적 근본문제를 해결하지 않고서는 경제가 평화를 담보하는 역할은 제한적일 수밖에 없다는 점도 드러났다.

개성공단 운영 관련 남북 간 다양한 쟁점이 있었지만, 대체로 정상회담과 당국 간 회담, '개성공업지구법' 및 관련 법·제도 정비과정, 남측 개성공단관리위원회와 북측 중앙특구개발지도총국 사이의 협의 등에 의해 상당 수준 해결해 왔다.

그러나 이러한 합의들도 대북제재로 인해 어이없이 무산되는 경우가 많았다. 통행문제에서는 북측 군부에서의 까다로움이 표면적인 문제였으나, 나중에는 유엔군 측의 제동이 문제가 되었다. 임금 직불제 역시 대북 금융제재

---

38) 임강택·이강우, 개성공단 운영실태와 발전방안; 개성공단 운영 11년(2005~2015)의 교훈, 통일연구원, KINU 정책연구시리즈, 16-03

로 인하여 북측 근로자에 대한 계좌개설이 불가능한 상황이 연출되었다. 개성공단에 대한 해외자본 유치도 추진했으나 결국 미국의 대북제재로 인한 우려로 실질적 투자가 진행되지 못했다. 개성공단 생산 제품의 대외수출, 특히 대미수출 역시 봉쇄되었다. 원산지 표시문제는 한미FTA에서도 쟁점이 되었던 것으로 미국은 개성공단 생산제품은 북한산제품으로 높은 관세를 매길 수밖에 없으며, 기술이전 문제를 제기하였다 39).

개성공단 전면 중단 사태 역시 전적으로 정치적 문제였으며, 현재에 와서 재개에 걸림돌이 되고 있는 것은 미국의 대북제재다.

•• 통일경제는 어떤 모습일까

'경제공동체'라는 말의 숨은 의미

통일경제와 관련해서 남측 연구가들은 '경제통합'이라는 키워드로 접근한다. 2000년 6.15이후 진행된 다양한 통일연구는 2010년대에 이르러 '통일의 미래상'에 대한 연구로 진화되었고, '경제통합' 대상들을 남북 경제공동체, 경제협력, 북한 개발, 조세 및 재정, 노동 및 복지, 사회보장, 통일 이후의 북한 자산관리방안, 물류통합 등으로 확대, 구체화하였다 40). 이명박 정부 시

---

39) 중앙일보 사설, 개성공단 제품, 한국산 인정 못 받는다면, 2005.11.05
40) 신종호, 남북정상회담 이후 통일정책 연구 동향과 전망, 국회입법조사처 <8.25 합의 이후 남북관계와 통일정책 전망> 간담회, 2015.09.10

절, 2011년 통일부에서 진행한 '경제공동체 추진 구상 최종결과 보고서'에서는 '경제공동체'라는 개념이 등장한다. '경제공동체'란 북에서 '시장친화적인 경제체제의 형성이 밑받침되어야 한다'는 것이었다 41).

'경제통합론', '경제공동체론'은 모두 흡수통일론의 경제적 형태들이다. 이들 주장의 공통점은 '남북협력은 북의 경제개방을 전제로 한다', '북의 개혁개방을 추진해야 한다', '북은 남측 자본의 시장이다', '북의 저렴한 노동력(지하자원)과 남측 자본이 결합된 경제협력과 통합을 추진해야 한다'는 논리로 일관되어 있다. 비교연구나 사례연구에 있어서도 '독일식 흡수통합', '소련 동구 사회주의 붕괴에 따른 체제전환' 연구로 가득차 있다. 김정은 시대에 이르러서는 북의 경제정책이 개혁개방을 지향한다면서, 베트남식이 좋겠는지, 중국식이 좋겠는지 하는 논의로 번져갔다.

문재인 정부의 '통일경제론'의 맹점

문재인 정부는 '통일경제론'은 담론적으로는 '양국체제론'과 결합되고, 실천적으로는 '한미동맹론'에 갇혀있는 변형과 왜곡의 과정을 거친다.

문재인 정부는 4.27판문점선언에서 '평화·번영·통일'을 합의해놓고 실천에서는 '통일'을 삭제했다. 일각에서는 '통일'보다는 '양국체제론', '평화공존론'을 설파하며, 아예 '영구분단론'의 공론화를 시도했다. 이 주장은 두 갈래로 나뉜다. 하나는 '선평화공존 후통일론'으로서, 평화공존기를 길게 잡고,

---

41) 홍익표외, 남북경제공동체 추진 구상, 대외경제정책연구원·산업연구원 통일부 용역보고서, 2011년 11월, 3쪽

그동안 남북경협을 꾸준히 확대함으로써 북의 개혁개방을 촉진하고, 그 끝에서 자본주의 체제로 통일을 하자는 것이다. 결국 변형된 흡수통일론이다. 다른 하나는 아예 남과 북이 통일을 포기하고 '양국체제'로 평화적으로 공존하자는 것이다. 문재인 정부는 겉으로는 '평화, 번영'을 앞세워 '한반도 신경제지도 구상'까지 내놓았지만, 밑에서는 '장기간 평화공존 속에서 북의 개혁개방'이나 '영구분단을 의미하는 양국체제론'을 깔고 있었다.

현재 4.27판문점선언과 9.19평양공동선언은 사실상 휴지화되었다. 문재인 정부가 '한미동맹론'에 갇혀있었기 때문이다. '미국제재 때문에 남북경협은 어렵다', '선비핵과 후제재해제론', '선북미관계 정상화, 후남북경협강화' 등의 입장은 사실 남북경협에서 아무것도 하지 못하는 결과를 낳았다.

흡수통일을 지향하는 '경제통합론', '경제공동체론'은 말할 것도 없고, '양국체제'를 염두에 둔 '한반도 신경제구상' 역시 위험하다. 미국에 정치군사, 경제적으로 예속된 한국이 분단고착을 추진하면, 얻는 것은 평화공존이 아니라 전쟁위험뿐이기 때문이다.

이런 교훈에 입각해서 언제가 다가올 남북관계 개선과 남북경협에서 이전과 같은 실수와 과오를 반복하지 않으려면 '통일경제'에 대한 상부터 정확히 잡고 있어야 한다. 기존의 흡수통일식이나 평화공존을 지향하는 '통일경제론'과 차별화하기 위해 '자립적 통일경제론'이라고 명명하고 개괄적인 상을 그려보고자 한다. '자립적 통일경제론'은 '자립적 민족경제', '연방형 경제공동체', '민생지향 복지경제', '선순환 번영경제'를 의미한다[그림 6-4].

[그림 6-4] 통일경제의 상

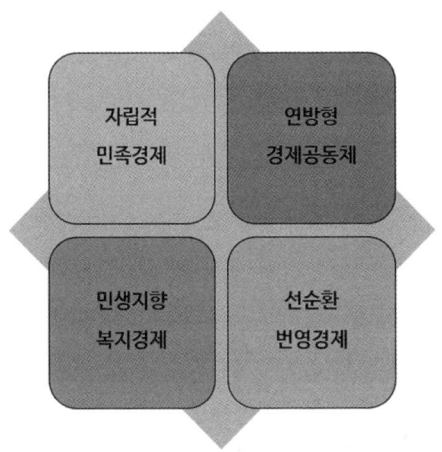

자료 : 필자.

자립적 민족경제

자립적 민족경제란, 생산요소와 산업구조, 생산과 소비 관계가 자립 구조를 갖춘 경제를 말한다.

생산요소란 에너지, 원자재, 식량에서부터 기술과 노동력, 정보에 이르기까지 생산에 필요한 생산요소를 스스로 갖추어야 한다는 뜻이다. 산업구조란 이러한 생산요소들이 고도화된 산업구조를 가지고 확대재생산이 가능한 경제부문구조를 갖추어야 한다는 뜻이다. 나아가 생산뿐만 아니라 생산과 유통, 분배와 소비에 이르는 전 과정이 경제의 자립적 능력을 강화하는 연관성을 가지고 순환해야 한다.

이런 기준에 비추어 보면 남측 경제는 심각한 종속경제구조를 가지고 있다. 에너지, 원자재, 식량, 기술력 등이 모두 해외에 의존해 있고, 소비시장 역시 해외로 되어 있어, 수출중심의 경제가 내수생산, 유통, 분배, 소비와는 무관하게 분리되어 돌아가는 경제이다. 때문에 전쟁, 재난, 경제위기와 같은 상황에 매우 취약한 구조이며, 상시적인 국부유출과 빈부격차구조를 가지고 있다. 남북경협과 통일경제는 이러한 남한경제의 취약한 종속성을 탈피하고, 자립적 경제구조로, 내부연관성을 구축하고 선순환하는 경제구조로 전환하는데 유리한 조건을 만들어 준다. 자립적 통일경제는 남측경제의 예속의 덫과 양극화의 함정을 탈피할 수 있는 가장 강력한 대안이다.

자립적 통일경제는 북측 경제에도 매우 유리한 조건을 만들어 준다. 현재 북 경제는 대북제재로 인하여 자주적 발전권을 제약받고 있다. 미 제국은 한편으로는 종속국이나 신흥국들에게 일상적인 국부약탈과 주기적인 양털깎기를 가하기 위해 경제개방을 강제한다. 다른 한편으로는 자주적인 국가들에게는 심각한 경제봉쇄와 제재조치를 가함으로써 경제발전권을 제약하고 경제붕괴와 체제전환을 도모한다. 남과 북이 자립적 통일경제로 전환해 갈 경우, 북은 미국으로부터의 심각한 제재와 봉쇄로부터 벗어날 수 있다. 이렇게 되면 이미 갖추어진 자립적 경제구조에 힘을 싣게 되고 급격한 경제발전의 길로 들어설 수 있을 것이다.

남북의 자립적 통일경제는 동북아와 세계시장에서 자립경제 기반한 호혜평등의 경제협력, 무역관계, 금융질서를 확립하는데도 기여할 수 있다. 자립적 민족경제란 결코 폐쇄경제를 의미하는 것이 아니다. 기본적인 것은 자립경제에 기초하여 운영하되, 세계경제와는 공정무역, 유무상통의 방식으로 얼마든지 국제경제관계를 형성할 수 있다. 자립적 경제구조를 갖춘 나라만이 자유주의적 약탈형 무역관계, 세계적인 금융착취관계를 극복하고 공정무역, 공정금융질서를 추구해 나갈 수 있다는 점에서 국제경제관계 개혁과 발전에서도 기여하는 바가 크게 된다.

남북쌍방은 자립적 민족경제를 추진할 수 있는 유리한 요소들을 가지고 있다. 지난 남북경협의 사례들에서 중요한 시사점들과 지표들은 시장화, 금융화, 세계화를 가리키는 것이 아니라 자립적 민족경제로의 지향을 가리키고 있다. 에너지, 자원, 과학기술, 노동력, 산업구조, 시장소비구조, 주변국가 시장 등 모든 면에서 능히 자립적 민족경제를 구축할 수 있는 잠재력을 충분히 가지고 있다고 할 수 있다.

무엇보다 북측 석유를 개발하면 에너지 자립도 가능하고, 석유기반 화학공업과 석탄기반 화학공업을 동시에 보유한 지구상 유일한 국가가 될 수 있다. 이것은 경공업 원료의 국산화 수준을 획기적으로 높이게 될 것이다.

북의 풍부한 광물자원으로 남측 원자재의 수입대체율을 획기적으로 높인 데 기초하여, 흑연, 마그네사이트, 아연, 희토류 등의 개발로 21세기 신소재산업에서도 선두주자가 될 수 있다.

과학기술협력을 통하여 남측은 소재·부품·장비의 기술종속에서 탈피하여, 추격자에서 선도자로 전환하는 중대한 계기를 마련할 수 있고, 북측은 과학기술을 통한 자력갱생 전략에 날개를 달 수 있다.

남북 내수시장과 동북아 시장은 자립적 민족경제의 내부연관성을 높여주고, 각 부문의 종합적 발전에 유리한 조건으로 작용하게 될 것이다.

이렇게 볼 때, 수출을 못 하고, 국제분업과 세계화에 들어가지 못하면 망한 다는 생각을 버려야 한다. 자립경제와 관련해서 가장 큰 질문과 고민은 그동안 수출로 먹고 살았는데, 수출과 국제분업체계에 편입되지 못하면 경제발전은 불가능하다는 인식이다. 그런데 통일경제로 가면 얼마든지 가능하다는 것을 알 수 있다.

자립적 민족경제의 장점 중 또 다른 주요 측면은 지속가능성장, 생태친환경 경제전망도 밝게 해준다는 데 있다. 자립적 민족경제는 하나의 민족경제 단위가 자체의 경제수요를 스스로 생산조달한다는 원리에 입각해 있다. 상품생산과 이윤 창출을 위한 과잉공급 경제로는 환경파괴, 주기적 경제공황을 극복할 수 없다. 이 연장선상에 있는 세계화, 수출주도경제로도 이 문제를 풀 수 없다. 당장은 힘들고 어렵더라도 자립적 민족경제를 건설하는 길만이 지속가능한 경제성장과 친환경생태경제를 담보할 수 있다.

연방형 경제공동체

흡수통일을 지향하는 사람들조차도 독일식 급속통합보다는 점진적 경제통합을 원한다. 상당 기간 남북경제가 자체의 체제를 유지하면서 공존공영, 경제협력단계를 거쳐야 한다는 주장이다.

그러나 남과 북은 정치적으로도 그렇지만 경제적으로도 굳이 하나의 제도로 경제통합을 추진할 이유가 없다. 현실적으로 상호 공감하는 오랜기간 동안의 경제적인 양체제 공존기를 그대로 제도화하면 '연방형 경제공동체'로서의 통일경제가 된다. 우리 민족이 추구해야 할 '자립적 통일경제'는 이런

'연방형 경제공동체'이다. 경협단계에서는 유무상통의 원칙이 적용되지만, 통일경제수준에 이르면 '연방형 경제공동체'가 될 것이다.

지구상에는 자유무역지대(Free Trade Area), 관세동맹(Customs Union), 공동시장(Common Market), 화폐·경제동맹(Monetary & Economic Union), 완전한 통합(Complete Integration) 등 다양한 경제공동체들이 있다 [42]. 그러나 이런 유형은 어디까지나 동일한 경제제도를 가진 국가들 사이에서 진행되는 경제공동체들이다. 사회주의와 자본주의, 그리고 자립경제와 개방경제라는 특성을 지닌 남북경제에서는 이러한 형태를 그대로 적용할 수 없다. 제도가 다르면 경제공동체 형성이 불가능하다는 생각은 고정관념이다. 지구상 강력한 국가들은 모두 치열한 갈등과 혼란 속에서 형성된 연방형 국가들이다.

남북이 하나의 국가, 두 개의 제도라는 연방제 통일에 합의하게 되면, 남북 경제공동체 역시 필연적으로 연방형 경제공동체가 된다. 정치는 연방제인데, 경제는 하나의 제도일 수는 없는 것이다. 통일연방정부가 정치군사적으로 외교권, 국방권을 행사하고, 두 개의 자치정부가 행정 등의 기능을 담당하게 된다면, 경제적으로는 '연방경제발전위원회' 같은 것을 설치하고, '자립적 민족경제 균형발전 5개년 계획' 같은 것을 수립하여 집행할 수도 있을 것이다. 자본, 노동력 이동이나 시장 접근 범위를 어디까지 할 것인가 등의 문제는 연방경제발전위원회가 제출한 안을 연방의회에서 합의 처리할 수 있다.

---

[42] 홍익표외, 남북경제공동체 추진 구상, 대외경제정책연구원·산업연구원 통일부 용역보고서, 2011년 11월, 20쪽

이러한 연방경제전략을 세움에 있어 원칙적 문제들이 무엇인가에 대해서 살펴봄으로써 연방형 경제공동체의 상을 잡아볼 수 있다.

무엇보다 연방경제에서는 남북경제제도의 차이를 존중하면서도 민족공동의 이익을 우선시하는 경제전략을 세워가야 할 것이다.

이것은 경협단계의 '공존공영원칙'보다 발전된 원칙으로, 각자 발전보다 민족공동의 이익을 앞세우는 자원배치가 이루어질 것이다. 이러한 원칙은 남측의 사적 자본의 이익을 우선시하는 원칙을 민족 공동의 이익에 복종시키는 것을 의미한다.

다음으로 남북경제제도의 이질성을 극복하고 민족경제의 균형발전에 복무하는 방향에서 경제전략을 세워가야 한다.

남북균형발전전략은 제도 차이로 인한 이질성, 오랜 분단상태로 인한 이질성 등을 극복하고 균형발전을 추구하는 것을 의미하는데, 부문과 지역 수준의 경협단계로 시작하여, 경제전반의 균형발전을 추구하는 종합적인 전략으로 발전될 것이다. 남측의 경우 수출경제와 분리되어 있는 중소기업들이 통일내수를 기반으로 새로운 성장 동력을 확보하고 경제의 유기적 관계를 향상시킨다든가, 통일농업을 통해 식량자급구조가 개선된다든가 하는 효과를 거둘 수 있다. 북측의 경우 아직 자립기반이 취약한 분야에 대한 남측의 투자를 통해 자립기반을 확충한다든가, 국제적 수준으로 발전하지 못한 부문에 대한 보완이 가능해진다든가 하는 효과를 거둘 수 있다. 이러한 과정은 북측 사회주의, 남측 자본주의를 뛰어넘는 통일경제부문을 창출하고 확대하게 될 것이다.

마지막으로 남북 간 경제특성의 장점을 유기적으로 결합하고, 단점을 보충하는 방식으로 높은 차원의 균형발전을 추진해 나가야 한다.

이러한 원칙은 유무상통 원칙의 적용 범위가 개별경협에서 민족경제 전반의 구조개혁으로 확대된다는 것을 의미한다. 민족경제, 통일경제 영역이 확대될수록 경제부문 구성의 변화와 고도화가 촉진될 것이고, 모든 분야에서 경제혁신이 강화되고, 생산성이 높아지며, 경제의 양적, 질적 전환들이 무수히 벌어질 가능성이 높다.

경제 구조개혁이라는 측면에서 보면, 남측경제의 경우 전기전자, 자동차, 조선, 화학, 철강 분야 등 중후장대형 수출주도산업들을 지식집약산업으로 재구성해야 할 필요성이 증대하고 있다. 북측경제 역시 과학기술의 힘으로 자립경제를 달성하고자 하고 있다. 이것은 민족공동의 이익으로 공통점을 모아내고, 북측의 기초과학기술, 소프트웨어 역량의 장점과 남측의 개발기술, 초고속통신망, 대용량 데이터베이스 등의 확장된 산업인프라 능력 등을 결합할 때, 통일경제 영역에서 매우 큰 시너지 효과를 낼 수 있다.

남북 연방형 경제공동체 발전과정은 하루아침에 실현될 수 없다. 따라서 일정한 단계를 거친다. 크게 보면 1단계 '사안별 경협단계' - 2단계 '이질성과 불균형 극복을 위한 구조개혁 단계' - 3단계 '융합적 균형경제실현 단계'로 나누어 발전하는 것으로 전망해볼 수 있다. 현재는 사안별 경제협력 단계이다. 그러나 이러한 사안별 경협단계는 연방형 통일경제, 민족경제의 균형발전을 위한 공동의 전략 속에서 추진될 필요가 있다. 남북경협위원회가 전략회의가 되어야 한다는 주장이 나오는 이유이다. 물론 사안별 경협조차도 현재는 대북제재 때문에 막혀있는 형국이다. 그러나 사안별 경협을 재개, 돌파하기 위해서도 남측 정부가 좀 더 전향적으로 민족경제의 균형발전, 연방경제 형성이라는 전략적인 입장을 가져야 한다. 이런 입장에서 북측과 협의할 때 진정성이 통할 것이다. 2단계와 3단계의 차이는 2단계에서는 주로 산업별, 지역별 균형발전을 위한 협력관계가 진행되는 단계를 의미하고, 3단계는 전체적인 통일경제라는 합의된 전망과 계획 속에서 추진된다는 점에서 차이가 있다.

민생지향 복지경제

남측의 경우 빈부격차와 불평등을 해결하는 것이 매우 중요한 과제이다. 북측의 경우 인민생활 향상을 위한 수요에 맞는 공급구조를 세워가는 것이 매우 중요한 과제이다. 통일경제는 이러한 민생향상에 대한 공동의 노력을 지향하는 복지경제를 세울 수 있는 경제이다.

통일경제 효과 중에는 정전상태, 분단과 대결로 인해 발생한 과도한 군사비를 축소하여 복지재원으로 전환할 수 있다는 점이 가장 많이 거론된다. 그것은 기본적 효과이다. 보다 중요한 것은 통일경제의 내부 재생산구조와 경제순환이 필연적으로 민생향상에 복무하는 쪽으로 내장되어 작동한다는 점이 중요하다.

경제생활은 재화의 생산, 분배, 유통, 소비과정을 반복하며 영위되는 인간생활의 물질적 분야이다. 여기에는 소유제도, 분배제도, 복지제도 등 각종 제도와 경제관념들이 작용하며 경제생활이 이루어진다.

남측의 경우 사적소유제도와 자본주의적 분배제도에 기초하고 있기 때문에 필연적으로 불평등을 낳는다. 특히 최근 불평등문제는 세계적 화두이기도 하다. 불평등문제를 완화하지 않고는 체제와 정권이 버틸 수 없는 수준이다. 북의 평등경제, 토지국유제, 주택무상제 등은 남측에서 민생을 개선하는 데 좋은 영향을 줌으로써 각계각층의 기본권 확장, 토지공개념 확립, 일자리 창출과 안정된 고용, 최저임금향상, 복지분배제도의 개선 등의 효과를 가져올 수 있다.

북측의 경우 미국의 대북제재로 사실상 경제봉쇄를 당하는 저항경제형태를 띠고 있고 민생향상에 장애를 받고 있다. 통일경제가 성립되면, 남측이 봉쇄된 국제교역을 대체하여 북 인민생활 향상에 기여할 수 있다. 이렇게 되면, 북 경제가 국방공업, 기간산업 위주로 되어 있어 경공업 분야에서 발전이 더딘 조건을 극복하게 되고, 남측의 자동차, 전자, 기타 생필품 등도 추가로 공급됨으로써 인민생활 향상이 더욱 촉진될 것이다.

통일경제는 구체적인 경제생활과 경제관념에서도 커다란 변화를 야기할 수 있다. 남측의 경우 자본주의의 인위적 수요창출과 과도한 공급으로 자원이 낭비되고, 기형적 소비행태와 환경파괴가 진행되는 문제점들이 있다. 통일경제 속에서는 남측은 북측의 검소하고 절약정신이 몸에 밴 경제문화에서 좋은 영향을 받을 수 있고, 건전하고 생태환경적 경제생활에 대한 지향이 실현가능한 제도적 관행적 수준에서 높아질 수 있다. 북측 역시 보건과 방역, 교육, 생활소비와 위락 등의 분야에서 보다 문명적인 물질생활에 대한 요구가 높아지고 이에 대한 공급력을 높이기 위한 노력이 더욱 배가됨으로써 사회주의 경제생활에서도 새로운 활력이 높아질 수 있다.

통일경제는 4차 산업혁명이 야기하는 고용절벽 문제를 해결하는 대안경제가 될 수 있다. 인공지능이나 로봇의 발전은 필연적으로 고용의 축소를 낳는다. 이것은 과거 산업혁명시대의 연장선상에서 발생한 자본주의적 상대적 과잉인구로 인한 실업문제나 신자유주의 세계화 질서 속에서 비정규직이 확대된 정도의 문제가 아니다. 사실상 절대적 수준의 고용대체, 고용배제경제가 도래하게 된다. 상대적 과잉실업은 자본주의 질서 안에서도 케인즈식 완전고용론이나 비정규직의 정규직화 운동을 통해서 일정하게 해결이나 완충이 가능했다. 그러나 자본주의적 4차 산업혁명으로 인한 구조적 실업문제는 자본주의적 해결책이 존재하지 않는다. 이미 자본주의는 상대적 실업시대에서 절대적 실업시대로 이행하고 있다. 실리콘 밸리에 있는 플랫폼 독점자본이나 자율주행 전기차 자본들조차도 기본소득을 찬성하는 이유가 이 점을 잘 알고 있기 때문이다. 다시 말해 자본주의적 4차산업혁명은 말로는 '소유하지 않아도 행복한 사회'를 광고하나, 근본적으로는 소수가 생산수단과 플랫폼을 독점소유하고, 대다수 민중은 임대나 렌트로 생활할 수밖에 없는 초독점 사회이며, 고용배제, 불안정 고용이 구조화된 사회이다. 이런 문제는 단순히 경제성장률을 높여 고용률을 높이는 방식으로는 해결할 수 없다. 미래사회의 성장이란 고용배제적 성장이기 때문이다.

이런 조건에서 통일경제는 지식경제사회에서 고용문제를 풀어가기 위한 한반도 모델을 만들어 낼 수 있다. 북의 고용방식을 벤치마킹할 수 있고, 남측의 보편복지, 기본소득 논쟁에 고용문제를 유기적으로 결합시켜 경제방향을 재설정할 수 있다. 또한 남북은 공통적으로 높은 수준의 질 높은 노동력, 인적자원을 가지고 있기 때문에 통일경제 건설이라는 환경을 이용하여, 지식경제에 적용 가능한 노동력을 양성하는 사업을 공동으로 진행할 수 있다. 이럴 경우 매우 막강한 4차 산업혁명시대의 인적자원을 보유한 통일국가로 거듭날 수 있다.

선순환 번영경제

통일경제는 남측의 자립적 민주경제, 북측의 자립적 사회주의 경제, 자립적 통일경제라는 3가지 경제의 삼중 선순환구조를 확립함으로써 국제사회의 경제환경과 관계없이 차별적인 번영경제를 구가할 수 있다.

8,000만 명의 민족경제시장이 새롭게 창출되고, 북의 국방공업의 성과를 민수경제로 돌리는 속도가 빨라지며, 남측의 수출중심기업들의 국내투자가 확대된다. 이렇게 통일내수소비시장이 확대되면, 북측에서 지방공업이 성장하고, 남측에서 중소기업과 서비스 업종의 발전에 유리해진다.

통일경제에서 남북거래 간 민족우대정책이 적용되면, 통일산업의 대외경쟁력이 높아진다. 이럴 경우 양적으로만 놓고 보아도 고용없는 성장이 고용유발성장으로 전환되며, 매년 11% 이상의 성장률을 통해 사실상 완전고용이 가능해지는 상황을 열어갈 수 있다 43).

통일경제는 중국의 일대일로와 러시아의 신동방정책의 결합을 통해, 동북아 전체를 신성장지대로 전환시킬 수 있으며, 해양과 대륙을 연결하는 물류거점으로 도약할 수 있고, 유라시아 경제를 연결하는 중심축으로 부상할 수 있다.

통일경제는 무엇보다 우리 민족의 자주와 민족대단결을 실현하는 자주통일정치를 구현하는데 필요한 물질적 토대를 제공한다. 통일경제 성립기에는 외세의 제재와 봉쇄의 압박을 견뎌내는 물질적 토대를 제공할 것이며, 정착

---

43) 신창민, 통일비용 및 통일편익, 국회예산결산특별위원회 2007

기에는 통일국가의 물질적 담보로 작용할 것이다.

통일경제는 더 나아가 한반도와 동북아에서 항구적 평화체제를 보장하는 경제적 기반으로 작용할 것이며, 전망적으로는 자주, 친선, 평화에 입각한 대외경제관계, 국제경제관계를 발전시켜 나가는데서 강력한 지렛대로 작용할 것이다.

현재 세계는 부채경제의 늪에 빠져 있다. 자본과잉, 공급과잉으로 지난 20여 년간의 장기저성장은 결국 부채를 통한 경기부양책을 낳았고, 저금리를 통한 막대한 부채가 가계, 정부, 기업에 쌓이게 되었다. 그러나 이러한 부채경제는 지속가능하지 않다. 이러한 부채경제를 추동한 원동력은 사실상 미국 달러체제에 기반한 금융세계화를 통해서였다. 그런데 이러한 시스템이 이제 고장나고 있다. 이처럼 매우 심각한 세계사적인 경제위기의 도래가 분명한 조건에서 남과 북은 서로 자주적으로 단결하고 협력함으로써 오히려 다가오는 경제위기를 극복하고 번영경제로 도약할 수 있다. 이것이 온 겨레와 미래세대가 바라는 통일경제이다.

•• 통일경제는 어떻게 가능할까

통일경제는 예측과 전망도 필요하지만 본질적으로 투철한 철학을 가지고 추진해야할 전략이자 정치·경제적 실천행위이다. 따라서 통일경제론은 경제적 예측과 전망뿐만 아니라 통일경제 추진을 위한 주체적인 원칙과 방도가 포함되어야 한다. 여기에서는 통일경제를 추진하는데 요구되는 민족자주의 원칙, 자립적 민주경제와 자립적 통일경제의 병행추진의 원칙문제만 언급하기로 한다.

민족자주의 원칙

평화번영통일에 대한 벅찬 꿈과 희망을 불어넣었던 4.27판문점선언과 9.19평양공동선언은 미국의 방해와 문재인 정부의 친미굴종적 태도로 인해 좌초되고 말았다. 이 같은 뼈저린 경험은 남북 간 합의를 이행하는 것이 얼마나 복잡하고 간고한 것인가를 보여준다.

미국의 대북적대정책이나 친미수구정권의 반통일 정책을 극복하지 않고서는 멀쩡히 진행되던 경협사업조차도 금강산 관광이나 개성공단처럼 좌초되고 만다는 것 역시 지난시기 남북경협의 교훈이기도 하다.

이 문제를 해결하는 첩경은 '민족자주의 원칙'을 고수하고 정상적으로 실천하는 것이다. 4.27 판문점선언 1조 ①항, 즉 첫 항목에 '남과 북은 우리 민족의 운명은 우리 스스로 결정한다는 민족자주의 원칙을 확인하였으며 이미 채택된 남북 선언들과 모든 합의들을 철저히 이행함으로써 관계개선과 발전의 전환적 국면을 열어나가기로 하였다.'라고 밝혀져 있다. 6.15 공동선언 1조 역시 마찬가지로 '1. 남과 북은 나라의 통일문제를 그 주인인 우리 민족끼리 서로 힘을 합쳐 자주적으로 해결해 나가기로 하였다.'라고 언명되어 있다.

'민족자주의 원칙', '우리민족끼리 서로 힘을 합쳐 자주적으로'라는 원칙은 그 누가 강요한 것이 아니라 남북 스스로가 합의한 대원칙이다. 민족자주의 원칙이 모든 남북관계를 풀어나가는 출발점이자 강력한 추동력이라는 뜻이다. 당연히 남북경협, 통일경제 추진 역시 이 원칙에 입각해야 온갖 어려움 속에서도 뚫고 나갈 수 있는 힘을 만들 수 있다.

한미동맹을 우선하거나, 유엔의 제재원칙을 앞세우는 방식으로는 남북경협의 첫 관문조차도 시작할 수 없는 것이 오늘날 현실이다. 미국과 남측의 어떤 정권하에서도 지금처럼 남북관계에서 옴짝달싹하지 못했던 시기는 없었다. 다른 한편, 민족자주의 길로 가자는 민중적 요구는 그 어느 때보다도 높고, 국제정세 또한 자주화의 방향으로 가속페달을 밟고 있는 추세이다. 민족자주의 원칙은 종이장의 공염불이 아니라 정권차원과 국민적 차원에서 맘만 먹으면 언제든지 실현할 수 있는 당면한 실천과제이다.

자립적 민주경제건설과 자립적 통일경제건설의 병행

남측 경제는 전형적인 예속과 불평등 경제이다. 이러한 모순구조를 해결하는 지향점은 자립적 민주경제이다. 그럼에도 불구하고 수출중심 경제, 자본주의 국제분업관계의 편입, 세계화에 대한 편승구조 속에서 일구어낸 경제성장의 경험이 너무나 강력하여, 자립적 민주경제로의 전환을 꿈도 꾸지 못하는 경우가 대다수이다.

IMF외환위기, 2008년 금융공황, 그 이후 장기침체와 저성장 구조, 최근의 코로나19위기 속에서 예속과 불평등의 모순이 격화되어 가고 있지만 여전히 해결책은 수출경쟁력, 금융경쟁력 강화와 선도국가로 도약하는 것밖에는 없다고 하는 분위기다. 그러나 이 길은 세계화된 수출경제 속에서 배를 불려온 달러경제, 재벌경제, 수출대기업경제 말고는 다 죽는 길이다. 그 끝은 심각한 불평등, 빈부격차, 부채경제밖에 없다. 흡사 절벽으로 몰려가는 양떼들 같다.

자립적 민주경제의 길보다는 수출중심의 예속과 불평등의 길이 불가피한 선택이라고 생각하는 이유는 첫째, 그동안의 양적 성장 경험이 강하게 작동하고 있기 때문이며, 둘째 남측 경제잠재력만으로는 자립적 민주경제로의 전환이 불가능하고 유지할 수 없을 거라는 인식이 깔려있기 때문이다.

이 문제를 극복하려면 자립적 민주경제전략을 자립적 통일경제전략과 결합시켜야 한다. 남측만의 눈으로 보면, 기존의 수출주도경제전략을 계속 이어가자고 해도, 자립적 민주경제전략으로 전환하자고 해도 모두 딜레마에 빠지는 상황이 발생하게 된다. 중미대결시대가 도래함으로써 과거에는 수출과 국제분업에 유리했던 지정학적 조건이 이제는 딜레마적 상황으로 전환되었다. 자립적 민주경제를 추진하자고 해도 그 실현가능성 면에서 의문이 생기는 딜레마도 발생한다.

그러나 남북통일경제라는 전략, 동북아와 유라시아를 잇는 신흥경제 성장지대를 전망해 보면 대담한 선택지로서 손색이 없다. 남측의 시각으로만 보면 딜레마적인 상황이 남북통일경제라는 시야에서 보면 기회로 전환된다. 그야말로 위기가 기회로 바뀔 수 있는 전환기적 발상이 가능해지는 것이다. 게다가 자립적 통일경제전략은 남측 자본진영도 상당 부분 동의할 수 있는 대안이다.

결론적으로 자립적 민주경제와 자립적 통일경제를 병행해서 추진해야 한다. 크게 보면 자립적 통일경제전략으로 포괄될 수 있다. 자립적 통일경제전략은 자립적 민주경제전략을 내포하고, 전제로 하며, 과정에서 병행하고, 결과로서 완성되는 관계에 있다.

민족자주의 원칙을 앞세우고 자립적 민주경제전략과 자립적 통일경제 전략을 동시에 밀고 나가면, 우리는 위기의 시대에 평화, 번영, 통일이라는 기회를 만들 수 있다.

●● 통일경제전략은 가장 뚜렷한 대안경제전략

자립적 민주경제, 자립적 통일경제는 진보민중진영의 대안 경제전략이다. 그 이유는 첫째로 가장 과학적인 대안이며, 둘째로 유일한 대안이며, 셋째로 가장 현실적인 대안이라는 점에 있다.

첫째로 자립적 민주경제, 자립적 통일경제전략은 가장 과학적인 대안이다.
우리 사회에서 좌우를 막론하고 다양한 대안경제론이 존재한다. 신자유주의 경제를 지속하자는 주장에서부터, 문재인 정부의 한국판 뉴딜과 선도경제론, 시민사회와 진보진영 내의 사회민주주의적 복지국가론이나 기본소득론, 사회적 경제론, 경제민주화론, 사회주의경제론 등 다양하다.
양적 성장 일변도의 신자유주의 경제론이나 한국판 뉴딜, 선도국가론 등은 결코 한국경제의 예속과 불평등이라는 기본 문제를 해결할 수 없고, 오히려 심화시킬 뿐이다. 뿐만 아니라 이제는 성장 그 자체도 담보할 수 없다.
사회민주주의적 복지국가론은 현재의 남측 경제력으로 볼 때 '중부담 중복지' 수준에서 가능성이 있고 부분적인 기본소득 실행도 가능해 보인다는 판단에 입각해 있다. 이 점은 일정하게 의의가 있다. 그러나 불평등을 근본적으로 해결하기에는 제한적이다. 높은 수준의 복지국가나 기본소득은 어디까지나 자본주의적 성장을 전제로 한다. 다시 말해 자본주의적 폐해의 핵심인 불평등의 문제를 분배차원에서 해결하려고 하려는 것인데, 그 전제는 자본주의적 성장이다. 자본주의 성장이 있어야 분배가 가능하다는 원리에 입각해 있는데, 지금은 자본주의 성장이 무너지고 있는 경제시대이다. 경제침체기나 경제위기 시기에 사회민주주의나 복지국가론이 퇴색하고 정치적으로도 후퇴하는 이유가 여기에 있다. 현재의 한국경제 역시 성장잠재력이 구조적으로 고갈되어 가고 있고, 상시적으로 경제위기, 금융위기에 노출되어 있으며, 과도한 대외의존경제로 인하여 미국자본과 재벌에 의한 막대한 이중적 과잉착취가 일반화되어 있다. 뿐만 아니라 한미동맹에 따른 막대한 비용부담이 증가하는 추세에 있다. 이런 조건에서 사민주의적 복지국가는 부분적으로 분배를 개선할 수 있으나 불평등 문제를 근본적으로 해결할 수는 없다.

문제는 방법론에도 있다. 불평등을 해결하는 기본동력은 민중의 정치적 저항이다. 한국사회에서 소수정당이 의회활동만으로 높은 수준의 복지국가를 달성하는 것은 불가능하다. 오직 민중의 강력한 저항만이 불평등을 타파할 수 있다. 이런 점에서도 사민주의는 방법론적 한계가 뚜렷하다.

협동조합이나 사회적 기업, 마을 공동체 등 사회적 경제영역은 유의미한 경제분야이다. 이러한 경제형태들은 자본주의에서는 자본주의 부속경제로, 사회주의에서는 반사회주의적 형태로 그 기능과 역할을 달리한다는 특성도 가지고 있다는 점에서 협동적 경제, 사회적 기업들의 발전은 경제의 민주화나 남북경협과 통일경제에서 유의미한 역할을 할 수 있다. 그러나 그 의의가 과대평가되어서는 안 된다. 사회적 경제는 풀뿌리 경제나 지방경제 수준에서 의미를 갖기 때문에 OECD 10위 국가에 진입한 한국경제규모의 대안경제로까지 되기는 힘들다. 사회적 경제는 자립적 민주경제, 자립적 통일경제의 유의미한 한 부분으로 자리매김하는 것이 옳다고 본다.

경제민주화는 6월 항쟁 이후, 즉 민주화 이후 민주화를 위한 과제에서 핵심 화두로 등장한 사안이다. 그러나 매번 경제민주화는 좌절되어 왔다. 정치민주화는 검찰, 언론 등의 자유화로 귀결되었고, 경제민주화는 시장과 재벌의 자유화로 귀결되는 역설적 상황을 낳았다. 또한 날이 가면 갈수록 재벌들은 더 비대해지고, 글로벌하게 세계시장에서 초국적 자본과 종속적 계열관계로 진화해 가고 있기 때문에 통제하기가 더욱 어려워졌다. 결국 정치자주화 없이는 정치민주화의 완성이 불가능한 것처럼, 경제 자주화 없이는 경제민주화도 어렵다는 결론에 이르게 된다.

이렇게 놓고 볼 때, 역시 대안경제는 자립적 민주경제와 자립적 통일경제일 수밖에 없다. 뿐만 아니라 자주적 민주경제론과 자립적 통일경제론은 보수진영의 성장론에서부터, 복지국가론, 기본소득론, 친환경경제론, 사회적 경제론, 경제민주화론의 긍정적 요소를 다 내포한다. 동시에 이들 경제론들이 외면해 온 분단경제, 예속경제에 대한 문제의식과 해법을 담고 있으며, 자본주의 경제와 사회주의 경제의 경제협력문제까지 담고 있다. 이런 점에서 자립적 민주경제론, 자립적 통일경제론은 가장 과학적인 대안이다.

둘째로 자립적 민주경제론, 자립적 통일경제론은 유일한 대안이다.

세계화 시대에 한국경제의 양적 성장은 지정학적 요소가 강하게 작동하였다. 그러나 중미분리시대에는 그 지정학적 요소가 불리한 방향으로 작동하고 있다. 이 같은 지정학적 딜레마 상황을 타개하고 불리한 상황을 유리하게 전변시키기 위해서는 민족적 힘을 만들어야 하며, 그 유일한 길은 자립적 통일경제밖에 없다. 이런 상황을 제도에 대한 선택이나 동맹관계를 중심으로 바라보는 것은 쇠퇴몰락의 길이다. 오직 통일경제만 중미분리시대의 지정학적 딜레마를 지정학적 축복으로 전환시킬 수 있다.

또한 탈세계화 시대의 유일한 대안이다. 세계화시대는 끝났다. 지구촌 모든 국가가 기간산업의 국유화, 핵심산업의 유턴, 식량자급의 길로 가고 있으며, 장기추세로 자리잡고 있고 불평등에 대한 대중적 저항이 세계적으로 확산되고 있다. 이는 경제시스템의 격변기가 도래하고 있음을 말하며, 이 격변기에 대처하지 못한 정치·경제적 리더십은 심각한 타격을 받게 될 것이다. 이런 조건에서 경제의 자립화, 민주화, 통일경제로의 길은 한국경제의 유일한 선택지로 되고 있다.

셋째로 자립적 민주경제론, 자립적 통일경제론은 가장 현실적인 대안이다.

이미 앞에서 구체적인 경협모델을 통해서 살펴보았듯이 자립적 통일경제는 마음만 먹으면 언제든지 실행할 수 있고, 그 효과 또한 즉각적이다. 자본주의 시장논리에 입각해 보아도 전망성이 좋은 한반도 경제라면, 자주적이고 민중적인 시각에서 시장논리보다 더 좋은 경제를 만들어 갈 수 있다는 것은 당연지사이다.

국내 재벌세력이 되었든, 민중진영이 되었든, 미국 투자기관이나 투자자조차도 장밋빛으로 그리고 있는 통일경제를 당사자인 우리 민족과 민중이 머뭇거릴 이유가 없다.

자립적 민주경제, 자립적 통일경제는 먼 미래의 일이 아니라 즉각 당장 실현할 수 있는 가장 현실적인 대안이다. 여기에는 원칙과 신념, 용기와 실천이 필요하다.

참고 문헌

김동현, "광물자원 수요, 절반만 북한서 가져와도 연 16조원 수입대체", 연합뉴스, 2017.11.29

김성훈(2015), 「남북통일경제론」, 리아트코리아

김승현, 19~29세 열명 중 네명 '통일비용 부담하고 싶지 않다', 중앙일보, 2018.10.1., 8면

김효정, 끊긴 길에 첫 이정표…남북, 개성서 철도·도로 연결 착공식(종합), 연합뉴스 북한포탈

대외경제정책연구원(2017), 「남북한 경제통합 분석모형 구축과 성장효과 분석」

변학문, 「북한의 '과학기술 강국' 구상과 남북 과학기술 교류협력」, 통일과 평화(10집 2호·2018)

사회과학출판사(2009), 「사회주의경제강국건설이론」

신동진, 「통일비용에 대한 기존연구 검토」, 국회예산정책처(2011.8), 경제현안분석 제64호

신종호, 「남북정상회담 이후 통일정책 연구 동향과 전망」, 국회입법조사처 <8.25 합의 이후 남북관계와 통일정책 전망> 간담회, 2015.09.10.

신창민(2007), 「통일비용 및 통일편익」, 국회예산결산특별위원회

양문수, 「개성공단 전면중단 1년과 남북관계 : 평가와 과제」, 국회입법조사처, 2017.2.2.

이병천, 「다시 민족경제론을 생각한다」

이상준 외, 「남북인프라협력사업의 통합적 추진방안 연구」, 국토연구원. 2005

이승현, '김정은, '사회주의 경제건설 총력 집중' 새 전략노선 천명', 통일뉴스. 2018.4.21.

임강택·이강우, 「개성공단 운영실태와 발전방안; 개성공단 운영 11년(2005~2015)의 교훈」, 통일연구원, KINU 정책연구시리즈, 16-03

유영구(2020), 「김정은시대 북한경제발전전략」1,2

장상환, 「지구화 시대 자립경제·민족경제론의 한계」

정복규, 분단비용과 통일비용, 새만금일보, 2018.01.18.

조혜영 외, 「개성공단 기업의 국내산업 파급효과 및 남북산업간 시너지 확충방안」

통일부, 북한정보포털

최은주, 「김정은 시대 북한 경제 제도의 변화 양상과 남북경제협력 방향」, 세종정책브리프 No. 2020-09

홍익표외, 「남북경제공동체 추진 구상」, 대외경제정책연구원·산업연구원 통일부 용역보고서, 2011년 11월, 3쪽

황선·김성훈·백남주(2014), 「통일경제론」, 도서출판 615

현대경제연구원, 「금강산관광 16주년의 의미와 과제」, 현안과 과제 14-43호(2014.1.10.)

현대경제연구원, 개성공단 가동 10년 평가와 발전방안」, VIP리포트14-44호(통권 595호) 2014.12.08.

현대경제연구원, 「통일한국의 경제적 잠재력 추정」, 경제주평 14-16(통권 587호), 2014.04.12.

Goldman Sachs Global Economics, Commodities and Strategy Research, 「A United Korea? Reassessing North korea Risks(Part I)」, September 21, 200917-01

나가며

　시장 만능주의에 빠진 사이비 정치인들은 공정을 강조하며 기회의 평등을 주장한다. 이들은 시장에 맡기는 것이 가장 공정하다고 이야기한다. 이들이 말하는 시장은 기업과 투자자가 지배하는 약육강식의 세계이다. 공정한 절차와 투명성은 중요하지만, 기울어진 운동장에서 그 자체로는 한계가 있으며 조건의 평등이 보다 중요하다. 소득 불평등보다 자산 불평등이 훨씬 심한 한국에서 자산의 되물림으로 금수저와 흑수저가 결정되는 것은 부당하다. '정보와 데이터에 접근하지 못하는 사람들', '태어날 때부터 가난하거나 장애가 있는 사람들', '몇 차례 시험과 취업에 실패한 사람들' 이들 모두에게 기회가 다시 주어지고 어떤 위치에서 일하더라도 차별 받지 않고 행복할 수 있는 사회는 경제적 평등과 사회안전망이 튼튼할 때 실현될 수 있다.

　하지만 신자유주의 세계경제에서 경제적 평등은 일국적으로 실현될 수 없다. 한국경제는 미국 중심의 금융자본시스템과 국제분업체계에 하위 파트너로 편입되어, '외국인에 대한 배당과 이자', '외국인의 자산매매 차익', '외환

보유고 유지비용', '무기수입과 미군주둔 비용' 등으로 거대한 잉여가 유출되고 있다.

결과적으로 한국은 부문 및 계층 간 양극화와 차별이 구조화되어 있으며 무권리 상태의 비정규직과 자영업자가 기형적으로 많다.

한국의 역대 정부와 대기업들이 미국의 신자유주의 경제를 따른 결과, 외형적 성장은 이루었지만 경제주권이 상실되고 불평등이 심화되는 결과를 가져왔으며, 이제는 미국 주도 세계경제가 흔들리면서 한국경제도 장기침체에 빠지고 있다.

2008년 금융위기와 2020년 코로나 팬데믹을 거치면서 미국식 신자유주의는 땀 흘린 노동과 생산에 기반하지 못하고 양적완화와 부채로 이루어진 거품 경제임이 확인되었다.

미국은 지난 20년간 연준(FED)의 자산이 약 1,000%나 증가했는데 GDP 증가는 고작 100% 증가에 그쳤고, 일본은 일본은행(BOJ) 자산이 약 700%나 증가했는데 달러나 엔화로 표시된 GDP는 20년 전 그대로이다. EU는 중앙은행 자산이 800% 증가했으나 GDP는 약 100% 증가에 그쳤다. 이들은 세계 금융위기와 코로나 경제위기에서 천문학적으로 돈을 찍어내어 자국 화폐에 대한 신뢰가 약화되고 부채가 누적되어 여러 가지 부작용이 발생하고 있으며 실질적 경제성장은 정체되어 있다.

반면 중국은 인민은행 자산과 GDP의 증가율이 거의 일치하고 있으며, 세계의 공장으로 2020년 코로나 상황에서도 성장을 지속하고 있다. 구매력 기준 GDP는 중국이 2019년 22.5조 달러로 미국(20.6조 달러)을 제치고 세계 1위이다(세계은행).

이에 미국은 첨단산업에서 중국의 추격을 봉쇄하기 위해 동맹국을 동원한 대중국 포위·고립전략을 구사하고 있다. 그러나 이미 사회주의 시장경제로 생산부분에서 위력을 발휘하고 있는 중국을 제압하기는 어려워졌다.

또한 금융위기와 펜데믹을 겪은 많은 국가들은 금융세계화와 국제분업생산체제를 뛰어넘는 탈세계화의 길을 모색하면서 '주요산업의 국영화', '해외조달을 국내생산으로 전환', '다국적기업 규제 강화', '공공재정 확장 정책' 등이 추진되고 있다.

그럼에도 한국은 여전히 미국의 그늘에서 벗어나지 못하고 대중국 고립정책에 동참하여 자립적 경제정책을 시도하지 못하고 있다. 화웨이 등 중국기업에 부품 공급을 중단하고, 반도체 등에서 중국투자를 줄이고 미국투자를 늘리고 있다. 한국의 역대 정부들은 수십 조 원의 혈세가 허비되는 외환보유고의 증가와 먹튀 외국자본 유치를 중요한 경제실적으로 자랑하여 왔다.

경제주권이 없는 나라의 성장은 일정기간 동안은 가능할 수 있으나, 세계경제의 변동에 따라 타율적으로 운명이 결정될 수밖에 없다.

리카도의 비교우위가 이론적으로는 맞지만, 국제관계가 호혜평등하지 않는 현실에서 무역대결, 전쟁, 독과점 등이 발생하면 핵심 산업을 자립하지 못하는 국가는 몰락할 수밖에 없다.

사회주의 분업체제에서 사탕수수 등에 의존한 쿠바는 소련이 몰락하자 커다란 타격을 받았고, 베네수엘라와 이란 등은 친미독재정권을 몰아내고 자주적 민주정부를 수립하였지만 미국의 경제봉쇄로 고통을 받고 있다. 이와 같이 경제자립과 경제주권의 확립 여부는 민주주의 실현 문제와 직결된다.

지속가능한 경제와 민주주의 실현을 위해서는, 농업과 기간산업에서 반드시 자립·자주적 토대를 구축해야 하며, 내수 정책을 위주로 수출 정책을 병행해야 한다. 이를 위해서는 미국과 일본에 의존하는 수출편향경제를 탈피하여 내수경제와 통일경제, 동북아경제권으로 자립경제를 구축할 필요가 있다.

　현재 한국 경제는 수출·대기업·이윤 주도 성장 전략에 갖혀 대외적으로는 대외의존적 구조를, 대내적으로는 극심한 불평등 구조를 야기하고 있다. 공공부문은 지난 20년간 극단적인 시장화 전략이 지속되어 국민들이 누려야 할 보편적 공공서비스가 축소되고 국가의 미래 전략 자산 확보도 부진한 상태이다. 더구나, 최근 들어서는 감염병 위기, 디지털화 및 산업구조 전환에 따른 고용 위기, 기후위기 등의 변화된 환경에 직면하면서 경제사회 구조 전반의 지속 가능성이 염려되고 있다.

　따라서, 한국 경제가 이러한 구조적 한계 및 변화된 환경에 올바르게 대응하기 위한 대전환의 계기 마련이 필요하다. 문재인 정부의 실패한 성장 전략을 뛰어넘어, 이제는 수출·대기업·이윤 주도 성장을 내수·중소기업·소득 주도 성장으로 전환시켜 국가의 자립적 기반을 강화할 수 있는 경제 질서의 변화가 요구된다. 이를 위해서는, 남과 북의 상호 비교우위를 적극 활용하는 자주적 남북협력 경제모델과 함께, 선진 각국의 재정 확장 및 민주적 공적관리 모델을 동시에 실현하는 국가 전략이 필요하다.

　아울러, 정상 궤도에서 이탈하고 있는 금융 및 산업 전반에 국가가 적극적으로 개입하여, 자주적이고 국민 편익의 경제활동이 이뤄질 수 있는 금융 질서 및 자립적 국민경제 기반이 구축되어야 한다. 재벌총수들의 사익 편취 및 소수 기득권층의 부동산 투기를 근절하고, 투기자본의 수탈을 억제하며, 이를 국가 재정으로 전환할 수 있는 제도적 기반 마련을 통해 새로운 국가 전략을 설계할 필요가 있다.

표목차

[표1-1]	미국의 최근 경제지표(2009~2020년 연평균)
[표1-2]	주요 나라들의 IMF지분할당비율
[표1-3]	중앙은행 외환보유액에서 자치하는 통화 비중
[표1-4]	상대적인 생산성(1965~1987)
[표2-1]	세계 총생산과 금융자산
[표2-2]	외국인 주식투자 한도
[표2-3]	환율 일일 변동 폭 허용 기준 변화 추이
[표2-4]	IMF '경제 프로그램(1997.12.3.)' 주요 내용
[표2-5]	금융감독원의 금융기관 분담금 현황
[표2-6]	경제주체별 금융자산 보유 현황
[표2-7]	우리나라 주식시장 발전
[표2-8]	외국인 투자 현황
[표2-9]	국공채 발행 현황(잔액 기준)
[표2-10]	외국인의 국내은행 지분율과 지배 자산(2020년 말 기준)
[표2-11]	주요국의 외환 보유액(2021.8월 말 현재)
[표2-12]	외화자산 구성 내역(통화별)
[표2-13]	외국환 평형 기금 당기 순손익과 누적 손익 현황
[표2-14]	우리나라의 국제투자 잔액
[표2-15]	우리나라 일반정부 부문의 대외 투자 잔액
[표2-16]	대외 금융자산과 대외 금융부채 수익률
[표2-17]	원/달러 환율 변동성 기간별 비교
[표2-18]	환율 변동성의 국가별 비교
[표2-19]	부채 유형별 가구당 보유액, 구성비

[표2-20]	소득·순자산 분위별 신용대출의 금융기관 이용 비중
[표3-1]	외투기업의 경제효과
[표3-2]	글로벌지엠과 한국지엠 실적 비교(2013~2017년)
[표3-3]	한국지엠 손익계산서
[표3-4]	국내 완성사 CKD 수출단가 비교
[표3-5]	한국지엠 지출 연구개발비, 실제 해외 부담분·
[표3-6]	한국지엠의 본사 이자비용 추이
[표3-7]	Coupang Inc 이사회 구성과 역할
[표3-8]	쿠팡 노동자들의 고용형태
[표3-9]	MBK 매각 이후 홈플러스 자산매각 추이
[표3-10]	MBK 매각 이후 인력 추이
[표3-11]	론스타 투자금과 회수금 비교
[표3-12]	하이디스 일지
[표3-13]	앱스토어 매출액
[표3-14]	정보기업 법인세 비교
[표4-1]	트럼프 집권 이후 주요 대기업의 미국 투자 현황
[표4-2]	국가별 기술수준(%) 및 기술격차(년)
[표4-3]	11대 분야별 기술수준(%) 변동
[표4-4]	11대 분야별 기술격차(년) 변동
[표4-5]	국가별 연구 활동력 및 기술력 분석
[표4-6]	기관유형별 기술무역 현황(2019년)
[표4-7]	산업별 기술무역 현황(2019)
[표4-8]	한국의 국가별 기술무역 현황(2019년)

[표4-9]	세계 반도체 회사 2020년 시장점유율(%)
[표4-10]	증권유형별 보유 추이
[표4-11]	유가증권시장 외국인투자자 보유비중
[표4-12]	국가별 상장주식 보유 현황
[표4-13]	종목별 외국인 유가증권 보유현황
[표4-14]	코스피 외국인주주 배당금 상위 10대 기업 현황
[표5-1]	공공부문 운영원리(공익성과 상업성 분포)
[표5-2]	공공기관의 예산 및 자산 현황 비교
[표5-3]	박정희·전두환정부의 공기업 민영화 추진 계획
[표5-4]	김영삼정부의 공기업 민영화 추진 계획
[표5-5]	1998년 각 부문별 공공기관 민영화 및 경영혁신계획 추진 현황
[표5-6]	IMF 관리체제 이후 주요 공기업의 민영화 추진 상황
[표5-7]	IMF 관리체계 하의 공공부문 인력감축 현황
[표5-8]	공공기관 선진화 추진 실적(2010년 4월)
[표5-9]	주요 공공부문의 한미FTA 미래유보 현황
[표5-10]	노무현정부~박근혜정부 공공기관 시장화 전략의 추진 과정 개괄
[표5-11]	문재인정부 주요 공공정책 추진 및 상황 진단
[표5-12]	OECD 주요국의 GDP 대비 일반정부 총지출
[표5-13]	OECD 주요국의 GDP 대비 재정 수지
[표5-14]	OECD 주요 국가의 전체 취업자 대비 공공부문 고용 비중(2015, 2017년)
[표5-15]	국내 병원의 민간-공공부문 비교 현황(2019년)
[표5-16]	OECD 및 한국의 공공의료 비중 비교(2010~2016년)
[표5-17]	철도공사, SR의 주요 경영성과 비교

[표5-18]	주요 SOC 공기업의 부채 현황
[표5-19]	도시철도공사(지방공기업) 경영성과 비교
[표5-20]	도시철도공사(지방공기업) 요금현실화율 비교
[표5-21]	정부의 2030년 발전량 비중 조정 계획
[표5-22]	각 발전사별 투자 계획(2020년)
[표5-23]	각 부문별 발전 시장 점유율
[표5-24]	가스공사 및 민간의 천연가스 수입 현황
[표5-25]	민영화 이후 KT 주요 경영정보
[표5-26]	민영화 이후 POSCO 주요 경영정보
[표6-1]	한국 경제 약사
[표6-2]	북한 지하자원 매장량

그림 목차

[그림1-1]   미국의 달러 발행량
[그림1-2]   미국의 상품수지 추이
[그림1-3]   미국의 재정적자 추이
[그림1-4]   미국의 대외 자산과 대외 부채
[그림1-5]   미국의 대외 투자 소득
[그림1-6]   미국의 소득 분배
[그림1-7]   미국의 자산 분배
[그림2-1]   우리나라 금융 연관 비율(금융자산/GDP)
[그림2-2]   시가총액/GDP
[그림2-3]   우리나라 경상수지
[그림2-4]   우리나라 외환보유액 추이와 증가율
[그림2-5]   우리나라 대외 투자와 외국인 투자
[그림2-6]   대외 금융자산과 대외 금융부채 수익구조(2001~2020년)
[그림2-7]   우리나라 대외 투자 구조
[그림3-1]   외국인직접투자 추이
[그림3-2]   한국지엠 생산과 판매 추이
[그림3-3]   내수 및 수출 대당 매출액 추이
[그림3-4]   2003년 외환은행 매각 당시 관계자들
[그림3-5]   애플의 국내외 법인세 비교
[그림3-6]   애플의 유럽 사업구조
[그림4-1]   세계수출시장 점유율 1위 품목수
[그림4-2]   연도별 수출액 추이
[그림4-3]   수출비중과 경제성장률의 상관관계

[그림4-4]		2019년 G20 12개국의 무역의존도
[그림4-5]		무역의존도 증감 추이
[그림4-6]		GDP 대비 민간소비지출 비중
[그림4-7]		종사자 지위별 취업자 증감 추이
[그림4-8]		연도별 취업자 증감 추이
[그림4-9]		OECD 국가 코로나 관련 지출 비교
[그림4-10]		연도별 수출증가율 추이
[그림4-11]		경제성장률 추이
[그림4-12]		한국의 무역수지 추이
[그림4-13]		수출, 민간소비 동반부진, 성장세 하락
[그림4-14]		우리나라의 기술무역 추이
[그림4-15]		세계 시스템반도체 점유율(%)
[그림4-16]		외국인 증권투자 현황
[그림4-17]		외국인 증권에 대한 배당금 추이
[그림4-18]		증시개방 후 코스피와 외국인 수익
[그림4-19]		2019년 코스피 투자자별 공매도 비중(%)
[그림6-1]		통일비용 부담의사 설문조사
[그림6-2]		통일한국은 30-40년 안에 GDP상 프랑스, 일본, 독일 추월
[그림6-3]		지도로 표시한 북한의 원유탐사지역. 1998년 1월7일자
[그림6-4]		통일경제의 상